KB156000

번역문체론

번역문체론

조의연 엮음

한국문화사

서문

조 의 연

한국의 현대 번역학 연구의 효시를 이루신 송요인 교수님(1932-1989)께서 타계하신 지 25년이 흘렀다. 선생님께서는 번역학 연구자로서 그리고 번역자로서 당시 불모지나 다름없던 한국 번역학 연구의 기틀을 마련하셨다. 번역학 연구 저서로 *Translation: Theory and Practice*(1975)와 *Topics in Translation Studies*(1984)를 그리고 한영 번역서 *The Ferryboat and the Wayfarer: Buddhist Poems from Korea*(1987)를 역작으로 남기셨다(*Translation: Theory and Practice*(1975)와 *The Ferryboat and the Wayfarer: Buddhist Poems from Korea*(1987)는 동국대학교 출판부에서 그리고 *Topics in Translation Studies*(1984)는 한신문화사에서 출판되었다). 당시 현대 번역학 연구가 거의 전무한 학계에 두 권의 저서를 영어로 남기면서 우리 번역학 연구의 길을 열어 놓으셨다. 1960, 70년대 초는 국내는 물론 영어권에서도 번역학 연구는 Eugene Nida나 Roman Jakobson 등의 소수 학자들에 의해 진행되던 시기임을 고려할 때, 송요인의 초기 논문 'Literary Translation: A Linguistic Overview'(1969), '산문 작품의 영역에 대한 언어학적 고찰'(1972), 'Discourse Analysis in Translation'(1974), 'Some Implications of Weltanschauung in Translation Theory with Special Reference to English and Korean'(1976) 등은 선도적이었다고 평가된다. 특히 선생님께서는 문체의 문제에도 일찍이 관심을 갖고 그의 저서 *Translation: Theory and Practice*(1975)에서 이 문제를 다루고 있다.

국내의 번역학 연구도 양적, 질적으로 빠르게 성장하고 있다. 번역학 연구를 수행해온 우리 후학들은 선생님의 번역학 연구의 학문적 업적을 기리기 위해서 『번역문체론』의 책을 엮어 출간하게 되었다. 이 책은 크게 3부로 이루어져 있다. 1부에는 문체와 번역, 2부에는 번역문체 연구, 그리고 3부에는 문체의 번역 논문을 수록하였다.

송요인은 문체의 특징들을 고찰하고 문학번역에서 문체와 관련된 여러 가지 문제들을 논의한다. 먼저 문체의 다양한 정의를 살펴보고 번역에 적용할 수 있는 정의를 소개한 뒤, 문체의 특징들을 효율성을 높이기 위한 특징과 흥미나 특별한 효과를 위한 특징으로 분류하고 이를 다시 형식적, 어휘적 특징으로 나누어 각각의 구성요소에 대해 설명한다. 그 다음 문체가 실제 문학번역에서 담당하는 기능을 알아보기 위해 황순원의 단편소설 「학」과 그에 대한 두 종류의 영역본 일부분을 비교, 분석한다. 이와 더불어 문학의 특징에 기인하는 문학번역의 어려움과 특징, 충실성(fidelity)의 문제, 문학작품 번역자에게 요구되는 자질 및 유의점 등을 논의하고, 번역과 관련성이 있는 몇 가지 문체론을 소개하고 있다.

김흥수는 작품과 작가의 문체에 어학적으로 접근하는 문제에 대해, 접근의 세 단계, 랑그 문체와 파롤 문체, 언어학의 다양한 방법론들을 점검하고, 랑그 문체와 시·소설의 파롤 문체 사례를 보이고 있다. 특히 논문의 뒤에 첨부한 단상에서 문학작품 번역에서의 문체 문제에 대해, 위의 주논지와 관련해 원천어의 예술성과 목표어의 소통성을 아울러 충족할 방법들을 들어 보았다. 랑그 문체의 사례로 소설 문장 종결 형식에서의 시간 표현 '-었-'과 '-느-'계의 쓰임을 정리하며 작가와 작품에 따른 차이도 보았다. 파롤 문체 사례로서, 시 문체로는 윤동주, 김수영, 신동엽, 소설 문체로는 조세희의 「난장이가 쏘아올린 작은 공」을 살펴보고 있다. 그리고 문학 텍스트의 번역과 문체 문제에서는, 일상어 번역에 비해 문학작품 번역에서 원천어가 중시되되 의미 등가성과 소통성을 충족할 고도의 의역도 필요한 점, 문체 특징이 두드러진 작가와 작품의 경우 문체를 반영한 번역이 더 중요한 것 등을 논의하고 있다.

이영훈은 번역문체론에 관하여 그동안의 현대 서구 번역학 내에서의 문체, 특히 문학문체에 관한 연구동향을 서술한다. 또한, 번역문체론 관련 기존 연구 문헌들의 목록을 본격적으로 제시하기에 앞서 관련 기본도서 세 권에 대한 해제를 본 도서들의 내용 요약과 출판사의 소개문을 바탕으로 제시하고 있다. 끝으로 스페인 알리칸테 대학(Universidad de Alicante)에서 2001년부터 운영하고 있는 BITRA 통번역 참고문헌 목록(Bibliography of Interpreting and Translation) 데이터베이스에서 'style'을 주제어로 삼아 추출한 총 409개의 문헌목록을 정리하고 소개한다.

김정우는 영어를 한국어로 옮긴 번역문에 나타나는 어휘와 문체의 특성에 관한 논의를 하고 있다. 분석 텍스트로는 이솝우화 번역문을 중심으로 영어 번역 한국어의 일반적인 특징을 다음과 같이 제시하고 있다. 첫째, 통사 차원에서 영어 구문이 한국어 구문에 간섭을 일으켜 상투적인 번역 표현, 곧 번역투 표현이 다수 나타났다. 둘째, 형태 차원에서 영어에 기반을 둔 새로운 단어 형성법이 출현하고, 수를 표시하는 굴절 요소가 잉여적으로 나타났다. 셋째, 어휘 차원에서 인칭대명사와 접속어 등과 함께 상위어(hypernym)가 우세하게 나타났다. 넷째, 문화 차원에서 화용적으로 부적격한 표현이 나타났다. 다섯째, 영어 서사법에 근거한 문장부호 용법이 나타났다.

조의연은 맘캐어(Malmkjær 2004)의 번역문체론에 기초하여 샐린저(J. D. Salinger)의 미국소설 『호밀밭의 파수꾼』(*The Catcher in the Rye*)의 두 번역 텍스트에서 추론유발 접속어 'and'로 연결된 두 사건 관계가 번역가에 의해서 어떻게 인지, 표현되고 있는가에 초점을 두고 그 차이를 마음 문체 (mind style)의 관점에서 설명하고 있다. 번역문체론은 번역 문학 텍스트에서 일관되게 반복적 패턴을 보이는 언어 표현을 문체 연구의 대상으로 보기 때문에 이 연구에서는 원천 텍스트의 사건 관계 'and' 접속문에 대응하는 두 번역 텍스트의 표현 방식을 285개 발췌하여 그 접속어 유형과 발생 빈도수를 조사하여 정량적 분석을 하고 있다. 이 결과 두 번역 텍스트가 논리적 접속어를 쓰는 비율이 각각 79%와 68%로 드러나 두 번역 텍스트의 문체 표지로 논리적 접속어들이 존재하고 있음을 보이고 있다. 비록 '-아서' '-기 때문에' '-면'과 같은 논리적 접속어는 텍스트의 결속성을 높이는 데 기여하지만, 이는 현대소설에서 접속어를 쓰지 않는 흐름과는 다른 양상을 보이고 있음을 논의하고 있다.

이상원은 어색한 번역문체가 Theme-Rheme 구조 분석과 재현의 문제일 수 있음을 보이고 있다. 번역문체는 '출발 텍스트의 문체를 반영하여 도착어 문체와는 구별되는 독특한 표현 양식을 규칙적인 양상으로 드러내는 것'이라는 긍정적인 면과, 부자연스러운 표현, 더 나아가 잘못된 언어 사용이라는 부정적인 측면이 있으며, 잘못된 표현과 한국어의 지평을 넓히는 역할을 할 수 있는 표현에 대한 논란은 계속될 것으로 보인다. 이러한 입장에서 이 논문에서는 구체적인 표현 문제를 다루기보다는 문장 이상 차원에서의 글 짜임에 초점을 맞춰 번역문체의 어색함을 다루고 있다. '굶주리지 않는 괴물'이라는 제목으로 2013년 1월 매일경제신문에 실린 칼럼 요약 번역문을 분석대상으로 삼아 Theme-Rheme 구조와 정보 흐름이 갖춰지지 못한 번역문은 어색한 번역문체로 읽히게 된다고 설명하고 있다.

안영희는 번역어의 영향으로 인한 근대문체 현상을 영어의 삼인칭대명사 'he' 'she', 일본어 '彼' '彼女' 그리고 한국어 '그' '그녀'를 중심으로 논의하고 있다. 잘 알려진 바와 같이 일본어와 한국어의 경우, 반드시 주어를 명시할 필요가 없었기 때문에 인칭대명사는 중시되지 않았다. 주어와 대명사가 없어도 전후의 문장과 동사의 기능으로 주체를 알 수 있기 때문이다. 특별히 사용할 필요가 있을 경우에는 이름이나 이름에 알맞은 고유명사를 사용한다. 그러나 번역문에 영향을 받았던 근대작가들은 번역어가 없이는 문장을 쓸 수가 없었다. 주어가 필요하지 않았던 문화권에 he, she의 번역어 彼, 彼女, 그, 그녀가 침투한 결과 일본어와 한국어의 문장이 변화하고 새로운 담론체계를 만들고 더욱 새로운 소설세계를 만들었다. 이 새로운 담론체계는 일본에서는 다야마 가타이 · 이와노 호메이에 의해 한국에서는 이광수 · 김동인에 의해 실현되었다. 그러나 이러한 근대문체는 한국어와 일본어의 다양한 동사와 형용사의 활용을 없애고 종결어미를 통일시키면서 빈번하게 주어가 등장하는 문체로 바꾸는 것으로 가능하게 되었음을 논의하고 있다.

백수진은 중국의 대표적인 장편소설 중 하나인 巴金의『家』와 두개의 대응 번역 텍스트의 비교를 통해 나타나는 번역문체의 특징을 언어학적 관점에서 분석하고 있다. 대상 텍스트를 도착언어의 규범에 맞춘 번역과 출발언어의 흔적을 담은 '번역문체'로 나누어 분석한 결과, 두드러지게 반복적으로 나타난 통사구조/텍스트구조로는 '긴 수식어를 가진 문장', '3인칭대명사의 사용 여부', '어순', "他的臉上' 구조', '지시어 '이/그', '지시대명사 주어의 첨가' 등을 보이고 있다. 이 논문은 이들 여섯 가지 항목의 번역문체에 대한 분석을 통해 부분적이나마 주관적 인상에 의해 규정되는 문학적 문체 분석과는 다른 객관적인 설명을 제공하고 있다.

김순영과 **이경희**는 문학텍스트의 번역에서는 '무엇'을 말하고 있는가 뿐만 아니라 그것이 '어떻게' 말해지고 있는가 역시 중요하게 다루어져야 함을 강조하면서, '어떻게'에 해당하는 문체적 특성을 다루고 있다. 주로 직관적 분석에 의존해 온 문체특성 연구에 정량적 접근을 제안한 리치와 쇼트(1981/2007)의 문체 분석 틀을 활용하여 레이먼드 카버(Raymond Carver)의 대표적 단편소설인 *Cathedral*과 두 번역 텍스트「대성당」에 나타나는 반복적이고 두드러진 문체적 특성을 분석한다. 이 논문에서는 리치와 쇼트에서 제시한 네 가지의 문체 분석 항목 중에서 문맥과 응집성(cohesion) 범주에 속하는 지시표현과 연결표현을 중심으로 정성적인 분석과 더불어 그 분석을 객관화하는 도구로써 정량적 분석을 함께 시도하고 있다. 지시표현과 연결표현은 *Cathedral* 전반에 걸쳐 작품의 흐름과 느낌에 영향을 주는 주요한 문체적 요소로 활용되고 있으며, 따라서 이 두 항목의 번역에 따라 번역 텍스트의 느낌이 달라질 수 있고, 이 '다른 느낌'이 곧 텍스트의 형식적 차이에서 오는 효과, 즉, 문체의 효과임을 보이고 있다.

한미애는 일탈된 문체(deviant style)는 작품의 문학성이나 작가의 독창성을 드러낼 수 있고 독자의 흥미나 관심을 끌 수 있으므로, 번역의 규범화 현상에 맞추어 번역한다면 작품 특유의 미학성이나 문학성이 사라질 수 있다는 것을 논의하고 있다. 일탈된 문체 중에서 특히 규범적인 과거형 서술에서 벗어난 현재형 서술에 주목하여, 은희경의 단편소설 「아내의 상자」의 원천 텍스트와 두 종류의 목표 텍스트를 비교 분석한다. 분석틀은 현재에 일어난 사건이나 동작을 나타내는 순간적 현재, 전달동사가 없거나 인용표시가 없어 서술자의 개입이 일어나지 않는 자유직접화법의 현재, 과거에 일어난 사건을 마치 현재에 일어나는 것처럼 서술하는 역사적 현재이다. 분석 결과, 순간적 현재는 이야기 구성을 결정지을 수 있는 중요한 요소로 작용하기 때문에 번역 양상에 따라 소설의 이야기 구성이 달라졌다. 또한 자유직접화법의 현재시제는 영어에서는 'you', 한국어에서는 '이에요'와 같은 종결어미라는 문체적 표지와 함께 사용된다는 점이 나타났으며, 역사적 현재의 번역양상에 따라 목표 텍스트의 전경화가 다르게 나타났음을 보이고 있다.

성초림은 현대 번역학에서 의미와 문체를 이분법적으로 해석하고, 그 중 의미를 우선적으로 전달해야한다는 의미 우선주의적 사고를 바탕으로 한 연구에 문제를 제기한다. 이를 보이기 위해 문학번역 분야에서 만큼은 이러한 이분법적 사고가 유효하지 않음을 문학작품에서 작가의 문체가 전달되지 않았을 경우 의미가 온전히 전달될 수 없는 데서 찾고 있다. 즉,

성초림은 문학번역에서 문체에 대한 고려없이 의미만을 전달하고자 할 경우, 결과적으로 번역문에서 어떠한 의미적 오류가 생겨나는지 한국문학의 스페인어 번역의 경우를 구체적인 예로 들어 살펴보고, 문학번역에서 의미를 좌우하는 한 요소로써 문체 전달의 중요성을 강조하고 있다.

김순미는 르페베르(Lefevere 1992)와 이상원(2008)에 기초하여 문학번역은 다른 텍스트와 차별화되는 '미적 효과' 중심의 문체를 살리는 것이 가장 중요하다는 입장을 취한다. 이에 기초하여 실제 텍스트를 비평하고 그것을 지금까지 이루어진 다른 문학평가와 비교해 보면서 어떤 차이가 있는지 알아보는 것이다. 이를 위해 『폭풍의 언덕』 4종 번역 텍스트를 대상으로 충실성과 가독성을 중심으로 한 영미연의 문학번역 비평과 저자가 택한 방법에 의한 분석을 비교해 보았다. 결과적으로 번역가들과 출판사의 시각에 따라 번역전략이 다르며 이것이 중요한 평가 요소가 된다는 것을 확인하고 있다. 텍스트 내에서 드러나는 전략 뿐 아니라 번역가가 직접 밝힌 역자후기 내의 번역전략을 통해 드러나는 문체를 분석함으로써 번역가의 목소리를 분석에 포함시키고 있다.

『번역문체론』의 책을 엮는 데 선뜻 옥고를 주신 필자 선생님들께 깊은 감사를 드린다. 이 책을 기획하고 엮으면서 김순영 교수의 도움이 없었으면 지금의 끝을 보지 못했을 것이다. 김순영 교수에게 고맙기 그지없다. 아울러 편집과정에서 한미애, 이경희, 조성은, 그리고 박지혜는 필자들의 논문을 돌려 읽으면서 이 책의 완성도를 높이는 데 큰 기여를 하였다. 이들에게 감사를 표한다. 끝으로 이 책의 출판을 흔쾌히 수락해 주신 한국문화사 김진수 사장님과 편집부 여러분께도 감사의 말씀을 드린다. 이제 후학들의 연구를 담은 이 책을 한국 현대 번역학 연구의 초석을 이루신 고 송요인 선생님 영전에 바친다.

차 례

제1부
문체와 번역

문체의 제 문제[*]

송요인(송연석 역)

1. 문체의 정의

문체의 다양성은 모든 언어에서 보편적으로 나타나는 특징인 만큼 (Hockett, 1958: 556) 번역에서 문체가 얼마나 중요한 역할을 하는지는 굳이 강조할 필요가 없을 것이다. 여기서 문체란 담론의 '어조(tone)'와 '맛 (flavor)'에 직접적인 영향을 끼치는 다차원적 특징을 말한다. 담론구조를 "건물 전체의 모양과 크기"에 비유한다면 문체란 "건물 외부의 질감 (texture), 색의 종류와 양, 조경, 내부 장식의 문제"이다(Nida and Taber, 1969: 132). 문학담론을 번역하면서 원작자 개인의 문체적 특이성을 재현하기란, 그런 특이성을 파악하기가 얼마나 어려운지는 차치하고, 번역 시 가장 까다롭게 느껴지는 일 중 하나다.

비문학담론에서는 번역문의 문체적 충실성 확보가 상대적으로 덜 중요하게 보일지 모르나, 원작자의 문체를 옮긴다는 것은 어떤 경우든 번역된

---

* 이 글은 송요인(1975) *Translation: Theory and Practice*에서 제 6장 Problems of Style을 번역하여 수록한 것임을 밝혀둔다.

메시지의 전체적인 효과와 밀접한 관련이 있기 때문에 문학담론에서보다 그 중요성이나 난이도가 낮다고 볼 수 없다.

문체는 인간의 언어 행위에서 워낙 다양한 의미로 사용되기 때문에 모든 유형의 의사소통 상황에 적용 가능한 단 하나의 정의로 범위를 좁히기는 어렵다.[1] 웬만큼 감수성이 있는 독자라면 뚝뚝 끊어지는 문체, 어색한 문체, 함축적인 문체, 횡설수설하는 문체, 전보식(telegraphic) 문체, 유려한 문체, 속어가 많은 문체, 논리적인 문체, 법률체, 기사체, 문학체, 어린애 같은 말투, 피진(pidgin), 하위문화 은어체 등 여러 가지 다양한 담론 문체를 알아볼 수 있다. 캐롤(Carroll, 1960)은 산문 문체를 구성하는 복합적 요인들을 논의하면서 문체를 6가지 측면, 즉 (1) 일반적인 문체 평가(좋다 vs. 나쁘다), (2) 개인적 감정 개입 vs. 배제, (3) 화려체 vs. 건조체, (4) 추상적 vs. 구체적, (5) 진지함 vs. 해학, (6) 인물묘사 vs. 서사 등으로 분류해 제시했다. 옐름슬레우(Hjelmslev, 1961: 115)는 (1) 다양한 제약을 특징으로 하는 여러 가지 문체 형식(운문, 산문, 운문과 산문을 혼합한 형식 등), (2) 문체(창의적 문체, 순수하게 모방적인 이른바 '일반적인(normal)' 문체 등), (3) 문체의 급(value-styles) (고급 문체, 소위 저속한 저급 문체, 고급도 저급도 아니라고 간주되는 중립적 문체 등)을 언급한 바 있다.

'문체'라는 용어는 언어의 기본 기능, 즉 정보제공(informative), 질문(interrogative), 표현(expressive), 환기(evocative), 수행(performatory), 지시(directive), 친교(phatic)[2] 기능 중 어느 것과도 함께 쓸 수 있다. 주스(Joos, 1961: 11)가 제시한 언어 사용의 층위를 따라 동결체(frozen), 격식체(formal), 상담체(consultative), 평상체(casual), 친밀체(intimate)로 사용해도 무방하다(나이다와 테이버(Nida and Taber, 1969: 94)에서는 기술체(technical), 격식체(formal), 비격식체(informal), 평상체(casual), 친밀체(intimate)로 수정됐다. 그런가 하면 한국어처럼 해라체(plain), 해체(intimate), 하게체(familiar), 하오체(polite), 합쇼

---

1 다양한 학제적 문체 연구는 시벅(Sebeok, 1960) 참조. 문체 분석은 기로 데 쿠엔츠(Guiraud et Kuentz, 1970), 파울러(Fowler, 1972), 하웨그(Harweg, 1972) 참조.
2 친교적 언어사용에 관해서는 말리노프스키(Malinowski, 1923: 313-316) 참조.

체(authoritative 혹은 deferential)[3] 등 화계(speech levels)를 기준으로 할 수도 있다(Martin, 1964). 문학비평에서처럼 작품이 반영하고 있다는 특정 작가의 문체를 기준으로 한다면 포크너(Faulkner), 엘리엇(Eliot), 파운드(Pound), 헤밍웨이(Hemingway), 벨로우(Bellow) 등 끝없이 열거할 수 있을 것이다. 빅토리아 시대나 엘리자베스 시대, 르네상스 시대 문체를 연상시키는 작품이라는 식의 주장도 가능하다. 나아가 사실주의, 자연주의, 상징주의, 낭만주의, 피카레스크(picaresque), 아방가르드, 잃어버린 세대(lost generation), 비트 세대(beat generation), 블랙 유머, 에스닉(ethnic) 등등 갖가지 문체가 있을 것이다. 사실 '문체'라는 용어의 쓰임새는 무궁무진하다. 마지막으로, 더 단순하면서도 위에 열거한 다양한 쓰임새 모두에 공통적으로 해당되는 구어체 vs. 문어체라는 이분법도 빼놓을 수 없다.

문체를 포괄하는 '스타일(style)'이란 용어는 오늘날 주체하지 못할 정도로 광범위하게 쓰이고 있지만, 언어학자, 문학비평가, 심리학자, 인류학자들은 이를 실용적 용어로 정의하기 위해 주목할 만한 시도를 해왔다.[4] 우선 블록(Bloch, 1953)이 내린 정의는 "언어적 특징들이 해당 언어 전체와는 다른 빈도 분포 및 전이확률(transitional probabilities)[5]을 보일 때 이를 통해 전달되는 메시지"이다. 웰렉과 워렌(Wellek and Warren, 1956: 167)에서는 "강조 혹은 명시성 확보를 위한 모든 장치, 즉 모든 언어에 들어있으면서 극히 원시적인 유형까지 포함하는 은유, 일체의 수사 표현, 그리고 통사 패턴"이다. 오즈굿(Osgood, 1960)의 정의에 따르면 "코드화(encoding) 과정에서 해당 상황의 규범을 벗어난 개인적 일탈(deviations)로, 구조적 특징들이 갖는 통계적 특성에 포함되어 있으며, 이때 이 구조적 특징들은 어느

---

3 역주: 높임법 체계는 학자에 따라 용어와 견해가 다르며, 아주낮춤-반말-예사낮춤-예사높임-아주높임으로 분류할 수도 있다. 반말을 다시 요-결락형과 요-통합형의 2원적 체계로 나누어 총 6단계로 분류하기도 한다(고영근, 2008).

4 문체의 가장 싱거운 정의("좋은 글쓰기 방식")는 다름아닌 문체를 주제로 한 책에서 찾을 수 있다. 루카스(Lucas, 1955: 16) 참조.

5 역주: A라는 언어요소가 B라는 언어요소에 인접해 발생할 확률. 가령 "They were [drinking glasses]."와 "They were drinking [glasses]."에서는 전이확률에 따라 전자로 해석하게 된다(Mody and Silliman, 2008).

정도 개인의 코드 안에서 이뤄진 선택"이다. 인류학적 관점에서 크뢰버(Kroeber, 1957: 150)의 정의를 따르면 "문화나 문명의 한 가닥으로, 특정 행위를 표현하거나 특정 종류의 행동을 수행하는 정연하고 일관된 방식"이며, "그 방식은 또한 선택적이다. 즉 실제로 선택될 가능성은 전혀 없더라도 대안이 분명히 존재한다." 그 외에도 수십 가지 예리한 정의들이 있다(Guiraud et Kuentz, 1970: 3-16 참조).

앞에서 인용한 정의들은 구체적으로 해당 학문 분야의 필요에 맞춘 것이라 번역에 적용하는 데는 한계가 있을 수밖에 없다. 번역의 과정이 복잡한 성질을 갖고 있는 만큼 문체의 개념은 보편성, 즉 다양한 관련 분야의 정의 간 융합, 합병, 상호작용을 반영한 개념이어야 한다. 나이다와 테이버(1969: 209)는 그 같은 개념을 적용해 문체를 정의했다. 즉 "해당 언어 및 문학 장르의 자원과 제약 안에서 이뤄진 저자의 선택 패턴"으로서, "텍스트에 개성을 부여하고 저자 개인과 텍스트를 이어주는 역할을 하는 것이 바로 문체다."[6] 메시지는 해당 코드의 규칙에 맞게 코드화되며 그 메시지의 번역본은 또 다른 코드의 규칙에 따라 코드화된다. 번역문의 문체를 기술하는 일은 원문을 형식적인 층위에서 기술하는 일과 별개의 문제일 수 있으나, 동태적 등가라는 요건을 충족시키기 위해서는 도착어 및 해당 장르의 자원과 제약이 허용하는 범위 안에서 도착어 텍스트에서의 선택 패턴을 출발어 텍스트에서의 선택 패턴과 일치시켜야 한다.

2. 문체의 특징

넓은 의미에서 문체 분석에는 메시지 간 차이를 야기하는 다양한 측면들을 식별 및 측정하는 작업이 포함된다(Saporta, 1960). 대안, 빈도[7], 전이확률

---

6 비슷한 맥락에서, 탠콕(Tancock, 1958: 29)은 "문체란 독자에게 정서적 영향을 미치거나 '저자의 지문(fingerprints)을 드러내는' 형식상의 특이성을 의미한다"고 말한다.

7 문체론에서 단어의 발생빈도가 갖는 의미에 대해서는 차오(Chao, 1964) 참조.

을 분석에 활용할 수도 있다. 그러나 특정 언어적 특징의 빈도 및 전이확률이 시대가 바뀌어도 불변하는 것은 아니다. 예를 들어 18세기 코드 규칙에 따라 코드화된 메시지는 그와 부분적으로 중첩되는 20세기 코드로 해독할 수 있을 뿐이다. 문학비평의 관점에서, 특정 장치에 대한 빈도 분석은 "맥락 속에서의 장치 사용이라는 중대한 미학적 문제를 무시(Wellek, 1960)"할 위험이 있다. 어떤 맥락에서도 불변하는 문체적 장치가 있다고 보기는 어렵다. 언어학적 문체론의 함정은 웰렉(1960)의 지적처럼 언어 규범에서의 일탈(deviations)과 왜곡(distortions)에 초점을 맞추는 데 있다. 그 때문에 일반적 문체론은 문법학자들의 몫으로 넘겨지고 일탈적 문체론이 문학 생도들의 전유물이 되고 있는 것이다. 그러나 가장 일반적이고 흔한 언어 요소는 바로 문학구조의 구성요소들일 것이다. 문학적 문체론에서는 모든 언어 장치의 미학적 목적, 즉 작품의 총체성 구현에 어떻게 기여하는가에 주안점을 둬야 할 것으로 보인다. 두 언어가 만나는 상황에서는 원작에 사용된 문체의 정확한 "종류(kind)" 보다는 문체의 전반적인 "정도(degree)"나 층위를 번역물에 재현하는 것이 그 목적이어야 한다(Jacobsen, 1958: 145). 현대 문체론 학파의 특징이기도 한 원자론적(atomistic) 접근법은 컴퓨터가 나오면서 유행이 된 듯하나 문학번역에 적용할 경우 직접적인 효용은 없다.

보편적인 관점에서 문체는 해당 언어 및 장르의 자원과 제약 안에서 이뤄진 번역자의 선택 패턴과 관련이 있다. 이 관점에서는 담론의 전체 구조에서부터 개별 단어의 소리에 이르기까지 언어의 모든 특징을 문체의 구성요소에 포함시킬 수 있다. 문체의 특징은 목적 혹은 기능에 따라 (1) 효율성을 높이기 위한 특징, (2) 흥미를 높이거나 효과를 강화하거나 메시지 형식을 장식하기 위한 특징으로 분류할 수 있다(Nida and Taber, 1969: 145). 이는 다시 (1) 형식적 (2) 어휘적 특징으로 나눌 수 있는데, 형식적 특징은 단어나 어휘 단위(관용어 등)의 배열과 관련이 있다. 2.1에서 이 특징들을 목록으로 정리해 소개하기로 한다. 효율성 및 특별한 효과를 위해 고안된 다양한 특징들로서, 나이다와 테이버(1969: 146-147)가 처음

제시한 특징들을 본 연구의 목적에 맞춰 수정 및 확장한 것이다.[8]

1) 효율성을 위한 형식적 특징

1. 단순 담론단위(Simple Discourse Unit): 일련의 사건 한 가지와 단 한 명 혹은 한 묶음의 참여자로만 구성된 담론단위
2. 담론유형 표지(Discourse-type Markers): 서사, 대화, 시, 설명 같은 담론 유형을 구별해주는 특정 장치
3. 담론전환 표지(Discourse-transition Markers): 다음 에피소드나 섹션으로의 이동을 표시하는 전환 장치
4. 문장 연결어(Sentence Connectors): 'therefore,' 'moreover,' 'in this manner' 등 문장 간 관계 이해를 돕는 특정 장치
5. 절 연결어(Clause Connectors): 'but,' 'when,' 'because,' 'for,' 'while' 등 절 간의 관계 이해를 돕는 장치
6. 병렬 단위(Parallel Units): 이해의 효율성을 높이는 병렬주술구성의 병치(juxtaposition)
7. 단문(Short Sentences): 단어나 구가 적은 문장일수록 이해하기 쉽고 특정 효과(impact)가 창출된다.
8. 참여자 표지(Participant Markers): 담론 및 하위 절에서 참여자를 식별해주는 장치
9. 단순구조(Simple Structure): 종속관계가 적게 포함된 문장. 가장 단순한 구조는 핵문(kernel sentence)
10. 잠재적 문장 종결소(Potential Sentence Terminals): 문장에서 잠재적 종결소를 알려줌으로써 산열문(loose sentence)과 도미문(periodic sentence)을 구별해주는 장치
11. 연속절(Sequential Clauses): '내포(included)'절과 대비되는 절
12. 사건동사(Event Verbs) vs. 명사: 사건 기술에는 동사가 명사보다 효율적이다.

2) 특별한 효과를 위한 형식적 특징

---

8 위 1장에 열거된 특징들은 영어에 더 쉽게 적용될 수 있지만 한국어에서도 영어에서와 마찬가지로 중요한 역할을 한다.

1. 복잡한 담론구조(Complex Discourse Structures): 복층의 사건과 참여자를 포함하는 담론 단위

2. 담론유형 표지의 부재(Absence of Discourse-type Markers): 독자의 담론유형 파악이 늦어지고 상당한 놀라움이 수반된다.

3. 전환 표지의 부재(Absence of Transition Markers): 급작스런 변화로 이동이 빨라지고 효과가 창출된다.

4. 병렬 단위(Paratactic Units): 병렬(parataxis)을 자주 사용하는 목적은 헤밍웨이처럼 많은 부분을 독자의 상상력에 맡기려는 데 있다.

5. 비병렬 단위(Nonparallel Units): 문체의 단조로움을 극복할 수 있는 어구교차배열(Chiasmus) 등

6. 길고 복잡한 단위(Lengthy-Complex Units): 잘 쓴 '학술적' 글에 깊은 인상을 받는 독자도 있다.

7. 참여자 표지의 부재(Absence of Participants Markers): 참여자를 무표적(unmarked)인 상태로 두면 독자가 '추측' 게임을 하면서 관심을 갖게 된다.

8. 사건 명사(Event Nouns) vs. 동사: 사건명사를 사용하면 동사보다 냉정하고 객관적인 문체가 된다.

9. 대조(Antithesis): 비병렬 의미구조를 사용하면 특별한 효과가 생긴다.

10. 형식적 혼란(Formal Confusion): 행위나 참여자의 불합리함이나 혼란을 암시해주는 장치

11. 췌언(Pleonasm): 상황에 따라 특별한 효과를 내기 위해 사용하는 중복되는 형식

12. 소리효과(Sound Effects): 유운(assonance), 두운(alliteration), 각운(rhyme), 의성어(onomatopoeia) 등

13. 리듬(Rhythm): 운문과 산문 모두에 꼭 필요한 특징

14. 비유적 효과(Figurative Effects): 직유법(simile), 은유법(metaphor), 액어법(zeugma), 제유법(synecdoche), 환유법(metonymy), 모순어법(oxymoron) 등

3) 효율성을 위한 어휘적 특징

1. 친숙어(Familiar Words): 잘 알려진 단어를 쓰면 이해하기 쉽다.

2. 고빈도어(High-frequency Words): 'nuclear'와 'object'처럼 고빈도어가 꼭 친숙어인 것은 아니다.

3. 친숙한 조합(Familiar Combinations): 'fame and fortune,' 'up and down' 처럼 짝을 이루는 클리셰(cliché)

4. 연어관계 일치(Semotactic Agreement): 의미적으로 서로 어울리는 단위 끼리 함께 써야 한다. 'excellent idea'는 어울리지만 'fat idea'는 어색하다.

5. 현대어 vs. 고어(Archaic Items) 혹은 폐어(Obsolescent Items): 고어나 폐어는 특정 효과를 일으키는 반면 현대어는 가독성을 높인다.

6. 구체적 용어 vs. 일반적(generic) 용어: 전문적인 담론에서는 일반적 용어가, 비전문적 담론에서는 구체적 용어가 더 이해하기 쉽다.

7. 다의적 어휘(Lexical Polysemy): 동일 텍스트에서 한 단어를 각기 다른 의미로 반복해 사용하면 혼동을 야기한다.

8. 독자민감어(Readership-sensitive Items): 번역문의 특정 독자층에 호의 적인 단어 사용

9. 참여 표지(Markers of Involvement)[9]: 상대방을 단순한 청자 이상으로 참여시키는 'you'와 'we' 같은 대명사

4) 특별한 효과를 위한 어휘적 특징[10]

1. 비친숙어: 잘 알려지지 않은 단어는 특정 '분위기(atmosphere)'를 만들어낸다.

2. 저빈도어: 전문적인 어휘는 주제의 '품격(dignity)'를 시사한다.

3. 구체적 vs. 일반적 용어: 의미적으로 양 극단에 있는 말을 사용하면 '생생함(vividness)'에서 '과장스러움(pomposity)'까지 다양하고 특별한 효과가 창출된다.

4. 친숙하지 않은 조합: 클리셰를 '비틀면(twisted)' 특별한 효과를 낼 수 있다.

5. 연어관계 불일치: 단어끼리 의미적으로 충돌하는 경우로, 잘 쓴 시에 서도 찾아볼 수 있다.

6. 고어: 고어체(Archaism)는 글의 '색깔(color)'과 '배경(setting)'을 표현해

---

9 이 장치에 대한 논의는 매킨토시(McIntosh, 1972) 참조.
10 이 특징들은 효율성을 위한 특징들과는 거의 정반대이다.

줄 수 있다.

7. 주변적(Peripheral) 및 비유적(Figurative) 의미: 친숙어를 잘 쓰지 않는 의미로 사용하면 참신함을 더하거나 호기심을 일으킬 수 있다.

8. 언어유희(Puns): 은근하고 상징적인 언어 유희는 재미와 즐거움을 줄 수 있다.

9. 완곡어법(Euphemism): 특정 표현을 일부러 피하면 은근한 분위기를 낼 수 있다.

10. 다음절어(Polysyllabic Items): 해학적이거나 과장된 효과를 낼 수 있다.

11. 의성어 및 공감각어(Synesthesia): 특별한 심리적 효과를 낼 수 있다.

원작자의 문체를 재현하는 일에는 효율성 및 특별한 효과를 위한 여러 특징들을 조합하는 작업도 포함된다. 저자 개인의 문체적 특이성이 크면 클수록 특별한 효과를 목적으로 하는 특징들도 더 복잡한 성질을 띤다. 위 목록은 비교적 잘 드러나는 특징들만 모아놓은 것에 불과하며, 어느 정도 문체적 감수성을 함양한 번역자라면 목록을 꽤 많이 늘릴 수 있을 것이다. 문체는 정의 자체가 불분명하기 때문에 그 특징들을 모두 정리하기란 거의 불가능하다고 봐도 무방할 것이다.

3. 번역에서의 문체 분석

단순히 문체의 특징을 열거하기보다는 그 특징들이 어떻게 의사소통에 효율성을 가져오고 적재적소에 필요한 효과를 내는지 밝히는 것이 더 중요하다. 이때 가장 효과적인 방법 중 하나는 서로 다른 번역물이 특정 단락을 도착어로 어떻게 바꾸어 표현했는지 비교해보는 것이다. 이를 위해 황순원(1953)의 단편 「학」[11]에서 일부분을 발췌했다.

---

11 이 작품은 독특성이나 대중성보다는 여러 번역자의 영어번역본을 구할 수 있다는 점 때문에 선택했다. 한 명은 한국인 번역자이고 다른 한 명은 외국인 번역자라는 사실이 특히

원문: 지난날 성삼이와 덕재가 아직 열 두어 살쯤 났을 때 일이었다. 어른
들 몰래 둘이서 올가미를 놓아 여기 학 한 마리를 잡은 일이 있었다.
단정학이었다. 새끼로 날개까지 얽어 매 놓고는 매일같이 둘이서
나와 학의 목을 쓸어 안는다, 등에 올라탄다, 야단을 했다. 그러한
어느 날이었다. 동네 어른들이 수군거리는 소리를 들었다. 서울서
누가 학을 쏘러 왔다는 것이었다. 무슨 표본인가를 만들기 위해서
총독부의 허가까지 맡아 가지고 왔다는 것이다. 그 길로 둘이는 벌
로 내달렸다. 이제는 어른들한테 들켜 꾸지람 듣는 것 같은 건 문제
가 아니었다. 그저 자기네의 학이 죽는다는 생각뿐이었다...

번역 A[12]: Long ago, when Song-sam and Tok-chae were about 12 years
old, they had set a trap here once hiding from the grown-ups
and caught a crane. It was a Tanjong crane. With a rope, they
had tied the crane, even to its wings. They had paid him daily
visits, giving him a pat on the neck, riding on his back. Then
one day they heard the village neighbors talking quietly. Someone
had come from Seoul to shoot cranes. They were going to make
a specimen of the cranes or something. They had even obtained
a license from the government to shoot them. The two boys
dashed off to the field. They were no longer afraid of being
found out by the grown-ups. All they worried about was that
the crane might be killed...

번역 B[13]: Long ago, when Song-sam and Tok-chae were about twelve years
old, they had laid a snare here without letting the grown-ups know,
and they had caught a crane. It was a crane with a red patch on
its forehead. They trussed the bird up with straw rope, even its

---

의미가 있다.

[12] 김세영 번역, 국제PEN한국본부 발행(1970)
[13] 케빈 오루크(Kevin O'Rourke) 번역, 연세대학교 출판부 발행(1973)

wings, and the two of them used to come out every day, throw their arms around the bird's neck and get up on its back. They had a terrific time at the poor bird's expense. On one of those days they heard a whispered rumor from the grown-ups of the area. Someone had come from Seoul to shoot crane. He had come with a permit from the governor-general's office and seemingly wanted to make some sort of stuffed specimen. Straightway the two of them raced out to the field. It was no longer a problem of being found out by the grown-ups and getting a scolding. Their only thought now was that their crane might die...

다음은 두 번역본이 보이는 중요한 문체적 차이 중 일부를 나란히 정리한 것이다.

번역 A	번역 B
1. set a trap	1. laid a snare
2. hiding from the grown-ups	2. without letting the grown-ups know
3. a Tanjong crane	3. a crane with a red patch on its forehead
4. With a rope	4. with straw rope
5. They had tied the crane	5. They trussed the bird up
6. They	6. And the two of them
7. had paid him daily visits	7. used to come out every day
8. giving him a pat on the neck	8. throw their arms around the bird's neck
9. riding on his back	9. (and) get up on its back
10. Ø	10. They had a terrific time at the poor bird's expense

11. Then one day	11. On one of those days
12. they heard the village neighbors talking quietly	12. they heard a whispered rumor from the grown-ups of the area.
13. to shoot cranes	13. to shoot crane
14. They	14. He
15. were going to make a specimen of the cranes or something	15. seemingly wanted to make some sort of stuffed specimen
16. had even obtained a license from the government to shoot them	16. had come with a permit from the governor-general's office
17. The two boys dashed off to the field	17. Straightway the two of them raced out to the field.
18. They were no longer afraid of	18. It was no longer a problem of
19. Ø	19. and getting a scolding
20. All they worried about was	20. Their only thought now was
21. might be killed	21. might die

이 대조 목록에는 논평과 설명이 필요하다. 사례별로 문체의 문제 유형도 표시하기로 한다.[14]

1. "set a trap"은 연어관계로는 적절하지만 동물을 잡는 기계 장치를 떠올리게 하는 표현이다. "lay a snare"는 원문의 "올가미"처럼 새를 옭아매는 장치를 사용하는 것을 의미한다.
   *문체적 특징: 지시적 의미
2. "hiding from the grown-ups"는 "몰래"의 의미를 확장시키는 반면, "without letting the grown-ups know"는 행위의 '은밀함(stealthiness)'를

---

14 여기서의 평가는 대부분 두 언어의 구조에 대한 필자의 직관적 지식을 토대로 한 것이라 잠정적인 분석에 불과하다. 비판 또한 결코 번역자에 대한 존경심이 부족하다는 표시로 해석되어선 안 된다.

상당 부분 약화시키고 있다.

　*문체적 특징: 친숙어

3. "a Tanjong crane"이 독자를 어리둥절하게 만든다면 "a crane with a red patch on its forehead"은 다소 작위적으로 들린다.

　*문체적 특징: 독자민감어

4. 원문의 "새끼로"는 "a rope"가 아닌 "with straw rope"를 써야 시골 느낌이 난다.

　*문체적 특징: 지시적 의미

5. "they had tied the crane"의 과거완료시제는 억지스럽게 들린다. "truss the bird"는 "tie the crane"보다 연어관계 측면에서 더 적절하다.

　*문체적 특징: 연어관계 일치

6. "they"는 원문의 "둘이서"가 갖는 "두 명"이란 의미를 없애버렸다. "two of them"은 원문의 의미를 정확히 살리고 있다. 전환표지 "and" 는 원문에는 명시적으로 드러나 있지 않지만 담론이 매끄럽게 전개 되도록 돕는다.

　*문체적 특징: 지시적 의미와 전환 표지

7. "paid him daily visits"라는 비유적 문구 자체는 연어관계상 적절하지만 너무 점잖게 들린다. "used to come out every day"는 원문의 맛을 꽤 정확히 전달하고 있다.

　*문체적 특징: 비유적 의미

8. "giving him a pat on the neck"은 원문의 "학의 목을 쓸어 안는다"를 제대로 표현하지 못한 듯하다. 학의 목은 토닥거릴 만큼 넓지는 않다. 반면 "throwing one's arms around the bird's neck"은 원문에 더 가깝기 는 하나, "쓸어"가 담고 있는 섬세한 느낌은 놓치고 있다.

　*문체적 특징: 비유적 효과

9. 원문의 "등에 올라탄다"는 글자 그대로 "climbing up on the back"을 의미한다. "Riding on his back"은 함축되어 있을 뿐이다. 참여자 표지 "he"와 "it"이 만들어내는 대비 효과도 눈길을 끈다.

　*문체적 특징: 축자성과 참여자 표지

10. 원문의 "야단을 했다"를 번역A는 무시하고 넘어갔고 번역B는 다르게 바꾸어 표현했다. "They had a terrific time at the poor bird's expense"는 번역이라기보다는 해석이다. 원문의 의미는 '바쁘게 지내다' 정도에 불과하다. 해석보다는 생략하는 편이 나았을 것이다.

     *문체적 특징: 췌언

11. 부사구 "then one day"와 "on one of those days"에서 전자에는 전환 표지 "then"이 쓰였고 후자에는 친숙한 내포 표지(inclusion marker) "one of those"가 사용됐다는 점이 대조를 이룬다. 원문의 "그러한 어느 날이었다"는 번역A, B에서와 마찬가지로 번역 시 부사구로 축소할 필요가 있다.

     *문체적 특징: 전환 및 친숙한 내포 표지

12. 번역A의 "they heard the village neighbors talking quietly"는 "neighbors"를 "grown-ups"로 바꿔야 하지만 구조 측면에서는 더 원문에 충실하다. 번역B의 "they heard a whispered rumor of the grown-ups of the area"는 다소 장황하다. "village" 대신 "area"를 쓰면서 원문의 "동네"가 가진 시골스러운 맛이 사라졌다.

     *문체적 특징: 구조 변이 및 구체적 대 일반적 용어

13. 사냥을 위해 총을 쏘는 것이라면 "crane"을 복수로 쓸 필요는 없다.[15]

     *문체적 특징: 관용표현(Idiomaticity)

14. "someone"에서 "they"로의 대명사 변이는 구어체에서는 허용될 수 있으나 결속성(coherence)과 일관성(consistency)에 위배된다.

     *문체적 특징: 대명사 변이

15. "seemingly wanted to make some sort of stuffed specimen"은 해석인 반면 "they were going to make a specimen of the cranes or something"은 "of the cranes"를 삭제하고 "specimen 앞에 "stuffed"를 삽입하면 원문의 맛이 더 잘 전달된다.

     *문체적 특징: 다음절어와 췌언

---

15 "농장에서 키우는 동물에는 -s(fowls, decks, pigs 등)가 붙는다. 그러나 총으로 (야생) 조류와 (야생) 오리를 쏘고 돼지(멧돼지)를 사냥하고 물고기를 잡을 때는 fowl, duck, pig, fish 로 쓴다" (Pyles, 1971: 196 – 주석6)

16. 두 번역문 모두에서 "허가까지 맡아가지고 왔다는 것이다"에 쓰인 동사의 복합행위가 표현되지 않았다. 번역B를 "had come with a permit they obtained from the governor-general's office"로 수정하는 게 좋겠다. "government"는 일반적인 용어로 여기서는 어울리지 않는다.
    *문체적 특징: 사건동사, 일반적 및 구체적 용어
17. 전환 표지 "그 길로"는 번역B에서 "straightway"로 제대로 표현된 반면 번역A에서는 빠져 있다. "별로 내달렸다"는 "dashed off"보다 "dashed out"이 원문에 더 가깝다. "raced out to the field"는 원문의 맛을 효과적으로 전달하고 있다.
    *문체적 특징: 전환 표지와 친숙어
18. 번역A는 기능적인 면에서, 번역B는 형식적인 면에서 각각 원문에 더 가깝다.
    *문체적 특징: 기능적 vs. 형식적 등가
19. 번역A에는 원문의 "꾸지람을 듣는 것 같은 것"이 빠져 있고 "and getting a scolding"으로 표현됐다. "getting a scolding"이란 의미가 "being found out"에 함축되어 있기는 하지만 원문은 이를 워낙 명시적으로 표현했기 때문에 생략하고 넘어갈 수 있다고 보기는 어렵다.
    *문체적 특징: 함축적 vs. 명시적 장치
20. 번역A는 기능적인 면에서, 번역B는 형식적인 면에서 각각 원문에 더 가깝다.
    *문체적 특징: 기능적 vs. 형식적 등가
21. "might die"는 형식적으로는 등가를 이루지만 맥락상 어감이 약하다. 이 맥락에서 동태적 등가를 이루려면 "might be killed"가 되어야 한다.
    *문체적 특징: 기능적 vs. 형식적 등가

　

번역B에서 15와 16의 인용 부분은 비교를 쉽게 하기 위해 순서를 바꿨다. 원문의 의미는 "They had come with a permit they obtained from the governor-general's office to make a stuffed specimen or something."이지만 이에 대한 번역A와 B의 재구성은 충분히 타당하다.

4. 문체론과 충실성(Fidelity)

문학의 언어는 "정교화된 코드(elaborated code)"로, 구조적 선택 및 "변형적 대안(transformational alternatives)"(Ohmann, 1964) 등 수많은 선택을 허용하기 때문에 상당히 낮은 예측가능성을 보인다.[16] 저자에게 가능한 선택의 범위는 저자의 세계관(Weltanschauung), 저자가 독자를 보는 관점, 저자가 작업 중인 장르에 크게 좌우된다. 따라서 번역자는 어떠한 경우에도 자신에게 주어진 선택의 범위가 저자와 동일할 것으로 기대할 수 없다. 문학담론이 낮은 수준의 예측가능성을 보인다는 말은 "저자의 머릿속에 들어가" 진짜 의도가 무엇인지 찾아낼 "객관적인 방법이 없다(McIntosh and Halliday, 1966: 92)"는 말을 달리 표현한 것이다. 사람들이 습관적으로 마치 어느 정도는 남의 머릿속을 들여다볼 수 있는 것처럼 행동할 수는 있지만, 이 점에 대해선 명확히 인식하고 있어야 한다. 결국 원작자의 문체 재현이 어려운 이유는 번역자가 원작자의 선택지를 충분히 공유할 수 없기 때문이기도 하지만, 원작자의 의도를 파악하기가 매우 어렵다는 사실에서도 기인한다.

번역자는 자신이 이용할 수 있는 것, 즉 언어와 텍스트에 의존해야 한다. 그러나 이 부분에서도 번역자의 고민은 결코 단순하지 않다. 저자가 특별한 효과를 창출하기 위해 그만의 독특한 방식으로 사용한 문체적 장치는 아무리 잘된 번역이라도 목표어 텍스트 독자들에게 반드시 동일한 효과를 갖는다고 볼 수는 없을 것이다. 극단적으로, 저자의 문체를 목표어로 충분히 재현하는 것이 아예 불가능하다고 주장할 수도 있다. 그러나 번역자가 절망할 필요는 없다. 일반적으로 사람들이 언어적 매체의 관습에 반응하는 방식에는 비슷한 점이 많기 때문이다. 물론 문체적 자극에 대한 일반인의 반응이 모두 같지는 않을 것이다. 사람 별로, 상황 별로

---

16 "정교화된 코드와 제한된 코드(elaborated and restricted code)"의 개괄적 설명은 번스타인 (Bernstein, 1966) 참조.

들쑥날쑥 할 것이다. 그러나 그런 변동성은 다양한 사람, 시간, 상황에 걸쳐 나타나는 반응의 상대적 안정성에 비하면 훨씬 작다. 대체로 상황이 담론의 '어조(tone)'와 '맛(flavor)'을 정하는 것은 사실이지만, 저자의 문체는 역으로 상황 자체에 어느 정도는 영향을 줄 수 있다.

문학번역이 성공하려면 번역자의 이중언어 능력 이상의 것이 요구된다. 번역자의 문체적 감수성에 더해 저자의 문체를 최대한 충실하게 재현하려는 의지가 필수불가결하다. 문체적 충실성은 겹겹이 쌓인 실체 없는 뭔가를 평가해야 하는 번역자에게 높은 수준의 비판적 지성을 요구한다. 맥켈란(McCellan, 1965)의 지적처럼 번역자가 비판적 판단력이 없으면 진부한 것을 알아보지 못하고 자신도 모르게 원문에는 없는 품격을 갖춘 번역문을 만들어낼 가능성이 있다. 사이덴스티커(Seidensticker, 1965)는 "원문의 울퉁불퉁 낡고 해진 부분과 수면부족의 증거들"이 번역문에도 나타나야 한다고 주장하고 그런 결함을 없애는 것이 번역자의 역할은 아니며 번역자의 양심에도 어긋나는 일이라고 지적했다. 탠콕(1958)도 비슷한 입장에서, "모호함, 투박함, 모순"이야말로 문체를 만드는 재료이며 번역자는 저자의 문체를 "어떤 흠이 있더라도" 최선을 다해 그대로 전달해야 한다고 주장했다. 번역자의 민족중심적 편향성이 자신도 모르게 끼어들면서 외국어로 옮긴 번역문이 원문보다 훨씬 품격 있는 작품이 되는 결과가 초래될 가능성도 있다. 이런 이유들 때문에, 작가들 개인의 문체적 특이성에서 큰 차이가 나타나는 상황에서 너무 여러 작가의 작품을 번역하는 것은 바람직하지 않다. 문학작품을 번역하는 사람에게는 작가 단 한 명의 문체적 선택을 다루는 일만도 충분히 어려운 과제다. 번역자가 아무리 훈련을 많이 받고 경험이 풍부하더라도 문체가 각기 다른 여러 작가의 작품을 번역하려 들면 어느 한 명의 작품도 제대로 살려내지 못할 위험이 크다.

문학적 글쓰기는 제한된 코드의 관습에 의존하지 않는다. 문학에서 어역의 특징은 번역자가 동태적 등가어 선택의 방향을 잡기 위해 문장 너머로 시야를 넓혀야 한다는 점이며, 모든 자연어 사용 중 번역에서 이 특징이 가장 두드러지게 나타난다. 문학작품에서 궁극적으로 유효한 언어 단위는 전체 텍스트뿐이며, 적어도 이론적으로는, 어떤 문체적 장치든 작품 전체의 맥락을 고려하지 않고는 그것이 최종적인 선택이라고 간주할 수 없다. 번역에서 문체는 매우 중요하면서도 까다로운 문제다. 웰렉과 워렌 (Wellek and Warren, 1956: 169)이 크레소(Cressot, 1947: 6)의 이른바 "비교 문체론"을 정립하자고 촉구했을 때는 그만한 이유가 충분히 있었던 것이다. 언어학적 관점에서는 할리데이(Halliday, 1964)가 제안한 "언어학적 문체론"의 효용에도 깊이 주목할 만하다. 서로 다른 언어 간에도 유사한 형식적 특징을 찾을 수 있다는 문체론의 보편소(universals)(Saporta, 1960: 91) 또한 그에 못지않게 설득력을 가진 개념이다.

Bernstein, B. (1966). Elaborated and Restricted Codes: An Outline. *Sociological Inquiry* 36(2), pp. 254~261.

Bloch, B. (1953). Linguistic Structure and Linguistic Analysis. In A.A. Hill, (Ed.), *Report of the Fourth Annual Round Table Meeting on Linguistics and Language Teaching.* Washington: Georgetown University, pp. 40~44.

Carroll, J.B. (1960). Vectors of Prose Style. In Sebeok, T.A. (Ed.), *Style in Language.* Cambridge: MIT Press, pp. 283~292.

Chao, Y.R. (1964). Translation without Machine. In H.G. Lunt (Ed.), *Proceedings of the Ninth International Congress of Linguists.* The Hague: Mouton, pp. 504~510.

Cressot, M. (1947). *Le Style et ses Techniques.* Paris: P.U.F.

Farwell, C. (1972). Crosslinguistic Evidence for the Higher Sentence Analysis: A Review of the Literature. *Working Papers on Language Universals* 8, pp. 101~133. (Stanford University).

Fowler, R. (1972). Style and the Concept of Deep Structure. *Journal of Literary Semantics* 1, pp. 5~24.

Guiraud, P.K.P. (1970). *La Stylistique: Lectures.* Paris: Klincksiek.

Halliday, M.A.K. (1964). The Linguistic Study of Literary Texts. In H.G. Lunt (Ed.), *Proceedings of the Ninth Congress of Linguistics.* The Hague: Mouton pp. 302~307.

Harweg, R. (1972). Stilistik und Textgrammatik. *Zeitschrift für Literaturwissenschaft und Linguistik* 5. pp. 71~82.

Hjelmslev, L. (1961). *Prolegomena to a Theory of Language.* Madison: University of Wisconsin Press.

Hockett, C. (1958). *A Course in Modern Linguistics.* New York: The Macmillan Company.

Jacobsen, E. (1958). *Translation: A Traditional Craft.* Copenhagen: Gyldendal.

Joos, M. (1958). Semology: A Linguistic Theory of Meaning, *Studies in Linguistics* 13, pp. 53~70.

Kroeber, A.L. (1957). *Style and Civilizations*. Ithaca: Cornell University Press.

Malinowski, B. (1923). The Problem of Meaning in Primitive Languages. In C. K. Ogden and I. A. Richards. (Eds.), *The Meaning of Meaning*. London: Routledge and Kegan Paul, Ltd., pp. 296~336 (Tenth Edition, 1960).

Martin, S. (1964). Speech Levels in Japan and Korea. In D. Hymes (Ed.), *Language in Culture and Society*. New York: Harper, pp. 407~415.

McClellan, E. (1965). Problems of Translation from Japanese: A Symposium. *Yearbook of Comparative and General Literature* 14, pp. 54~57

McIntosh, A. (1972). Language and Style. In J.B. Pride and J. Holmes (Eds.), *Sociolinguistics: Selected Readings*, pp. 241~251.

McIntosh, A. & Halliday, M.A.K. (1966). Patterns of Language: Papers in General, *Descriptive and Applied Linguistics*. London: Longman.

Nida, E. & Taber, C. (1969). *The Theory and Practice of Translation*. Leiden: E.J. Brill.

Ohmann, R. (1964). Generative Grammars and the Concept of Literary Style. *Word* 20, pp. 423~439.

O'Rouke, K. (1973). *Ten Korean Short Stories*. Seoul: Yonsei University Press.

Osgood, C. (1960). Some Effects of Motivation on Style of Encoding. In Sebeok. T.A. (Ed.). *Style in Language*. Cambridge: MIT Press, pp. 293~306.

Pyles, T. (1971). *The Origins and Development of the English Language*. 2nd Ed. New York: Harcourt Brace Jovanovich, Inc.

Saporta, S. (1960). The Application of Linguistics to the Study of Poetic Language. In Sebeok, T.A. (Ed.), *Style in Language*. Cambridge: MIT Press, pp. 82~93.

Seidensticker, E.G. (1965). Problems of Translation from Japanese: A Symposium,. *Yearbook of Comparative and General Literature* 14, pp. 57~59.

Tancock, L.W. (1958). Some Problems of Style in Translation from French. In Booth, A.D. (Ed.). *Aspects of Translation*. London: Secker and Warburg, pp. 29~51.

Wellek, R. (1960). Closing Statement. In Sebeok, T.A. (Ed.). *Style in Language*. Cambridge: MIT Press, pp. 408~419.

Wellek. R. & Warren, A. (1956). *Theory of Literature*. New York: Harcourt, Brace and Company.

문학 텍스트와 문체론

김 홍 수

1. 문학작품 문체에 대한 어학적 논의

문체론은 언어학과 문학이라는 두 분야를 고려하는 관점에서 크게 어학적 문체론과 문학적 문체론으로 나누어 생각해 볼 수 있다. 이때 어학 문체론은 일상언어의 문체론과 문학작품이나 작가의 문체에 어학적 방법으로 접근하는 문체론을 포괄하며, 문학 문체론은 작품이나 작가의 문체에 문학적 방법으로 접근하는 경우와 문학적 목적에서 어학적 방법을 활용하는 경우를 포괄한다. 이렇게 볼 때 문학작품의 문체론에는 어학적 접근법, 문학적 방법 또는 어학적 방법에 의한 문학적 접근법 들이 있는 셈인데, 여기에서는 어학적 접근법을 다룬다.

작품·작가의 문체에 대한 어학적 접근법은 다시 크게 세 가지 단계로 나누어 볼 수 있다.

첫째는 언어의 문체에 대한 일반적 관심의 연장선에서 작품·작가의 문체도 다양한 문체 현상의 일환으로 살피고 기술하는 것이다. 예컨대 국문 고전소설의 경우 표기체가 순국문체이며 한문 번역투나 문어체인 작품들이 있는가 하면 판소리계 소설처럼 구어체인 것들이 있음을 살핀다. 김소월 시 「진달래꽃」 "사뿐히 즈려밟고 가시옵소서", 이용악 「전라도 가시내」 "불술기 구름 속을 달리는 양 유리창이 흐리더냐"에서 '즈려'가 평북 방언이고 '불술기'가 기차를 뜻하는 함북 방언으로서 '火輪車'와 관련되리라 생각한다. 지시대명사 '그'와 'she'나 '彼女'의 대응형인 '그녀'가 소설에서 쓰이기 시작해 선호되는 것을 보고 현대국어 3인칭대명사의 용법이 서양, 일본의 문학어 수용과 그 영향 속에서 발달한 것이라 판단한다.

둘째는 작품·작가의 문체 현상이 일상어와 다른 문학어의 일부임에 유의하여 일상어가 문학어에 관여하는 양상과 문학어의 특성을 살펴 이해하고자 하는 것이다. 예를 들어 「용비어천가」, 「월인천강지곡」의 경우 문장 종결에서 '-니, -라'의 쓰임을 악장 형식과 관련지어 어떻게 이해할지 어미 형태, 대우법, 율조·음악 면에서 생각해 본다. 김영랑 「四行詩」 "님 두시고 가는 길의 애끈한 마음이여 / 한숨쉬면 꺼질듯한 조매로운 꿈길이여"에서 파격 조어 '애끈하다', '조매롭다'의 일탈과 시적 효과에 유의한다. 「진달래꽃」 "죽어도 아니 눈물 흘리우리다"에서 '아니'의 특이한 어순을 逆說의 강조나 북부 방언 면에서 주목한다. 신소설과 이광수, 김동인의 소설을 중심으로 '-더라, -이라'가 '-엇다, -이다'로 바뀌는 과정을 살피면서 서술자의 주관적 개입에서 객관적 寫實性 확보 쪽으로 서술 방식이 이행되는 것으로 파악한다.

셋째는 작품·작가의 특징적이고 선택적인 언어·문체 현상에 유의하고 어학적 방법에 힘입어 문학어의 특성을 밝히고 작품·작가의 문체와 문학성을 분석, 해석하고자 하는 것이다. 이를테면 정철의 「훈민가」, 「속미인곡」에서 구사, 연출되는 대화적 화법과 장면을 독자에 대한 설득 어조나 극적 분위기 조성 면에서 정철 시가 문학의 주요 태도이자 기법으로 파악한다. 윤동주 「序詩」의 끝 행 "오늘밤에도 별이 바람에 스치운다."에서 '스치운다'의 피동성과 진리적 현재성을 중시해 실존적 자아의 고뇌와 결단이 영속되는 것으로 해석한다. 채만식 「태평천하」의 "이 여섯점 고동에 마추어 우리 낡은 윤장의 영감도 새날을 맞느라고 기침을 했습니다.”
에서 서술자의 ‘합쇼’체가 서술자가 이야기에 개입하는 ‘이야기하기’ 기법
의 일환으로서 독자의 공감과 참여를 유도하여 풍자 효과를 높이는 것으
로 본다. 조세희 「난장이가 쏘아올린 작은 공」의 대화 “도대체 이걸로
뭘 하겠다는 거야?” / 내가 물었다. / “영호야.” / 아버지가 말했다. / “너
도 형처럼 책을 읽어라.” / “뭘 하겠다는 게 아냐.” / 형이 말했다. 에서
‘나’(영호)와 ‘형’(영수)의 대화 장면에 그 이전 ‘나’와 ‘아버지’의 대화 장면
이 끼어 겹치는 데에 따르는 비약과 충격, 영화의 몽타주 기법, 갈등의
심화를 주목한다. 이상의 세 단계 접근법을 채만식 소설 문체에 대한 적용
사례로써 정리해 본다. 첫째 단계에서는 그의 작품에 나타나는 작가나 인
물의 언어를 1930년대 국어 자료의 일환으로 관찰하고 특히 다양한 어휘
·표현(속어, 외래어, 고사성어, 속담 등)과 방언의 쓰임을 살필 수 있다.
둘째 단계에서는 「痴叔」에서 1인칭 화자의 독자 상대 구어체, 「태평천
하」에서 서술자의 독자 지향 ‘합쇼’체, 작가가 개입해 논평하는 예(“이 이
애기를 쓰고 있는 당자 역시 절라도 태생이기는 하지만 ~ ”) 들의 쓰임에
유의한다. 또 「치숙」 후반부 ‘나’와 ‘아저씨’의 파행적 대화를 담화분석 방
법에 따라 살핀다. 셋째 단계에서는 채만식 소설의 특징적 서술 방식으로
고전소설의 설화체와 판소리 구연 방식의 채용, 청자 인물의 존재를 숨기
는 대화 소설(「이런 처지」, 「少妾」) 들을 주목한다. 그리고 채만식 소설의
작가·언어의식과 문학성 논의 맥락을 염두에 두고 방언의 기능, 서술자
의 적극적 관여와 독자지향성 들을 풍자·반어와 ‘이야기하기’ 기법 면에
서 해석한다.

　　이러한 어학적 접근법의 의의를 생각해 보면, 우선 언어 현상의 논의
대상을 확대, 특화함으로써 문장 이하·구조 중심 기존 어학의 인식과 설
명법을 점검, 보완하고 새로운 제재와 영역을 찾는 계기가 될 수 있다.
또 다양하고 특징적인 문체 현상, 일상어와 문학어의 관련과 차이를 집중
적으로 살핌으로써 다양한 언어 변이체나 담화·텍스트 유형에 대한 논의

를 다원화, 정밀화하고 어학과 문학의 간격을 좁히는 데에 사례나 고리가 될 수 있다. 나아가 문학 쪽의 언어·문체 논의 특히 어학적 방법을 활용하는 문학적 접근법에 참고가 될 수 있을 것이다.

2. 논의 대상과 방법

문학작품에 대한 어학적 문체론의 대상을 보면, 그동안 특징적 문체의 경향성과 특이성이 두드러진 일련의 작품·작가를 중심으로 문체의 경향성을 구현하는 일련의 일[반적 문체 요인들을 살펴 왔다. 주로 거론된 문체 요인은 문장 길이, 통사 구조와 문장 서법의 유형, 주어 생략, 품사, 접속어, 수사법(비유, 이미지 등), 어휘(감각어, 색채어, 의성·의태어 등), 문장부호 등이다. 그런데 좀 더 발견적이고 생산적인 논의가 폭넓고 균형 있게 이루어지기 위해서는 대상 작품·작가·논점들이 더 다양화, 특화되어야 할 것이다. 그리고 어학적 문체론의 대상은 언어학의 흐름과 성과를 반영하게 되는데, 그동안 전통어학, 구조주의, 변형생성언어학은 문장 이하·구조·문법 중심이어서 문장 이상 층위, 기능, 의미가 중시되는 문체론의 대상 확보와 창출에 어려움이 있었다. 이 점에서 의미·화용론, 담화·텍스트언어학, 기호학, 수사학 등은 문체론의 대상을 풍부하게 하고 특화, 심화하는 데에 기여할 것이다.

이러한 어학 문체론의 대상은 문학어 문체 현상의 어느 면에 주안점을 두는가에 따라 크게 둘로 나누어 볼 수 있다. 그 하나는 랑그 문체로서, 문학어나 문학 장르의 일반적 문체 요소·규칙·원리에 따라 작품·작가의 문체에 나타나는 일반적 경향성과 관습을 규칙화, 유형화하는 것이다. 둘은 파롤 문체로서, 문체 문법으로서의 랑그 문체가 개별 작품·작가의 문체로 특징적으로 실현, 구사되는 양상이다. 이때 일반 일상어 문체, 랑그 문체, 파롤 문체의 관계는 일상어 문법, 시문법, 개인어·작가어 문법의 관계에 견줄 만하다. 시문법은 일상어 문법을 바탕으로 **詩學的** 동기에 의해 변용, 일탈되고, 진보적이고 실험적인 개인이나 작가의 개신형이 일상어 문법이나 시문법을 변화시키면서 그 일부로 자리 잡게 된다. 이와 비슷하게 문학어의 랑그 문체는 일반 일상어 문체를 바탕으로 문학적 동기에 의해 특화, 일탈되고, 개성적이고 실험적인 개인이나 작가의 새롭고 독특한 파롤 문체가 일상어 문체나 문학어 랑그 문체의 관습과 규약을 변화시키면서 그 일부로 정착되는 것이다. 요컨대 작품의 문체는 문학어 랑그 문체의 영향과 작품·작가 파롤 문체의 자극이 상호작용하는 가운데 지속적으로 다양해지고 새로워진다 하겠다.

　구체적 논의 대상은 일단 랑그 문체에서 점검, 설정될 수 있다. 문체는 본래 다양한 실현에서 비롯된 만큼 문법에서 랑그적 측면이 중시되는 것과 달리 파롤적 측면이 중시되지만, 문체의 기본 요인과 논리는 랑그 문체에서 논의·상정되기 때문이다. 논의 대상이 될 만한 문체 요인이나 논점으로는 모든 언어 층위(음운, 형태, 어휘, 통사, 의미, 화용, 담화, 텍스트), 문법의 여러 측면(통사구조와 규칙, 문법 범주와 기능, 의미·화용 기능, 문법 요소 등)에 걸쳐 주요 현상이나 주제들을 두루 고려할 수 있다. 그런 예로 위에서 거론되었던 요인들 외에, 운율, 구어·문어체 문법 형태, 핵심 **詩語**나 상징어의 계열성, 어순, 명사적 구문과 동사적 구문, 능동과 피동, 시상('-었다'와 '-는다), 부정, 경어법, 화행, **視點**, 인용 화법(자유간접화법, 내적 독백), 서술자 개입, 담화 유형과 서술 방식(설명, 서사, 묘사, 논평, 요약), 대화의 격률과 일탈, 배경과 **前景**, 텍스트의 결속성(cohesion)과 응집성(coherence), 대화·담화·텍스트의 전개 양상, 상호텍스트성(개작, 패러디) 등이 있다.

　문학작품에 대한 어학 문체론의 방법은 언어학의 흐름과 성과(구조주의, 변형생성언어학, 기능·인지·화용론, 담화·텍스트언어학 등)에 따라 다양하게 제안, 적용되었으나, 이론적 적용에 이끌려 실질적 문체 논리가 체계적으로 축적되지 못한 감이 있다. 아울러 문체의 특징적 경향성을 객관적, 명시적으로 드러내기 위해 통계적 방법이 사용되었고 최근의 말뭉치언어학은 이러한 방법의 정밀화에 유용할 것으로 기대되나, 통계 적용의 조건과 맥락이 적합하고 타당하게 설정되어야 할 것이다. 또 작가 문체에 내재하는 정신·성격 요인을 밝히기 위해 심리학적 방법이 사용되기도 했는데, 작가의 성격·심리가 문체에 직접 반영된다기보다 창작심리나 언어·표현·문체의식과 맞물려 문체에 투사되는 것으로 볼 수 있다.

언어학의 흐름에 따른 방법 적용 사례를 몇 가지 들어 본다. 구조주의에서는 야콥슨과 레비스트로스의 경우 보들레르의 Les chats(고양이들)에 나타나는 운율·문법·의미 각각의 통합·계열 관계와 서로간의 호응·대립 관계를 분석함으로써 은유·신화적 의미 해석에 이른다. 변형생성론에서는 선호하는 통사 구조와 변형 규칙을 근거로 헤밍웨이의 직접적이고 투명한 문체와 헨리 제임스의 복합적이고 모호한 문체를 대비하는가 하면, 문법에서 일탈된 커밍스 시의 심층 구조를 복원해 시문법의 질서를 세우기도 한다. 기능론에서는 핼리데이의 경우 골딩의 The Inheritors에 나타나는 자동사·타동사 구문의 분포를 해석해 인간이 자연에서 문명으로 移行하는 과정에 대응시킨다. 인지론에서는 시상 표현 '-었다.'와 '-는다.', 관계절·종속절과 주절에 대해 배경과 전경을 대응시키고, 시에서 시간·공간적 이동이나 은유의 영상도식·전이·원형에 유의해 구조와 의미를 해석하기도 한다. 화용론에서는 김수영 시 「이 한국문학사」의 "이 죽은 순교자들을 어떻게 생각해야 하나 ~ 저들의 고요한 숨길을 웃지 마라"에서 문학인을 가리키는 지시사 '이'와 '저'의 대비를 이중적 자의식과 반어적 어조의 표현으로 해석한다. 한용운 「알 수 없어요」의 "그칠 줄을 모르고 타는 나의 가슴은 누구의 밤을 지키는 약한 등불입니까."에서 여성적 어조로 '님'에 대한 내성적 지향을 劇化하는 것에 대해 간접 화행과 경어법을 주목하며, 시의 은유와 상징, 김유정 소설의 해학을 일상 대화의 격률 위배 양상 면에서 해석하기도 한다.

담화 분석론에서는 핀터의 희곡 The Dumb Waiter 대사 "뭐 하나 물어

보고 싶은데요.”(반응 없다가) “거기서 뭐 하고 있소?” “아, 난 그저 이제
막.” “차 한 잔 어떻소?”에서 한 인물이 상대방의 말을 무시하고 주도권을
행사하는 지배 관계를 보아 낸다. 채만식 「치숙」의 이야기 구조를, 전반부
는 요약적 서사와 일반적 설명·주장인 데 비해 후반부는 특정 대화 장면
으로서 구체적 예시인 것으로 파악한다. 텍스트언어학에서는 최명희 『혼
불』에서 부분·寄生 텍스트들이 어느 정도 독자성을 띠면서 병렬적, 개방
적으로 확대되고, 또 비선형적으로 교직, 방사, 융합되는 점을 주목하고,
희곡의 구성과 대사를 텍스트성의 여러 기준에 따라 분석하기도 한다.
「월인천강지곡」에서 석보상절부 관련 노랫말이 내용·형식·율조상 조
건에 맞추어 생략, 축약, 재구성, 첨가 등으로 이루어지는 과정을 상호텍
스트성과 **修辭** 구조 면에서 분석한다.

이상 문학작품에 대한 어학 문체론의 대상과 방법은 문학 문체론의 구
조주의, 형식주의, 기호학, 原典비평, 바흐친의 대화주의 등 접근법들과도
폭넓게 관련되므로 서로의 대화와 교류가 필요하다. 이제 발표자 나름대
로 랑그 문체, 시 문체, 소설 문체의 실례 몇 가지를 보기로 한다.

3. 문장 종결 형식에서 '-었-'과 '-느-'계의 쓰임

랑그 문체의 사례로, 문장 종결 형식에서의 시간 표현 그 중에서도 쓰임
이 두드러진 '-었다'와 '-는다(-다)'의 문제를 생각해 본다. 시간 관련 문법
요소들은 많은 경우 그 쓰임이 시제, 상, 양태에 걸쳐 논란이 되었고, 문장
이상의 담화·텍스트 층위에서도 기능을 수행함으로써 새 논의 대상으로
제기되고 있다. 그런데 시간 관련 문법 요소들은 이러한 문법범주 간 내적
관련과 담화·텍스트 기능을 바탕으로 문학 텍스트에서도 뚜렷한 쓰임과
기능을 보임으로써, 어학의 영역을 넓히면서 문학과 연계될 수 있는 논제
가 된다. 특히 '-었다'와 '-는다(-다)'는 초기 근대 소설 문체의 형성 과정에

서도 문제가 되었고 오늘날에도 서술 기법으로 폭넓게 활용되고 있어서 주목을 받아 왔다. 이러한 쓰임은 비문학 텍스트나 시에서도 나타나, '-었-' 은 서사, 서사적 설명, 시의 서사적 맥락이나 서사시, '-느-'계는 묘사, 일반적 설명과 논설, 시의 정서·묘사적 맥락이나 서정시 등에서 선호된다. 그럼에도 그 쓰임이 소설에서 가장 다양하게 복합적으로 나타나서인지 그동안 논의는 소설을 중심으로 전개되었다.

소설에서 시상 요소의 양태 의미와 담화·텍스트 기능에 대한 다양한 논의를 '-었-'과 '-느-'계에 맞추어 정리해 보면 다음과 같다. 즉, 시상과 양태 면에서 전체성과 단면성, 외면성과 내면성, 거리감과 직접성·현장성, 인지 면에서 배경과 전경, 정보·담화 구조 면에서 평범한 정보와 주요 정보·인상적 내용, 서사와 묘사, 주사건과 일반적 설명·논평, 담화·텍스트·화용 기능 면에서 객관성과 주관적 개입, '-었-' → '-느-'계의 추이와 삽입에 따른 시점 이입, 강조, 전환 등으로 대비되면서 맞물린다. 이때 '-었-'은 중요한 정보인 주사건에 쓰이면서 배경적 서사·설명에서는 평범한 정보에 쓰이고, '-느-'계도 사건 맥락에서는 중요하거나 전경적인 내용·장면에 쓰이면서 설명 맥락에서는 평범하거나 배경적인 내용에 쓰인다. 한편 근대 소설 문체 형성기의 '-느-'계와 '-었-'의 쓰임에 대해, 현재·미완료 서술에서 서술 주체와 대상의 구별에 대한 의식이 미분화되어 있다가 과거·완료 서술로써 주체와 대상의 객관적 거리가 의식, 자각되게 되었다고 보는 경향이 있었다. 그러나 당시에도 '-느-'계가 현장적·전경적·묘사적 서술에 쓰인 경우 그런 해석은 재고되어야 할 것이다.

이러한 쓰임들 중 '-느-'계의 경우, 사건시가 현재 서술시와 동시적인 경우는 (1), 사건을 서술자에게 근접시키기, 일반적·습관적 상황은 (2), 특정사건을 일반적 사건으로 늘이고 넓히기, 장면의 개괄 및 일반적 내용의 구체화, 과거 사건으로서 서술자 시점의 경우는 (3), 서술자가 사건에 외부로 근접하기, 장면의 전경화·초점화 및 知覺·심리적 지속, 인물에게 이입되어 내면화되는 경우는 (4),(5), 인물 내부로 들어가기, 인물에의 주관화나 동일화, 그리고 서술 경위 설명의 경우 (6), 배경·부수 담화로서 제보와 설명의 경우 (7), 서술자의 논평과 심리적 태도 개입의 경우 (8) 등 맥락에 따른 다양한 인지 과정과 담화·텍스트 기능을 볼 수 있다.

그런데 이러한 쓰임은 작가나 작품에 따라 상당한 편차가 있다. 이는 작가의 문체 의식과 취향, 기법적 특징을 드러냄과 아울러 작품의 성격과 내용에 형식·문체가 상응, 통합되는 양상을 보인다는 점에서 본격적인 문학 파롤 문체론의 대상이 될 것이다. 예컨대 황순원, 박경리, 최명희의 소설에서는 작품에 따라 차이가 있기는 하지만 '-느-'계가 선호되는 데 비해 김동인, 황석영, 조세희 등에서는 절제된다. 또 최인훈 소설의 경우 작품의 맥락에 따라 '-었-'과 '-느-'계가 빈번하게 교대되며 특히 의식의 흐름이 중시되는 일련의 작품에서는 '-느-'계가 선호된다.

(1) 타고 오던 때와 거꾸로 햇빛이 곧바로 들어온다. 그녀는 놀란다. 차 안에는 아무도 없다. 운전사 옆자리 덩그마하게 솟은 기관부 위에 북어짝이 장작개비처럼 수북이 실려 있다. 허름한 시골 버스다. 마루를 본다. 판자가 들썩한 사이로 자갈이 내려다보인다.

(최인훈, 「挽歌」)

(2) 1897년의 한가위.
까치들이 울타리 안 감나무에 와서 아침 인사를 하기도 전에, 무색 옷에 댕기꼬리를 늘인 아이들은 송편을 입에 물고 마을길을 쏘다니며 기뻐서 날뛴다. 어른들은 해가 중천에서 좀 기울어질 무렵이래야, 차례를 치러야 했고 성묘를 해야 했고 이웃끼리 음식을 나누다 보면 한나절은 넘는다. ~ 이 바람에 고개가 무거운 벼이삭이 황금빛 물결을 이루는 들판에서는, 마음놓은 새떼들이 모여들어 풍성한 향연을 벌인다.

(박경리, 『토지』)

(3) 그리고 이제 점점 끝나가는 예식을 아쉬워하며, 신랑과 신부가 표주박의 술을 남기지 않고 한번에 마시는지 어쩌는지, 마지막 흥겨움과 긴장을 모으며 여기저기서 한 마디씩 했다. 신랑이 잔을 비운다. 대

반은 신랑의 손에서 표주박을 받아 상 위에 놓는다. 신부의 차례에 이르자, 사람들은 저절로 흥이 나서 고개를 빼밀고 꼰지발을 딛는다. ~ 그런데도 사람들은 정말로 신부가 한 방울씩 술을 마시기라도 하는 것처럼 흥겹다. 이윽고 수모는 잔을 떼어낸다. 왁자지껄. 사람들은 한꺼번에, 참았던 소리를 터뜨렸다.　　　　　(최명희, 『혼불』)

(4) 명준은 그녀를 돌아다본다. 발끝을 내려다보면서 모래를 비비적거리고 있다. 푸른 줄이 간 원피스가 눈에 시다. 나무 그늘인데도, 바닷가 햇살은 환하다. 그녀는 흠칫하는 듯했으나, 가만 있는다. 오래 그러고 있는다.　　　　　(최인훈, 「광장」)

(5) 불일듯하는 목구멍을 식히려고 침대에서 내려 큰 컵으로 물을 따라 마시고 다시 자리로 기어 오른다. 굳이 돋우지 않아도, 얻어마신 술기운이 벌써 스며오는지 스르르 눈꺼풀이 감긴다. 다시 골라 잡는다? 다시 골라잡으래도 또 이 자리를 짚겠느냐고? 암 그렇지…… 암.
　　　　　(최인훈, 「광장」)

(6) 나는 이제 나의 탈가한 이유를 군에게 말하고자 한다. 여기에 대하여 동정과 비난은 군의 자유이다. 나는 다만 이러하다는 것을 군에게 알릴 뿐이다.　　　　　(최서해, 「탈출기」)

(7) 어머니는 애꾸눈 노인과 함께 껍질을 벗겼다. 노인은 주물 공장에서 일하다 한쪽 눈을 잃었다. 그는 삼십 년 동안 한쪽 눈으로만 세상을 보아왔다. 그는 장님 나라의 애꾸눈 왕과는 다르다.
장님 나라의 애꾸눈 왕은 제가 언제나 제일 잘 본다는 확신을 갖는다. 그러나 애꾸눈 왕이 볼 수 있는 세계는 반쪽 세계에 지나지 않는다. 그가 자신의 눈만 믿고 방향을 바꾸어보지 않는다면 다른 반쪽 세계에 대해서는 끝내 알 수 없다. 어머니는 인도네시아산 원목의 껍질을 벗겨 지고 해방동 비탈길을 올라왔다.

　　　　　(조세희, 「클라인씨의 병」)

(8) 그런데도 한씨부인은 그런 일들에 거의 괘념하지 않는 것 같았다. 그저 담담한 기색으로 안방에서 대청으로, 대청에서 장독대로 오가면서 집안일을 살피었다. 천성이 그러한가.　　　　　(최명희, 『혼불』)

4. 시의 문체

시 문체의 사례로 윤동주, 김수영, 신동엽 시의 단편적 특징 몇 가지를 살핀다.

윤동주의 일련의 시에서는 의문 제기 — 진단·탐색 — 대응 의 담화구조가 나타난다. 이는 자아에 대한 회의가 성찰, 각성을 통해 자기 갱신의 결의와 행동으로 나아가는 과정에 상응한다. 예를 들면 "하얗게 눈이 덮이었고 電信柱가 잉잉 울어 / 하나님 말씀이 들려온다. // 무슨 啓示일까. ~ 無花果 잎사귀로 부끄런 데를 가리고 / 나는 이마에 땀을 흘려야겠다." (「또 太初의 아침」), "생각해 보면 어린 때 동무를 / 하나, 둘, 죄다 잃어 버리고 // 나는 무얼 바라 / 나는 다만, 홀로 沈澱하는 것일까? // 人生은 살기 어렵다는데 / 詩가 이렇게 쉽게 씌어지는 것은 / 부끄러운 일이다. ~ 나는 나에게 작은 손을 내밀어 / 눈물과 慰安으로 잡는 最初의 握手." (「쉽게 씌어진 詩」) 들이다.

상황 인식에 따르는 행동성이 청유 화행으로 나타나기도 한다. 자신을 향해 다짐하면서 다그치는 내향적 청유는 강한 실천 의지의 표출이기도 하지만 절박함의 표현이기도 한데, 「또 다른 고향」에서 피동성('쫓기우는)과의 맞물림은 이를 반영한다. 즉 "志操 높은 개는 / 밤을 새워 어둠을 짖는다. // 어둠을 짖는 개는 / 나를 쫓는 것일게다. // 가자 가자 / 쫓기우는 사람처럼 가자 / 白骨 몰래 / 아름다운 또 다른 故鄕에 가자." (「또 다른 고향」), "밤이면 밤마다 나의 거울을 / 손바닥으로 발바닥으로 닦아 보자." (「懺悔錄」), "바닷가 햇빛 바른 바위 우에 / 습한 肝을 펴서 말리우자, // 코카사스 山中에서 도망해온 토끼처럼 / 들러리를 빙빙 돌며 肝을 지키자," (「肝」) 등과 같다. 이에 비해 다음 김수영의 경우는 역시 내성적 권유이면서도 좀더 개방적, 외향적이다. "젊은 詩人이여 기침을 하자 / 눈 위에 대고 기침을 하자" (「눈」)

김수영의 「푸른 하늘을」은 의미·내용과 구조·형식의 인상적인 호응

관계를 보이며, 또 대화지향적인 의문 형식으로 주제나 傳言을 강력하게 효과적으로 비친다. 1연 "푸른 하늘을 制壓하는 / 노고지리가 自由로왔다고 / 부러워하던 / 어느 詩人의 말은 修正되어야 한다."에서의 '자유'가 낭만적이고 통념적인 반면에, 2, 3연 "自由를 위해서 / 飛翔하여본 일이 있는 / 사람이면 알지 / 노고지리가 / 무엇을 보고 / 노래하는가를 / 어째서 自由에는 / 피의 냄새가 섞여있는가를 / 革命은 / 왜 고독한 것인가를 // 革命은 / 왜 고독해야 하는 것인가를"에서는 각성과 체험에서 비롯된 새 이념이다. 이때 1연의 통사구조는 관형절, 인용절, 속격 관형구가 중첩된 내포 구조로 구속과 억압의 구질서에 상응하는 데 비해, 2, 3연은 목적어들이 이동되면서 병렬된 자유롭고 열린 구조로 구체제가 무너진 뒤의 개방적 분위기에 호응한다. 그리고 2, 3연에서는 '알지'의 확인 서법으로 미지의 목적어 내용에 대한 관심을 끈 다음 '무엇, 어째서, 왜' 의문문을 단계적으로 배치해 의문에 대한 해답을 추구하도록 이끄는 것이다.

신동엽의 시에서는 역사적 진리를 체현한 정신적 표상이자 역사적 인간상을 추구, 구현한다. 그런 존재는 여러 지칭법이나 표현법으로 나타나 동질적 계열의 의미망을 형성한다. 예컨대 개체 지칭어 '사람'("티 없이 맑은 永遠의 하늘 / 볼 수 있는 사람" 「누가 하늘을 보았다 하는가」), 환유적 표현 '눈', '얼굴' ("昇華된 높은 意志 가운데 / 빛나고 있는, 눈" 「빛나는 눈동자」, "얼굴 고운 사람 하나 / 서늘히 잠들어 있었어요." 「진달래 산천」), 인칭대명사 '당신', '그' ("하늘, / 잠깐 빛났던 당신은 금새 가리워졌지만" 「錦江」, "그리운 그의 모습 다시 찾을 수 없어도 / 울고 간 그의 영혼 / 들에 언덕에 피어날지어이." 「산에 언덕에」), 은유적 표현 '꽃' ("우리들이 돌아가는 자리에선 / 무삼 꽃이 내일 날 피어날 것인가." 「이야기하는 쟁기꾼의 大地」) 등이다.

신동엽 시의 주제와 세계관은 핵심적 시어, 이미지, 은유, 상징 들을 포함하는 '알맹이'계열과 '껍데기'계열의 대립 관계 속에 어느 정도 집약되어 있다. '알맹이'계열의 의미는 진실, 민족, 민중, 생명, 자연, 사랑, 화해 등으로 이어져 '껍데기'계열의 허위, 외세, 금권, 폭력, 물질문명, 증오, 분쟁 등과 대립되며, 「껍데기는 가라」를 비롯한 일련의 작품들에서 여러 시어나 표현으로 변주되어 나타난다. 예를 들면 "四月도 알맹이만 남고 / 껍데기는 가라. ~ 東學年 곰나루의, 그 아우성만 살고 / 껍데기는 가라. ~ 漢拏에서 白頭까지 / 향그러운 흙가슴만 남고 / 그, 모오든 쇠붙이는 가라." (「껍데기는 가라」), "우리끼리 익고 싶은 밥에 / 누군가 쇠가루를 뿌려놓은 것 같구나." (「금강」), "四月이 오면 / 山川은 껍질을 찢고 / 속잎은 돋아나고 있는데," (「四月은 갈아엎는 달」) 등에서 '알맹이, 아우성, 흙가슴, 속잎'은 '껍데기, 쇠붙이, 쇠가루, 껍질'과 대립된다. 특히 '흙가슴'은 대지와 신체의 결합 이미지이자 은유로 '아우성, 향그러운'과 호응해 공감각적 효과를 낳는다. 그리고 이러한 대립은 "祖國아 그것은 우리가 아니었다. / 우리는 여기 천연히 밭 갈고 있지 아니한가." (「서울」), "오늘은 그들의 巢窟 / 밤은 길지라도 / 우리 來日은 이길 것이다." (「밤은 길지라도 우리 來日은 이길 것이다」)에서 대명사 '우리'와 '그들'의 대립, 지시사 '여기'와 '그것'의 대비 들과도 호응한다.

5. 소설의 문체

소설 문체의 사례로 조세희의 「난장이가 쏘아올린 작은 공」을 집중적으로 살핀다. 「난쏘공」에서 눈에 띄는 조세희 소설의 문체 특징으로, 압축, 생략, 절제되고 속도감 있는 短文體, 인물·계층 간의 대립을 반영하는 구조·표현 상 계열적 대립, 빈번하고 급격한 장면 전환과 시간 착오, 파격적 장면·대화 삽입, 화제의 잦은 교대, 시적·환상적·우화적 장면과 분위기 활용, 상징성과 추상적 어조 등을 들 수 있다. (9)는 이런 특징들을 보이는 한 대목이다.

(9)　　"그런데, 이게 뭡니까? 뭐가 잘못된 게 분명하죠? 불공평하지 않으
　　　세요? 이제 이 죽은 땅을 떠나야 됩니다."
　　　"떠나다니? 어디로?"
　　　"달나라로!"
　　　"얘들아!"
　　　어머니의 불안한 음성이 높아졌다. 나는 책장을 덮고 밖으로 뛰어
　　　나갔다. 영호와 영희는 엉뚱한 곳을 찾아 헤매고 있었다. 나는 방죽
　　　가로 나가 곧장 하늘을 쳐다보았다. 벽돌 공장의 높은 굴뚝이 눈앞
　　　으로 다가왔다. 그 맨 꼭대기에 아버지가 서 있었다. 바로 한걸음
　　　정도 앞에 달이 걸려 있었다. 아버지는 피뢰침을 잡고 발을 앞으로
　　　내밀었다. 그 자세로 아버지는 종이비행기를 날렸다.

　　(9)에서는 '아버지'와 '지섭'의 대화에 갑자기 아무 표지 없이 '어머니'의
발화가 이어져 급격하고 파격적인 장면·대화 전환이 이루어졌다. 이때
어머니 발화에 함축된 아버지 실종 관련 내용은 명시되지 않고 있는 가운
데 어머니 ― 나(영수) ― 영호·영희 의 화제 교대가 곧바로 이어져 불안
하고 긴박한 상황의 분위기를 고조시킨다. 그리고 실종된 아버지에 대한
'나'의 환상은 앞선 아버지와 지섭의 상징적·우화적 대화 내용과 호응해
시적 분위기를 자아낸다.
　　이러한 맥락에서 인물 지칭법, 관계절 표현, 계열적 대립, 담화·텍스트
·화용 면에서의 몇 가지 단면을 본다.
　　이 작품에서 못 가진 자 계열은 고유 명사, 친족 명사, 1인칭 대명사
('나, 우리')로 지칭되는 반면에, 가진 자 계열은 익명의 3인칭 대명사 ('그,
그들'), 익명성과 비인간성이 두드러진 보통 명사·관계절 표현 ('사나이,
아파트 거간꾼들, 그의 사람들, 나이 든 사람, 쇠망치를 든 사람들')으로
지칭된다. 이러한 지칭법의 대비는 가진 자 계열에 대한 거리감, 경계심
과도 맞물려 계층 간 대립을 강화한다. 한편 같은 인물을 관점과 맥락에
따라 달리 지칭하기도 해서, (10)에서는 '나'(영희)의 시점인데도 자신의

가족을 친족 호칭어나 이름 대신 난장이의 관련항으로 지칭해 자신들의 상황을 냉정하게 객관화, 고발하고 있다. 이에 비해 (11)에서는 철거에 관여한 '쇠망치를 든 사람들'을 동일 반복형으로 지칭해 비인간성과 비정함을 강조한다.

(10) 우리집이, 이웃집들이, 온 동네의 집들이 보이지 않았다. 방죽도 없어지고, 벽돌 공장의 굴뚝도 없어지고, 언덕길도 없어졌다. 난장이와 난장이 부인, 난장이의 두 아들, 그리고 난장이의 딸이 살아간 흔적은 거기에 없었다.

(11) 쇠망치를 든 사람들은 무너진 담 저쪽에서 말없이 지켜보고 있었다. ~ 쇠망치를 든 사람들 앞에 쇠망치 대신 종이와 볼펜을 든 사나이가 서 있었다. ~ 쇠망치를 든 사람들이 집을 쳐부수기 시작했다.

못 가진 자 계열과 가진 자 계열의 대립은 이미지, 비유, 상징과도 맞물리면서 관계절을 비롯한 여러 표현들에서 인물, 사물, 공간, 감각, 가치 등에 걸쳐 폭넓게 나타난다. 이때 각 영역의 대립 내용들은 영역들 서로간에도 관련, 호응, 삼투되어 작품 주제의 일관성, 구조의 통일성, 의미의 응집성 들에 기여한다. (12)는 인물, (13)은 사물, (14 ㄱ, ㄴ, ㄷ)은 공간, 감각, 가치의 예이다.

(12) (공부를) 못 한 자, 입주권을 팔려는 사람, 대기권 밖을 날아다니는 사람들('아버지, 지섭'), 진실을 말하고 묻혀 버리는 사람들, 축소된 식구들, 마당가 팬지꽃 앞에 서 있던 영희, 작은 영호, 영양이 나쁜 얼굴들, 고민하는 이상주의자('영수'), 괴로워하는 나의 몸('영희') / 공부를 한 자, (입주권을) 사려는 사람, 천국에 사는 사람들, 햄릿을 읽고 모차르트의 음악을 들으면서 눈물을 흘리는 (교육받은) 사람들, 벌겋게 달군 쇠로 인간에게 낙인을 찍는 사람들, 쇠망치를 든 사람들, 건강한 몸(부동산업자 '그')

(13) 주머니 없는 옷, (고장 난) 라디오, 줄 끊어진 기타, 뽀얀 톱밥 먼지,

탁한 공기와 소음, 책, 팬지 꽃 두 송이, 방죽가 풀섶, 채마밭, 방죽 위 하늘의 별빛, 달, 천문대 / 주머니가 달린 옷, 그의 금고, 검정색 승용차, 돈과 권총과 칼, 포장 도로, 공장 폐수

(14) ㄱ. 조각마루, 좁은 마당, 좁은 골목, 넓은 공터 / 큰길, 높은 건물, 큰 회사, 밝고 깨끗한 주택가

ㄴ. 회색에 감싸인 집과 식구들, 까만 된장, 까만 쇠공, 인쇄 공장의 소음, 힘 없는 웃음 소리와 밭은기침 소리, (집이) 무너지는 소리, 풀냄새, 연기 냄새, 눈물 냄새 / 하얀 건물, 검정색 승용차, 검은 가방, 푹신한 이불, 고기 냄새

ㄷ. 옳은 것, 훌륭한 일, 좋은 분('아버지') / 옳지 않은 것, 미개한 사회, 아버지를 난장이라고 부르는 악당

(12)에서 못 가진 자 계열의 열악한 현실, 비현실적 이상 세계, 진실된 가치관, 식물성('팬지꽃'), 왜소함, 병약함, 고통 등은 (13)의 식물성 : 광물성, (14ㄱ)의 협소함 : 거대함과도 맞물리면서 가진 자 계열의 현실적·세속적 풍요, 위선적 가치, 광물성('쇠'), 건강 등과 대비된다. (13)에서는 결핍 : 갖춤, 정신적 가치('책') : 물질('금고'), 식물성 : 광물성, 자연 : 인공, 비현실적 꿈 : 힘과 파괴 등의 대비가 나타난다.

(14ㄱ)에서의 협소함은 (12)의 왜소함과 더불어 가진 자 계열의 높고 큰 속성과 대비되고, (ㄴ)에서는 색채, 청각, 미각 이미지·비유·상징 면에서, (ㄷ)에서는 긍정적·부정적 가치 면에서 대비를 보인다.

담화 면에서는 (15)의 주어 교대, 텍스트 면에서는 (16)의 통합적 결속과 조응, 화용 면에서는 (17)의 전제 부정, (18)의 함축 들을 짚어 본다.

(15) 내가 먼저 내려가 잠갔던 대문을 열었다. 어머니는 밥상을 들고 밖으로 나갔다. 형이 이불과 옷가지를 싼 보따리를 메고 뒤따라 나갔다. 쇠망치를 든 사람들은 무너진 담 저쪽에서 말없이 지켜보고 있었다. 우리는 어머니가 싸놓은 짐을 하나하나 밖으로 끌어냈다. 어

머니가 부엌으로 들어가 조리·식칼·도마 들을 들고 나왔다. 마지막으로 아버지가 나왔다.

(16) 어머니는 소중하게 싸두었던 것들을 하나하나 넘겨 주었다. 식칼 자국이 난 표찰, 아침 수저를 놓고 가슴을 세 번 치게 한 철거 계고 장, 집을 헐값에 버리기 위해 생전 처음 내본 인감 증명 두 통, ~ ~ 내가 가지고 가야 할 것은 이제 없었다. 집을 나올 때 입었던 옷, 뒷굽이 닳은 신발, 큰오빠가 사준 줄 끊어진 기타는 이미 그 집에 없었다.

(17) "그 아저씨와 전에도 일을 했었어. 아주 큰 바퀴를 탔었다."
"아버지, 무슨 말씀을 하시는 거예요? 그런 일이 언제 있었어요?"
~ ~ 간판에 '귀댁의 나무는 건강합니까?'라고 씌어 있었다. 그 밑에는 작은 글씨로 '병충해 구제 진단·생리적 피해 진단·외과 수술·건강 유지 관리'라고 씌어 있었다. 함께 지나던 어린 조역이 말했다. "우리 집에는 나무가 없습니다. 나는 건강하지 못합니다."

(18) 영희가 기타를 쳤다. 나는 벽돌 공장 굴뚝 위에 떠 있는 달을 보았다. 나의 라디오는 고장이 났다. 며칠 동안 나는 방송통신고교의 강의를 받지 못했다.

(15)에서는 주어·화제가 계속 교대되어 급박한 철거 상황 속에서의 인물들의 움직임을 속도감 있게 보여 준다. (16)에서 처음 관계절들은 선행 정황들에 조응해 입주권을 헐값에 팔게 된 상실의 상황을 점검하며, 다음 관계절들 역시 선행 정황들에 조응해 '영희'가 자신을 던져 입주권을 되찾게 된 정황과 반어적으로 대비된다. (17)의 '아버지'와 '영수'의 대화에서는 영수가 아버지가 말한 사실 자체를 의심함으로써 父子 관계의 간격이 드러나며, '조역'이 '나무'의 존재를 부정한 데서는 계층 간의 단절이 풍자된다. (18)에서는 겉으로 잘 연결되지 않는 행동·사건들이 나열되어 행간의 함축, 심층의 의미 공간이 극대화됨으로써 '나'(영수)를 비롯한 난장이 가족의 불안하고 어두운 정황이 추론의 여지로써 암시된다.

6. 맺는말

문학작품·작가의 문체에 대한 어학적 접근은 일상어와 문학어의 편차, 어학과 문학의 간격 면에서, 또 논리의 불명확성, 상대성과 주관성 면에서 어려움이 크고 복합적이다. 그럼에도 최근 담화·텍스트언어학, 인지론, 기호학, 현대 수사학, 말뭉치언어학 등의 흐름은 문학에 대한 어학적 문체론의 대상과 방법을 넓히고 다져 나가는 데에 자극과 힘이 되리라 기대된다. 그리고 언어·형식을 중시하는 문학적 방법의 문체론, 그 연장선에서 어학적 방법을 활용하기도 한 문학적 문체론에 대해서도 공유 부분과 접점을 중심으로 공동의 길을 모색해야 할 것이다.

구체적으로는 어학의 대상, 방법, 내용에도 자극과 논점을 제공하고 문학에도 참조와 도움이 될 수 있는 제재들을 찾는 일이 긴요하다. 또 이론 적용과 계량화의 경우에 이론 적용의 의의와 과정, 통계의 명확성에 이끌려 실질적 내용의 축적, 충실한 질적 해석이 소홀히 되는 것도 유의할 점이다. 좀더 다양한 제재에 다양한 방법으로 접근해 성과가 꾸준히 쌓이고 문학과의 공동 영역도 조금씩 넓어지기를 바란다.

<u>참고문헌</u>

고영근·박금자·고성환·윤석민. (2003).『월인천강지곡의 텍스트 분석』. 집문당.

국립국어연구원 편. (1996).「특집: 언어와 문학」.『새국어생활』 6(1).

국어문학회 편. (1997).『채만식 문학연구』. 한국문화사.

국어연구소 편. (1990).「특집: 작가와 언어」.『국어생활』 23.

권영민. (1998~2002).「우리 시의 향기」.『새국어생활』 8(4)~12(1).

김상태. (1993).『문체의 이론과 해석(증보판)』. 집문당.

김완진 외. (1996).『문학과 언어의 만남』. 신구문화사.

김정남. (1993).「현대 소설의 지문에 나타나는 시상의 양상과 기능」.『텍스트 언어학』 1. 서광학술자료사.

김태자. (1987).『발화분석의 화행의미론적 연구』. 탑출판사.

김흥수. (1988).「언어학적 문체론의 위상과 과제」.『국어국문학』 100.

김흥수. (1989).「국어 시상과 양태의 담화기능」.『이정정연찬선생회갑기념 국어국문학 논총』. 탑출판사.

김흥수. (1992).「국어 문체론 연구의 현 단계와 어학적 문체론」.『국어국문학 40년』. 집문당.

김흥수. (1996).「담화 분석과 문학적 담론」. 한국언어문학회 제 37회 학술발표대회 발표문.

김흥수. (1997).「문체의 변화」.『국어사연구』. 태학사.

김흥수. (1998).「소설에서 계열성과 대립성의 시학적 양상」.『어문학논총』 17.

김흥수. (2002).「언어 관찰에서 문체와 시학으로」.『백악의 시간』, 국민대 문예창작대학원, 다다아트

김흥수. (2003).「소설 문체에 대한 어학적 접근」.『제30회 국어학회 전국학술대회 발표논문집』.

박갑수 편저. (1994).『국어문체론』. 대한 교과서(주).

신현숙. (1986). 『의미분석의 방법과 실제』. 한신문화사.

심재기. (1986). 「화용론」, 최창렬·심재기·성광수 공저. 『국어의미론』. 개문사.

이기문 외. (2001). 『문학과 방언』. 역락.

이현호 외. (1997). 『한국 현대 희곡의 텍스트 언어학적 연구』. 한국문화사.

이홍식. (2003). 「한국어 어미 '-더라'와 소설의 발달」. 『텍스트언어학』 14. 박이정.

정희자. (1987). *A Study of the Function of Tense and Aspect in Korean Narrative Discourse*. Ball State Univ. Ph D. dissertation.

조남현. (2000~2002). 「우리 소설 우리 말」. 『새국어생활』 10(2)~12(1), 국립국어연구원.

한미선. (1986). 「문체분석의 구조주의적 연구」. 국어연구 74, 국어연구회.

혼불기념사업회·전라문화연구소. (2004). 『혼불의 언어세계』. 전북대 출판부.

황석자 편저. (1985). 『현대문체론』. 한신문화사.

Freeman, D. C. (1981). *Essays In Modern Stylistics*. Methuen & Co. Ltd.

Traugott, E. C. & M. L. Pratt. (1980). *Linguistics for Students of Literature*. Harcourt Brace Jovanovich, Inc.

첨부 단상: 문학 텍스트의 문체와 번역

　문체를, 어떤 의미 내용에 대해 여러 요인에 따라 다양한 표현 형식과 방법이 선택되어 나타나는 것이라 하자. 이러한 문체 면에서 일상언어와 문학언어를 비교하면, 상대적으로, 내용의 전달과 소통이 중시되는 일상어에 비해 문학작품 언어에서는 어떻게 표현하는가가 의미 내용의 일환으로 생각될 수 있을 만큼 문체도 중시된다. 이 점에 비추어 번역과 문체 문제를 생각해 보면 다음의 일반적 경향성을 상정할 수 있을 것이다. 즉 일상어 번역에서는 내용의 전달과 소통이 중시되므로 원천언어에 충실한 표현력보다 목표언어에 맞추는 전달·소통력이 더 중시되고 따라서 의역의 허용 폭이 넓어질 수 있다. 이에 비해 문학작품 번역에서는 언어 표현 관련 문학성을 위해 원천어의 표현과 문체가 중시되므로 목표어의 일상적 소통력 이상으로 원천어의 예술적 표현력도 중시된다. 그래서 목표어 독자에게 맞추는 데에 그치지 않고 그의 이해·소통력을 확장시키고자 원천어의 본 모습과 문학적 특성을 최대한 살리게 되며 따라서 직역의 허용 폭이 넓어질 수 있다. 다만 문학작품의 경우에도 원천어 특유의 전통, 문화, 감각, 방언, 관용어, 음성상징어, 운율 등이 반영된 표현들에 대해서는 의미의 등가성과 소통성을 충족할 고도의 의역이 필요할 것이다.

　그리고 문체의 의의와 중요성이란 면에서 보자면, 일상어에서든 문학어에서든 텍스트 유형이나 개별 작자 및 텍스트에 따라 문체의 비중이 균일하다고 하기 어렵다. 제보, 단언 중심의 설명문이나 논설문에 비해 추도문, 기도문, 선언문, 광고 등에서 표현과 문체의 기능 및 효과가 두드러지게 마련일 것이다. 문학의 경우에도 표현·문체 특징이 두드러진 장르, 유파, 작가, 작품 들에서 문체의 의의와 중요성이 더 커지기 쉬울 것이다. 이 점 또한 번역에서도 원용해 고려할 수 있다. 즉 표현·문체 특징이 두드러진 텍스트 유형, 작가, 작품 들의 경우는 그 번역에서도 문체 특징을 더 중요하고 충실하게 반영함직하다.

이런 정도의 일반적 논의에 기대어 졸고「문학 텍스트와 문체론」의 주
논지 중 몇 가지 점에 대해 번역의 관점에서 생각해 본다. 먼저 문학 문체
에 대한 접근의 세 단계에 따라 번역의 문제를 짚어 본다. 첫째 단계에서
는 문학언어에서도 그 바탕으로 자리잡고 있는 일상어 면을 다루는바, 원
천어의 일상적 의미와 문학적 의미를 정확하게 해석해 목표어 독자가 자
연스럽게 이해할 수 있게 표현하도록 한다. 그래서 문법 면에서는 대개
목표어에 맞추어 표현의 자연성과 소통성을 도모한다. 서구어 작품을 한
국어로 번역할 경우, 대명사 사용의 절제, 접속어 및 동일어 생략을 문법
면에서는 선호하되 표현·문체 면에서는 그 사용도 고려하기, 피동 표현
을 문장 층위에서는 능동 표현으로 의역하되 담화 층위에서는 직역도 고
려하기 같은 예들이다. 한국어 작품을 외국어로 번역할 경우, 경어법을
얼마나 어떻게 반영할 수 있는가 하는 문제 같은 것이다. 어휘·표현 면에
서는 다의, 내포 의미, 비유적 의미, 그리고 문체·문화적 쓰임도 섬세하게
복합적으로 고려해 목표어 어휘 및 표현을 선택한다. 신동엽의 시어 중
유의어 '껍데기'와 '껍질'의 차이, '알맹이' 계열과 '껍데기' 계열의 의미 대
비, 이용악의 시어 중 '기차'를 뜻하는 방언 '불술기'의 정취 등을 어떻게
살릴 수 있는가 하는 것들이다. 목표어에 직접 대응 표현이 없는 관용어나
속담은 목표어의 관습에 맞추어 의역을 하되 간혹 원천어의 표현을 살리
고 싶을 경우 직역 보충을 시도함직도 하다. 일본어 관용 표현에 대한 직
역 '창(槍)이 쏟아진대도', 의역 '무슨 일이 있더라도' 대신 '창이 쏟아지듯
무슨 일이 있더라도'같이 하는 것이다. 문학적 의미 면에서는, 文面만으로
문학적 함축 의미를 이해하기 어려울 경우 상황 맥락에 대한 보충 내용
표현이 의역에 반영될 수 있을 것이다. 신동엽의「껍데기는 가라」에서
'四月'이 민주 혁명의 상징이고 '아우성'이 민중의 저항적 함성임을 의역
의 표현 문맥 속에 포함, 용해시킬 수 있다는 것이다.

둘째 단계의 문학적 기법이나 일탈에 대해서는 그 문학적 표현 의도와

효과를 최대한 살리도록 하되 그 기법이나 일탈의 보편성 또는 특수성에 따라 번역 방법이 조절될 수 있다. 그것이 비교적 보편적이어서 원천어와 목표어 간에 공통점이나 유사성이 있을 때에는 기본적으로 직역을 염두에 두고 세부 면에서 의역을 고려할 것이다. 서술자와 인물의 관점 및 목소리가 교차되는 자유간접화법, 상대의 반응을 상정해 내용과 어조를 강조하는 수사·반어적 의문, 주술관계를 비롯한 어순을 뒤집어 내용의 강조와 변화를 도모하는 도치 같은 예들이다. 반면에 그것이 원천어에 특수하거나 그 원리는 동질적이라도 표현 방식이 사뭇 다를 때에는 의역을 주축으로 새로운 표현법을 모색할 수도 있을 것이다. 근대소설 이후 서술 종결 형식의 주축인 '-었다'에 비해 고전소설의 주된 서술 종결형 '-더라는 서술자의 태도가 개입되는데 이런 특징을 어떻게 살릴 것인가, 조선 초기 시가 장르인 악장 형식에서는 시행 종결 형식에 '-니', '-리'가 쓰이고 현대 시에서도 시행 종결형에 다양한 어미가 쓰여 시적 화자의 태도, 詩想의 흐름과 분위기를 반영하는데 이런 쓰임은 어떻게 할 것인가, 채만식의 「痴叔」에서 부정적 인물인 1인칭 화자가 독자를 상대로 구어체 대우법 종결어미들을 씀으로써 그 인물의 성격이 부각되고 풍자 효과가 더해 지는 것은 어떤가, 시적 산문에 나타나는 원천어의 어조, 분위기, 율조 등을 목표어로 어떻게 살릴 수 있을까 하는 문제들이다. 이들보다 더 파롤적인 쓰임으로서의 문학 기법이나 일탈은 작가의 언어 사용이 더 창조적이고 실험적이 될 경우에 볼 수 있는데, 번역에서 이런 문학어의 창조성을 살리는 데에도 더 창조적인 번역 표현법이 모색될 수 있을 것이다. 신동엽 시에서의 비유적 조어 '흙가슴'이나 김영랑 시의 파격 조어 '애끈하다'에서 맛볼 수 있는 신선함 살리기, 이상 시에서의 띄어쓰기 무시나 E. E. Cummings 시의 문법 파괴에 깃든, 기성 세계에 대한 부정 의식 표출하기, 이상 시나 박태원 소설에서 내포 구조의 중첩 및 접속 구조 나열에 투사되는, 심리와 서술 상황의 복합성 살리기 같은 예들이다. 그리고 이때 목표어 문학권에 비슷한 유형의 기법이나 일탈을 보이는 작가, 작품이 있을 경우는 참조형이 될 수 있겠다.

셋째 단계의 특정 작가·작품의 파롤 문체에 대해서는, 그 작가의 문학·작품 세계 전반을 염두에 두고 그 전체적, 핵심적 표현·문체 특성이 여러 문체 현상들 속에서 어떻게 구현되고 현상들 서로가 어떻게 유기적으로 관련되는지 살리도록 한다. 채만식의 「태평천하」에서는 서술자가 독자에게 이야기하듯 '합쇼체' 경어법을 쓰고 있고 수시로 이야기에 개입해 논평하기도 하는데 이들을 통해 풍자와 반어의 어조를 살리는 것, 한용운 시에서 여성적 어조의 경어법과 수사 의문을 '님'에 대한 시적 화자의 정신 세계와 태도 표출 면에서 살리는 것, 윤동주의 일련의 시에서 이중 피동·사동 표현('쫓기우다', '말리우다')을 시대 상황에 따른 시적 화자의 강박과 극복 의지란 면에서 살리는 것 같은 예들이다.

다음, 랑그 문체의 사례로서, 시간 관련 문장 종결 형식 중 과거와 현재가 텍스트 속에서 교차되는 양상은 일상어의 연장에서든 문학적 기법으로서든 어느 정도 보편성을 띠면서 세부적으로 차이를 보인다. 영어에서 역사적 현재는 상황이나 장면을 생동감 있게, 서정적으로 묘사하는 데에 쓰이며, 흔히, 서술자와 인물의 시점 및 심리가 교차되는 자유간접화법과도 맞물려 그 효과가 호응, 상승기도 한다. 이런 쓰임은 한국어의 '-느-' 계 종결 형식이 현장적, 전경적 묘사나 심리 묘사에 잘 쓰이는 것에 대응된다. 그런데 시제나 시점의 교차는 한국어에서 더 수시로 다양하게 나타나고, 또 한국어의 경우 시제, 상, 양태가 더 미묘하게 복합적으로 맞물리므로 문맥의 흐름에 따라 번역 표현이 섬세하게 변화, 조정될 수 있을 것이다. 프랑스어의 경우 과거 표현이 풍부해서 한국어의 '-었-', '-더-', 관형사형 '-은' 등은 그것이 쓰인 문장 구조, 상, 양태, 전경·배경, 주사건·부수 사건 등의 요인들이 두루 고려되어 복합과거, 반과거, 단순과거, 대과거 등으로 번역될 수 있다.

파롤 문체의 사례로서 특정 시인이나 작가의 작품들에 대해서는, 위의 세 단계에 걸쳐 문체 특징들을 종합적으로 반영하도록 하며, 랑그 문체를 기반으로 특히 파롤 문체가 어떻게 구현되는지 집중적으로 살리도록 한다. 윤동주의 시는 정신·의식 내용 중심이고 그 주제와 문제의식이 보편성을 띠므로 심미적 언어 기교, 토속어, 특유의 개인 시어, 운율 등에 대한 번역상 부담은 적은 편이다. 그럼에도 고도의 상징과 은유, 내면적 어조와 분위기, 순정한 감성 등을 어떻게 살릴지, 시대 현실, 종교, 역사·사상적 맥락 등과 관련된 함축 의미들을 어떻게 반영할지는 과제라 하겠다. 단편적 세부 예로, 흔히 청유는 화자와 청자 공동이면서 청자지향성이 강한 데 비해 「또 다른 고향」, 「참회록」, 「간」 등에서는 시적 화자 자신을 이끄는 내향성이 강한데 이를 어떻게 살릴 수 있을까, 그의 시는 통례에 따라 대개 중립적 '하라'체이되 「십자가」, 「별 헤는 밤」 등의 경우 '합쇼'체이고 때로 '하오'체도 쓰이는데 이런 대우법의 차이를 어떻게 반영할까, 「서시」의 끝 행 "오늘밤에도 별이 바람에 스치운다."에서 자·타동사 '스치다'의 피동적 쓰임을 어떻게 표현할까, 「슬픈 족속」의 "흰 고무신이 거친 발에 걸리우다"에서 '걸리우다'의 절대시제형의 시간의식을 어떻게 표현할까, 하는 사례들이 보인다.

  김수영의 시는 의식과 현실 문제 중심이고 동시대의 문제와 생활을 다루므로 언어의 심미성이나 토속성이 그리 부담이 되지는 않는다. 그런데 그가 모더니즘을 배경으로 새로운 형식과 내용의 창조적 합일을 강조했듯이, 그의 시에서는 형식·문법상의 일탈과 실험, 난해하다 할 만한 고도의 비유와 상징, 詩想 전개와 표현상의 비약과 파격 들이 곧잘 나타난다. 또 그가 전통과 현대, 개인과 사회를 변증적으로 통합, 지양하고 시대적 제약과 대립의 타개를 위해 소통하고자 했듯이, 문어투 관념·한자어와 구어투 생활어, 私的 고백調와 公的 전언, 다양한 어조와 화법, 비속어 및 요설 투 풍자 들이 분방하게 섞이고 엇갈려 쓰인다. 이러한 형식·표현상의 새로운 시도와, 다양한 어투·어조·표현들의 혼효와 변화는 번역에서 새롭고 다양한 고려 요인으로서 난점이 될 수 있다. 그럼에도 이들 언어 국면은 그의 시의 핵심 특성과 관련되므로 번역에서도 이를 살릴 수 있는 창조적 과정이 요구된다 하겠다. 세부 예로, 일련의 시에서, 정상적인 통사구조나 의미해석 상의 분절에 어긋나게 시행을 바꿈으로써 의미·율조상 흐름과 독자의 기대에 충격과 긴장을 주는데 ("/ 모르고 자기가 가닿는 언덕을/ 모르고 거룩한 산에 가닿기/ 전에는 즐거움을 모르고 조금/ 안 즐거움이 꽃으로 되어도/", 「꽃잎(一)」), 이런 파격의 의도와 효과를 어떻게 살릴까, 격조사의 쓰임이 정상에서 다소 벗어난 "제일 피곤할 때 **敵**에 대한다"(「적(二)」) 같은 경우 이런 일탈의 효과를 살릴 것인가, 한국어와 인구어의 어순 및 관계절의 차이에 유의할 때 「푸른 하늘을」에서 1연의 중첩 구조와 2연의 목적어 후치 효과를 어떻게 살릴까, 시의 상황·장면에 상정되는 청자에 따라 '합쇼'체, '하오'체, '해라'체, 반말체 등 여러 대우법이 쓰이는데 이 때의 다양한 어조와 화법의 차이를 어떻게 반영할까 같은 사례들이 나타난다.

신동엽 시 또한 정신과 의식, 현실 문제 중심이므로 언어의 심미성은 그리 문제되지 않는데, 민족과 역사도 중시되는 만큼 전통성과 토속성은 고려 요인이 된다. 특히 그는 모더니즘과 언어 기교의 폐해를 경계해서 김수영 시에서 같은 난해성이나 일탈은 나타나지 않는다. 그 대신 그는 민족 현실 문제를 전통과 역사의 힘 속에서 타개하고 그런 의식과 실천을 동시대인에게 설득하고 서로 소통하고자 했다. 그래서 문어투 전통·한자어와 구어투 생활어가 섞이고 다양한 서술 구조·맥락과 대화적 상황·장면이 나타나는데, 이때의 다양한 어조와 표현의 변화는 번역에서 주요 고려 요인이자 난점이 될 수 있다. 세부 예로, 여러 시에서, 전통적인 문어체 어미 '-나니, -을지니, -을지니라, -을지어이' 등이 **敎述**, 당위, 다짐, 기원들에 쓰여 시적 화자의 전언과 태도에 권위 있고 격조 있는 어조와 분위기를 조성하는데 이런 효과를 어떻게 살릴까, 「산에 언덕에」를 비롯한 일련의 시에 나타나는 정형률이나 뚜렷한 율조를 어떻게 살릴까, 부정적 힘과 긍정적 힘의 대립을 **主調**로 하는 여러 시에서 부정적 부류와 긍정적 부류 지칭에 대명사 '그들'과 '우리', 지시어 '저, 그것'과 '여기'가 대비되면서 쓰여 두 부류의 대립이 부각되는데, 이때 함축되는 시대 상황 맥락 의미를 어떻게 살릴까, 시의 상황·장면에 상정되는 청자에 따라 다양한 대우법이 쓰이고 「이야기하는 쟁기꾼의 대지」, 「주린 땅의 지도원리」, 「단풍아산천」 등에서는 화자의 추이가 나타나는데, 이 때의 다양한 어조와 화법의 차이를 어떻게 살릴까 같은 사례들이 눈에 띈다.

조세희의 소설은 속도감 있고 함축이 풍부한 간결체를 중심으로 문체 특징이 두드러지고 그 문학적 의의와 효과도 주목받은 만큼 번역에서도 그 특징을 잘 살릴 필요가 있다. 그의 소설은 한국 현대 사회의 부조리한 현실 문제를 다루고 있고, 소설 시학 면에서, 오늘날 일반화된 서구적 서술법을 전제로 하고 있어서, 번역에서 한국어와 한국 문화 특유의 요인들이 그리 문제되지는 않는다. 다만 장면 전환과 삽입, 비약과 함축, 시적 상징성과 환상·우화적 수법 등이 고도화되고 파격적이어서 독자의 이해에 어려움이 될 수 있다. 소설 속 현실 상황과 그 시대적 맥락에 대한 이해를 돕도록 내용과 문맥을 다듬고 메우기, 독자의 이해에 장애가 될 심한 일탈과 낯선 수법을 목표어의 언어 특성과 문학 기법에 유의해 조정해 살리기 들이 관건이 되겠다. 세부 예로, 인물 지칭법에서 '어머니'를 '난장이 부인', '영희'를 '난장이의 딸'로 지칭하고 철거반원을 '쇠망치를 든 사람들'로 반복 지칭하는 것에 대해 대용어를 쓰지 않고 동일어구를 반복 표현해 그 소외와 비인간성을 부각할 것, 서술 종결 형식이 '-었다'로 일관되게 나타나는 것에 대해, 한국어와 목표어의 시간 표현 차이에 유의해 기계적으로 동일한 과거시제형을 쓰지 않고 문맥에 따라 조절할 것, 파격적으로 장면이 전환, 삽입되어 이해가 매우 어려울 경우 시간 표현을 활용하거나 문맥과 표현을 최소한으로 다듬어 이해를 도울 것, 주어나 화제가 수시로 교대되면서 주격 '이/가'와 주제의 '은/는'이 번갈아 쓰여 상황이 속도감 있게 진행되고 긴박감이 고조되는 경우, 목표어의 여러 표현 방식을 활용해 그런 표현 효과를 살려 보기 같은 사례들이 보인다.

작가나 작품 중에는 좀 더 보편적이고 일반적인 주제, 언어, 기법을 다루고 활용하는 경우도 있고 특수하고 낯선 쪽을 다루는 경우도 있다. 자국어의 전통과 특성을 중시하는가 하면 언어 및 문화의 다양성과 새로움에 이끌리기도 하며, 주제와 내용을 중시하는가 하면 표현과 문체에 남다른 힘을 기울이기도 한다. 번역 또한 이러한 작가·작품의 다양성과 특성에 따라 그 태도와 방법이 달라질 수 있되, 보편성과 특수성, 일반성과 낯선 새로움, 원천어와 목표어, 내용과 형식 등은 균형 있게 상호보완적으로 고려될 것이다. 그리고 문학 작품 번역에서도 일반적 번역 문제에서 그렇듯 원천어 텍스트의 정확하고 폭넓은 이해와 목표어 텍스트로의 적절하고 소통력 높은 표현은 대전제가 되고, 문학작품이니만큼 번역 과정도 최선의 창조를 향한 도정이 될 것이다.

(附記-이 단상을 쓰면서 몇몇 논저를 참고했는데 셋만 예시하면,『번역 이론과 실제』(인문과학연구소 엮음, 강원대 출판부, 2003), 「인지시학적 관점의 문체번역 연구」(한미애, 동국대 박사논문, 2013),『번역 출판물의 오역에 관한 기초적 연구』(국립국어연구원, 1993) 들이다.

번역문체론 연구동향, 주요문헌 해제, 참고서지

이영훈

1. 연구동향

   그동안 현대 서구번역학 내에서 문체, 특히 문학문체에 대한 관심은 미미하였다. 진 보우즈-바이어Jean Boase-Beier가 밝히고 있듯이, 영어권에서 문체 문제를 번역학 테두리에서 본격적으로 다룬 것은 본인의 2006년 저술 *Stylistic Approaches to Translation*(Manchester; St. Jerome)이 최초였다. 사실, 모나 베이커Mona Baker가 주관한 라우트리지 번역학백과사전*Routeldge Encyclpedia of Translation Studies* 초판(1998) 또는 중판(2009) 그 어디에도 'Style' 또는 'Stylistic(s)'라는 독립된 항목이 포함되어 있지 않으며, 각종 번역학 편람*Handbook of Translation Studies*들 가운데 Oxford 대학 출판부 간행 2011년 판(pp. 71~82)과 John Benjamins 간행 2011년 제2권(pp. 153~156)에서만 "문체론과 번역 Stylistics and Translation"이란 항목이 독자적으로 기술되고 있다. 우리는 진 보우즈-바이어가 작성한 이 두 글을 바탕으로 번역학 내의 문체 연구, 즉 '번역문체론translational stylistics'의 연구동향을 정리해보고자 한다.

　문체에 대한 정의는 매우 다양하고 복잡하다. 그럼에도 분명한 것은 문체가 텍스트의 순전히 지시적 의미나 내용을 떠나 텍스트에 대한 저자의 태도와 내포된 의미를 표현하는 역할을 하고, 특별한 기능을 수행하기도 하며, 독자에 대한 효과를 거두기도 한다는 점이다. 문체론의 기본 가정에 따르면, 문학텍스트는 비문학텍스트와 동일한 언어적 장치를 사용하나 추가적으로 페이지의 레이아웃, 은유의 집중적 사용 등과 같은 문체상의 신호를 제공하여 독자에게 본 텍스트가 문학적으로 읽혀야 한다는 것을 지시하며, 독자의 세계관에 깊은 영향을 미칠 수 있다. 문체는 결과적으로 특정 텍스트에 고유한 것으로 텍스트의 저자가 의식적 혹은 무의식적으로 행한 선택에 의거하며, 이러한 선택들은 흔히 식별가능한 텍스트적 요소들(시적 구문, 언어적 모호성, 시적 도상성 등)로 나타난다. 문체는 흔히 규범으로부터의 일탈로도 정의될 뿐만 아니라, 텍스트에 대한 독자의 지각에 영향을 미치는 요소로도 간주된다. 텍스트가 어떻게 구성되고 어떻게 그 효과를 발휘하는지가 바로 현대 문체론의 주요 관심사인 것이다. 문체론은 왜 어떤 구조는 모호한지, 어떻게 은유가 작동하는지 등에 관한 상세한 분석을 제공하며, 문학텍스트 뿐만 아니라 비문학텍스트의 분석에도 유효하다.

　문체의 번역은 텍스트를 통해 말해진 내용보다는 말해진 방식과 더 밀접히 관련을 맺고 있다. 물론, 모든 번역이 동일한 정도로 문체와 관련을 맺는 것은 결코 아니다. 노르트Nord가 말하는 도구적 번역instrumental translation의 경우 문체는 오로지 텍스트의 기능과 관련된다. 한편, 문학번역가는 흔히 원저자에 버금가는 창조적인 작업을 수행하는 것으로 간주된다. 이런 이유에서 번역과 문체 사이의 연관성은 문학번역에서 보다 두드러진다. 문체상의 선택과 그 효과는 문체론의 중요 개념이지만 번역비평가들과 번역가들의 관심사이기도 하다. 사실, 문체론은 한편으로 원문과 번역문의 모든 양상을 다른 한편으로 두 텍스트 사이의 차이를 상세히 기술함으로써 이같은 설명이 번역행위에 어떤 영향을 미칠 수 있는지를 고찰하게 해준다. 또한, 문체론을 통해 원저자가 취한 선택의 이유를 이해하게 된다면, 이는 번역가가 어느 정도 유사한 선택을 했거나 할 수 있는지 판단하는데 도움이 된다.

지금까지 문체론은 (문학)번역 이론의 필수적 분야로 인식된 적이 거의 없다. 그 주된 이유는 문체론이 언어학에 속해있고, 번역학자들에게 흔히 언어학은 비문학 텍스트의 기능성이나 문학텍스트의 복잡성을 기술하기에는 너무 협소해 보였기 때문이다. 지금까지 번역학 내에서 문체에 관한 논의는 비네Vinay와 다르벨네Darbelnet의 비교문체론comparative stylistics의 경우처럼 등가, 차이, 구조 등과 결부되거나, 홈즈의 번역학 도식 내에서처럼 비교문학과 연관되었다. 물론, 언어학적 토대를 가진 문체론이 번역학에 통합되는데 가장 큰 걸림돌은 문체론을 언어학 기반 번역이론과 혼동하는 경향이었다. 나이다Nida나 캣포드Catford 등의 번역이론은 근본적으로 텍스트의 형식적 특징들에 분석을 집중함으로써, 언어 너머에 존재하는 것에 무지할 뿐만 아니라 텍스트에 대한 문화적 이해와 충돌하는 것으로 비판받았다. 한편, 1960년 이전에 구조주의나 생성문법에 기반했던 문체론은 이후 발전을 거듭하여 문화적 배경, 심적 재현, 독자의 인지 맥락 등을 분석에 포함시키기도 하였다. 특히, 1980년대에 탄생한 인지문체론cognitive stylistics 또는 인지시학cognitive poetics이라 불리우는 이론은 텍스트의 맥락을 항상 인지적 맥락으로 간주하여, 텍스트가 놓인 세계에 어떤 일이 일어나는지 뿐만 아니라, 언어화자가 텍스트와 세계에 대해 무엇을 알고, 생각하고, 느끼는지를 텍스트의 맥락에 포함시켰다. 이러한 인지문체론이 번역에 적용될 경우 출발/도착 텍스트의 역사적 맥락, 텍스트가 전달하는 인지적 상태, 텍스트가 표현 또는 야기하는 감동, 텍스트가 유발하는 문학적 효과, 텍스트가 밝히거나 감추려는 이데올로기 등의 문제를 연구하는데 기여할 수 있으리라 예상할 수 있다.

오늘날 인지 기반 번역문체론의 주된 관심은 세가지 차원으로 나누어 진다. 먼저, 독서의 문제가 번역문체론의 주요 화두가 되었다. 따라서, 번역문체론은 출발 텍스트의 문체와 그 효과, 독자에 대한 출발 텍스트의 문체상의 함의와 간극을 평가하는 일 뿐만 아니라, 더 나아가 번역을 위한 독서가 어떻게 이루어지는 지를 설명하는데 동원되고 있다. 다시 말해, 현대의 문체론은 번역 이전에 어떻게 다양한 독서가 이루어지는지, 역동적이고 창조적인 독서가 어떻게 가능한지 그리고 텍스트의 언어적 요소들에 의해 이같은 독서가 어떻게 가능해지는지를 설명하는 임무를 맡게 된다. 구체적으로 문학번역에서 마음가짐mind-style, 목소리voice, 민족성 ethnicity 등과 같은 현상이 출발 텍스트의 독서 과정에서 어떻게 작용하는지를 밝히려는 노력이 독서와 관련된 번역문체론의 주된 관심사이다.

한편, 최근의 번역학 연구는 번역자의 도착 텍스트 글쓰기가 창조적인 작업에 해당됨을 강조하고 있다. 번역을 특수한 유형의 글쓰기로 간주하는 이같은 관점에 문체론은 번역글쓰기의 창조적 과정을 살펴보는데 중요한 도구를 제공할 수 있다. 문체가 표현 방식의 선택이라면, 도착 텍스트는 번역자 자신의 선택을 반영한 결과라고 볼 수 있다. 더구나, 번역은 출발 텍스트의 단순한 재생이나 반향 또는 문체 효과의 재생산이 아니라, 오히려 번역가의 창조적 자유에 기반한 출발 텍스트 문체의 다시 쓰기에 해당된다. 출발 텍스트의 독자와 도착 텍스트의 독자는 항상 서로 다른 인지 맥락, 즉 외부 세계 재현을 위한 상이한 이미지와 인지 도식의 조합을 갖고 있으므로, 번역가는 이러한 차이를 고려할 수 있는 창조적 방법을 강구해야한다. 특히, 문학번역가는 도착 텍스트 독자의 맥락을 고려하여 출발 텍스트와는 단순히 다른 텍스트를 만드는데 창의성을 발휘하는 것으로 그쳐서는 안되고 도착 텍스트 독자들에게 문학 작품으로 읽힐 수 있는 텍스트를 생산해야하므로, 그에 필요한 문체적 장치들을 찾아내는 것이 문학 번역의 관건이 된다.

끝으로, 번역문체론은 단순히 번역자가 하는 일을 도와주는데 머물지 않고 번역자가 하는 일을 기술하고, 설명할 수 있어야 한다. 이른바 '문체-인지 분석stylistically-aware analysis'은 번역가에게 자신의 문체상의 결정을 기술하고 정당화하는 것을 용이하게 해준다. 또한, 번역가는 문체론에 대한 지식 습득을 통해 태도, 함의, 인지 상태와 같은 의미의 여러 양상들을 도착 텍스트에 재창조할 수 있는지를 알 수 있게 된다. 한편, 번역문체론은 번역비평가로 하여금 어떤 번역이 문체상으로 원문에 보다 가까운지, 왜 어떤 번역이 상업적으로 더 성공을 거두었는지 또는 문학적 가치가 더 높은 것으로 간주되는지 등에 대해 이해할 수 있도록 도와주며, 개념 은유, 문화적 함의의 이미지, 특수한 언어적 내포 등과 같은 보편적 문체적 특징들의 상호작용에 대해서도 보다 상세한 정보를 제공할 것이다.

2. 주요문헌 해제

번역문체론 관련 기존 연구 문헌들의 목록을 본격적으로 제시하기에 앞서 관련 기본도서 세 권에 대한 해제를 본 도서들의 내용 요약과 출판사의 소개문을 바탕으로 제시하고자 한다.

Boase-Beier, Jean. (2006). *Stylistic Approaches to Translation*. Manchester; St. Jerome, 184.

문체 개념은 우리가 텍스트를 이해하는데 중심이 되는 개념이다. 그렇다면 번역가들은 출발텍스트를 읽고 도착텍스트를 작성할 때 문체를 어떤 방식으로 고려하는가? 본서는 언어학과 문학비평 내에서 문체에 대한 다양한 접근 방식을 소개하면서 번역학 내에서의 문체의 위상을 평가함으로써 번역학이라는 고도의 다학제적 영역에 일관성을 부여하고자 한다. 문체와 의미 사이의 상관관계, 텍스트 내 문체상의 단서의 해석문제, 문학텍스트와 비문학텍스트 사이의 차이점, 문체효과의 재생문제 등이 본서에서 다루어진 주요 쟁점이며, 본서는 문체를 그 본질에 있어 정신의 반영으로 간주하는 최근의 인지학적 관점에서 이 같은 다양한 경향, 접근방식, 쟁점들을 고찰하고 있다. 본서의 기저에는 이론에 관한 지식이 번역방식에 영향을 미친다는 생각이 자리 잡고 있으며, 이때의 이론들은 결코 처방적이거나 규범적이지 않을 뿐더러, 번역가가 소유한 지식의 일부로서 우리가 일반적으로 알고있는 것을 기술하는 것에 해당되며, 번역행위에 대한 보다 깊은 이해와 고도의 창조력을 가져다 줄 것으로 기대된다. 본서 전반에 걸쳐 저자는 문체의 본성과 중요성에 대한 통찰력이 실제 문학 및 비문학 텍스트의 번역에 미칠 영향을 고찰하고 논의를 전개하고 있다.

Parks, Tim. (2007). *Translating Style. A Literary Approach to Translation - A Translation Approach to Literature*. Manchester; St. Jerome, 268.

본서는 번역에 대한 단조롭고 일반적이거나, 난해하고 이론적인 접근방식에 대한 불만에서 비롯된 것으로 상세하고 생생한 분석을 통해 문학 문체를 번역한다는 것이 진정 무엇을 뜻하는지를 보여주고자 한다. 상호 연관된 일련의 장들에서 본서는 언어학과 문학비평의 접근방법을 결합시켜 D.H.로렌스, 버지니아 울프, 제임스 조이스, 사뮤엘 베케트, 헨리 제이스, 바바라 핌 등의 작품 번역을 분석하고 있다. 각 장들은 위에 언급된 작가들 개개인에 대한 상세한 비평적 에세이 역할도 수행하는데, 이를 통해 우리는 원문과 번역문 사이의 괴리가 각 작가의 영감에 따라 다른 성격을 지닌다는 것을 알 수 있게 된다.

Tabakowska, Elzbieta. (1993). *Cognitive Linguistics and the Poetics of Translation*. Tübingen; Gunter Narr, 146.

본서는 현대언어학에서 이른바 '인지언어학파'로 알려진 이론, 특히 미국의 로날드 랭가커Ronald W. Langacker 및 조지 레이코프George Lakoff 등에 의해 발전된 연구가 번역가와 번역이론가들에게 언어적•문학적 설득에 관해 어떤 통찰력과 실질적 제안을 제공할 수 있는지를 보여준다.

3. 참고문헌 서지

아래 문헌서지는 스페인 알리칸테 대학Universidad de Alicante에서 2001년부터 운영하고 있는 BITRA 통번역 참고문헌 목록(Bibliography of Interpreting and Translation, <http://aplicacionesua.cpd.ua.es/traint/usu/buscar.asp?idioma=kr>) 데이터베이스에서 'style'을 주제어로 삼아 추출한 총 409개의 문헌목록을 정리한 것이다. 한중일, 영독불 포함 총 15개 언어의 메뉴를 통해 2014년 현재 58,000건의 서지 검색이 가능한 본 데이터베이스에서는 관련 연구문헌의 기본 서지사항 외에 단행본 목차, 문헌 내용의 요약, 인용정보까지도 열람이 가능하다.

Abdulla, Adnan K. (1994). "The translation of style", In: Beaugrande, Robert de, Abdulla Shunnaq & Mohamed H. Heliel (eds.) 1994. 'Language, Discourse and Translation in the West and Middle East', Amsterdam; John Benjamins, pp. 65~72.

Abdulla, Adnan K. (2001). Rhetorical Repetition in Literary Translation. *Babel* 47(4), pp. 289~303.

Akakuru, Iheanacho A. & Nwanne Mkpa. (1997). Traduction et stylistique: Une analyse de la traduction d'Arrow of God' de Chinua Achebe. *Meta* 42(4), pp. 641~648.

Alcaraz Ariza, María Angeles & Françoise Salager-Meyer. (2002). ¿Cómo ha cambiado la disensión en la prosa médica española durante el periodo 1930~1999, *Panace@* 3(7), pp. 65~69.

Al-Hamad, Mohammad Qasem & Mohammad Awad Al-Shunnag. (2011).

Emotive expressions in President Bashar Al-Assad's political speeches with an eye to translation, *Onomazein* 23. pp. 149~170.

Ali, Ahmed Abdel-Fattah M. (2007). Word repetition in the Qur'an. translating form or meaning?. Journal of King Saud University - Languages and Translation 19(1), pp. 17~35.

Ali, Salah Salim (2005), Pertinence and redundancy in poetic repetition: A translatological perspective. *Babel* 51(4), pp. 337~356.

Ali, Salah Salim (2007), Hysteron-proteron: A Polyfunctional Rhetorical Device – with Reference to Arabic-English Translation. *Meta* 52(3), pp. 401~411.

al-Khafaji, Rasoul (2006), In search of translational norms: The case of shifts in lexical repetition in Arabic-English translations. *Babel* 52(1), pp. 39~65.

Almeida, Maria Elisete (2002), "Algumas particularidades do francês e sua tradução em português", In: Maia, Belinda; Johann Haller & Margherita Ulrych (eds.) 2002. 'Training the Language Services Provider for the New Millennium.', Porto; Faculdade de Letras da Universidade do Porto, pp. 373~383.

Alonso Schökel, Luis & Eduardo Zurro. (1977). La traducción bíblica: lingüística y estilística. Madrid; Editorial Cristiandad.

Al-Qinai, Jamal (2006), "Code-switching and style shift in translation", In: Mourón Figueroa, Cristina & Teresa Moralejo Gárate (eds.) 2006. 'Studies in Contrastive Linguistics.', Santiago de Compostela; Universidade de Santiago, pp. 45~58.

Al-Qinai, Jamal (2010), Style shift in translation, *Monash University Linguistic Papers* 7(1), pp. 57~70.

Alsina Keith, Victoria (2008), "El tratamiento del discurso indirecto libre en las traducciones españolas y catalana de Mansfield Park de Jane Austen", In: Brumme, Jenny & Hildegard Resinger (eds.) 2008. 'La oralidad fingida: obras literarias. Descripción y traducción.', Madrid & Frankfurt; Iberoamericana & Vervuert, pp. 15~32.

Alsina Keith, Victoria (2011), Translating Free Indirect Discourse: two Spanish versions of Jane Austen's Persuasion. *New Voices in Translation Studies* 7. pp. 1~18.

Alsina Keith, Victoria. (2012). "The translator's style: Evaluation in three translations of Jane Austen's Persuasion", In: García Izquierdo, Isabel & Esther Monzó Nebot (eds.) 2012. 'Iberian Sudies on Translation and Interpreting.', Bern; Peter Lang, pp. 293~316.

Alsina Keith, Victoria. (2008). Llengua i estilística en la narrativa de Jane Austen. Les traduccions al català. Vic; Eumo.

Álvarez Álvarez, Susana. (2005). "Retórica contrastiva y calidad de la traducción: los patrones organizativos de las lenguas como motor principal del proceso traductor", In: García García, María Elena; Antonio González Rodríguez; Claudia Kunschak & Patricia Scarampi (eds.) 2005. 'IV Jornadas sobre la Formación y Profesión del Traductor e Intérprete: Calidad y traducción - Perspectivas académicas y profesionales, Madrid; Universidad Europea - CEES. Departamento de Traducción e Interpretación.

Álvarez Calleja, María Antonia. (1987). "La estilística en la traducción literaria", In: Various authors. 1987. 'Actas del Primer Simposio de Traducción Literaria.', Cáceres; Universidad de Extremadura.

Alvarez Lugrís, Alberto. (1999). "Notes on the place of comparative stylistics within the field of descriptive translation studies", In: Alvarez Lugris, Alberto & Anxo Fernandez Ocampo (eds.) 1999. 'Anovar/anosar. Estudios de traducción e interpretación.', Vigo; Universidade de Vigo 1, pp. 139~148.

Alvarez Lugrís, Alberto. (2001). En torno a la unidad de traducción y la unidad de análisis de la traducción en Estilística Comparada. Hermeneus 3, pp. 61~81.

Alvarez Lugrís, Alberto. (1998). "Notas para a definición dunha Estilística Comparada da Traducción". Viceversa 4, pp. 25~40.

Alvarez Lugrís, Alberto. (2001). Estilística comparada da traducción: proposta metodolóxica e aplicación práctica ó estudio do corpus TECTRA de traduccións do inglés ó galego, Vigo; Universidade de Vigo.

Amossy, Ruth. (2001). "D'une culture à l'autre: réflexions sur la transposition des clichés et des stéréotypes", Palimpsestes 13.

Andújar Moreno, Gemma & Montserrat Cunillera Domènech. (2001). El ritmo de la prosa en 'La Douleur' de Marguerite Duras: el análisis discursivo como instrumento metodológico para la didáctica de la traducción, *Sendebar* 12, pp. 337~352.

Aradra Sánchez, Rosa María. (1999). "La traducción en la teoría retórico-literaria española (1750~1830)", In: Lafarga Maduell, Francisco (ed.) 1999. La traducción en España (1750~1830). Lengua, literatura, cultura, Lérida; Universitat de Lleida, pp. 167~176.

Arcos García, Francisco. (1996). On Translating Figurative Language from English into Spanish: A Perceptual Problem, *Babel* 42(3), pp. 158~165.

Arduini, Stefano. (1991). Campo Retorico, Inventio e Traduzione, *Koiné* 1, pp. 77~89.

Arduini, Stefano. (1991). "Sfide all'interpretazione", Koiné 1.

Arduini, Stefano. (1992). L'invenzione continua: retorica e traduzione, *Koiné* 2(1)~(2)2, pp. 327~338.

Arduini, Stefano. (1996). Figure retoriche e traduzione nel Vangelo, *Koiné*, pp. 5~6.

As-Safi, Abdul-Baki Muhammad M. & Incam Sahib Ash-Sharifi. (1997). Naturalness in literary translation. *Babel* 43(1), pp. 60~74.

Aubin, Marie-Christine. (2007). "Stylistique différentielle et enseignement de la localisation", In: Thelen, Marcel & Barbara Lewandowska-Tomaszczyk (eds.) 2006. 'Translation and Meaning 7.', Maastricht; Hogeschool Zuyd, Maastricht School of Translation and Interpreting.

Babirecki-Labrum, Marian. (1999). "Three Common Assumptions when Translating English into Spanish: Research into Meaning vs. Form", In: MacFarlane, Ann G. (ed.) 1999. 'Proceedings of the 40th Annual Conference of the American Translators Association (November, 1999, St. Louis, Missouri).', Alexandria (Virginia); American Translators Association, pp. 229~234.

Ballard, D. Lee. (1974). Telling it like it was said (speech): Part 1, Part 2, *Notes on Translation* 1(51), pp. 23~31.

Banker, John E. (1978). Some aspects of style in translation. *Notes on Translation* 1(72), pp. 28~32.

Banker, John E. (1980). How can we improve our translations stylistically?. *Notes on Translation* 1(78), pp. 31~36.

Banker, John E. (1983). How can we improve translations stylistically. *Notes on Translation* 1(94), pp. 16~21.

Bärbel, Czennia. (1992). Figurenrede als Übersetzungsproblem: Untersuch am Romanwerk von Charles Dickens und ausgewählten deutschen Übersetzungen, Bern, Berlin, Frankfurt, et al.; Peter Lang.

Barège, Thomas. (2012). "Traduire la syntaxe? Rythme, ruptures et continuité", In: Buron-Brun, Bénédicte de & Franck Miroux (eds.) 2012. 'Poétique et Traduction.', Reims; Presses Universitaires de Sainte Gemme.

Barth, Gilbert. (1971). French to English: Some Stylistic Considerations. *Meta* 16(1)~16(2).

Bartsch, Carla. (1997). Oral Style, Written Style, and Bible Translation. *Notes on Translation* 11(3), pp. 41~48.

Bastian, Sabine & Nicole Filleau. (1997). "Textstilistische und interkulturelle Aspekte des Übersetzens - am Beispiel des Französischen und Deutschen", In: Fleischmann, Eberhard; Wladimir Kutz & Peter Axel Schmitt (eds.) 1997. 'Translationsdidaktik. Grundfragen der Übersetzungswissenschaft.', Tübingen; Gunter Narr, pp. 418~426.

Baumann, Klaus-Dieter. (2008). "Fachstile als Reflex des Fachdenkens". Leipzig; Frank & Timme. pp. 185~196.

Beeby Lonsdale, Allison. (2002). "Contrastive Rhetoric in Translator Training I: Awareness of Hybrid Genres in the Global Village", In: Iglesias Rábade, Luis & Susana María Doval Suárez (eds.) 2002. 'Studies in Contrastive Linguistics.', Santiago de Compostela; Universidade de Santiago de Compostela, pp. 179~188.

Beekman, John. (1965). Some New Testament references which may contain an editorial 'we'. *Notes on Translation* 1(19), p. 10.

Beekman, John. (1968). Classifying translation problems (figures of speech briefly defined). *Notes on Translation* 1(30), pp. 14~19.

Beekman, John. (1978). Idiomatic translations and some underlying theological questions (inspiration, inerrancy). *Notes on Translation* 1(68), pp. 2~23.

Ben-Ari, Nitsa. (1998), The ambivalent case of repetitions in literary translation. avoiding repetitions: a 'universal' of translation?. *Meta* 43(1), pp. 1~11.

Bennett, Karen. (2006). "Critical Language Study and Translation: The Case of Academic Discourse", In: Duarte, João Ferreira; Alexandra Assis Rosa & Teresa Seruya (eds.) 2006. 'Translation Studies at the Interface of Disciplines.', Amsterdam; John Benjamins, pp. 111~127.

Ben-Shahar, Rina. (1989). [Linguistic and stylistic norms in the translation of English and French plays into Hebrew during the 1950s and 1960s] (in Hebrew). *Dapim le-mehqar be-sifrut* 5(6), pp. 331~344.

Ben-Shahar, Rina. (1998). "The language of plays translated into Hebrew from English and French - a cultural-stylistic study". Meta 43(1).

Ben-Shahar, Rina. (2000). "Poética, retórica y traducción literaria", In. Beristáin, Helena & Mauricio Beuchot (eds.) 2000. 'Filosofía, retórica e interpretación.', México D.F.; Universidad Nacional Autónoma de México, pp. 129~141.

Berman, R. (1978). Postponing Lexical Repetition and the Like: A Study in Contrastive Stylistics. *Balshanut Shimushit* 1(2), pp. 3~26.

Bernárdez Sanchís, Enrique. (1992). Notas sobre las versiones de los cuentos de Andersen. *CLIJ* 44, pp. 35~37.

Bishop, Eric F.F. (1953). Pronominal Courtesy in the New Testament, *The Bible Translator* 4, pp. 32~34.

Blanke, Gustav H. (1987). "An American Rhetorical Tradition and Its Intercultural Implications", In: Albrecht, Jörn; Horst W. Drescher; Heinz Göhring & Nikolai Salnikow (eds.) 1987. 'Translation und interkulturelle Kommunikation.', Frankfurt; Peter Lang, pp. 387~413.

Boase-Beier, Jean (1994), Translating Repetition. *Journal of European Studies* 24(4), pp. 403~409.

Boase-Beier, Jean. (1995). Translation and Poetic Style. *Modern Poetry in Translation* 6.

Boase-Beier, Jean. (2006). Stylistic Approaches to Translation. Manchester; St. Jerome.

Boase-Beier, Jean (2011), *Stylistics and Translation*. Oxford; Oxford University Press.

Bonmatí Sánchez, Virginia (1987), "Helenismo, calco semántico y traducción en la terminología retórica latina", In: Santoyo Mediavilla, Julio César; Rosa Rabadán, Trinidad Guzmán & José Luis Chamosa (eds.) 1987. 'Fidus interpres: Actas I Jornadas Nacionales de Historia de la traducción.', León; Universidad de León, pp. 299~305.

Bonnefoy, Yves. (1979). On the Translation of Form in Poetry. *World Literature Today* 53(3), pp. 374~379.

Bossé-Andrieu, Jacqueline. (1988). Conception d'exercices de style dans l'optique de la traduction. *Meta* 33(2).

Bourne, Julian. (2002). He Said, She Said: Controlling Illocutionary Force in the Translation of Literary Dialogue. *Target* 14(2). pp. 241~261.

Bourne, Julian. (2007). "El impacto de las Directrices ITC en el estilo de cuatro guiones AD en inglés", In: Jiménez Hurtado, Catalina (ed.) 2007. 'Traducción y accesibilidad. Subtitulación para sordos y audiodescripción para ciegos: nuevas modalidades de Traducción Audiovisual.', Frankfurt; Peter Lang.

Brandes, Margarita Petrovna. (1988). Perevodcheskaia stilistika: Nemetskii iazyk: Praktikum dlia samostoiatelnoi raboty, Moscow; Vysshaia shkola.

Brandes, Margarita Petrovna. (1988). Stil i perevod (na materiale e nemetskogo yazyka), Moscow; Vysshaia shkola.

Broeck, Raymond van den. (1985). "Vershuivingen in de stilistiek van vertaalde literaire teksten: een semiotische benadering", Linguistica Antverpiensia 18~19, pp. 111~145.

Brumme, Jenny. (2012). "Translating phrasemes in fictive dialogue", In: Brumme, Jenny & Anna Espunya i Prat (eds.). 2012. 'The Translation of Fictive Dialogue.', Amsterdam/New York; Rodopi.

Brumme, Jenny & Anna Espunya i Prat (eds.). (2012). The Translation of Fictive Dialogue, Amsterdam/New York; Rodopi.

Brumme, Jenny & Hildegard Resinger (eds.). (2008). La oralidad fingida: obras literarias. Descripción y traducción, Madrid & Frankfurt; Iberoamericana &

Vervuert.

Bryant, William. (1972). A Comparison of Translation Styles. *Meta* 17(3).

Buckley, Ron. (1994). Style. *Turjuman* 3(2), pp. 165~180.

Bueno García, Antonio. (1995). "'Les fleurs du mal' de Baudelaire: Historia de su traducción, historia de la estética", In: Lafarga Maduell, Francisco; Albert Ribas & Mercedes Tricás (eds.) 1995. 'La traducción, metodología, historia, literatura: ámbito hispanofrancés.', Barcelona; Promociones y Publicaciones Universitarias, pp. 263~271.

Bürki, Yvette. (2008). "La representación de la oralidad bilingüe en la literatura: Caramelo", In: Brumme, Jenny & Hildegard Resinger (eds.) 2008. 'La oralidad fingida: obras literarias. Descripción y traducción.', Madrid & Frankfurt; Iberoamericana & Vervuert, pp. 33~58.

Bush, Peter. (2010). "La centralidad de la cultura del traductor: La Celestina de Fernando de Rojas y la creación del estilo en traducción", 1611 (Revista de Historia de la Traducción) 4.

Byrne, Jody. (2010). "Are technical translators writing themselves out of existence?", In: Kemble, Ian (ed.) 2010. 'The Translator as Writer.', Portsmouth; University of Portsmouth, pp. 14~27.

Camargo, Diva Cardoso de. (2009). Investigando padrões de estilo da tradutora literária Harriet de Onís em Shepherds of the Night, *Tradução e comunicação* 18, pp. 145~158.

Castellano Alayón, Manuel. (2006). Traducción y cultura: evaluación de traducciones al español de cuentos maravillosos rusos desde la estilística contrastiva textual, Las Palmas de Gran Canaria; Universidad de Las Palmas de Gran Canaria.

Chesterman, Andrew. (1997). *Contrastive rhetoric.* Kääntäjä.

Chico Rico, Francisco. (2001). "Retórica y traducción. 'Nóesis'y 'poíesis'y en la traducción del texto literario", Madrid; Arrecife, pp. 257~285.

Chico Rico, Francisco. (2002). La teoría de la traducción en la teoría retórica, Logo. *Revista de Retórica y Teoría de la Comunicación* 2(3), pp. 25~40.

Chico Rico, Francisco. (2008). "Traducción y educación para la comunicación social: el ejercicio de la traducción en la instrucción retórica", In: Tortosa, Virgilio (ed.) 2008. 'Re-escrituras de lo global: Traducción e interculturalidad.', Madrid; Biblioteca Nueva, pp. 63~86.

Chico Rico, Francisco. (2009). "La traducción como ejercicio retórico y gramatical", In: Pernot, Laurent (ed.) 2009. 'New Chapters in the History of Rhetoric.', Leiden; Brill, pp. 53~72.

Choe, Chungho. (1987). "Rhetoric: A Comparison of Its Evaluation in East and West", In: Albrecht, Jörn; Horst W. Drescher; Heinz Göhring & Nikolai Salnikow (eds.) 1987. 'Translation und interkulturelle Kommunikation.', Frankfurt; Peter Lang, pp. 413~423.

Colina Garcea, Sonia. (1997). Contrastive Rhetoric and Text-Typological Conventions in Translation Teaching, *Target* 9(2), pp. 335~353.

Conejero Dionís-Bayer, Manuel Ángel. (1991). Rhetoric, Theatre, and Translation, Valencia; Fundación Shakespeare de España.

Connor, Ulla. (1996). *Contrastive Rhetoric: Cross-Cultural Aspects of Second-Language Writing*. Cambridge; Cambridge University Press.

Connor, Ulla & Robert B. Kaplan (eds.). (1987). Writing across Languages: Analysis of L2 Texts, Reading (Massachusetts); Addison-Wesley.

Conti, Gregory. (2003). Translating diversity: the distinct and variegated voice of Clifford Geertz. *Translation Review* 66, pp. 20~26.

Coriat, Annie. (1970). Les interférences anglaises dans le français de Montréal: étude stylistique de la langue de la publicité, Montréal; Université de Montréal.

Côté, Nicole. (1996). 'Hôtel Verbano', une genèse à rebours. ou la stylistique comparée revisitée. *TTR* 9(2), pp. 123~146.

Crivello, Roberto. (2000). Concision in Technical Translations from English into Italian. *The ATA Chronicle* 29(10).

Cunillera Domènech, Montserrat. (2001). "Traducir la creatividad léxica: tendencia a la normalización", In: Casal Silva, M. L.; G. Conde et al. 2001. 'La lingüística francesa en España camino del siglo XXI.', Madrid; Arrecife, pp. 343~353.

Darbelnet, Jean. (1952). "Stylistique et traduction", In: Vinay, Jean-Paul (ed.) 1952. 'Traductions. Mélanges offerts en mémoire de Georges Panneton.', Outremont (Montréal); Institut de Traduction - Université de Montréal, pp. 105~115.

Darbelnet, Jean. (1988). L'apport de la stylistique comparée à l'enseignement de la traduction. *Meta* 33(2).

Demissy-Cazeilles, Olivier. (2007). Langage et propagande: La traduction française de trois discours de George W. Bush. *Hermès* 49, pp. 141~148.

Desurmont, Christopher (2006), Adjectif composé et figures, *Palimpsestes* 19.

Díaz Peralta, Marina; Gracia Piñero Piñero; Vicente Marrero Pulido & María Jesús García Domínguez. (1998). La comparación estilística de dos traducciones del mismo texto original como recurso didáctico en la formación de traductores. *Sendebar* 8~9, pp. 155~170.

Dimarco, Chrysanne & Keith Mah. (1994). A Model of Comparative Stylistics for Machine Translation. *Machine Translation* 9(1), pp. 21~59.

Doherty, Monika. (1991). Translation Theory, Linguistics and Style, *Fremdesprache* 4(91), pp. 27~30.

Doherty, Monika. (1991). Reliability of observational data: Towards a theory of comparative stylistics, *TTR* 4(1), pp. 49-61.

Doherty, Monika. (1995). "Prinzipien und Parameter als Grundlagen einer allgemeinen Theorie der vergleichenden Stilistik", In: Stickel, Gerhard (ed.) 1995. 'Stilfragen.', Berlin; de Gruyter, pp. 181~197.

Doherty, Monika. (1998). Processing and Directionality in German and English, *Languages in Contrast* 1(1), pp. 23~44.

Donovan, Clare. (1990). "La Fidélité au style en interprétation", In: Lederer, Marianne (ed.) 1990. 'Etudes traductologiques: en hommage a Danica Seleskovitch.', París; Minard, pp. 87~100.

Dragsted, Barbara & Michael Carl. (2013). "Towards a classification of translation styles based on eye-tracking and keylogging data", Journal of Writing Research (JoWR) 5(1), pp. 133~158.

Dubé, Marie-Claire. (1992). "Hamlet in madness hath Polonius slain": Difficulties in Translating the Stylistic and Dramatic Effects of Shakespeare's Syntax, Montréal; Université de Montréal.

Dubuc, Robert. (1969). "De l'ordre dans les mots sinon dans les choses", *Meta* 14(3).

Dussart, André. (1998). "Mario Wandruszka ou la stylistique comparée dans une perspective européenne", In: Ballard, Michel (ed.) 1998. 'Europe et traduction.', Arras & Ottawa; Artois Presses Université & Université d'Ottawa, pp. 323~344.

Eastmond, Maria. (2006). "Översättning för retorisk kritik", In: Englund Dimitrova, Birgitta & Hans Landqvist (eds.) 2006. 'Svenska som källspak och malsprak. Aspekter pa översättningsvetenskap. Artikler fran en forskarkurs vid Göteborgs universitet höstterminen 2005.', Göteborg; University of Gothenburg, pp. 33~43.

Eckert, Ann Curnow. (1981). Analysis of written style - an imperative for readable translation?. *Notes on Translation* 1(85), pp. 27~31.

Eckhart Heinz, Karl. (1992). Konstitutive Aspekte der Ästhetik im Sprachkunstwerk und ihre Behandlung als Übersetzungsproblem, *Babel* 38(1), pp. 10~27.

Edwards, Marion. (2002). "Contrastive Rhetoric and Translation Methodology", In: Iglesias Rábade, Luis & Susana María Doval Suárez (eds.) 2002. 'Studies in Contrastive Linguistics.', Santiago de Compostela; Universidade de Santiago de Compostela, pp. 363~370.

Egbert, Marie-Luise. (1999). Lexical Repetition in English-German Literary Translation, Trier; Wissenschaftlicher Verlag Trier.

Eichl, Radek. (2005). "La traducción de figuras y tropos en las versiones checas de las biografias de clásicos españoles", In: Vega Cernuda, Miguel Ángel (ed.) 2005. 'La traducción de los clásicos: problemas y perspectivas.', Madrid; Instituto Universitario de Lenguas Modernas y Traductores - Universidad Complutense de Madrid, pp. 63~78.

El-Shiyab, Said. (1992). Rhetoric across cultures and its effects on the process of translation, *Le Linguiste* 37, pp. 7~23.

Espunya i Prat, Anna. (2008). "El reflejo del acento enfático en las traducciones española y catalana de 'Stupid White Men'", In: Brumme, Jenny &

Hildegard Resinger (eds.) 2008. 'La oralidad fingida: obras literarias. Descripción y traducción.', Madrid & Frankfurt; Iberoamericana & Vervuert, pp. 59~78.

Estelrich Arce, María del Pilar. (2008). "Los diálogos fragmentarios en el contexto de la novela 'Malina' de Ingeborg Bachmann y su traducción", In: Brumme, Jenny & Hildegard Resinger (eds.). (2008). 'La oralidad fingida: obras literarias. Descripción y traducción.', Madrid & Frankfurt; Iberoamericana & Vervuert, pp. 79~100.

Etkind, Efim Grigorevich. (1959). "Perevod i sopostavitelnaja stilistika", In: Antokolskij, Pavel; Valentina Dynnik; Ivan Kaskin, et al. (eds.) 1959. 'Masterstvo perevoda.', Moscow; Sovetskij Pisatel, pp. 71~78.

Evangelisti, Paola. (1996). "Retorica e retoriche: quali implicazioni per la retorica contrastiva? Alcune riflessioni introduttive", In: Cortese, Giuseppina (ed.) 1996. 'Tradurre i linguaggi settoriali.', Torino; Libreria Cortina, pp. 29~72.

Faber Benítez, Pamela. (1986). El análisis estilístico en la traducción poética aplicado a once poemas de D. H. Lawrence, Granada; Universidad de Granada.

Faber Benítez, Pamela. (1989). Stylistic Analysis in Poetic Translation, *Meta* 34(4).

Fabricius-Hansen, Cathrine. (1989). "Contrastive Stylistics. Outline of a Research Project on German and Norwegian Non-Fictional Prose", In: Lauridsen, Karen Marie & Ole Lauridsen (eds.) 1991. 'Contrastive Linguistics.', Aarhus; The Aarhus School of Business, pp. 51~75.

Fabricius-Hansen, Cathrine. (1997). "Übersetzung und Stil - am Beispiel Musil", In: Keller, Rudi (ed.) 1997. 'Linguistik und Literaturübersetzen.', Tübingen; Gunter Narr, pp. 61~78.

Fabricius-Hansen, Cathrine. (2000). "Übersetzen mit Stil - ein unmögliches Ziel?", In: Fabricius-Hansen, Cathrine & Johannes Ostbo (eds.) 2000. 'Übertragung, Annäherung, Angleichung: sieben Beiträge zur Theorie und Praxis des Übersetzens.', Frankfurt; Peter Lang.

Faini, Paola. (2012). "The Challenge of Free Indirect Speech in Mrs Dalloway", In: Palusci, Oriana (ed.) 2012. 'Translating Virginia Woolf.', Bern; Peter

Lang, pp. 39~48.

Farrell, Joseph. (2007). "The Style of Translation: Dialogue with the Author", In: Anderman, Gunilla M. (ed.) 2007. 'Voices in Translation. Bridging Cultural Divides.', Clevedon; Multilingual Matters, pp. 56~65.

Fernández Polo, Francisco Javier. (1998). "Traducción e Retórica Contrastiva: pasado e perspectivas de futuro da investigación no campo", Viceversa 4, pp. 41~57.

Fernández Polo, Francisco Javier. (1999). Traducción y retórica contrastiva. A propósito de la traducción de textos de divulgación científica del inglés al español, Santiago de Compostela; Universidade de Santiago de Compostela.

Fernández Polo, Francisco Javier. (2002). "Relevancia de la retórica contrastiva para la traducción", In: Bravo Gozalo, José María (ed.) 2002. 'Nuevas perspectivas de los estudios de traducción.', Valladolid; Universidad de Valladolid, pp. 57~80.

Fernández Sánchez, Francesc. (2008). "'El habla coloquial y vulgar en 'La sombra del viento': análisis ejemplar de su traducción al alemán, al inglés y al francés", In: Brumme, Jenny & Hildegard Resinger (eds.) 2008. 'La oralidad fingida: obras literarias. Descripción y traducción.', Madrid & Frankfurt; Iberoamericana & Vervuert, pp. 101~120.

Forner, Werner. (1999). "Stilkontrast, Sprachkontrast, Übersetzung", In: Forner, Werner (ed.) 1999. 'Fachsprachliche Konstraste, oder: Die unmögliche Kunst des Übersetzens.', Frankfurt & New York; Peter Lang.

France, Peter. (1997). Dostoevskii Rough and Smooth. *Forum for Modern Language Studies* 33(1), pp. 72~80.

Galabova, Jana Nikolova. (1988). Le style en tant que phénoménologie du discours littéraire et de la traduction. *Babel* 34(4), pp. 222~226.

Galán Mañas, Anabel. (2013). Contrastive rhetoric in teaching how to translate legal texts. *Perspectives: Studies in Translatology* 21(3), pp. 311~328.

Gallagher, John Desmond. (2001). "Le discours indirect libre vu par le traducteur", In: Ballard, Michel (ed.) 2001. 'Oralité et traduction.', Arras; Artois Presses Université, pp. 209~244.

Gallegos Rosillo, José Antonio & Leandro Félix Fernández. (2003). "Las convenciones textuales de la estilística textual desde la perspectiva traductológica", In: Muñoz Martín, Ricardo (ed.) 2003. 'Actas del I Congreso Internacional de la Asociación Ibérica de Estudios de Traducción e Interpretación.', Granada; Asociación Ibérica de Estudios de Traducción e Interpretación, pp. 99~117 (vol. 1).

García de Fórmica-Corsi, David (2011), La traducción de la repetición en 'The nightingale and the rose', de Oscar Wilde, *TRANS (Revista de Traductología)* 15, pp. 171~191.

García Domínguez, María Jesús & Gracia Piñero Piñero (1998), "La expresión de la hipótesis y la certeza: análisis estilístico de dos versiones españolas del soneto II de W. Shakespeare", RLA: Revista de lingüística teórica y aplicada 36, pp. 65~72.

García López, Rosario. (1999). "Tropo, implicitud y traducción", Parallèles 21, pp. 33~42.

García Yebra, Valentín. (1970). "Traducción y estilo", In: Various authors. 1970. 'Actes du 10th Congrès International des Linguistes. Bucarest 1967.', Bucurest; Académie de la R. S. de Roumanie, pp. 383~388.

García Yebra, Valentín. (2001). "Extranjerismos sintácticos en la traducción", In: Various Authors. 2001. 'Actas del III Congreso Latinoamericano de Traducción e Interpretación.', Buenos Aires; Colegio de Traductores Públicos de la Ciudad de Buenos Aires.

Garrudo Carabias, Francisco. (1994). "Observaciones sobre la traducción de la sintaxis", In: Fernández Nistal, Purificación (ed.) 1994. 'Aspectos de la traducción inglés/español.', Valladolid; Universidad de Valladolid, pp. 91~100.

Gémar, Jean-Claude. (1981). Réflexions sur le langage du droit: problèmes de langue et de style. *Meta* 26(4), pp. 338~349.

Gentzler, Edwin Charles. (1998). "Poetics of Translation", In: Baker, Mona (ed.) 1998. 'Routledge Encyclopedia of Translation Studies.', London; Routledge, pp. 167~170.

Gerzymisch-Arbogast, Heidrun. (2001). "Translation und Stil", In: Jakobs, Eva-Maria & Annely Rothkegel (eds.) 2001. 'Perspektiven auf Stil.', Tübingen; Max Niemeyer, pp. 165~186.

Ghazala, Hasan. (1995). "Stylistic Translation English-Arabic", Translatio 14(1)~14(2), pp. 7~38.

Ghazala, Hasan. (2002). Allegory in Arabic Expressions of Speech and Silence: A Translational-Stylistic Perspective, *Internet Translation Journal*, pp. 1~47.

Ghazala, Hasan. (2007). "Touching upon the translation of the style of irony (English-Arabic)", Babel 53(1), pp. 22~31.

Ghazala, Hasan. (2008). Stylistics and Translation: Tracing the Style of the Holy Quran and its implications in Islamic and Non-Islamic Translations, *Sayyab Translation Journal* 1, pp. 113~150.

Ghosh, Aditi. (2004). The Translator's Style, *Translation Today* 1(1), pp. 154~162.

Gil, Alberto. (2006). "Intuitive Rhythmuserfassung als translatorische Grösse", In: Wotjak, Gerd (ed.) 2006. 'Quo vadis Translatologie? Ein halbes Jahrhundert universitäre Ausbildung von Dolmetschern und Übersetzern in Leipzig.', Leipzig; Frank & Timme, pp. 79~94.

González Ruiz, Víctor Manuel. (2004). "La ideología en el discurso de los profesionales del derecho: reflexiones en torno a la formación del traductor", In: Bravo Utrera, Sonia (ed.) 2004. 'Traducción, lenguas, literaturas. Sociedad del conocimiento. Enfoques desde y hacia la cultura.', Las Palmas de Gran Canaria; Universidad de Las Palmas de Gran Canaria, pp. 119~140.

Göpferich, Susanne. (1993). Die translatorische Behandlung von Textsorten-konventionen in technischen Texten. *Lebende Sprachen* 38(2), pp. 49~53.

Gormezano, Nathalie (2006), "Traductologie et sémiostylistique comparée: interdisciplinarité implicite?", In: Clas, André; Georges L. Bastin; Hélène Buzelin; Jeanne Dancette; Judith Lavoie; Egan Valentine & Sylvie Vandaele (eds.) 2006. 'Pour une traductologie proactive', Université de Montréal, 5.

Grabe, William & Robert Kaplan. (1989). "Writing in a second language: contrastive rhetoric", In Donald M. Johnson & Duane H. Roe (eds.) 1989.

'Richness in writing: empowering ESL students.', White Plains (New York); Longman, pp. 263~283.

Greenlee, J. Harold. (1976). 2 Corinthians (the editorial 'we'), *Notes on Translation* 1(60), pp. 31~32.

Greenwald, Roger. (2002). Translation: The Idea of Accuracy and the Challenge of Literacy, *The ATA Chronicle* 31(3).

Greiner, Norbert. (1987). "Style als Meaning: Some Problems of Translating Modernist Poetry", In: Albrecht, Jörn; Horst W. Drescher; Heinz Göhring & Nikolai Salnikow (eds.) 1987. 'Translation und interkulturelle Kommunikation.', Frankfurt; Peter Lang, pp. 155~172.

Grünbeck, Bernhard. (1976). Moderne deutsch-französische Stilistik auf der Basis des Übersetzungsvergleichs / Teil 1., Ordnungsliebe und logisierende Präzision als Übersetzungsdominanten, Heidelberg; Carl Winter.

Grünbeck, Bernhard. (1983). Moderne deutsch-französische Stilistik auf der Basis des Übersetzungsvergleichs. Teil II. Konzision als Übersetzungsdominante / Teil III. Harmonie als Übersetzungsdominante, Heidelberg; Carl Winter.

Gudschinsky, Sarah C. (1967). Frequency counts, naturalness, and style, *Notes on Translation* 1(28), pp. 13~14.

Guimaraes, Helena & Eduarda María Ferreira da Mota. (2006). "The role of comparative stylistics in translators' training", In: Mourón Figueroa, Cristina & Teresa Moralejo Gárate (eds.) 2006. 'Studies in Contrastive Linguistics.', Santiago de Compostela; Universidade de Santiago, pp. 355~364.

Ham, Patricia. (1972). Different styles for different kinds of translated materials, *Notes on Translation* 1(45), p. 17.

Hansen, Gyde. (2009). "Sense and stylistic sensitivity in translation processes", In: Laplace, Colette; Marianne Lederer & Daniel Gile (eds.) 2009. 'La traduction et ses métiers - Aspects théoriques et pratiques.', Caen; Lettres modernes Minard, pp. 87~102.

Hansen, Gyde. (2013). "Many tracks lead to the goal: A long-term study on individual translation styles", In: Way, Catherine; Sonia Vandepitte; Reine Meylaerts & Magdalena Bartlomiejczyk (eds.) 2013. 'Tracks and Treks in

Translation Studies.', Amsterdam; John Benjamins, pp. 49~62.

Harris, Brian. (1996). Redundancies in Translation from Arabic. *Turjuman* 5(1), pp. 7~21.

Hassler, Gerda. (2008). "Temas, remas, focos y tópicos en la oralidad fingida y en su traducción", In: Brumme, Jenny & Hildegard Resinger (eds.) 2008. 'La oralidad fingida: obras literarias. Descripción y traducción.', Madrid & Frankfurt; Iberoamericana & Vervuert, pp. 121~140.

Hatim, Basil. (2000). Contrastive Rhetoric and Language as a Social Semiotic. *International Journal of Arabic-English Studies* 1, pp. 115~131.

Headland, Thomas N. (1973). A method for recording formal elicitation. *Notes on Translation* 1(50), pp. 22~27.

Herbst, Thomas. (1997). "Dubbing and the Dubbed Text - Style and Cohesion: Textual Characteristics of a Special Form of Translation", In: Trosborg, Anna (ed.) 1997. 'Text Typology and Translation.', Amsterdam; John Benjamins, pp. 291~308.

Herrero Muñoz-Cobo, Bárbara. (1995). "Asimetrías interculturales en los hábitos retóricos", In: Pérez Beltrán, C. & Caridad Ruiz-Almodóvar Sel (eds.) 1995. 'El Magreb. Coordenadas socioculturales.', Granada; Grupo de Investigación Estudios Arabes Contemporáneos, pp. 97~110.

Herrero Quirós, Carlos. (1999). Análisis estilístico y traducción literaria de textos en prosa: Algunas orientaciones. *Hermeneus* 1, pp. 83~90.

Hewson, Lance. (2001). Style and Translation. *Anglophonia* 9, pp. 193~204.

Hickey, Leo. (1985). A Basic Maxim for Practical Translation. *The Incorporated Linguist* 24(2), pp. 106~109.

Hickey, Leo. (1997). Keeping Words in Order: a Pragmastylistic Problem in Translation. *Donaire* 8, pp. 30~36.

Higgins, Ian. (1995). Le 'Zadig' des Anglais. *Palimpsestes* 9, pp. 43~56.

Hille, Harald. (2001). The Role of Translation in Forming a National Literary Language: The Case of Russian. *The ATA Chronicle* 30(2).

Hohulin, E. Lou. (1982). Readability and linguistic complexity in translation. *Notes on Translation* 1(91), pp. 14~28.

Hohulin, Richard M. (1978). A method for upgrading the naturalness and style of New Testament translation, *Notes on Translation* 1(72), pp. 26~28.

Holton, Brain. (2005). The Sound of Snow: Sensory Experience in Translator Training, *Translation Quarterly* 36, 46~56.

Hongan, Guo & Xu Jun. (1999). Sur le style de la traduction, *Nanjing; Forêt de traduction* 3, pp. 204~207.

Hunt, Geoffrey R. (1984). Naturalness in translation: is it always possible?, *Notes on Translation* 1(100), pp. 31~35.

Ibrahim, Amr Helmy. (2000). "Fonction et traduction des répétitions dans le Coran", In: Ibrahim, Amr Helmy & Hassane Filali (eds.) 2000. 'Traduire: reprises et répétitions.', Besançon & Paris; Presses universitaires franc-comtoises & Belles lettres, pp. 139~168.

Ibrahim, Amr Helmy & Hassane Filali (eds.). (2000). Traduire: reprises et répétitions, Besançon & Paris; Presses universitaires franc-comtoises & Belles lettres.

Intravaia, Pietro & Pierre Scavée. (1994). La stylistique collective dans la formation linguistique et professionnelle des traducteurs et interprètes de conférence. *Meta* 39(1), pp. 34~46.

Jackson, Robert Summer. (1961). The 'inspired' style of the English Bible. *Journal of the Bible & Religion* 29, pp. 4~15.

Jawad, Hisham A. (2004). Repetition in Arabic Literary Discourse: Patterns, Shifts and Translation Strategies, Edinburgh; University of Edinburgh.

Jawad, Hisham A. (2007). Paraphrase, parallelism and chiasmus in Literary Arabic: Norms and translation strategies. *Babel* 53(3), pp. 196~215.

Jawad, Hisham A. (2007). Arabic lexical doublets: Translation strategies, *Across Languages and Cultures* 8(1), pp. 33~54.

Jawad, Hisham A. (2009). Repetition in Literary Arabic: Foregrounding, Backgrounding, and Translation Strategies, *Meta* 54(4), pp. 753~769.

Jay-Rayon, Laurence. (2011). La traduction des motifs sonores dans les littératures africaines europhones comme réactivation du patrimoine poétique maternel, Montréal; Université de Montréal.

Jiménez Crespo, Miguel Angel. (2010). "Localization and writing for a new medium: a review of digital style guides", Revista Tradumàtica 8.

Johnson, Jane Helen. (2010). A corpus-assisted study of parere/sembrare in Grazia Deledda's Canneal Vento and La Madre. Constructing point of view in the Source Texts and their English translations, Textus 23, pp. 283~302.

Johnson, Jane Helen. (2011). The use of deictic reference in identifying point of view in Grazia Deledda's Canne al Vento and its translation into English, Target 23(1), pp. 62~76.

Jones, Francis Redvers. (2000). The Poet and the Ambassador: Communicating Mak Dizdar's 'Stone Sleeper', Translation and Literature 9(1), pp. 65~87.

Kajaia, Nana (2008), Peculiarities of Transmitting Author's Viewpoint in Translation, Translation Studies: Retrospective and Prospective Views 3, pp. 120~124.

Kajzer-Wietrzny, Marta. (2012). Interpreting universals and interpreting style, Poznan; Adam Mickiewicz University.

Kajzer-Wietrzny, Marta. (2013). Idiosyncratic Features of Interpreting Style, New Voices in Translation Studies 9, pp. 38~52.

Kalverkämper, Hartwig. (2008). "Das syntaktisierte Wortfeld – ein Indiz für Fachlichkeit im Text", In: Krings, Hans Peter & Felix Mayer (eds.) 2008. 'Sprachenvielfalt im Kontext von Fachkommunikation, Übersetzung und Fremdsprachenunterricht.', Leipzig; Frank & Timme, pp. 197~208.

Kamenicka, Renata. (2009). "The as-if game and literary translation", In: Pym, Anthony & Alexander Perekrestenko (eds.) 2009. 'Translation research projects 2.', Tarragona; Intercultural Studies Group (Universitat Rovira i Virgili), pp. 101~119.

Kamenická, Renata. (2007). Explicitation and translator's style. Prague; Univerzita Karlova = Charles University.

Kamenická, Renata. (2007). "Explicitation profile and translator style", In: Pym, Anthony & Alexander Perekrestenko (eds.) 2007. 'Translation research projects 1.', Tarragona; Intercultural Studies Group (Universitat Rovira i Virgili), pp. 116~130.

Kaplan, Robert. (1988). "Contrastive Rhetoric and Second Language Learning: Notes towards a Theory of Contrastive Rhetoric", In: Purves, Alan C. (ed.) 1988. 'Writing across Languages and Cultures: Issues in Contrastive Rhetoric.', Newbury Park (California); Sage, pp. 275~304.

Kapp, Volker. (1976). "Übersetzungswissenschaft und vergleichende Stilistik", In: Drescher, W. Horst & Signe Scheffzek (eds.) 1976. 'Theorie und Praxis des Übersetzens und Dolmetschens.', Frankfurt; Peter Lang, pp. 33~47.

Karayazici, N. Berrin. (1997). "Stylistics in Translation Theory: Recreating Meanings and Form", In: Bacardí Tomàs, Montserrat (ed.) 1997. 'Actes / II Congrés Internacional sobre Traducció, abril 1994.', Bellaterra; Universitat Autònoma de Barcelona, pp. 97~103.

Károly, Krisztina. (2010). Shifts in repetition vs. shifts in text meaning: A study of the textual role of lexical repetition in non-literary translation, *Target* 22(1), pp. 40~70.

Károly, Krisztina. (2013). Translating Rhetoric. Relational Propositional Shifts in Hungarian-English Translations of News Stories, *The Translator* 19(2), pp. 245~273.

Kellman, Steven G. (2010). Alien Autographs: How Translators Make Their Marks, *Neohelicon: Acta Comparationis Litterarum Universarum* 37(1), pp. 7~19.

Kemble, Ian (ed.). (2010). The Translator as Writer, Portsmouth; University of Portsmouth.

Kilham, Christine A. (1987). A written style for oral communication?, *Notes on Translation* 1(123), pp. 36~52.

Kim, Do-Hun. (2004). Stylistic consideration in translation: With focus on the translation of political speech, *Conference Interpretation and Translation* 6(1), pp. 49~63.

Klimkiewicz, Aurélia. (2000). Le modèle d'analyse textuelle dialogique: la traduction poétique au-delà du contenu et de la forme. *Meta* 45(2), pp. 175~192.

Klitgard, Ida. (2005). The Danish translation of the anthology of styles in James Joyce's Ulysses. *Orbis Litterarum* 60(1), pp. 54~59.

Knapp, Karlfried. (1987). "Kommunikativer Stil im interkulturellen Kontakt", In: Albrecht, Jörn; Horst W. Drescher; Heinz Göhring & Nikolai Salnikow (eds.) 1987. 'Translation und interkulturelle Kommunikation.', Frankfurt; Peter Lang, pp. 439~467.

Kolb, Waltraud. (2013). "'Who are they?': Decision-making in literary translation", In: Way, Catherine; Sonia Vandepitte; Reine Meylaerts & Magdalena Bartlomiejczyk (eds.) 2013. 'Tracks and Treks in Translation Studies.', Amsterdam; John Benjamins, pp. 207~221.

Koller, Werner & Juliane House. (1983). "Zum Sprachverhalten in fiktiven und realen Alltagsdialogen", In: Sandig, Barbara (ed.) 1983. 'Stilistik. Band II: Gesprächsstile.', Hildesheim, Zürich & New York; Olms, pp. 25~38.

Korzen, Iorn & Morten Gylling. (2012). Text Structure in a Contrastive and Translational Perspective, TC3 *(Translation: Computation, Corpora, Cognition)* 2(1), pp. 23~45.

Kozlova, Inna. (2002). "Contrastive Rhetoric II: a Case Study of Business Correspondence between Spain and the Former Soviet Union", In: Iglesias Rábade, Luis & Susana María Doval Suárez (eds.) 2002. 'Studies in Contrastive Linguistics.', Santiago de Compostela; Universidade de Santiago de Compostela, pp. 551~558.

Králová, Jana. (1999). "Estructura del párrafo como rasgo estilístico", Folia Translatologica 7, pp. 133~154.

Kumarajiva. (1935). "Wei seng rui lun xifang citi" (In Chinese), Beijing; Commercial Printing House.

Kupsch-Losereit, Sigrid & Paul Kussmaul. (1982). Stilistik und Übersetzen, *Lebende Sprachen* 27(3), pp. 101~104.

Landers, Clifford E. (1998). "Honey-Lips, or Can Purple Prose Make it in the Late 20th Century?", In: MacFarlane, Ann G. (ed.) 1998. 'Proceedings of the 39th Annual Conference of the American Translators Association (November 1998, Hilton Head Island, South Carolina).', Alexandria (Virginia); American Translators Association, pp. 151~154.

Larson, Mildred L. (1967). The relationship of frequency counts and function,

Notes on Translation 1(28), pp. 14~16.

Laurian, Anne-Marie. (1986). Stylistics and computing: Machine translation as a tool for a new approach to stylistics. *Machine Translation* 1(4), pp. 215~221.

Leaders, Marlin. (1991). Eliciting figures of speech. *Notes on Translation* 5(4), pp. 31~45.

Lecocq, L. (1961). Stylistique et traduction. *Les Langues Modernes* 55, pp. 44~49.

Leki, Ilona. (1991). Twenty-Five Years of Contrastive Rhetoric: Text Analysis and Writing Pedagogies. *TESOL* 25(1), pp. 123~143.

Levenston, Eddie A. (1976). Towards a Comparative Stylistics in English and Hebrew. *English Teacher's Journal (Israel)* 15, pp. 16~22.

Linn, Stella. (1998). Dichterlijkheid of letterlijkheid? Prioriteiten in de Spaanse vertalingen van Nederlandstalige poëzie. Groningen; Rijksuniversiteit Groningen.

Liu, Jinlong. (2011). [Rhetoric devices and the translation of English news headlines] (in Chinese), *Zhongguo keji fanyi = Chinese Science & Technology Translators Journal* 24(2), pp. 45~49.

Loffler-Laurian, Anne-Marie. (1985). Traduction automatique et style, *Babel* 31(2), pp. 70~76.

Lombardo, Giovanni. (2004). "Movimento del linguaggio e tecniche traspositive: il contributo della retorica antica", In: Lavieri, Antonio (ed.) 2004. 'La traduzione fra filosofia e letteratura / La traduction entre philosophie et littérature.', Torino & Paris; L'Harmattan, pp. 142~161.

Lukaszewicz, Agnieszka. (2002). "Jargon in Translation of Official Texts (Based on Analysis of Stylistic Dysfunction in Translation of 'The Polish Standard')", In: Lewandowska-Tomaszczyk, Barbara & Marcel Thelen (eds.) 2002. 'Translation and Meaning 6.', Maastricht; Hogeschool Zuyd, Maastricht School of Translation and Interpreting.

Macho Vargas, María Azucena. (2003). Los problemas de traducción del monólogo interior: Bella del Señor. *Hermeneus* 5, pp. 157~169.

Magnusson, Gunnar. (2003). "Interlinear Translation and Discourse a la Mark Twain", In: Anderman, Gunilla & Margaret Rogers (eds.) 2003. 'Translation

Today. Trends and Perspectives.', Clevedon; Multilingual Matters, pp. 125~139.

Malmkjaer, Kirsten. (1994). Stylistics in Translation Teaching, *Perspectives: Studies in Translatology* 2(1), pp. 61~68.

Malmkjaer, Kirsten. (2003). What Happened to God and the Angels: An Exercise in Translational Stylistics. *Target* 15(1), pp. 37~58.

Malmkjaer, Kirsten. (2004). Translational Stylistics. Dulcken's translations of Hans Christian Andersen. *Language and Literature* 13(1), pp. 13~24.

Malmkjaer, Kirsten. (2005). "Translational Stylistics", In: Brown, Keith (ed.) 2005. 'Encyclopedia of Language and Linguistics.', 2nd Edition in 2006, Oxford; Elsevier, pp. 104~108.

Mao, P. (2006). [On the Translation of Spanish Figures of Comparison] (in Chinese). *Journal of Beijing International Studies University* 8, pp. 29~33.

Marco Borillo, Josep. (1998). "El paper de l'anàlisi estilística en la pràctica i l'ensenyament de la traducció literària", In: Orero, Pilar (ed.) 1998. 'Actes / III Congrés Internacional sobre Traducció (1996).', Bellaterra; Universitat Autònoma de Barcelona, pp. 427~443.

Marco Borillo, Josep. (2000). Funció de les traduccions i models estilístics: el cas de la traducció al català al segle XX, *Quaderns. Revista de Traducció* 5, pp. 29~44.

Marco Borillo, Josep. (2004). Translating style and styles of translating: Henry James and Edgar Allan Poe in Catalan, *Language and Literature* 13(1), pp. 73~90.

Marías Franco, Javier. (1993). El canon Nabokov, *Madrid; El País* 11 (Libros - Babelia).

Markelova, Irina. (1992). "Semantics of Style in Translation", In: Lewandowska-Tomaszczyk, Barbara & Marcel Thelen (eds.) 1992. 'Translation and Meaning 2.', Maastricht; Euroterm, pp. 415~418.

Marquant, Hugo. (2006). L'impact sémantique des contraintes stylistiques de la langue cible dans les traductions françaises de Thérèse d'Avila: le cas du redoublement des mots. *Hikma* 5, pp. 95~110.

Marrero Pulido, Vicente. (2009). "Reconocimiento del artículo de opinión desde la perspectiva de la Estilística Textual", In: Bravo Utrera, Sonia & Rosario Garcia López (eds.) 2009. 'Estudios de traducción: Perspectivas. Zinaida Lvóvskaya in memoriam.', Bern; Peter Lang.

Maslowski, Michel. (2007). Regard anthropologique sur la traduction littéraire. *Hermès* 49, pp. 175~184.

Matsuda, Paul Kei. (1997). Contrastive rhetoric in context: A dynamic model of L2 writing. *Journal of Second Language Writing* 6(1), pp. 45~60.

Mattioli, Emilio. (1983). Studi di poetica e retorica, Modena; Mucchi.

Mauranen, Anna. (1993). Cultural Differences in Academic Rhetoric: A Textlinguistic Study, Frankfurt; Peter Lang.

May, Andrée (2002). Liberté stylistique et contraintes rhétoriques? La traduction du discours théorique, *Palimpsestes* 14.

Meijer-Concas, Anita de. (1988). "Het cursief in 'Madame Bovary': een stilistisch vertaalprobleem", In: Broeck, Raymond van den (ed.) 1988. 'Literatuur Van Elders. Over het Vertalen en de Studie van Vertaalde Literatuur in het Nederlands.', Leuven; ACCO, pp. 139~146.

Menacere, Mohammed. (1992). Arabic Discourse: Overcoming Stylistic Difficulties in Translation. *Babel* 38(1), pp. 28~36.

Meschonnic, Henri. (2003). Il ritmo è la profezia e l'utopia del linguaggio. *Rivista Internazionale di Tecnica della Traduzione* 7, pp. 1~15.

Meschonnic, Henri. (2004). Le rythme, prophétie du langage, *Palimpsestes* 15, pp. 9~14.

Mikhailov, Mikhail & Miia Villikka. (2001). "Is there such a thing as a translator's style?", In: Rayson, Paul; Andrew Wilson; Tony McEnery; Andrew Hardie & Shereen Khoja (eds.) 2001. 'Proceedings of the Corpus Linguistics 2001 conference.', Birmingham; University Centre for Computer Research on Language, pp. 378~385.

Mizuno, Akira (2012). "Stylistic Norms in the Early Meiji Period: From Chinese Influences to European Influences", In: Sato-Rossberg, Nana & Judy Wakabayashi (eds.) 2012. 'Translation and Translation Studies in the

Japanese Context.', London; Continuum.

Monferrer Sala, Juan Pedro. (2007). "Antigua tropología semítica: muestrario, descripciones y equivalencias traductológicas", In: Balbuena Torezano, María del Carmen & Angeles García Calderón (eds.) 2007. 'Traducción y mediación cultural: reflexiones interdisciplinares.', Granada; Atrio, pp. 153~182.

Moore, Bruce R. (1968). "Formal changes in translation", Notes on Translation 1(30), pp. 29~31.

Moraru, Mihaela. (1996). Particularitati stilistice în proza rusa contemporana si modalitati de redare a lor în limba romana: Pe baza povestirilor si romanelor lui V.M. Suskin, Bucuresti; Univesitatea Bucuresti.

Morini, Massimiliano. (2010). "Translating Personalities: A Stylistic Model", In: Fusco, Fabiana & Monica Ballerini (eds.) 2010. 'Testo e Traduzione. Lingue a confronto.', New York; Peter Lang.

Mosca, Lineide do Salvador. (1998). "Recriação da expressividade na tradução: percursos isotópicos", In: Milton, John & Francis Henrik Aubert (eds.) 1998. 'Anais do VI Encontro Nacional de Traductores. Integração via tradução.', São Paulo & Fortaleza; Universidade Federal do Ceará.

Mounin, Georges. (1986). Phonostylistique et traduction, Revue d'Esthétique 12, pp. 9~16.

Muhawi, Ibrahim. (1999). "On Translating Palestinian Folktales: Comparative Stylistics and the Semiotics of Genre", In: Suleiman, Yasir (ed.) 1999. 'Arabic Grammar and Linguistics.', Richmond (Indiana); Curzon Press, pp. 222~245.

Muller, Sylvine. (2001). "Traduire la syntaxe télégraphique dans les dialogues de romans anglais", In: Ballard, Michel (ed.) 2001. 'Oralité et traduction.', Arras; Artois Presses Université, pp. 181~208.

Muller, Sylvine. (2004). Le destin de l'oralité dickensienne dans les retraductions de Great Expectations, Palimpsestes 15, pp. 15~34.

Munday, Jeremy. (2008). "The Relations of Style and Ideology in Translation: A case Study of Harriet de Onís", In: Pegenaute Rodríguez, Luis; Janet DeCesaris; Mercedes Tricás Preckler & Elisenda Bernal (eds.) 2008. 'La

traducción del futuro: mediación lingüística y cultural en el siglo XXI.',
Barcelona; Promociones y Publicaciones Universitarias, pp. 57~68 (Vol. 1).

Muntéano, Basil. (1956). Port-Royal et la stylistique de la traduction, *Cahiers de l'Association Internationale des Etudes Francaises* 8(1), pp. 151~172.

Nae, Niculina. (1999). Transfer and Compensation in Literary Translation - A Case Study from Japanese and Romanian Translation, *ATA Chronicle* 28(8).

Newman, Bonnie. (1975). Emphasis and its relevance to Longuda translation. *Notes on Translation* 1(57). pp. 4~11.

Nida, Eugene Albert. (1990). "Rhetoric and Translating", In: Arntz, Reiner & Gisela Thome (eds.) 1990. 'Übersetzungwissenschaft. Ergebnisse und Perspektiven. Festschrift für Wolfram Wilss zum 65 Geburstag.', Tübingen; Gunter Narr, pp. 121~128.

Nida, Eugene Albert. (1990). The Role of Rhetoric in Verbal Communication. *Babel* 36(3), pp. 143~154.

Nida, Eugene Albert; Johannes P. Louw; A. H. Synman & J. v. W. Cronje. (1983). Style and Discourse: With Special Reference to the Text of the Greek New Testament, Cape Town; Bible Society of South Africa.

Núñez, S. (1993). "Sobre la traducción de la tradición. La formación de la terminología retórica latina", In: Charlo Brea, Luis (ed.) 1993. 'Teoría y práctica de la traducción: Reflexiones sobre la traducción.' Cádiz; Universidad de Cádiz, pp. 461~478.

Obeidat, Hussein A. (1998). Stylistic Aspects in Arabic and English Ttranslated Literary Texts: a Contrastive Study, *Meta* 43(3).

Oliver, María. (1995). "Retórica y traducción", In: Lafarga Maduell, Francisco; Albert Ribas & Mercedes Tricás (eds.) 1995. 'La traducción, metodología, historia, literatura: ámbito hispanofrancés.', Barcelona; Promociones y Publicaciones Universitarias, pp. 23~26.

Oliver, Robert T. (1934). "The Bible and Style", Sewanee Review 42, 350-355.

Olmo, Karlos del. (1999). "Oratoria, akatsak, itzulpengintza eta kalkoak", Senez 21.

Olohan, Maeve. (2003). How Frequent Are the Contractions?: A Study of Contracted Forms in the Translational English Corpus, *Target* 15(1), pp. 59~89.

Olubunmi Smith, Pamela J. (2001). Making Words Sing and Dance: Sense, Style and Sound in Yoruba Prose Translation, *Meta* 46(4), 744-750.

Osakwe, Mabel. (1998). Ogun Abibiman: a creative translation of Yoruba verse, *Meta* 43(3), pp. 1~5 (Bloc-notes).

Parks, Tim. (1997). Translating Style: The English Modernists & Their Italian Translations, London; Cassell.

Parks, Tim. (2007). Translating Style. A Literary Approach to Translation - A Translation Approach to Literature, Manchester; St. Jerome.

Patton, Jon M. & Fazli Can. (2012). "Determining translation invariant characteristics of James Joyce's Dubliners", In: Oakes, Michael P. & Meng Ji (eds.) 2012. 'Quantitative Methods in Corpus-Based Translation Studies. A practical guide to descriptive translation research.', Amsterdam; John Benjamins, pp. 209~230.

Pekkanen, Hilkka. (2007). The Duet of the Author and the Translator: Looking at Style through Shifts in Literary Translation. *New Voices in Translation Studies* 3, pp. 1~18.

Pekkanen, Hilkka. (2010). The Duet between the Author and the Translator: An Analysis of Style through Shifts in Literary Translation, Helsinki; Helsingfors universitet.

Peña, Victoriano. (2008). "Estilística, lingüística y filosofía: problemática y reflexión traductora en Gentile y Terracini", In: Camps i Olivé, Assumpta & Lew N. Zybatow (eds.) 2008. 'La traducción literaria en la época contemporánea.', Bern; Peter Lang.

Pereira Rodríguez, Ana María & María Lourdes Lorenzo García. (1999). "Dickens and Rhythm", In: Alvarez Lugris, Alberto & Anxo Fernandez Ocampo (eds.) 1999. 'Anovar/anosar. Estudios de traducción e interpretación.', Vigo; Universidade de Vigo 3, pp. 117~120.

Pérez-Luzardo Díaz, Jessica & Rafael Barranco Droege. (2011). "Stil", In: Collados Aís, Ángela; Emilia Iglesias Fernández; Esperanza Macarena Pradas Macías & Elisabeth Stévaux (eds.) 2011. 'Qualitätsparameter beim Simultandolmetschen: interdisziplinäre Perspektiven.', Leipzig; Gunter Narr, pp. 191~217.

Petric, Bojana. (2005). Contrastive rhetoric in the writing classroom: A case study. *English for Specific Purposes* 24(2), pp. 213~228.

Pike, Eunice V. (1966). Nonfocus of person and focus of role (editorial "we"). *Notes on Translation* 1(20), pp. 17~18.

Pilliere, L. (2003). "La traduction du style minimaliste", In: Ballard, Michel & Ahmed El Kaladi (eds.) 2003. 'Traductologie, linguistique et traduction.', Arras; Artois Presses Université.

Poncharal, Bruno. (2008). Peut-on traduire le style?, *Bulletin de la Société de Stylistique Anglaise (BSSA)* 30, pp. 45~65.

Poncharal, Bruno. (2010). La traduction de l'anaphore dans la prose de pensée. *Palimpsestes* 23, pp. 41~62

Posteguillo, Santiago (2002), "Contrastive Sociolinguistic and Cultural Differences in the Use of Written Codes and Visual Rhetoric in Internet Communication", In: Iglesias Rábade, Luis & Susana María Doval Suárez (eds.) 2002. 'Studies in Contrastive Linguistics.', Santiago de Compostela; Universidade de Santiago de Compostela, pp. 841~854.

Precht, Kristen (1998), A Cross-Cultural Comparison of Letters of Recomendation, *English for Specific Purposes (ESP)* 17(3), pp. 241~265.

Purves, Alan C. (ed.) (1988), Writing across Languages and Cultures: Issues in Contrastive Rhetoric, Newbury Park (California); Sage.

Puurtinen, Tiina (1994), "Dynamic style as a parameter of acceptability in translated children's books", In: Snell-Hornby, Mary, Franz Pöchhacker & Klaus Kaindl (eds.) 1994. 'Translation Studies: an Interdiscipline.', Amsterdam; John Benjamins, pp. 83~90.

Puurtinen, Tiina (1998), Syntax, readability and ideology in children's literature, *Meta* 43(4), pp. 524~533.

Quick, Philip Alan (1986), Taxonomy of repetition, *Notes on Translation* 1(114), pp. 15~26.

Quick, Philip Alan (1986), Resumptive repetition - a discourse feature towards naturalness in translation, *Notes on Translation* 1(114), pp. 26~38.

Qvale, Peter (2002), "'That great-great-great-great - What a hallow sound it had.'

Prosody, puns and paralinguistics in Thomas Mann's 'The magic mountain'", In: Various authors. 2002. 'La traduction: des idées nouvelles pour un siècle nouveau = Translation: New Ideas for a New Century.', Paris & Montréal; Fédération Internationale des Traducteurs, pp. 48~52.

Rani, K. Suneetha. (2004). Writer - Translator - Discourse, *Translation Today* 1(1), pp. 163~170.

Rasekh, Abbas Eslami. (2003). Translating inverted constructions: Is it a formal or semantic choice?, *Translation Studies in the New Millennium* 1.

Renkema, Jan & Carel van Wijk. (2002). "Converting the Words of God. An experimental evaluation of stylistic choices in the new Dutch Bible translation", Linguistica Antverpiensia New Series (LANS) 1, pp. 169~192.

Richardson, Bill. (1994). Translating Dislocated Temporal Deictics in Lorca's 'La casa de Bernarda Alba', *Sendebar* 5, pp. 225~240.

Riley, Philip. (1979). Towards a Contrastive Pragmalinguistics, *Interlanguage Studies Bulletin* 10, pp. 57~78.

Rogers, Margaret. (1997). "Synonymy and Equivalence in Special–Language Texts", In: Trosborg, Anna (ed.) 1997. 'Text Typology and Translation.', Amsterdam; John Benjamins, pp. 217~246.

Romanov, Yuri. (1992). Aspectos estilísticos de la traducción, *Sendebar* 3, pp. 48~52.

Rosa, Alexandra Assis (2013), "The power of voice in translated fiction: Or, following a linguistic track in translation studies", In: Way, Catherine; Sonia Vandepitte; Reine Meylaerts & Magdalena Bartlomiejczyk (eds.) 2013. 'Tracks and Treks in Translation Studies.', Amsterdam; John Benjamins, pp. 223~245.

Rosengrant, Judson. (1992). Toads in the Garden: On Translating Vernacular Style in Eduard Limonov, *Translation Review* 38~39, pp. 16~19.

Rossette, Fiona. (2009). Translating asyndeton from French literary texts into English, *Target* 21(1), pp. 98~134.

Ruiz Castellanos, Antonio. (1993). "La traducción del Polisíndeton y del Asíndeton en el De rerum natura de Lucrecio y el Ars poetica de Horacio", In: Charlo Brea, Luis (ed.) 1993. 'Teoría y práctica de la traducción:

Reflexiones sobre la traducción.', Cádiz; Universidad de Cádiz, pp. 633~644.

Rybicki, Jan. (2006). [Computational stylistics in the translator's work (on the basis of the author's own translations)] (in Polish), Rocznik przekladoznawczy, pp. 3~4.

Rybicki, Jan. (2012). "The great mystery of the (almost) invisible translator: Stylometry in translation", In: Oakes, Michael P. & Meng Ji (eds.) 2012. 'Quantitative Methods in Corpus-Based Translation Studies. A practical guide to descriptive translation research.', Amsterdam; John Benjamins, pp. 231~248.

Saarikoski, Liisa. (1994). "Translating Finnish legislative texts into English: A stylistic approach", In: Various authors. 1994. 'Fachsprachenforschung und Übersetzstheorie der Universität Vaasa - VAKKI - Symposien 19.', Vaasa; Vaasan yliopisto, pp. 296~307.

Saint-Pierre Farina, Yvonne. (1973). L'expressivité, essai de définition. Meta 18(3).

Salceda, Hermes. (2000). El sentido de la forma y las formas del sentido, Parallèles 21, pp. 85~98.

Saldanha, Gabriela. (2005), Style of Translation: An exploration of stylistic patterns in the translations of Margaret Jull Costa and Peter Bush, Dublin; Dublin City University.

Saldanha, Gabriela. (2011), Translator Style: Methodological Considerations, The Translator 17(1), pp. 25~50.

Saldanha, Gabriela. (2011). "Style of Translation: The use of source language words in translations by Margaret Jull Costa and Peter Bush", In: Kruger, Alet; Kim Wallmach & Jeremy Munday (eds). 2011 'Corpus-based Translation Studies: Research and Applications.', London; Continuum, pp. 237~258.

Saldanha, Gabriela. (2011). Emphatic Italics in English Translations: Stylistic Failure or Motivated Stylistic Resources?, Meta 56(2), pp. 424~442.

San Ginés Aguilar, Pedro. (1997). Traducción teórica. Planteamientos generales y teóricos de la traducción, Granada; Comares.

Sanconie, Maïca. (2001). Au-delà du vertige. Mises en abyme ou la traduction des réseaux de clichés dans les romans Harlequin, Palimpsestes 13.

Sanderson, John D. (2000). *Figuras de dicción en Ricardo III*. Alicante; Universidad de Alicante.

Santana Seda, Olga (1974). *A Contrastive Study in Rhetoric: An Analysis of the Organization of English and Spanish Paragraphs Written by Native Speakers of Each Language*. New York; New York University.

Sarig, Lea. (1992). On Two Style Markers of Modern Arabic-Hebrew Prose Translations. *Target* 4(2), pp. 209~222.

Sauer, Silke. (1995). Oralität und Literalität: ihre Bedeutung für Kommunikation und Bibelübersetzung. Bonn; Verlag für Kultur und Wiss.

Schmidt, Heide. (1979). "Zur Bestimmung der stilistischen Information (als Voraussetzung für eine konfrontative Stilistik)", In: Kade, Otto (ed.) 1979. 'Übersetzungswissenschaftliche Beiträge.', Leipzig; VEB Verlag Enzyklopädie, pp. 46~89.

Schmitz, Christian. (2000). Style Issues in the Translation of Biopharmaceutical Texts from German into English, The ATA Chronicle 29(3).

Schreiber, Michael. (1992). Stilistische Probleme der niederländisch-deutschen Übersetzung. *Linguistica Antverpiensia* 26, pp. 103~126.

Schrijver, Iris & Leona Van Vaerenbergh. (2008). Die Redaktionskompetenz des Übersetzers: eine Mehrwertleistung oder ein Muss?. *trans-kom* 1(2), pp. 209~228.

Scott, Donia R.; Judy Delin & Anthony F. Hartley. (1998). Identifying Congruent Pragmatic Relations in Procedural Texts. *Languages in Contrast* 1(1). pp. 45~82.

Shadrin, Naum Lvovich. (1984). Comparative Stylistics and Translation. *Soviet Studies in Literature* 20(4), pp. 26~36.

Shen, Dan. (1992). Syntax and Literary Significance in the Translation of Realistic Fiction. *Babel* 38(3), pp. 149~167.

Shen, Dan. (1995). Literary Stylistics and Fictional Translation. Beijing; Peking University Press.

Shiyab, Said & Michael Stuart Lynch. (2006). Can Literary Style Be Translated?. *Babel* 52(3), pp. 262~275.

Shunnaq, Abdulla T. (1992). Functional Repetition in Arabic Realized through the Use of Wordstrings with Reference to Arabic-English Translation of Political Discourse. *Translatio* 11(1)~11(2), pp. 5~37.

Shunnaq, Abdulla T. (1999). "Repetition and Redundancy", In: Farghal, Mohammed & Abdullah T. Shunnaq. 1999. 'Translation with Reference to English and Arabic: A Practical Guide.', Irbid (Jordan); Dar Al-Hilal for Translation, pp. 136~140.

Shveitser, Alexander Davidovich. (1997). Contrastive Stylistics: News Media Style in English and in Russian, Las Palmas de Gran Canaria; Universidad de Las Palmas.

Slater, Catherine. (2011). Location, Location, Translation: Mapping Voice in Translated Storyworlds. *Storyworlds* 3, pp. 93~115.

Solfjeld, Kare. (2000). "Zum Thema Übersetzung deutscher Sachprosa ins Norwegische. Einige Gedanken zur Relevanz struktureller Kontraste und auseinandergehender stilistischer Normen", In: Fabricius-Hansen, Cathrine & Johannes Ostbo (eds.) 2000. 'Übertragung, Annäherung, Angleichung: sieben Beiträge zur Theorie und Praxis des Übersetzens.', Frankfurt; Peter Lang.

Somekh, Sasson. (1981). "The Emergence of Two Sets of Stylistic Norms in Early Literary Translation into Arabic Prose", Poetics Today 2(4), pp. 193~200.

Spillner, Bernd. (1996). "Interlinguale Stilkontraste in Fachsprachen", In: Various authors. 1996. 'Stil in Fachsprachen.', Frankfurt; Peter Lang, pp. 105~137.

Spolsky, Bernard. (1962). Comparative Stylistics and the Principle of Economy. *Meta* 7(3), pp. 79~83.

Staut, Lea Mara Valezi. (1994). Lingüística X Poética = Estilística da tradução, *TradTerm* 1.

Stecconi, Ubaldo. (1991). Una retorica per la traduzione, *Koiné* 1, pp. 127~142.

Steiner, George. (1998). Traducir a Homero, Madrid; ABC, pp. 14~15.

Stolt, Brigit. (1978). "Die Relevanz stilistischer Faktoren für die Übersetzung", Jahrbuch für Internationale Germanistik 10, pp. 34~54.

Suárez Girard, Anne-Hélène. (2004). "Escritura y poesía chinas. La grafía como recurso literario", Vasos comunicantes 29, pp. 37-50.

Surzur, Roland. (1957). "Existe-t-il une stylistique publicitaire?", *Meta* 2, pp. 39-48, pp. 111~117.

Tabakhian, Pavel Vaganovich. (1978). Poetika i perevod russkikh narodnykh skazok: Spetskurs po sopostav. stilistike, Dnepropetrovsk; Dnepropetrovskii gosudarstvennyi universitet.

Taber, Charles Russell. (1972). Traduire le sens, traduire le style, *Langages* 7(28), pp. 55~63.

Taivalkoski-Shilov, Kristiina. (2010). "When Two Become One: Reported Discourse Viewed through a Translatological Perspective", In: Omid Azadibougar (ed.) 2010. 'Translation Effects. Selected Papers of the CETRA Research Seminar in Translation Studies 2009.', CETRA (Centre for Translation Studies).

Tancock, Leonard W. (1958). "Some Problems of Style in Translation from French", In: Booth, Andrew Donald; Leonard Forster & D. J. Furley (eds.) 1958. 'Aspects of Translation.', London; Secker & Warburg, pp. 29~51.

Tarvi, Ljuba. (2009). "Translating Style: Qualitative Parameters and Textual Factors", In: Hekkanen, Raila; Svetlana Probirskaja & Minna Kumpulainen (eds.) 2009. 'MikaEL – Kääntämisen ja tulkkauksen tutkimuksen symposiumin verkkojulkaisu, volume 3.', Helsinki; Suomen kääntäjien ja tulkkien.

Taylor, John M. (1981). A translator's comments on the value of the literary-semantic analysis. *Notes on Translation* 1(85), pp. 32~34.

Terrón Barbosa, Lourdes. (2001). "El intérprete frente a la retórica, la retórica frente al lenguaje", In: López Ortega, Ramón & José Luis Oncins Martínez (eds) 2001. 'Traducción y crítica de traducciones.', Cáceres; Universidad de Extremadura, pp. 181~196.

Thomas, Elaine. (1985). How to increase naturalness in translation by mother-tongue translators, *Notes on Translation* 1(106), pp. 6~9.

Thomson, Catherine Claire. (2004). 'Slainte, I goes, and he says his word': Morvern Callar undergoes the trial of the foreign, *Language and Literature* 13(1), pp. 55~71.

Titov, Vladímir. (1993). "Los procedimientos estilísticos de los textos científicos en español e inglés", Cáceres; Universidad de Cáceres, pp. 105~108.

Tobin, Yishai. (1984). "The Role of Linguistic and Stylistic Analysis in Translation Theory and its Implementation in the Teaching of Literary Translation", In: Wilss, Wolfram & Gisela Thome (eds.) 1984. 'Die theorie des Übersetzens und ihr Aufschlusswert für die übersetzungs- und Dolmetschdidaktik.', Tübingen; Gunter Narr, pp. 114~123.

Tongliu, L. & Xu Jun. (1999). Pour une meilleure reproduction de la forme artistique de l'oeuvre originale, *Nanjing; Forêt de traduction* 6, pp. 206~211.

Touitou-Benitah, Colette. (1991). La stylistique française enseignée à des apprentis-traducteurs. *Meta* 36(2)~36(3), pp. 456~460.

Toutain, Ferran. (1997). "Traducció i models estilístics", In: González Ródenas, Soledad & Francisco Lafarga (eds.) 1997. 'Traducció i literatura: homenatge a Angel Crespo.', Vic; Eumo, pp. 63~72.

Ubels, Edward. (1983). Mark 10:17-31: structure, theme and style. *Notes on Translation* 1(93), pp. 3-13.

Vajn, Dominik. (2009). *Two-dimensional theory of style in translations: an investigation into the style of literary translations.* Warwick; University of Warwick.

Valentine, Egan & Marie-Christine Aubin (2004), *Stylistique différentielle et traduction.* Montréal; Sodilis.

Varney, H. (1979). Mistranslation as a Feature of Style. *The Incorporated Linguist* 18(1), pp. 17~23.

Vassileva, Irena. (2001). Commitment and detachment in English and Bulgarian academic writing, *English for Specific Purposes* 20(1), pp. 83~102.

Vázquez Ayora, Gerardo. (1979). Semiostylistics: Stylistics plus Interpretation, *Babel* 25(4), pp. 204~206.

Vázquez Marruecos, José Luis & Inmaculada del Árbol Fernández (2002), "Rhetoricus Traductor", In: Falces Sierra, Marta; Mercedes Díaz Dueñas & José María Pérez Fernández (eds.) 2001. 'Proceedings of the 25th AEDEAN Conference. Granada 2001.', Granada; Universidad de Granada.

Vecchiato, Sara. (2005). "Interferenza e strategie stilistiche nella traduzione dal francese all'italiano", In: Cardinaletti, Anna & Giuliana Garzone (eds.) 2005. 'L'italiano delle traduzioni.', Milano; Franco Angeli.

Vega, Rexina R. (2002). "El estilo como maquillaje", In: Various authors. 2002. 'Antología de El Trujamán: selección de textos sobre traducción.', Madrid; Centro Virtual Cervantes, 213.

Vehmas-Lehto, Inkeri. (1989). "Emotive vocabulary and the persuasive function in translations", In: Tirkkonen-Condit, Sonja & Stephen Condit (eds.) 1989. 'Empirical Studies in Translation and Linguistics.', Joensuu (Finland); Joensuun Yliopisto, pp. 141~174.

Venegas Lagüéns, María Luisa. (2006). "Translating Repetitions in Ulysses", In: Domínguez Pena, Manuela Susana; Margarita Estévez Saá & Anne MacCarthy (eds.) 2006. 'The scallop of Saint James, an old pilgrimg's hoard: reading Joyce from the peripheries.', Weston; Netbiblo, pp. 141~152.

Vermeer, Hans J. (1990). "Die vergessene Rhetorik", In: Arntz, Reiner & Gisela Thome (eds.) 1990. 'Übersetzungwissenschaft. Ergebnisse und Perspektiven. Festschrift für Wolfram Wilss zum 65 Geburstag., Tübingen; Gunter Narr, pp. 112~120.

Vinay, Jean Paul. (1962). Séries sémantiques et niveaux stylistiques, *Canadian Journal of Linguistics / La Revue Canadienne de Linguistique* 8, pp. 9~25.

Vinay, Jean Paul. (1966). Stylistique et transformation, *Meta* 11(1), pp. 3~14.

Vivancos Machimbarrena, Magdalena (1993), "Recursos estilísticos de la generalidad, impersonalidad y objetividad en el discurso científico inglés y español: Su traducción", In: Charlo Brea, Luis (ed.) 1993. 'Teoría y práctica de la traducción: Reflexiones sobre la traducción.', Cádiz; Universidad de Cádiz, pp. 743~759.

Vladova, Iliana. (1988). Prevod i vreme, Sofia; Nauka i izkustvo.

Walder, Claudia. (2013). A Timbre of Its Own: investigating style in translation and original writing, *New Voices in Translation Studies* 9, pp. 53~68.

Wallis, Ethel E. (1983). Four Gospels, four discourse genre (Matthew, Mark, Luke, John), *Notes on Translation* 1(94), pp. 3~16.

Wang, Ping. (2011). [Rhetoric skills in Sci-tech translation] (in Chinese), *Zhongguo keji fanyi = Chinese Science & Technology Translators Journal* 24(2), pp. 5~9.

Wawrzyniak, Zdzislaw. (2010). "Texte und Stile", In: Bak, Pawel; Malgorzata Sieradzka & Zdzislaw Wawrzyniak (eds.) 2010. 'Texte und Translation.',

Frankfurt; Peter Lang, 63-72.

Weissbrod, Rachel. (1999). Mock-Epic as a Byproduct of the Norm of Elevated Language, *Target* 11(2), pp. 245~262.

Weixiang, He. (1996). The style of literary works in translation. *Perspectives: Studies in Translatology* 4(1), pp. 137~144.

Wendland, Ernst. (2003). "A Literary Approach to Biblical Text Analysis and Translation", In: Bascom, Robert; Aloo Osotsi Mojola; Graham Ogden; L. Ronald Ross; Ernst Wendland & Timothy Lloyd Wilt 2003. 'Bible Translation: Frames of Reference.', Manchester; St. Jerome, pp. 179~230.

Wendland, Ernst R. (1981). Receptor Language Style and Bible Translation: A Search for the Language that Grabs the Heart. *The Bible Translator* 32(1), pp. 107~124.

Wendland, Ernst R. (1983). Digressions in Genesis and John: how to recognize and translate them. *Notes on Translation* 1(94), pp. 22~53.

Wendland, Ernst R. (1996). Obadiah's 'Day': On the rhetorical implications of textual form and intertextual influence, *Journal of Translation and Textlinguistics* 8, pp. 23~49.

Werner, John R. (1982). Hebrews 10:5 and idiomatic translation, *START* 6, pp. 29~30.

Wienold, Götz. (1990). Typological Aspects of Translating Literary Japanese into German, II: Syntax and Narrative Technique, *Target* 2(2), pp. 183~198.

Williams, Ian A. (2009). Discourse style and theme–rheme progression in biomedical research article discussions: A corpus-based contrastive study of translational and non-translational Spanish, *Languages in Contrast* 9(2), pp. 225~266.

Wilss, Wolfram. (1985). Rhetorical and Stylistic Issues in Translation Pedagogy, *Meta* 30(3).

Winters, Marion. (2004). "German translations of F. Scott Fitzgerald's The Beautiful and Damned: A corpus-based study of modal particles as features of translators' style", In: Kemble, Ian (ed.) 2004. 'Using Corpora and Databases in Translation.', Portsmouth; University of Portsmouth - School of Languages and Area Studies, pp. 71~88.

Winters, Marion. (2007). F. Scott Fitzgerald's Die Schönen und Verdammten: A

Corpus-based Study of Speech-act Report Verbs as a Feature of Translators' Style. *Meta* 52(3), pp. 412~425.

Winters, Marion. (2009). Modal particles explained: How modal particles creep into translations and reveal translators' styles, *Target* 21(1), pp. 74~97.

Wirt, Maria. (2008). "La ilusión de la proximidad: Jurek Becker en alemán y en español", In: Brumme, Jenny & Hildegard Resinger (eds.) 2008. 'La oralidad fingida: obras literarias. Descripción y traducción.', Madrid & Frankfurt; Iberoamericana & Vervuert, pp. 145~168.

Wollin, Lars. (1994). "Pädrivare eller vindflöjel?: Översättaren i stillhistorien", In: Cassirer, Peter & Sven-Göran Malmgren (eds.) 1994. 'Stilsymposiet i Göteborg 21-23.5.1992, collected papers.', Gothenburg; Institutionen för svenska språket, pp. 71~91.

Wotjak, Gerd. (2006). La traducción como comunicación interlingüística transcultural mediada, *Hikma* 5, pp. 221~253.

Xiumei, Xu. (2006). 'Style is the relationship': A relevance-theoretic approach to the translator's style, *Babel* 52(4), pp. 334~348.

Zellermayer, Michal. (1991). Intensifiers in Hebrew and in English. *Journal of Pragmatics* 15, pp. 43~58.

Zethsen, Karen Korning. (1998). Expressivity in Technical Texts — From a Translation Theoretical Perspective, Arhus; The Arhus School of Business.

Zha, Mingjian. (1999). Yisiliu xiaoshuo zai Xinshiqi de yijie jiqi 'Yingxiang yuanwenben' yiyi, *Zhongguo bijiao wenxue* 4, pp. 59~72.

Zhu, Chunshen. (2004). Repetition and signification: A study of textual accountability and perlocutionary effect in literary translation. *Target* 16(2), pp. 227~252.

제2부
번역문체 연구

영어 번역 한국어의 문체와 어휘[*]

김 정 우

1. 머리말

본고는 영어를 한국어로 옮긴 텍스트에 나타나는 문체와 어휘의 특성에
관한 종합적 논의이다. 영어 원문을 한국어로 옮긴 텍스트에 나타나는 총체
적 특성을 조사하고 확인하는 작업은, 이러한 텍스트가 영-한 번역 과정을
거쳐서 산출되었다는 점에서 번역학적으로 중요한 주제이면서, 동시에 이
러한 텍스트 역시 국어 자료의 일부라는 점에서 국어학적으로도 중요한 주
제라고 할 수 있다. 그렇지만 이 주제에 제대로 접근하기 위해서는 대단히
광범위하고 집중적인 노력이 요구된다. 다시 말해서 영-한 번역문의 문체와
어휘에 나타나는 뚜렷한 특징들을 현상적으로 파악하고자 한다는 의미가
되기 때문이다.

이와 같은 맥락에서 본고에서도 영-한 번역 자료에서 어떤 특징을 추출
해서 일반이론을 귀납하는 통상적인 연구방법론에 의지하기보다, 지금까

---

[*] 여기서 '문체와 어휘'라는 주제의 개별적 개념에 대해서는 깊이 들어가지 않고 소박하게 '영-한
번역 텍스트에 나타나는 총체적 특성' 정도의 뜻으로 이해하고 논의를 진행하기로 한다.

지 이 주제와 관련한 연구사를 정리하면서 여기서 논의된 내용을 중심으로 영-한 번역문의 특징들을 기술하고, 이들 특징의 전반적인 추세를 번역 자료에서 확인하는 역방향으로 연구를 진행하고자 한다. 실제 연구 작업이 관련 연구사를 중심으로 기술된다고 해도, 우리의 논의는 단순히 관련 연구 업적을 연구자 중심으로 소개하는 평면적 서술 방식을 지양하고, 가급적 논의된 사실과 논리를 중심으로 소개하는 내용 중심의 서술방식을 취하게 될 것이다.

2. 연구사

영어를 한국어로 옮긴 영-한 번역문의 총체적 특징을 다룬 연구는 크게 통시적 연구와 공시적 연구로 나눌 수 있으며, 공시적 연구는 다시 연구 자료의 규모에 따라 기술적(descriptive) 연구와 계량적(quantitative) 연구로 나눌 수 있다. 또한 기술적 연구는 논의의 초점에 따라 국어학적 연구와 번역학적 연구로 나눌 수 있다. 즉, 번역 과정 전반에 대한 인식이 없이 번역의 결과만을 두고 영-한 번역문이 국어 문장으로서 적격한가를 분석하는 연구를 국어학적 접근 방식에 입각해서 이루어진 것이라고 한다면, 영-한 번역문을 영어 원문과의 관계 속에서 번역 과정의 일부로 파악하려는 연구는 번역학적 접근 방식에 입각해서 이루어진 것이 된다.

1) 통시적 연구

우리의 주제에 통시적으로 접근한 연구는 한마디로 번역이 역사적으로 현대 한국어 문어의 형성에 어떠한 영향을 미쳤는가를 탐구하고자 한 것이다. 이러한 경향의 대표적 업적으로는 전성기(2002a, 2002b, 2008)를 들 수 있다. 전성기(2002a)[1]가 현대 한국어 문어[2]에 영향을 미친 번역의 큰 줄기를 짚어내고 있다면, 전성기(2008)는 보다 미시적인 안목으로 큰 줄기의 가지들에 달려 있는 세부 사항을 파헤치고 있다고 할 수 있다.

이러한 논의에 의하면, 15세기 중반부터 시작된 한문 번역(언해)과 19세기 말부터 시작된 성경 번역 및 20세기 들어서서 시작된 일본어의 간섭과 서구어 번역이 한국어 문어의 토대 형성에 중요한 영향을 미쳤다고 한다. 이를 구체적으로 조망해보면 중국 소설의 번역 혹은 번안과 국문체와 국한문체를 넘나든 언어 내 번역3이 역시 한국어 문어의 형성에 중요한 영향을 미쳤고, 이 가운데서 특히 우리의 주제와 관련된 19세기 말의 성경 번역은 현대 한국어 문어 문장의 탄생에 결정적인 영향을 미쳤다는 것이다. 전성기(2002a, 2008)에서는 한국어 구문의 경우에 영어를 번역한 일본어 문체를 모사하거나 일본어 구문과 연어(連語)를 모사한 표현 혹은 영어를 직역한 표현 등이 원천언어의 간섭 현상으로 작용했다고 주장하고, 한국어 어휘의 경우에 어휘 발달사를 아예 중국과 일본 한자어를 차용한 역사로 규정하면서 문화적 불평등에 따른 수직 번역을 어휘가 대량으로 차용된 이유로 보았다.

전성기(2002a, 2002b, 2008)의 결론, 곧 '번역에 대한 무의식의 지양'이 우리의 과제라고 한 언급은 중요한 의미를 갖는다. 그것은 그런 자각이야말로 이 땅의 번역가들이 '번역'이라는 행위를 통해 우리 국어의 문체와 어휘를 살찌우는 첫걸음이 되기 때문이다.

2) 공시적 연구

---

1 불어로 작성된 전성기(2002b)는 전성기(2002a)와 동일한 주제를 다루고 있다.

2 여기서 '문어'라는 용어는 우리의 주제인 '문체'로 바꾸어 읽어도 무방할 것이다.

3 '언어 내 번역'에 대해 김욱동(2010: 263-267)에서는 진서를 언문으로 번역하여 베끼거나, 이와 반대로 언문을 진서로 번역하여 베끼는 진언번등(眞諺翻謄)을 그 사례의 하나로 들고 있다. 특히 근대 계몽기에 이루어진 번역의 상당수를 '언어 내 번역' 유형으로 규정하고, 번역자들이 한문과 국한문혼용, 순국문(한글) 등 세 가지 목표언어의 하나를 선택했다고 지적하면서, 세계 번역사에서 목표언어가 세 가지 종류가 있는 경우란 대단히 드물다고 주장했다(ibid., 265). 그러나 이런 현상을 '언어 내 번역'으로 보는 것은 필자의 현재 입장과 사뭇 다르다. 이에 대한 필자의 입장에 대해서는 김정우(2013)을 참고할 수 있다. 굳이 이름을 붙인다면 '국가 내 번역' 혹은 '문화 내 번역' 정도가 될 것이다.

(1) 기술적 연구

① 국어학적 연구

이 범주에 속하는 일련의 연구는 영-한 번역의 결과로 산출된 영-한 번역문을 국어 자료로 간주하고, 이것이 국어의 문장으로 바람직한 것인가를 가늠하는 연구 태도를 취하고 있다. 이러한 경향의 업적으로는 정국 (1988), 황찬호(1988), 김정우(1990, 1994) 등을 들 수 있다. 이들 연구는 대체로 영-한 번역문이 자연스러운 한국어 문장으로서 많은 문제점을 노정한다는 논지를 보이고 있다.

정국(1988)에서는 영어 단어가 한국어 문장 속에 별다른 저항 없이 들어와 사용되는 경우(어휘 차용), 우리말의 조어 방식과 다른 영어식 조어법이 사용되는 경우(구조의 모사), 원문의 영어 구문이 연상될 정도로 심하게 축어역된 경우(영어 번역투), 미숙한 의미 번역 탓으로 우리의 언어문화와 다른 표현이 사용되는 경우(화용적 부적격성) 등을 영-한 번역문의 문제점으로 지적하고 있다. 황찬호(1988)에서는 '~가 주목되고 있다, ~로 관측되고 있다' 등에서 보이는 영어의 수동태 표현, '비참함'에서 보이는 생소한 명사형 용법, '~할 것을 충고한다'에서 보이는 의존명사 '것'을 동반한 부정사구문의 번역형태, '인정했었다'에서 보이는 대과거 시제 등을 '외국어식 구문'으로 규정하고, 이러한 관찰을 근거로 영어식 발상이 우리말에 이미 상당한 정도로 뿌리를 내린 것으로 보고 있다. 김정우(1990)에서는 미숙한 영-한 번역문의 특징으로 인칭대명사의 남용, 주격조사와 주제보조사의 혼란, 과도한 명사문의 오용, 대과거 시제의 오용, 경어법 사용의 혼란 등을 지적하고 있다. 1920-30년대에 간행된 일간신문 번역소설에 나타난 국어의 특징을 조사한 김정우(1994)에서는 이 시기의 번역문을 전근대적 문체의 특성(장문, 잉여적 접속표현의 남용, 현재시제의 사용, 의고체 어휘의 존재)과 근대적 번역문체의 특성(3인칭대명사의 존재, 전치사의 오용, 무리한 명사화 문장)이 만나는 혼재의 현장으로 보았다.

결론적으로 이상의 연구들에서는 현대 한국어 문장에 영어식 구문과 영어 어휘가 큰 저항 없이 기존의 우리말 표현과 어울려 사용될 정도로 깊숙이 침투했다는 사실에 경계의 시선을 보내면서, 이들을 자연스러운 한국어 문장으로 순화하는 것이 바람직하다는 견해를 보이고 있다.[4]

② 번역학적 연구

이 범주에 속하는 일련의 연구는 영-한 번역문의 각종 문제를 국어 문장 차원에서만 논의하는 데서 한 걸음 더 나아가, 이것이 영-한 번역 과정에서 파생된 문제라는 관점에서 다루면서 이들 문제에 대해 이른바 '번역투'(translationese)라는 이름을 붙여 번역학의 테두리 안에서 다루고 있다. 실제로 이 방면의 연구를 주도한 것이 국어학자가 아닌 번역학자라는 사실은 이들 연구가 앞선 국어학적 연구와 어떻게 다른가를 상징적으로 보여준다고 말할 수 있다. 이러한 경향의 업적으로는 박여성(2003), 김정우 (2003, 2007, 2010), 이근희(2005, 2008), 류현주(2009) 등을 들 수 있다. 이상의 연구를 시기별로 검토해 보자.

박여성(2003)[5]에서는 번역투를 'ST와 TT 사이에 나타나는 부정합 현상'으로 규정하면서, 번역 교육과 번역의 질적 제고를 위해 번역 파라디그마의 구축이 중요하다는 전제 하에 실제 번역 자료에 나타난 번역투의 개선 과정을 보여주고 있다. 김정우(2003)에서는 번역투 문제에 대해 국어 순화, 국어 문체, 실무 번역과 번역 교육 등 세 가지 관점에서 접근할 수 있다는 전제 하에, 초중등학교 국어 교과서 56종을 대상으로 본문에 나타난 한문과 일본어 및 영어 번역투 표현을 조사했다. 이근희(2005)는 번역투 문제에 관한 종합적인 논의로서, 번역투의 개념과 기능, 유형, 발생 요인 등을 다

---

4 이러한 맥락에서 영-한 번역문의 문제점을 종합적으로 다루면서 그에 대한 일부 처방까지 내린 이희재(2009)는 이 방면의 노작으로 주목할 만하다.

5 이 논문은 독일어 번역의 문제를 다루고 있지만, 본격적인 번역투 논의에 단초를 제공했으므로 여기에 포함시켰다.

각도로 고찰한 다음, 초보자와 전문가의 번역을 비교하여 '품질이 낮거나 서툰 번역'이 기본적으로 번역투에서 비롯되는 것으로 보았다. 김정우(2007)에서는 번역투와 관련된 주요한 주제를 점검하면서, 외신 기사에서 뽑은 번역투 사례와 개선된 번역을 대안으로 제시했다. 이근희(2008)는 과학기술 분야 번역의 품질을 높이는 방안의 하나로 번역투의 개선이 필요하다는 전제 하에, 글로벌 동향 기사 100건에 나타난 번역투의 용례를 추출하고 이를 자연스러운 문장으로 고친 대안 번역을 제시했다. 류현주(2009)는 기존 번역투 논의의 확대를 목표로 번역투와 번역자투를 개념적으로 구분하고 있다. 그리하여 번역문 언어의 문법 체계에서 발견되는 어색함이나 모호함을 번역투로, (번역자) 개개인의 고유한 언어 습관과 번역 방식에서 발견되는 어색함이나 모호함을 번역자투로 규정했다.[6] 이 연구는 번역투 논의에서 이론적으로 중요한 전기를 마련했다고 할 수 있는데, 그것은 지금까지 미숙한 번역에서 비롯된 악역이나 숙련된 번역자의 번역에서도 나타나는 번역문의 특징이나 모두 구분 없이 '번역투'라는 이름 아래 동일하게 취급하던 연구 태도에서 진일보할 수 있는 이론적 근거를 제시했기 때문이다. 김정우(2010)는 번역투 연구의 현황을 개괄한 논의이다.

이상에서 이 방면 연구 업적을 일별해보았는데 그 구체적인 내용을 우리의 주제와 관련하여 중요한 것만 정리해보면 다음과 같다.

우선 이들 연구에서는 번역투의 기능을 부정적인 역기능과 긍정적인 순기능으로 나누어서 제시했다. 전자에 대해 연구자들은 친숙한 모국어(TL) 구조를 왜곡하여 가독성에 지장을 주고, 모국어의 언어 체계를 잠식하며, 번역으로 탄생한 기형적 상투 표현이 모국어의 언어 생태계를 파괴하는 부정적인 영향에 주목한다. 후자에 대해서는 번역으로 탄생한 새로운 표현이 우연한 빈칸으로 존재하던 모국어(TL)의 어휘와 구문을 풍부하게 채워주고,[7] 번역 교육의 생생한 자료로 사용될 수 있으며, 또한 번역자

---

6 이는 논리적으로 방언(dialect)과 개인방언(idiolect)의 차이와 평행한 개념이다.

7 예컨대 영어의 관용 표현으로 알려진 'it goes without saying that ~'도 프랑스어 구문을 영

가 의도적으로 외국어 원문에 담긴 이국적인 정취나 풍미를 전달하고자 할 때 유의미한 번역 전략으로 활용할 수 있다는 점에 주목한다.

우리는 번역투의 순기능과 역기능 모두를 한국어 번역문의 문체에 포함시키고자 한다. 번역투의 역기능도 현재의 한국어 번역문에 나타나는 엄연한 특성이기 때문이다.[8]

(2) 계량적 연구

이 범주에 속하는 연구는 대규모 번역문 자료(코퍼스)를 활용한다는 점에서 소규모 자료를 활용하는 기술적 연구와 대비되는데, 특히 대규모 자료의 통계 처리 절차가 그 자체로 자료에 내재된 일정한 흐름을 보여준다는 데에 그 의의가 있다. 영-한 번역문의 특징을 조사하는 연구에서도 특정한 소수의 자료를 대상으로 했을 때는 자칫 무리한 일반화의 오류에 빠질 위험이 있지만, 대규모 자료를 대상으로 하면 자료의 규모가 일반성을 담보할 수 있기 때문이다. 코퍼스를 활용하여 번역 현상을 논의한 연구 가운데 우리의 주제인 영-한 번역문의 특징과 관련된 것으로는 이근희(2008), 조재범(2008), 김순영(2005), 김혜영(2009), 김정우(2011) 등을 들 수 있다.

이상의 연구는 코퍼스를 활용하여 영-한 번역문 텍스트의 제반 현상을 분석했지만, 규모라는 측면에서 적정한 수준에 미치지 못한 관계로 코퍼스 언어학이 지향하는바 계량적 일반화에는 여전히 도달하지 못했다. 이런 맥락에서 외국의 코퍼스 연구에서 활용되었던 규모의 코퍼스와 비견되는 대규모 코퍼스를 구축하여 조사한 김혜영(2009)의 연구는 매우 중요한 의미를 갖는다.

김혜영(2009)에서는 100만 어절의 번역 텍스트 형태분석 균형 코퍼스와 100만 어절의 비번역 텍스트 형태분석 균형 코퍼스를 비교하여, 영-한 번

어로 모사해서 옮긴 번역투에서 비롯되었다고 한다(Bloomfield 1933).

8 실제로 번역문의 어떤 특성이 원천언어의 간섭에서 비롯된 것인지, 번역 과정에서 비롯된 것인지를 명확하게 나누기란 거의 불가능에 가깝다.

역문의 특징을 어휘, 구문, 담화화용 등의 측면으로 나누어 제시한 다음, 이를 토대로 번역 보편소와 한국어 번역문의 개별 특징을 추출해냈다. 이 연구는 기존의 연구처럼 일부 텍스트에서 자료를 뽑아서 분석하는 데 그치지 않고 대규모 코퍼스를 자료로 활용했기 때문에, 영어를 한국어로 옮긴 영-한 번역문의 언어적 특징에 대한 일반적 진술을 가능하게 하는 객관적인 논의가 될 수 있다. 여기서 제시한 영-한 번역문의 일반적인 특징9으로는 체언에서 2, 3인칭 대명사와 의존명사 '것'의 빈도가 높고, 용언에서 '만들다, 가지다, 의하다, -아/어지다' 등의 빈도가 높으며, 수식언에서 일반 부사 '가장, 매우, 아주, 너무' 등의 빈도가 높고 접속부사 '그러나, 그리고' 등의 빈도가 높게 나타나는 점, '만일, 만약, -에도 불구하고' 등의 상투적인 접속표현과 '-고 있다, -아/어 왔다' 등의 시제표현이 많이 나타나며, 단형사동에 비해 장형사동이 우세하게 나타난다는 점 등을 들 수 있다.

대규모 코퍼스를 통계 처리해서 얻은 위와 같은 결론은 영-한 번역문이 보여주는 일정한 경향을 파악할 수 있는 중요한 내용이지만, 여기에도 한계는 있다. 그것은 이러한 계량적 연구가 결과론적 사실만을 보여준다는 점이다. 예컨대 영-한 번역문에 의존명사 '것'이 비번역문보다 많이 나타난다는 것은 영-한 번역 코퍼스가 보여주는 결과론적 사실이다. 그러나 왜 영-한 번역문에 의존명사 '것'이 많이 나타나는가를 알려면 해당 원문과 번역문을 일일이 대조해보아야 한다.10 이것이 바로 계량적 연구를 보완하기 위해 정성적 연구가 필요한 이유이다. 김정우(2011)에서는 이러한 맥락에서 계량적 연구에서 드러난 영-한 번역문의 특징에 담긴 의미를 음미하고자 했다.11

이상으로 지금까지 우리의 주제와 관련된 연구 업적들을 일별해 보았

---

9 여기서 말하는 영-한 번역문의 일반적인 특징이란 비번역문의 특징과 비교되는 개념이다.
10 원문과 번역문의 짝을 찾아서 병렬코퍼스를 구축하는 것은 기계적으로 가능할 수 있지만, 그 의미를 찾는 연구는 역시 분석자의 수작업에 의지할 수밖에 없다.
11 영-한 번역문의 특징이 어떻게 해서 발생했는가는 본고의 주제와 직접적인 관련이 없기 때문에 그 내용을 일일이 열거하지 않는다.

다. 다음 3장에서는 기존의 연구 업적들에서 논의된 영-한 번역문의 총괄적인 특징을 유형에 따라 몇 가지로 나누어서 정리해보기로 한다.

3. 영-한 번역문의 특징

여기서는 영-한 번역문의 특징을 문장 층위와 어휘 층위로 나누어서 예문과 함께 제시해 본다.

1) 문장 층위

(1) 구문

영-한 번역문의 구문상 특징이 드러나는 경우로는 영어식 표현법이 기존의 한국어 표현법을 대체하는 경우, 영어 원문의 구조가 연상될 정도로 영어 원문의 구조를 모사한 직역투가 나타나는 경우, 두 가지 이상의 가능한 한국어 표현법 중에서 어느 한 가지가 일관되게 우세하게 나타나는 경우 등을 들 수 있다. 우선 각각의 경우에 해당하는 예문을 제시해 본다.

> (8a) 자녀를 셋 가지고 있다.
> (8b) 중요한 문제점이 관찰력이 예리한 학자들에 의해 드러났다.
> (9a) 인류의 발전은 문자를 창안함으로써 급속하게 이루어졌다.
> (9b) 젊은이들은 결혼 때까지 순결을 지킬 것을 서약했다.
> (9c) 여름날 피서지에서의 하룻밤이 아직도 생각난다.
> (10a) 나는 아들에게 손을 잡게 하고 천천히 수레를 끌었다.
> (10b) 봉사는 아무래도 태어날 때부터 나에게 주어진 사명인 듯하다.

(예문 8)에는 생소한 한국어 구문이 보이는데, 영어식 발상이 한국어의 표현에 간섭을 미친 것으로 생각된다. 영-한 번역문이 아니었다면, '자녀

가 셋이다(8a), 관찰력이 예리한 학자들이 중요한 문제점을 드러냈다(8b)' 정도로 표현되었을 문장이다. (예문 9)의 세 문장에는 영어 원문의 구조적 흔적, 곧 'by ~ing'(9a), 동사 '서약하다'의 목적어 기능을 하는 부정사 구문 (9b) 및 명사와 전치사구의 통합관계(9c)가 뚜렷이 드러나 있다. (예문 10)에는 한국어의 일반적인 사동법이나 피동법 구성과 다른 구문 형식이 보인다. 한국어에서 일반적인 사동법과 피동법은 접사의 첨가에 의한 단형의 어휘적 사동과 어휘적 피동인데, 위 (10)에는 이와 다른 장형의 통사적 사동('-게 하-')과 통사적 피동('-어지다')이 나타났다.

(2) 형태

영-한 번역문의 형태 특징은 한국어와 다른 영어식 조어법이 한국어의 문장에 침투해 들어온 경우와 영어의 굴절 요소가 여과 없이 잉여적으로 한국어 단어에 첨가된 경우에 잘 드러난다. 아래에 용례를 제시해 본다.

(11a) 가요 톱 텐
(11b) 산 중턱에는 수많은 돌들을 쌓아서 만든 돌탑이 서 있었다.

(예문 11)은 비번역문이라면 '정상급 가요 10곡'(11a), '수많은 돌을 쌓아'(11b) 정도로 표현되었을 것이다. 다시 말해 한국어에서는 '명사+수사' 구성이 아닌 '수사+명사' 구성을 선호하고, 실제 수량에 따라 굴절 요소를 첨가하는 대상복수의 용법과 다른, 이른바 사건복수(임홍빈 2000)의 용법에 준하여 복수표지 '-들'을 명사 다음에 첨가하기 때문이다.

2) 어휘 충위

일반 명사 대신 인칭대명사가 나타난다거나, 의미 적용범위가 넓은 상위어가 하위어 대신 사용되는 것은 모두 비번역문과 비교되는 영-한 번역문의 어휘 특징으로 볼 수 있다. 예컨대 '이유'를 표시하는 한국어 낱말밭을 보면, 일반적으로 문맥에 따라 '때문', '탓', '덕분' 등이 상보적 분포를 보이면서 사용되지만, 영-한 번역문에서는 대체로 중립적인 '때문'이 문맥에 구애되지 않고 폭넓게 사용되는 경향을 보인다. 이러한 현상은 부사 '아주, 매우' 등의 고빈도 출현 현상도 설명해줄 수 있다.

또 한 가지 중요한 영-한 번역문의 어휘 특징으로 지적할 수 있는 것은 상투적인 번역 표현이 잉여적으로 나타난다는 사실이다. 예컨대 영어의 접속표현 'as soon as'는 한국어 번역에서 거의 '~하자마자'라는 상투적 표현으로 나타나는데, 이러한 상투적 표현이 우리말의 다양한 표현이 사용될 수 있는 기회를 원천봉쇄한다는 점에서, 영-한 번역문의 어휘 용법에서 가장 부정적인 측면이라고 할 수 있을 것이다.

한편 우리 문화와 어울리지 않는 이른바 화용적 부적격성이 드러나는 것도 어휘적 특징의 하나이다. 예컨대 '빵이냐 자유냐'와 같은 번역 표현에서 '빵'은 '밥'을 주식으로 하는 우리에게 쉽게 다가오지 못한다. '주택 청약 러시'와 같은 어구에서 보듯이 번역을 거치지 않은 영어 단어가 그대로 우리말 문장 속에 차용되는 현상은 별다른 설명을 요하지 않는 영-한 번역문의 어휘적 특징이다. 마지막으로 (엄밀한 의미에서 어휘 요소는 아니지만) 한국어 문어의 서사 규범에 맞지 않는 관계로 한국어 작가들에게 친숙하지 않은 영어의 문장부호(dash, semi-colon, colon) 등이 한국어 문장에 보이는 것도 영-한 번역문 어휘 특징의 하나로 지적할 수 있다.

지금까지 영-한 번역문에 나타나는 특징을 구문과 어휘로 나누어서 살펴보았는데, 이들 영-한 번역문의 특징은 한국어의 일반적인 어법과 경합을 벌이기도 하고, 새로운 어법으로 그 생존 가능성을 시험받고 있기도 하다.[12]

---

12 이론적으로 말한다면, 번역 보편소가 관여하는 특징은 새로운 용법으로 우리말에 등록될 가능성이 높고, 영어의 구조적 간섭에 의한 특징은 기존의 한국어 용법과 경합을 벌일 가능성이 높다.

4. 용례 분석

여기서는 앞서 개괄적으로 제시한 영-한 번역문의 특징을 실제 번역문의 용례에서 확인하고, 시간의 추이에 따른 변화 여부를 관찰해보기로 한다. 자료는 40여 년의 시차를 두고 간행된 두 권의 '이솝우화'(1952년 판, 1991년 판)[13]에서 가려 뽑았다.

> (12aK) "당신은 그렇게 시장하십니까?"하고 산양은 말했습니다. "지금이 당신의 점심 때입니까? 당신은 나를 먹고 싶지요?" (1952판)
>
> (12aE) "Are you very hungry?" said the goat. "And is it your dinner time? And would you like to eat me?"
>
> (12bK) 마침 그때 늑대는 학이 지나가는 것을 보았습니다. "여보게 동무"하고 늑대가 말했습니다. "내 목에 뼈가 걸려 있는데, 자네 목은 길고 그것을 내 목구멍에 넣어서 뼈를 좀 뽑아 버려줄 수 없겠나? 그러면 내 사례를 톡톡히 할 테니." (1952판)
>
> (12bE) Just then he saw a Crane passing by, "Dear friend," said he to the Crane, "there is a bone sticking in my throat. You have a good long neck; can't you reach down and pull it out? I will pay you well for it."

(예문 12)에서는 영어 원문의 인칭대명사가 어떻게 번역되었는가를 살펴볼 수 있다. (12aK)의 2인칭대명사 '당신'은 자연스러운 대화 상황에서 불필요한데도 원문 대명사의 존재에 이끌려 군더더기로 표현되어 있다. 김혜영(2009: 39-41)에서도 특히 2인칭대명사의 빈도가 영-한 번역문에 높게 나타나는 현상에 주목하고 있음을 보면, 적어도 인칭대명사에 관한 한

---

13 40여 년의 시차를 가진 두 권의 이솝우화를 자료로 선택한 것은 동일한 원본에 대한 번역 태도가 그 정도의 시차를 두고 어떻게 변화했는가를 살피기 위해서였지만, 두 권의 번역본이 저본으로 삼은 원본이 각기 달랐기 때문에 직접적인 비교와 대조는 불가능했다. 다만 1950년대의 번역과 1990년대의 번역이 보여주는 대략적인 경향 정도는 알아볼 수 있을 것이다.

영어 원문의 간섭이 상당한 영향을 미치며 또한 60년 전부터 현재까지 그다지 큰 변화를 겪지 않고 지속되고 있다고 하겠다. (12bK)의 '자네'는 '당신'과 같은 2인칭대명사이지만, 화자와 호칭 대상 사이의 위계관계가 비교적 적절하게 선택된 호칭어라고 할 수 있다. 전반적인 문장의 흐름은 현대의 그것과 비교해 상당히 어색하게 다가온다.

> (13K) 그들은 여럿이 안락히 지내고 있었으나, 그래도 위에 서서 <u>그네들</u>을 다스려주시는 <u>왕님이 계셨으면</u> 지금보다도 더 한층 행복하리라고 생각했습니다. (1952판)
>
> (13E) They were a large company, and were very comfortable, but they came to think that they might be still happier if they had a King to rule over them.

(예문 13K)에서 첫째 밑줄 친 어구 '그네들'은 영어 원문의 인칭대명사 'them'을 번역한 것인데, 자연스러운 한국어 표현이라면 '자기들'처럼 재귀대명사로 나타났을 것이다. 앞서 (12K)에서 보았던 바와 마찬가지로 역시 영어 원문의 간섭이 영향을 미친 것이다. 이는 재귀대명사라는 문법 범주의 언어 차이가 제대로 중재되지 못한 데서 비롯된 현상인데, 작금의 영-한 번역문에서도 심심치 않게 목격된다. 한편 둘째 밑줄 친 어구 '왕님이 계셨으면'은 대응하는 영어 원문의 구조에 이끌리지 않고(앞서 제시된 (예문 8a) 참고) 한국어식 발상에 따라 적절한 구문으로 표현되었을 뿐만 아니라 경어법 체계도 잘 갖춰져 있다.

> (14K) "아주 크고 네 발 달린 짐승이 웅덩이에 와서, 굳고 갈라진 발굽으로 눈 깜짝할 새에 그를 밟아 죽였어요." (1952판)
>
> (14E) "A very large huge beast, with four great feet, came to the pool, and crashed him to death in an instant, with his hard heel."

(예문 14K)에서 밑줄 친 인칭대명사 '그'는 영어 원문의 인칭대명사 'him' 을 번역한 것인데, 문맥상 자신의 동생이므로 '동생'이라는 지칭어로 표현되어야 한다. 인칭대명사가 나타날 자리에 호칭어나 지칭어가 사용되는 경우가 빈번한 한국어식 발상을 고려하면, 적절한 번역이라고 하기 어렵다.

> (15K) "이리를 산 채로 벗겨서 <u>그 가죽</u>이 아직도 따뜻할 때 <u>그것</u>을 두르십시오." (1991판)
>
> (15E) "You must flay a wolf alive, and put <u>the hide</u> on yourself while <u>it</u> is still warm."

(예문 15K)의 밑줄 친 어구 '그 가죽'과 '그것'은 적어도 둘 중의 하나가 불필요하게 사용되었다. 영어 원문 (15E)의 밑줄 친 두 어구가 없었다면, 이런 방식으로 표현되지는 않았을 것이다. 그냥 '이리를 산 채로 벗겨서 가죽이 아직 따뜻할 때 두르십시오.' 정도로 표현해도 충분하다. 역시 영어 원문의 간섭을 확인할 수 있다.

> (16K) 사슴의 강점은 다리에 있고 사자의 <u>그것</u>은 용감함에 있기 때문이었지요. (1991판)
>
> (16E) The deer's strength is in his legs, the lion's in his courageous heart.

(16K)의 밑줄 친 어구는 앞에 나온 명사 '강점'을 받은 대명사인데, 한국어에서는 동일명사를 반복해서 사용하는 편이 자연스럽다. 영어에서는 한 단락 안에서 동일한 명사가 여러 번 반복해서 출현할 때 둘째 명사부터 대명사로 대치하는 것이 표층결속성(cohesion)을 높이지만, 한국어에서는 오히려 동일 명사를 그대로 반복하는 것이 표층결속성을 높이는 데 기여하는 것으로 보인다. 그런데 이와 같은 대명사화는 시간이 지날수록 영-한 번역문에서 확산되는 추세로 (16K)처럼 표현해야 논리적이라는 느낌을

받는 번역자도 차츰 늘어나는 실정이다.

   (17K) "그건 주인 잘못이야. 내게는 일을 가르쳐주지 않고 남이 일해서
        생긴 것을 먹는 것만 가르쳐주었으니까." (1991판)
   (17E) "It is the master's fault; for he didn't teach me to work myself, but
        only to eat what others have worked for."

  (예문 17K)에는 영어 원문의 부정사와 관계대명사를 번역한 의존명사 '것'
이 한 문장에 두 차례나 출현하여 가독성에 혼란을 주고 있다. 이러한 양상
은 이미 김혜영(2009: 41-45)에서도 지적된 바 있다. 예컨대 '남이 일해서 생
긴 양식을 먹는 법만'처럼 되도록 일반명사로 옮겨주는 것이 바람직하다.

   (18K) 여우는 그 자리를 뜨고 스스로를 위로했습니다. "아직 익지도 않
        은걸, 뭐." (1991판)
   (18E) The fox went off and comforted himself by saying: 'They're not ripe,
        anyhow.'

   (19K) "들어가고 싶어요. 그러나 들어간 발자국은 있는데 나온 발자국은
        전혀 안 보이는걸요." (1991판)
   (19E) "I would have come in, but I saw a lot of tracks going in and none
        coming out."

   (20K) 더욱 몸을 불리기 위해 있는 힘을 다하다가 결국 몸이 터져 죽었습
        니다. (1991판)
   (20E) Making frantic efforts to blow herself out still more, she burst and
        died.

   (21K) 몽둥이가 움직이지 않기 때문에 개구리들은 그 주위를 헤엄쳐 돌
        아다니다가 나중에는 하나씩 하나씩 올라탔습니다. (1952판)

(21E) As the log didn't move, they swam round it, and at last one by one hopped upon it.

위의 (예문 18K)~(예문 21K)는 모두 한국어의 연결어미와 관련된 용례이다. (18K)에서는 영어 원문의 접속사 'and'에 연결어미 '-고'를 기계적으로 대응시켰는데, 지나치게 안이한 표현으로 다른 연결어미 '(자리를 뜨)면서' 정도가 문맥에 어울린다. (19K)에서도 영어 원문의 접속사 'but'을 역시 우리말 접속부사 '그러나'로 대응시키면서 문장을 분할했는데, 오히려 그대로 이어서 '들어가고는 싶<u>지만,</u> 들어간 발자국은 있는데 나온 발자국은 안 보이는걸요.'의 밑줄 그은 어구처럼 표현하는 것이 자연스럽다. (20K)에서는 영어 원문에서 목적 혹은 의도를 표시하는 부정사 구문을 옮기면서 상투적 표현 '-하기 위하여'를 도입했다. '몸을 불리려고' 정도가 자연스럽다. (21K)에서는 영어 원문의 이유 표시 접속사('as')를 역시 상투적인 표현 '-기 때문에'로 옮겼는데, '(움직이지 않)자' 정도의 연결어미로 대체가 가능하다. 위에서 보듯이 한국어의 다양한 연결어미는 영-한 번역에서 상투적인 표현에 눌려서 제대로 활용되지 못하고 있는 실정이다. 말하자면 번역자의 자유분방한 표현적 상상력, 곧 모국어 표현 능력이 영어 원문 구조의 간섭 탓에 활발하게 발휘되지 못하는 점이 문제라고 할 수 있다.

(22aK) 물고 있던 고깃점을 떨어뜨리고 다른 개 것을 채 가지려고 펄쩍 뛰었습니다. (1991판)

(22aE) She dropped her own piece and made a spring to snatch the piece that the other dog had.

(22bK) 병정은 그녀를 더욱 자주 만나볼 갖가지 구실을 마련해서 활용했습니다. (1991판)

(22bE) He applied his ingenuity to inventing innumerable pretexts for seeing her more often.

(예문 22K)의 두 문장에 나타난 공통적인 가독성의 이상은 영어 원문의 어순 간섭에 의한 것으로 생각된다. (22aK)는 영어 원문에 접속사 'and'로 연결된 절의 배열 순서를 그대로 가져와서 전후 문맥의 흐름이 부자연스럽게 되고 말았다. '다른 개 것을 가지려고 펄쩍 뛰다가 물고 있던 고깃점까지 떨어뜨리고 말았습니다.'처럼 절의 배열 순서를 뒤집거나, 아니면 다른 연결 표현을 사용하여 '물고 있던 고깃점이 떨어지는 줄도 모르고 다른 개 것을 채 가지려고 펄쩍 뛰었습니다.'처럼 표현해야 자연스럽게 읽힌다. (22bK)는 영어 원문 (22bE)에서 목적을 표시하는 [전치사+동명사] 구문 'for seeing her more often'을 먼저 옮겨야 한다는 해석의 틀에 사로잡혀 부자연스러운 표현을 만들어냈다. '병정은 갖가지 구실을 마련해서 그녀를 더욱 자주 만나보았다.' 정도가 자연스러운 어순 전개로 생각된다. 중요한 것은 '구실을 마련한 것'이 아니라, '아가씨를 자주 만나본 것'이기 때문이다.

(23K) "그러면 한번 경주를 하여 보세."하고 거북이가 말했습니다. "5달러 걸고 5마일 경주일세." (1952판)

(23E) "Let us try a race," she said, "I will run with you five miles for dollar."

(예문 23K)에는 영어 원문의 도량형 단위를 차용한 '달라'와 '마일'이 보인다. 전자는 달리 선택의 여지가 없었겠지만, 후자는 인치계 단위와 미터계 단위의 차이를 감안한 번역자의 중재능력이 필요하다.

(24aK) 거북이는 눈 깜짝할 새도 쉬지 않고 느리나 착실한 보조로 바로 결승점을 향하여 <u>껍적껍적</u> 걸어갔습니다. (1952판)

(24aE) The tortoise never for a moment stopped, but jogged along with a slow, steady pace, straight to the end of the course.

(24bK) 무서운 바람이 그 뽐내는 참나무를 불어치자 나무 줄거리는 와지
끈 똑딱 부러지고 ~ (1952판)

(24bE) The terrible wind came and struck the proud Oak. Crash! Went
the trunk, ~

(예문 24K)에는 한국어의 의성어와 의태어가 적절하게 구사되어 한국
어다운 분위기를 한껏 고조시키고 있다. 특히 동사구를 의태어와 동사로
분할해서 표현한 (24aK)의 번역은 이런 점에서 이채롭다.

(25K) "(염통) 찾기를 그치는 게 좋아요." (1991판)

(25E) "You may as well stop searching,"

(예문 25K)의 밑줄 그은 어구 '-하기를 그치다'는 영어 원문의 'stop ~ing,
cease to ~' 구문의 번역을 위해 새롭게 등장한 한국어 구문으로 생각된다.
마치 한문 원전의 '是以', '及'의 우리말 번역을 위해 '(이러므로)써, 및'이라
는 새로운 우리말 용법이 생겨난 국어사적 현상(이기문 1988)과 평행한
경우이다. 이러한 구문이 한국어의 자연스러운 구문으로 지속적인 생명력
을 가질 수 있을 것인가는 좀더 지켜봐야 할 문제이다.

이상으로 앞서 논의한 영-한 번역문의 특징이 실제 번역문에서 어떠한
양상으로 나타나는가를 살펴보았다. 이제 선택된 두 자료의 시차가 의미
하는 바를 음미해볼 차례이다. 두 번역문의 원전이 동일하지 않은 관계로
번역문 특징의 변화를 직접적으로 비교할 수는 없지만, 여기에 언급된 주
제만으로 초점을 한정해서 양자의 차이를 살펴보면 대략적으로 다음과
같은 사실을 확인할 수 있다. 먼저 대명사의 사용 양상을 관찰해 보자.
2인칭 대명사 '당신'은 1952년 당시부터 널리 쓰였으며 이런 추세는 1991
년에도 크게 달라지지 않았다. 또한 원문에 이끌린 기계적인 대명사화도
거의 그대로인데, 오히려 그러한 대명사화가 논리적 표현이라는 영어식

발상이 차츰 뿌리를 내리고 있는 실정이다(예: 16K). 반면에 호칭어나 지칭어의 사용 양상에 초점을 맞추면 우리는 1952년의 번역에 1992년보다 다양한 어휘(자네, 동무, 왕님 등)가 사용되었음을 알 수 있다. 이는 다른 각도에서 말하면 40년의 시차를 두고 번역 어휘의 단순화가 일어난 것으로 볼 수 있다. 연결 표현 등에서 보이는 상투적 표현을 관찰해 보면, 1952년 번역과 1991년 번역문에서 여전히 부자연스러운 구문이 나타나고 있다(예: 18K, 19K/ 21K 등). 마지막으로 한 가지 특기할 것은 1952년 번역에 보이는 다양한 의성어와 의태어 어휘이다(예: 24aK, 24bK). 이러한 어휘가 번역문에서 번역투를 탈색하고 자연스러운 한국어 문장으로 만드는 데 기여한다는 사실은 더 말할 필요가 없다.

5. 맺음말

우리는 지금까지 영어를 한국어로 옮긴 영-한 번역문의 특징을 알아보고자, 관련 연구사를 내용 중심으로 개괄하고 이를 토대로 영-한 번역문의 특징을 구문과 어휘로 나누어서 정리한 다음, 실제 영-한 번역 자료에서 이러한 특징을 확인해 보았다.

앞서 3장과 4장에서 논의된 영-한 번역문의 특징은 현상적으로 드러난 것이지만, 이에 대한 가치 판단은 연구자에 따라 적잖은 편차가 있을 것으로 생각한다. 이 가운데 어떤 특징은 지양되거나 극복되어 자연스러운 한국어 표현으로 개선되기도 하고, 또 어떤 특징은 앞으로 자연스러운 한국어의 특징으로 편입되기도 할 것이다.

결국 문제는 다시 번역론의 해묵은 논쟁, 곧 '과연 어떻게 해야 ST의 내용을 충실하게 전달하면서도 최대한 자연스러운 TT로 표현할 수 있는가'라는 명제로 환원될 수밖에 없다. 이런 맥락에서 번역자가 할 수 있는 일이란, 원문의 메시지를 충실하게 이해하여 전달하되 우리말로 표현할 때는 과감하게 원문 구조의 간섭에서 벗어나서 최대한 자연스러운 우리말로 표현하고자 하는 노력일 것이다. 이러한 노력은 거대한 전략적 선택의 문제가 아니라, 문장 하나, 단락 하나를 만날 때마다 시시각각으로 내려야 하는 끝없는 의사결정의 문제이다.

참고문헌

강수언. (1989). 『한국어와 영어의 비교연구』. 서울: 한신문화사.

김광해. (1995). 「조망-국어에 대한 일본어의 간섭」. 『새국어생활』 5(2), pp. 3~26.

김순영. (2005). 「Evidence of Explicitation in Texts Translated from English into Korean: A Corpus-based Pilot Study」. 『번역학연구』 6(1), pp. 143~166.

김욱동. (2010). 『번역과 한국의 근대』. 서울: 소명출판.

김정우. (1990). 「번역문에 나타난 국어의 모습」. 『국어생활』 21(여름), pp. 38~55.

김정우. (1994). 『번역문체의 역사적 연구』. 서울: 국립국어연구원.

김정우. (2003). 「국어 교과서의 외국어 번역투에 대한 종합적 고찰」. 『배달말』 33, pp. 143~167.

김정우. (2007). 「번역투의 성격 규명을 위한 다차원적 접근」. 『번역학연구』 8(1), pp. 61~82.

김정우. (2010). 「번역투 문제 연구의 동향과 과제」. 『통번역교육연구』 8(2), pp. 85~106.

김정우. (2011). 「한국어 번역문의 중간언어적 특성 -그 연원과 극복방안을 중심으로-」. 『번역학연구』 12(1), pp. 75~122.

김정우. (2013). 「훈민정음 언해는 언어 내 번역인가?」. 『통번역교육연구』 11-3, pp. 27~47.

김혜영. (2009). 「국어 번역 글쓰기의 연구」. 고려대 국어국문학과 박사학위논문.

류현주. (2009). 「번역투와 번역자투」. 『번역학연구』 10(2), pp. 7~22.

문 용. (2000). 「번역과 번역 문화」. 『국어생활』 21(여름), pp. 14~26.

박여성. (2003). 「텍스트언어학의 입장에서 고찰한 '번역투'의 규명을 위한 연구-귄터 그라스의 '양철북'과 한국어 번역본을 중심으로-」. 『텍스트언어학』 14, pp. 243~293.

서강선. (2012). 「번역과 문체의 습합 및 변용」. 『우리말글』 56, pp. 397~419.

성백환. (2003). 「심층적 순차번역의 방법과 의의」. 『번역학연구』 4(2). pp. 117~129.

송 민. (1988). 「국어에 대한 일본어의 간섭」. 『국어생활』 14, pp. 25~34.

오경순. (2010. 「번역투의 유혹」. 서울: 이학사.

이근희. (2005). 「영-한 번역에서의 번역투 연구」. 세종대 영문과 박사학위논문.

이근희. (2008). 「번역투 관점에서 본 번역 텍스트의 품질 향상 방안」. 『번역학연구』 9(4), pp. 269~287.

이기문 외. (1988). 「飜譯體의 問題」. 『꼭 읽어야 할 국어학 논문집』, pp. 354~362. 서울: 집문당.

이재호. (2000). 「영한 사전의 문제점」. 『국어문화학교 교재』, pp. 86~125.

이희재. (2009). 『번역의 탄생』. 서울: 교양인.

임홍빈. (2000). 「복수 표지 '-들'과 사건성」. 『애산학보』 24, pp. 3~30.

전성기. (2002a). 「번역과 현대 한국어」. 『텍스트언어학』 12, pp. 157~182.

전성기. (2002b). 「La traduction et la formation de la langue: le cas du coréen」. 『불어불문학연구』 49, pp. 287~312

전성기. (2008). 「우리 번역 글쓰기의 지형도」. 『텍스트언어학』 24, pp. 285~311.

정 광. (1995). 「일본어투 문장표현」. 『새국어생활』 5(2), pp. 87~107.

정 국. (1988). 「외국어투의 우리 말과 글」. 『국어생활』 12(봄), pp. 86~94.

조재범. (2008). 「코퍼스를 통한 After All의 용례 분석 및 번역교육에의 적용」. 『통번역교육연구』 6(1), pp. 5~18.

황찬호. (1988). 「외국어식 구문」. 『국어생활』 14(가을), pp. 46~58.

Baker M. (1998). (ed) *Routledge Encyclopedia of Translation Studies*, London & New York: Routledge.

Bloomfield, L. (1933). *Language*, New York: Holt Rinehart and Winston

Jacobson, R. (1959). On Linguistic Aspects of Translation, in R. A. Brower, (ed) *On Translation*, Massachusettes: Harvard University Press.

<자료>

박성하 역주. (1952). 『Aesop's Fables』. 서울: 명세당.

유종호 옮김. (1991). 『이솝전집』. 서울: 민음사.

'마음 문체'에서 본 추론유발 접속어 'and'의 번역문체 연구[*]

조 의 연

1. 들어가는 말

작가에게 주어진 일련의 표현들 가운데 작가가 특정한 표현을 선택하는 것은 그 작가의 인지적 상태를 반영하는 것이다(Boase-Beier 2004). 이 논문은 인지 상태를 반영하는 언어적 문체를 '마음 문체(mind style)'로 본다(Semino, E. 2007).[1] 마음 문체는 문학 속의 세계가 무엇인지의 문제를 다루는 것이 아니라, 문학 속의 세계가 작가에 의해서 언어적으로 어떻게 투사되고 있는가의 문제이다. 특히 마음 문체는 소설의 담화 구조에 적용되어 소설 속의 등장인물 또는 서술자가 사건 관계들을 어떤 시점 또는

---

[*] 이 논문은 『번역학연구』 13권 5호에 게재된 졸고 「번역가의 문체선택 연구: 『호밀밭의 파수꾼』 번역텍스트 비교 분석」을 부분 수정하고 보완한 것이다.

[1] 파울러(Fowler 1977:103)는 "개인의 정신적 자아를 나타내는데 다른 것과 구별되는 언어적 재현(any distinctive linguistic representation of an individual mental self)"를 지칭하기 위해 'mind style'이라는 용어를 사용하였다. 'mind style'은 김순영·이경희(2012)에서는 '내면 문체' 그리고 황도경(2002)에서는 '정신 문체'로 번역되기도 하나, '마음'이 '정신'을 의미하고 '인지'를 의미하기 때문에 이 논문에서는 '마음 문체'로 쓸 것이다.

관점에서 언어적으로 표현하는가와 관계된다. 따라서 마음 문체는 서술자 또는 등장인물에 의해서 선택된 통사적 또는 어휘 의미적 특성에 주목한 다. 즉, 서술자에 의해서 선택된 통사적 또는 어휘적 특성은 그가 해당 사건을 어떻게 인지하고 있는가 하는 인상(impression)을 독자들에게 남긴 다. 이 논문에서는 샐린저(J.D. Salinger)의 미국소설 『호밀밭의 파수 꾼』(The Catcher in the Rye)의 두 번역 텍스트에서 추론유발 접속어 'and'로 연결된 두 사건 관계가 번역가에 의해서 어떻게 인지, 표현되고 있는가에 초점을 두고 그 차이를 마음 문체의 관점에서 설명할 것이다.

본 논문은 또한 맘캐어(Malmkjær 2004)의 '번역문체론'(translational stylistics)에 기반을 두고 있다. 번역문체론은 원천 텍스트의 문체가 번역 텍스트에서 어떻게 해석, 생산, 재창조되고 있는가의 과정보다는 목표 텍 스트 자체의 문체 연구로 번역가의 목소리(voice), 이념, 태도 등이 문체를 통하여 어떻게 드러나고 있는가를 보이는 것이다. 비록 번역 텍스트 자체 의 문체를 연구하더라도 '번역문체론'은 원천 텍스트와의 관계 속에서 번 역 텍스트의 문체를 분석한다. 본 논문은 이러한 '번역문체론'의 입장에서 『호밀밭의 파수꾼』의 두 번역 텍스트의 'and' 번역문체를 원천 텍스트의 문체와의 관계에서 분석한다. 이를 통해 각 번역 텍스트의 문체적 특성이 무엇이며 그러한 문체적 특성이 보이는 문체적 효과는 무엇인지를 기술 하는 데 목적이 있다.[2]

소설 『호밀밭의 파수꾼』의 대표적인 문체적 특성은 비표준적인 구어체 영어이다. 특히 이 소설은 1950년도 미국 동북부 십대들의 언어로 쓰였다. 주인공 홀든 콜필드는 이 소설의 일인칭 서술자(narrator)로서 자신의 이야 기를 아래와 같이 시작하고 있다.[3]

---

[2] 두 번역 텍스트는 김욱동·염경숙 (1994) 『호밀밭의 파수꾼』과 이덕형 (1998) 『호밀밭의 파 수꾼』이다. 앞의 텍스트는 TT1(Target Text 1) 그리고 뒤의 것은 TT2로 표기될 것이다.
[3] 이 소설은 소설의 등장인물이 말하는 사람(teller)으로 나타나 가상의 청자에게 친밀하게 이야기 하는 형식으로 스카즈(skaz) 서술 방식을 취하고 있다. 스카즈 내러티브의 대표적 소설 작품으로도 알려져 있다. 이러한 특성이 한국어 종결어미 문체 선택에 어떻게 영향

If you really want to hear about it, the first thing you'll probably want to know is where I was born, and what my lousy childhood was like, and how my parents were occupied and all before they had me, and all that David Copperfield kind of crap, but I don't feel like going into it, if you want to know the truth.

홀든의 반복적인 울타리 표현(hedge) 'and all' 그리고 십대들의 비속어 'kind of crap' 사용이 보여주듯이, 서술자는 그 당시의 비표준 영어를 쓰고 있는데 이것이 이 소설의 전체를 지배하는 특징적인 문체이다. 이러한 매우 일상적인 그리고 표준적이지 않은 구어체의 사용은 당시의 다른 소설의 문체에 비해 매우 유표적인 문체로 알려져 있다(Murphy 2011). 특히 의식의 흐름을 쫓아 독백을 하듯이 주인공 홀든은 등위 접속어 'and'를 반복적으로 사용하고 있다. 위에 제시된 홀든의 첫 언급은 물론, 아래의 예가 보여주듯 이 접속어 'and'의 빈번한 쓰임은 이 소설의 언어 특징 가운데 하나이다.

I mean I had the whole evening free, <u>and</u> I thought I'd give her a buzz <u>and</u>, if she was home yet, take her dancing or something somewhere (밑줄 은 필자의 것임).

위의 예시가 보여주듯이 때로는 한 발화 단위 내에서 반복적으로 사용되는 접속어 'and'는 이 소설 텍스트의 대표적 언어 특징이다.

리치와 쇼트(Leech and Short 1981/2007: 201)에 따르면, 현대소설에서 이와 같은 추론유발 연결어(inferred linkage)인 접속어 'and'는 문체적 가치를 지니고 있다. 'therefore', 'so', 'but' 등의 논리적 접속어는 해당 텍스트의 담화 정보를 논리적으로 분명하게 만드는 반면, '일반 목적 연결'(general purpose link)이라고도 불리는 접속어 'and'는 관계된 담화 정보의 내용을 독자가 추론하게 하게 만든다.[4] 예를 들어, 홀든은 자기 친구 스트래들레

을 미치는가에 대한 연구에 관심이 있는 독자는 조의연·조성은(2013)을 참고하기 바람.

이터가 부탁을 하자, 이에 대해 다음과 같이 서술한다.

> Just because *there're* crazy about themselves, they think *you're* crazy about them, too, and that you're just dying to do them a favor (이탤릭체는 원저자의 것임).

홀든의 발화에서 쓰인 접속어 'and'는 후행절 'you're just dying to do them a favor'와 선행절 'you're crazy about them, too'를 연결시키는 일반적인 목적을 가진 연결어이다. 독자가 세상지식이나 자신의 경험에 비추어 '다른 사람들이 무척이나 자기를 좋아하면, 그들은 자기의 어떤 부탁이라도 들어주지 않고는 못 배길 것이다'라고 추론을 할 수 있다. 이러한 추론은 두 절의 정보관계를 원인-결과로 해석한 것이다. 번역가는 이러한 해석을 언어적으로 부호화할 수도 있으며 또는 이러한 해석을 독자들의 몫으로 남겨둘 수도 있다. 본 연구의 분석대상인 한 번역텍스트의 번역가는 아래의 예가 보여주듯이 '그래서'를 선택하여 쓰고 있다.

> (1) TT1: 자기 자신에게 홀딱 빠져 있는 까닭에 다른 사람도 자기에게 미쳐 있는 줄로, <u>그래서</u> 다른 사람이 자신에게 뭔가 해주고 싶어서 사족을 못 쓰는 것으로 착각하고 있는 거지요.

반면, TT2는 연결조사 '고'가 사용되어 이러한 추론적 의미해석은 독자에게 남겨진 상태이다.

> (2) TT2: 자기 자신에게 반해 있는 까닭에 다른 사람들도 자기에게 반했다고 생각하<u>고</u>, 남들이 자기의 부탁이면 무엇이든 들어주고 싶

---

4 이러한 접속어 'and'는 '상호 사건 관계 접속어'라고 불리기도 한다. 조의연(2011)에서 필자는 이를 외축의 명시화 현상으로 분석하고 있다. 이와 같은 상호 사건 관계 접속어 'and'의 추론 현상은 그라이스(Grice 1975)에서 일반대화함축으로 논의된 이후 적합성 이론(Relevance theory)을 포함한 추론 화용론 연구의 초점이 되어왔다. 본 연구에서는 이러한 'and'의 현상을 문체의 관점에서 번역가마다 다르게 실현하는지 여부에 초점을 맞추어 다루고 있다.

어 못 견딘다고 착각하는 모양이다.

이러한 원천 텍스트의 약성 함축(weakly implied)이 번역 텍스트 TT1에서와 같이 접속 부사 '그래서'로 부호화되는 경우 이는 두 사건에 대한 관계가 무엇인지 서술자의 세계관을 드러나게 하는 '마음 문체'로 역할을 하고 있다. 본 논문은 원천 텍스트 *The Catcher in the Rye*의 '추론유발 접속어' 'and'가 번역 텍스트에서 문체적으로 어떻게 실현되는가를 번역문체론의 관점과 방법론에 기초하여 탐구할 것이다. 연구 결과, 본 논문에서 분석의 대상으로 삼은 두 번역 텍스트는 원천 텍스트의 'and' 표지를 생략과5 더불어 '-아서,' '-아,' '-는데,' '-기 때문에' 등과 같은 논리적 접속어로 대치하여 다시 쓰고 있는 것으로 나타났다. 이러한 논리적 연결어의 사용은 두 번역 텍스트의 텍스트 결속성(cohesion)에는 기여를 하지만, 관련된 담화 정보의 관계를 독자가 추론하게 만드는 문학적 효과를 상실하고 있다. 한편, 생략을 포함한 여러 유형의 연결어의 발생 빈도수에 근거하여 이 연구에서 두 번역 텍스트의 차이가 통계적으로 유의미한가의 여부를 조사한 결과, 유의미한 차이를 보이는 것으로 나타났다. 이에 근거하여 이 논문은 가장 많은 차이를 보이는 접속어와 생략을 중심으로 두 번역 텍스트의 문체적 차이를 연구하였다.

2. 연구 방법과 자료 분석

1) 연구방법

전술한 바와 같이 번역문체론은 번역 결과물로서 번역 텍스트 고유의

---

5 생략은 접속어 'and'로 연결된 두 접속절이 번역 텍스트에서는 연결어미 또는 접속부사의 사용 없이 각각 독립된 발화로 재현된 경우를 말한다. 아래의 경우가 이에 해당된다.
ST: Anyway, it was December and all, <u>and</u> it was cold as a witch's teat, ...
TT1: 하여튼 12월이었다. 날씨는 마녀의 젖꼭지처럼 매섭게 추웠다. ......

문체를 연구의 대상으로 삼으며 이를 원천 텍스트와의 관계 하에서 분석한다. 문체는 언어 선택의 문제이기 때문에 번역문체론은 번역가의 역할을 독자로서보다는 작가로서의 역할에 초점을 두고 있다. 창작 작가와 달리 번역 작가로서의 번역가는 상호 텍스트성의 일반적인 영향보다는 원천 텍스트에 대한 직접 중재의 관계에 서 있다. 이러한 원천 텍스트의 직접 중재자의 입장에 서있는 번역가가 선택하는 언어 표현은 따라서 원천 텍스트와의 관계에서 살펴 볼 때 그 특성이 드러난다. 번역가가 왜 그러한 선택을 하였는가에 대한 질문은 번역 텍스트가 원천 텍스트와의 관계에서 탐구되고 특히 두 텍스트들 사이에 "일관되며 규칙적인 패턴"이 발생하는 경우,[6] 번역가가 왜 그러한 언어적 선택을 하였으며 그 효과는 무엇인가라는 문체적 관점의 질문이 제기된다.

창작 작가 또는 번역 작가의 언어 선택이 "지속적인 구조적 선택"으로 축적될 정도로 발생하게 되면 이는 마음 문체로 이어져 한 작품 내에서도 서술자가 어떤 시점으로 사건들을 이야기하는지를 읽을 수 있다. 어떤 서술적 효과가 문체의 옷을 입고 발생하기 위해서는 그것은 반복적 패턴 또는 지속적인 구조적 선택으로 나타나야 하는데 이를 입증하기 위해 때로는 통계적 접근이 필요할 수도 있다 (Leech and Short 1981/2007 2장).

문체 연구는 언어 연구와 같이 훈련된 문체 연구자의 직관에 의해 이루어지는 것이 일반적이다. 그러나 리치와 쇼트(Leech and Short 1981/2007: 38)가 할리데이를 인용하며 언급하듯이, 문체 연구자의 직관을 지지하기 위하여, 또는 간과될 수 있는 중요한 문체적 특질을 드러내기 위하여 발생 빈도수의 측정 등 통계적 접근은 필요시 수용된다. 특히, 번역문체론에서는 반복적 패턴을 형성하는 언어적 특징을 번역 텍스트의 문체로 다루기 때문에 문체적 요소의 반복적 패턴에 대한 연구자의

6　맘캐어와 카터(Malmkjær and Carter 2002: 510)는 문체를 다음과 같이 정의한다.
'Style' can be defined as a consistent and statistically significant regularity of occurrence in text of certain items and structures, or types of items and structures, among those offered by the language as a whole.

직관이 작동하더라도 이를 통계적으로 접근하는 것은 번역 텍스트의 문체 연구를 위해 필요하다.

이러한 번역문체론의 틀에 기초하여 본 연구는 『호밀밭의 파수꾼』의 서술자인 주인공 홀든이 자신의 의식의 흐름을 나열식으로 서술하는 데 반복적으로 선택한 접속어 'and'의 문체 표지가 번역 텍스트에서 어떤 패턴으로 실행되는가를 분석하고 그 분석 결과를 문체의 문학적 효과의 측면에서 논의할 것이다. 접속어들 가운데 텍스트의 결속성에 기여도가 가장 낮은 'and'가 번역 텍스트에서 번역가에 의해서 어떻게 반복적으로 조정되는가를 살펴보기 위해 해당 소설 1장에서 25장에 걸쳐 각 장에서 사건관계가 일반 목적 연결어 'and'로 연결된 구문을 10개씩 발생하는 순서대로 선택하였다.[7] 그 결과 총 250개의 'and' 구문을 비교말뭉치에서 추출하였다.

이러한 과정을 거쳐 모두 285개의 'and' 접속문을 분석의 자료로 구축하였다. 250개의 문장을 대상으로 하였으나 한 문장 내에 여러 개의 'and' 접속절이 존재하기도 하였기 때문에 총 분석 자료의 수는 285개에 이르게 되었다. 'and'가 두 번 이상 발생한 원천 텍스트의 예시를 제시하면 아래와 같다.

(3) ST: He got up <u>and</u> got another hunk of ice <u>and</u> put it in his drink, then he sat down again.

ST: He was making out like he was walking a very straight line, the way kids do, <u>and</u> the whole time he kept singing <u>and</u> humming.

그리고 각각의 번역 텍스트에 나타난 연결어미 또는 접속 부사를 파악하여 기재하고 동일한 경우와 그렇지 않은 경우로 분리하였다. 동일한 경우와 그렇지 않은 경우로 분리한 이유는 각각의 번역 텍스트의 문체적

---

7 이 소설은 총 26장으로 구성되어 있다. 마지막 26장에서는 관련 구문의 양이 적어 추출 대상에서 제외하였다.

특성을 원천 텍스트와 비교한 후, 두 번역 텍스트의 문체를 비교 분석하기 위한 목적에서이다.

2) 분석 결과

위와 같은 방법과 절차를 따라서 번역 텍스트의 해당 표현을 분석한 결과, TT1과 TT2 모두 생략을 포함하여 연결어미와 접속부사 등으로 원천 텍스트의 'and'가 재현되었음을 보여준다. TT1과 TT2 공통으로 쓰인 표현들은 아래와 같다.

> -아서, -아, -고, -는데, -면서, -고는, -더니, -니까, -는데도, -러, -다가, -아도, -지만, -며, -자, -으로, -에서, 도, -ㄴ 데다가, -기 때문에, -ㄴ 뒤, ㄴ 순간, 그리고, 그래서, 그런데, 게다가, 그런데도, 그러면서, 그러면[8]

부록의 표 1이 보여주듯이, 전체 285개 가운데 약 1%에 해당하는 3회 이하의 발생 빈도수를 보이는 접속어는 TT1의 경우는 39개 가운데 27개를 차지하는데 총 47/285회의 발생 빈도수를 차지한다. 한편, TT2에서 3회 이하의 발생 빈도수를 보이는 접속어는 33개 가운데 22개로 총 38/285회의 발생 빈도수에 해당된다. 이는 평균 발생이 모두 1.7회이어서 반복적인 패턴이라고 볼 수 있는 평균치(7.9)에서 멀리 떨어져 있기 때문에 통계적 가외치(outlier)에 해당된다. 따라서 3회 이하 발생한 접속어들은 번역 텍스트에서 문체 표지(style marker)의 기능을 수행하지 않는 것으로 본다. 가외치의 접속어를 제외한 나머지 접속어와 그들이 보이는 발생 빈도수는 아래의 표와 같다.

---

8 연결어미들은 음운적 교체형들이 존재한다. 예를 들어 '-아서'와 '-어서' '-니까'와 '-으니까' 등이다. 이 논문에서는 편의상 대표형이라고 생각되는 것을 기재하였다. 그리고 이 논문에서는 연결어미, 접속부사 등 필요시에 이 용어들을 사용하고 이들 모두를 접속어라고 부를 것이다. 한국어 연구(예를 들어, 이은경 1998)의 전통에 따라 위 접속어들을 형태(form)에 따라 나열하였다. 이와 관련하여 각주 (12)를 참조하기 바람.

<표 1> 접속어 발생 빈도수

출현 빈도수 어휘	TT1	TT2
-아서	64	49
-아	36	52
-고	42	46
영(ø) 형태소	9	31
-는데	22	19
-면서	16	13
-기 때문에	7	13
-더니	12	4
-고는	11	3[9]
-는데다가	6	7
-자	2	4
그리고	5	2
그래서	8	9
합계	240	252

전체적으로 보면, 원천 텍스트의 접속어 'and'와 같이 접속된 두 사건 사이에 독자 추론을 허용하는 영(ø)형태소를 포함하여 'and'의 형태적 등 가를 이루는 도착 텍스트의 등위 연결어미 '-고'와 등위 접속 부사 '그리고' 를 제외한 나머지 접속어는 모두 '순차' '배경' '동시' '이유'등 논리적 연결 어에 해당된다. 도착 텍스트에 이러한 논리적 연결어가 차지하는 비율이 각각의 번역 텍스트에서 79%, 68%를 차지하고 있다. 이를 원천 텍스트와 의 관계에서 보게 되면, 두 번역 텍스트는 논리적 접속어를 반복적으로 쓰는 경향이 있는 것을 보여준다. 따라서 논리적 접속어를 두 번역 텍스트 의 공통된 문체적 특징으로 볼 수 있다.

한편, 두 번역 텍스트에서 발생한 접속어 13개 가운데 TT1의 '-아서,' '-아,' '-고,' 그리고 '-면서'가 전체에서 차지하는 비율이 71%에 이르며 TT2 의 경우는 '-아서,' '-아' '-고' 그리고 생략에 해당되는 영(ø)형태소가 70%를 차지한다. 연결어미 '-아'는 두 사건 사이의 관계가 '-아서'로 연결되었을

---

9 TT2에서 접속어 '-고는'은 3회 발생하는 가외치이지만 TT1에서는 그 이상 발생하므로 비 교대상으로 표에 포함되었다.

때 보다 좀 더 밀착되어 있거나 더 긴밀하다고 볼 수 있다. TT1 내부에서 번역가는 '-아'(38회 발생)에 비해 '-아서'(64회 발생)를 많이 선택하고 있다. 반면, TT2의 번역가는 '-아서'(49회 발생)와 '-아' (52회 발생)를 비슷하게 선택하고 있다. 두 텍스트를 비교하면, TT2는 TT1에 비해 '-아'를 더 선택 하는 경향을 보인다. 한편 등위 연결어미 '-고'는 두 번역 텍스트에서 모두 유사한 비율(18%)로 선택되고 있다. 그러나 TT2의 특징적 언어 선택은 영 (∅)형태소로 두 사건 사이에 어떤 접속어도 선택하지 않고 두 사건을 병렬 로 늘어놓는 것이다. TT1에서는 3%로 거의 흔적을 보이지 않을 정도로 선택되는데 반해, TT2에서는 31회 발생하여 12%의 점유율을 보이고 있다.

3.2에서 두 번역 텍스트의 차이를 비교할 때는 '-아서'와 '-아' 그리고 생략을 중심으로 두 번역 텍스트의 문체 표지의 차이를 논의할 것이다. 먼저 3.1에서는 두 번역 텍스트의 공통된 문체인 논리적 접속어의 선택으 로 인한 문체 효과를 논의할 것이다.

3. 번역 텍스트의 문체 논의

1) 두 번역 텍스트의 문체 표지: 논리적 접속어

앞 절에서 원천 텍스트의 문체 특징인 독자 추론 연결어인 접속어 'and' 에 대응하는 번역 텍스트들의 접속어의 발생빈도를 살펴보았다. 그 결과 두 번역 텍스트의 가외치를 제외한 접속어의 분포를 살펴보니 두 번역 텍스트 모두 13개 가운데 10개가 두 사건 사이에 사건관계를 명시적으로 나타내는 논리적 연결어가 사용되었으며 이들이 전체 텍스트에서 차지하 는 비율도 각각 79%와 68%에 해당된다. 이는 원천 텍스트와 달리 두 번역 텍스트에서는 공통적으로 두 접속절의 의미관계가 '순차,' '배경,' '이유' 등과 같은 논리 접속어들이 반복적 패턴을 형성하며 문체 표지로 문체적 기능을 수행하고 있다고 볼 수 있다.

논리 접속어는 텍스트의 결속성을 높여주는 데 기여하는데 접속된 두 사건 사이의 관계를 독자가 추론하게 남겨두지 않고 독자들에게 두 사건들의 관계가 어떤 관계인지 명시적으로 규정하기 때문이다. 위의 통계적 수치가 보여주는 것은 원천 텍스트와는 달리, 번역 텍스트에서는 사건 사이의 관계에 대한 번역가의 해석이 서술자의 입을 빌려 독자들의 소설세계 구축에 영향을 주고 있음을 말한다. 사물이나 사건을 해석하고 경험하는 방식은 작가마다 다를 수 있는데 어떤 언어 표현 방식을 선택하느냐에 따라 동일한 사건이라고 하더라도 그것을 보는 서술자의 시점은 달라진다. 사물이나 사건에 대해 서술자 또는 등장인물들의 세계관에 대한 인상을 불러일으키는 데 영향을 주는 작가의 언어 선택을 마음 문체라고 하는데, 번역 텍스트에서 반복적 패턴으로 쓰인 논리 연결어는 마음 문체로서 기능하고 있다. 이러한 측면에서 두 번역 텍스트에서 쓰인 논리적 접속어들이 어떻게 마음 문체로서 기능하고 있는지 보기로 하자.

아래의 ST에서 접속어 'and'는 선행절 'He was making out like he was walking a very straight line, the way kids do'의 사건과 후행절 'the whole time he kept singing and humming'의 사건을 연결시킨다.

(4) ST: He was making out like he was walking a very straight line, the way kids do, and the whole time he kept singing and humming.

이 두 사건이 어떤 관계를 형성하고 있는지는 명시되지 않았고 이는 독자들의 추론에 남겨진다. 원천 텍스트의 독자들은 자기가 가지고 있는 백과사전적 지식과 경험에 기초하여 이 두 사건 사이의 관계에 대한 추론을 하면서 자기가 본 소설 속의 세계를 자신의 인지체계에 구축하게 된다. 한편, 아래의 번역 예시가 보여주듯이, 두 번역 텍스트는 이 두 사건 사이의 관계를 독자들의 추론으로 남겨두지 않고 자신이 본 방식으로 두 사건 관계에 대한 번역가의 해석을 홀든의 입을 빌려 번역 텍스트에 남기고 있다.

  (5) TT1: 애들이 으레 그렇듯이 자기가 아주 직선으로 똑바로 걸어가는 줄
      로 알더라고요. 그러면서 계속 콧노래를 흥얼대고 있었습니다.
      TT2: 그 애는 모든 아이들이 그러듯이 직선 위를 걷고 있는 것 같았
      다. 그런데 걸으면서 계속 콧노래를 흥얼거리고 있었다.

두 사건 사이에 대한 접속부사 '그러면서'를 선택한 TT1의 번역은 서술
자 홀든이 여섯 살 쯤 되어 보이는 사내 녀석이 커브길에 바로 인접한 차도
를 걷고 있는 모습을 이야기 하며 이 소년이 동시에 콧노래를 부르고 있다
고 묘사하고 있다. 소년이 차도를 걷고 있는 모습과 동시에 콧노래를 부르
는 모습이 자연스럽게 겹쳐지고 있다. 반면에 접속부사 '그런데'를 선택한
TT2에서 주인공 홀든은 이 소년이 차도를 걷고 있는 모습을 멀리서나 본
듯이 묘사하며 이 소년이 걸으면서 콧노래를 부르는 것을 뜻밖의 일로 서
술하고 있다. 따라서 TT2에서 이 소년이 콧노래를 부르는 모습은 자연스
러운 모습이 아니라, 예견치 못한 것으로 독자의 마음에 그려진다. 결국,
위의 두 번역 텍스트에서는 두 사건 사이에 대한 서술자의 인상이 명시적
으로 드러나고 있으며 또한 다르게 서술하고 있다. 이는 번역가가 서로
다른 접속부사를 선택한 결과이다. 즉 번역가는 이 두 사건관계에 대한
자신들의 인지상태가 다르기 때문에 다른 언어표현을 선택한 것이다.
  번역가의 논리적 접속어 선택이 서술자의 관점에 영향을 끼치는 또 다
른 예를 하나 더 보기로 하자. 아래의 원천 텍스트에서 주인공 홀든은 어
렸을 때 자기의 여자 친구 제인에 대한 이야기를 하고 있다. 제인의 집에
서 제인과 함께 체스 게임을 하고 있던 중 제인의 의붓아버지가 제인에게
와서 담배가 있느냐고 물었지만, 그녀는 못들은 체 답변도 하지 않는다.
그리고 눈물을 떨어뜨리자 홀든은 제인에게 커다히씨가 불순한 짓이라도
했느냐고 묻는다. 그리고 다음 원천 텍스트에 나타난 등위 접속의 형식으

로 홀든은 이 이야기를 서술하고 있다.

(6) ST: She was pretty young, but she had this terrific figure, and I
　　wouldn't've put it past that Cudahy bastard.

　　TT1: 그 애는 아직 꽤 어리지만 상당한 몸매를 지녔고 그래서
　　　　혹시 커다히 놈이 그런 짓거리를 마다할리 없다고 생각
　　　　한 겁니다.

　　TT2: 그녀는 아직 어리지만 멋진 몸매를 가지고 있었기 때문에
　　　　커다히라는 놈의 구미를 자극했을 거라고 생각했다.

원천 텍스트에는 제인이 상당한 몸매를 지닌 것과 제인의 의붓아버지 커다히가 그런 그녀를 지나치지 않았을 것이라는 홀든의 생각이 모두 동등하게 기술되고 있다. 자기가 그런 생각을 하게 된 것과 제인이 상당한 몸매를 가진 것과의 사이에 어떤 관계가 있는지 여부는 독자들의 추론에 남게 된다. 그러나 원천 텍스트와 달리 번역 텍스트들은 모두 이 두 사건 사이의 관계를 논리적 접속어를 써서 명시적으로 표현하고 있다. TT1의 번역가는 '그래서'라는 결과 접속 부사를 선택함으로써 제인이 몸매가 좋았다는 것이 원인으로 해석되게 하고 독자들에게 홀든이 제인에게 그런 질문을 한 것이라는 그 결과라는 서술을 명시적으로 말하게 하고 있다. 한편, TT2의 번역가는 이유 연결어미 '-기 때문에'를 선택하여 홀든이 그런 질문을 한 원인을 명시적으로 언술하게 함으로써 독자가 추론하게 하지 않고 홀든이 말하게 하고 있다. 서로 다른 논리 접속어를 선택함으로써 TT1 번역가의 인지상태는 두 사건 사이에서 결과가 부각되어 있고 TT2 번역가의 인지상태에는 이유가 부각되어 있음을 보여준다.[10]

이와 같이 두 사건 관계에 대한 번역가의 논리적 접속어의 언어 선택은

10　(6)의 두 번역은 동일한 진리조건을 가지고 있다. 그러나 두 번역본은 문체의 차이를 보이고 있다. 문체의 차이는 동일한 진리조건의 상황을 어떻게 표현하느냐의 방식이 서로 다름에 있다.

원천 텍스트와 달리 번역 텍스트의 문체적 특징을 이루고 있다. 이러한 논리적 접속어가 발생시키는 마음 문체의 효과는 원천 텍스트와는 다른 소설 세계를 독자들이 구축하게 하는 데 영향을 주는 것이다. 원천 텍스트와 달리 번역 텍스트에 반복적으로 발생하는 이러한 논리적 접속어는 두 사건에 대한 번역가의 인지 결과이며 이것이 주인공 홀든의 서술을 통해서 번역 텍스트의 소설세계가 원천 텍스트와는 다르게 구축되는 데 영향을 끼치고 있는 것이다.

2) 두 번역 텍스트의 문체 차이

2.2의 표 1을 보면, 영(ø)형태소를 포함한 13개의 접속어 형태 가운데 번역 텍스트 TT1은 '-아서(64)' '-고(42)' '-아(38)' '-는데(23)'의 고빈도순을 보이며 TT2의 번역 텍스트는 '-아(51)' '-아서(49)' '-고(46)' '영(ø)형태소(31)'의 순을 보이고 있다. 정수진(2012)에서 인용된 『현대 국어 사용 빈도 조사』(2002)에 따르면, 한국어 연결어미 전체 항목수 281개에서 가장 많은 사용빈도를 보이는 것은 '-아'이며 '-아서'는 다섯 번째의 발생 빈도를 보이고 있다(고빈도순: '-아' '-고' '-게' '-지' '-아서'). 서로 자유교체의 관계에 있는 '-아'와 '-아서'의 발생 빈도수를 비교하면, 번역 텍스트 TT1은 한국어 비번역어와는 대조를 보이고 있는 반면 TT2는 그렇지 않다. 즉, 한국어 비번역문의 발생빈도에 의한 언어 규범에서 보면, TT1의 '-아서'와 '-아'의 발생 빈도는 일탈(deviation)을 보이고 있는 반면 TT2는 그렇지 않다. 한편, 두 번역 텍스트를 비교하면, 접속어 생략은 TT2에서 고빈도순의 범위에 속하지만 TT1에서 생략은 그렇지 않다. 특히 두 번역 텍스트에서 사용된 비율의 차이에서 보면, 접속사생략은 다른 어떤 접속어 보다 가장 큰 비율의 차이를 보이고 있다. 아래의 그림이 보여주듯이, TT1에서 생략의 '영(ø)형태소'는 3%를 차지하는데 TT2에서 그것은 12%를 차지하여 두 번역 텍스트에서 가장 큰 발생 비율의 차이를 보이는 요소로 나타났다.

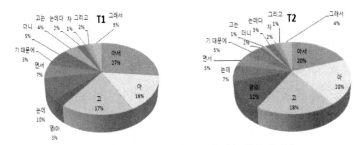

〈그림 1〉 두 번역 텍스트의 접속어 발생 비율

본 논문은 이러한 두 번역 텍스트의 발생 빈도에 의한 특징을 기반으로 두 번역 텍스트의 문체적 차이를 '-아서' 대 '-아' 그리고 생략을 중심으로 기술할 것이다.[11]

연결어미 '-아서'는 일반적으로 시간적 순차 관계에 있는 두 사건을 나열하는 데 자주 사용되는 것으로 보고되고 있다(정수진 2012).[12] TT1에서 '-아서'가 그리고 TT2에서 '-아'가 쓰인 아래의 용례를 보기로 하자.

(7) ST: So I went up to my room and put on my coat.
    TT1: 그래서 방에 올라가서 외투를 걸쳤지요.
    TT2: 그래서 내 방으로 올라가 외투를 입었다.

---

11 두 번역 텍스트에서 원천 텍스트의 'and'접속절의 번역 결과가 서로 차이를 보이는가 여부를 판단하기 위하여 TT1과 TT2에서 선택된 접속어들의 발생빈도수의 차이가 통계적으로 유의미한가 여부를 조사하였다. 이를 위해 어휘와 그 어휘들이 토큰으로 출현한 빈도수를 비교하는 빈도 비교 통계방식으로 카이제곱 (χ^2)을 이용하였다. 그 결과 $\chi^2(12)=31.8$, $p=0.001$ (p=probability)인 것으로 나타났다. 유의한 확률이 $p<0.05$이므로 두 번역 텍스트 TT1과 TT2는 접속어의 사용 빈도수에서 통계적 차이가 있는 것으로 해석할 수 있다. 따라서 두 번역 텍스트에서 서로 가장 큰 차이의 발생빈도 비율을 보이는 생략의 영($\varnothing$)과 그 다음으로 큰 차이를 보이는 TT1의 '-아서'와 TT2의 '-아'의 문체적 특징을 논의하는 것은 타당하다고 본다.

12 연결어미 '-아서'는 기본적으로 다의어인데 세종전자사전(2007)은 '계기'와 '원인' 표준국어대사전(1999)은 '시간적 선후 관계', '이유나 근거' 그리고 '수단이나 방법'으로 의미가 제시되어 있다.

원천 텍스트에서 홀든은 자신이 방으로 올라간 사건과 그곳에서 외투를 입을 사건을 접속어 'and'를 사용하여 말하고 있다. 그라이스(1975)의 대화격률 중 양태의 격률(Maxim of Manner)의 관점에서 보면, '순서대로 하시오'의 하위 격률에 따라 두 사건이 순차적으로 서술되고 있다. 두 번역 텍스트는 이 두 사건의 순차적 관계를 각각 접속어 '-아서'와 '-아'를 선택하여 명시적으로 말하고 있다. 그러나 TT1의 번역가는 '-아서'를 써서 이 두 사건이 서로 독립된 사건으로 홀든의 입을 빌려 표현되게 하고 있다. 반면에 TT2의 번역가는 선행절의 '내 방으로 올라간' 사건 보다 '(홀든이) 외투를 입은' 사건을 더 강조하는 인상을 주고 있다. 이러한 인상은 TT2의 번역가가 연결어미 '-아'를 선택한 것에서 비롯된다.

이러한 '-아서'와 '-아'의 쓰임이 주는 문체 효과의 차이는 한국어에서 연결어미 '-아'는 보조적 연결어미로서 그리고 '-아서'는 병렬적 연결어미로 그 쓰임이 다른 것에서 비롯된다. 예를 들어, 연결어미 '-아'가 쓰인 '책을 찢어 버렸다'에서 '버렸다'는 주 용언으로 쓰였고 '찢다'는 이 용언의 보조적 기능을 수행한다. 그러나 '-아서'가 쓰인 '책을 찢어서 버렸다'에서 '찢다'와 '버리다'는 모두 독립된 용언으로 쓰이고 있다. 즉, 두 사건이 '-아'와 결합될 때는 앞의 사건은 뒤 사건에 대한 보조적 사건으로 이해되고 '-아서'와 결합될 때는 두 사건이 서로 병렬적으로 동등한 역할을 가진 것으로 이해되는 것이다. 결국, 번역가가 '-아서'를 선택할 경우에는 번역가의 인지 상태에 두 사건이 서로 독립적으로 연결되어 있는 경우이며, '-아'를 선택할 경우는 선행하는 사건이 후행하는 사건에 대해 보조적 역할로 이해되는 경우이다.[13]

---

13 이러한 '-아서'와 '-아'의 화용적 의미 차이는 그 식별이 쉽지 않다. 이러한 면에서 서정수 (1982)는 '-아서'와 '-아'는 자유변이의 관계에 있다고 말한다. 그러나 두 사건의 발생 순서가 즉각적이지 않은 경우 '-아'를 쓰면 그 용인성이 낮아진다. 예를 들어 '나는 학교에 가 두 시간이 지나 교장 선생님을 만날 수 있었다'와 '나는 학교에 가서 두 시간이 지나 교장 선생님을 만날 수 있었다'를 비교하면 '-아서'의 접속어 상황이 적절하다. 이러한 차이 외에 김혜숙(개인대화)은 '-아'는 대화적 상황에서 쓰이는 더 일상적 어투에 속한다고 본다.

TT1에서 '-아서'와 '-아'의 선택 비율이 27% 대 16%이며 TT2에서는 출현 비율로 각각 20%를 차지한다는 것은 TT1의 번역가가 TT2의 번역가보다 두 사건의 순차적 혹은 원인 관계에서 앞의 사건을 뒤의 사건과 대등한 시점으로 그려내는 경향이 있다고 볼 수 있다.

이제 두 번역 텍스트에서 발생 비율이 가장 큰 차이를 보이는 생략을 중심으로 두 번역 텍스트의 문체적 차이를 보기로 하자. TT2의 번역가는 TT1의 번역가에 비해 전체의 10%에 가까운 접속어 생략을 더 선택하고 있다. 원천 텍스트에 발생한 접속어 'and'를 번역 텍스트에서 생략하는 것은 접속어 선행절과 후행절을 독립된 명제의미의 문장으로 처리하는 결과를 낳는다. 즉, 두 독립된 발화가 병렬로 배치되어 두 사건이 원천 텍스트에서 접속어 'and'에 의해서 연결되었을 때 보다 두 사건에 대한 독자의 해석이 더 요구되고 있다. 아래의 예시를 보기로 하자.

(8) ST: Mine came from Mark Cross, and they were genuine cowhide and all that crap, and I guess they cost quite a pretty penny.

TT2: 내 것은 진짜 가죽에다 마크 크로스 회사의 제품이었다. 값도 엄청났을 것이다.

홀든이 자기 가방에 대해 언급하는 장면이다. 원천 텍스트에서 홀든은 자기 친구 딕 슬래글은 싸구려 가방을 가지고 있었고 자기 것은 "마크 크로서 제품이고, 진짜 가죽이며, 그리고 값도 비쌌을 것이다"라고 말하고 있다. TT2의 번역가는 홀든이 자기 가방의 값에 대한 발화 "값도 엄청났을 것이다"를 독립시킴으로써 가방에 대한 새로운 정보를 나열하고 있다. 이 정보가 앞서 발화된 정보와 어떤 관계에 있는지 여부는 독자가 가지고 있는 정보가 활성화되어 앞의 정보와 인과관계의 추론을 할 수도 있고 그렇지 않을 수도 있다. 비록 그 차이가 미미할 수는 있지만 홀든의 이 생각이 원천 텍스트에서는 앞의 선행절과 연결되어 전체의 내용의 일부를 이루는 반면, TT2에서는 독립되어 이것이 강조되어 해석될 수도 있는 여지를 독자들의 추론에 남겨 놓고 있는 것이다.

한편, 아래의 예시가 보여주듯이 위의 원천 텍스트에 대한 TT1의 번역가는 논리적 접속어 '-아서'를 선택하여 앞의 두 절의 정보 'Mine came from Mark Cross and they were genuine cowhide'를 '-아서'의 선행절에 배치함으로써 후행절 정보 'they cost quite a pretty penny'의 원인으로 번역 텍스트에 명시적으로 제시하고 있다.

> (9) TT1: 내 것은 마크 크로스 회사 물건이고 진짜 소가죽이니 뭐니 하는 것이<u>어서</u> 돈 깨나 주고 산 거였거든요.

아래의 사례 또한 원천 텍스트에서 접속어 'and'로 연결된 선행절과 후행절의 정보에 대해 번역 텍스트 TT1의 번역가는 자신의 해석 '그가 미남일 뿐 아니라 그 위에 더하여'를 주인공 홀든에게 투입하여 말하고 있다. 반면, TT2의 번역가는 이에 대한 해석을 독자에게 남기고 있다.

> (10) ST: He has a terrific voice, and he's a helluva handsome guy, <u>and</u> he's very nice to watch when he's walking or dueling or something, but he wasn't at all the way D.B. said Hamlet was.
> TT1: 그 사람 목소리는 끝내 줬고, 게다가 굉장히 미남<u>인데다가</u> 걷는 모습이며 싸움하는 모습도 상당히 멋져 보였습니다. 하지만 DB형이 햄릿에 대해 말하던 그런 식은 아니었거든요.
> TT2: 목소리는 우렁차고 굉장한 미남이었다. 걷는 모습이나 격투하는 모습도 보기 좋았다. 그러나 D,B,가 말한 것과는 거리가 멀었다.

이와 같이 TT2의 번역가는 원천 텍스트의 접속어 'and'를 생략함으로써 원천 텍스트의 접속 선행절과 후행절에 독립된 발화의 지위를 부여하고 이 두 발화 사이의 가능한 의미해석을 독자에게 남기고 있다. 번역 텍스트 TT1의 번역가는 접속어의 생략보다는 논리적 접속어를 선택함으로써 텍스트의 결속성을 높이고 있지만, 현대 소설이 논리적 접속어의 사용을 줄이고 있는 경향에 반하는 흐름을 보이고 있다.[14]

이상 우리는 『호밀밭의 파수꾼』 두 번역 텍스트의 문체 차이를 발생 빈도수에 기초하여 '-아서' 대 '-아' 그리고 생략을 중심으로 살펴보았다. 두 번역 텍스트 가운데 TT1에서는 한국어 비번역문이 보이는 것과는 달리 접속어 '-아'보다 '-아서'를 선호하는 경향을 보이고 있었다. 이는 TT2의 번역가에 비해 TT1의 번역가는 두 사건 사이의 관계를 인지적으로 동등하게 인식하는 경향을 반영한 것으로 볼 수 있다. 결국, 마음 문체의 측면에서 볼 때, 작가가 선택하는 표현은 해당 사건이나 사물을 작가가 인지적으로 어떻게 보고 있는가를 반영하는 것이므로, 두 번역 텍스트의 번역가들은 동등한 사건이 주어졌다고 하더라도 자기의 경험이나 세계관에 따라 이를 달리 인지하는 결과로 볼 수 있다. 또한 두 번역 텍스트의 두드러진 문체 차이는 원천 텍스트의 접속어 'and'를 논리적 접속어로 변환시키거나 이를 생략하는 데서 드러났다. TT2의 번역가는 이를 생략하여 두 사건을 독립된 병렬 구조로 배치시킴으로써 두 사건의 관계에 대한 해석이나 추론을 독자들에게 맡기는 반면, TT1의 번역가는 자신의 해석을 주인공 홀든의 입을 통해 번역 텍스트에 명시적으로 남기고 있는 것으로 나타났다.

---

14 리치와 쇼트(1981/2007: 201)에 따르면, 소설의 역사는 논리적 접속어를 사용하지 않는 흐름을 보이고 있다. 대신 독자의 추론에 맡기고 있다. '의식의 흐름'의 문제로 유명한 죠이스(J. Joyce)의 *Ulysses*의 한 장면은 통사적으로 완전하지 않은 문장들이 접속어 없이 병렬 배치되어 나타나고 있다(리치와 쇼트의 202쪽의 예시 51을 참조하기 바람). 한국 소설에서도 김영하의 [바람이 분다]에서는 "문장과 문장을 연결하는 연결어미나 접속사가 전혀 등장하지 않는다고 한다"
(http://blog.naver.com/iocean74?Redirect=Log&dogNo=20016998007).

4. 마무리를 지으며

이 논문에서 우리는 번역문체론에 기초하여 『호밀밭의 파수꾼』 두 번역 텍스트의 문체를 번역가의 선택의 관점에서 살펴보았다. 번역문체론은 번역 문학 텍스트에서 일관되게 반복적 패턴을 보이는 언어 표현을 문체 연구의 대상으로 보기 때문에 본 연구에서는 원천 텍스트의 사건 관계 'and' 접속문에 대응하는 두 번역 텍스트의 표현 방식을 285개 발췌하여 그 접속어 유형과 발생 빈도수를 조사하였다. 이 결과 두 번역 텍스트가 논리적 접속어를 쓰는 비율이 각각 79%와 68%로 드러나 두 번역 텍스트의 문체 표지로 논리적 접속어들이 존재하고 있음을 알 수 있었다. 비록 '-아서' '-기 때문에' '-면'과 같은 논리적 접속어는 텍스트의 결속성을 높이는 데 기여하지만, 이는 각주에서 언급되었듯이 접속어를 쓰지 않는 흐름과는 다른 양상을 보이고 있다.

두 번역 텍스트의 이러한 문체적 공통점에도 불구하고 두 번역 텍스트는 논리적 접속어를 선택하는 경향에서 차이를 나타내고 있었다. 즉, 연결어미 '-아서'와 '-아'의 선택에서 번역 텍스트 TT1은 한국어 비번역문과 달리 '-아서'를 지배적으로 선택하고 있는 것으로 드러나 일탈의 문체를 보이고 있다. 반면 TT2 역시 논리적 접속어의 선택이 주된 문체적 특징이지만, 아울러 논리적 접속어를 선택하지 않고 두 사건 사이의 관계를 접속어 없이 병렬로 배치함으로써 독자들이 두 사건 사이의 관계를 추론하게 하고 있다. 이러한 무 접속어로 인한 문장 배치가 다른 논리적 접속어가 선택되어 사용된 만큼 차지하는 비율이 높기 때문에 번역 텍스트 TT2의 논리적 접속어 사용 비율(68%)이 TT1의 비율(79%) 보다 낮았던 것이다. 논리적 접속어의 사용과 관련하여 현대 소설에서 그 사용이 제한적인 것이 현대 소설 문체의 특징이라고 볼 때, 원천 텍스트에 비해 두 번역 텍스트에서 논리적 접속어들의 반복적 패턴 양상은 일탈된 문체임을 보여준다. 그러나 TT2에서 접속어들이 전혀 사용되지 않고 있는 발생 빈도

수도 다른 논리적 접속어와의 관계에서 네 번째 높은 빈도수를 보이기 때문에 TT2는 TT1에 비해 고유한 문체적 요소를 포함하고 있는 것으로 봐야 한다. 즉 TT2의 번역가는 TT1의 경우와는 달리 'and' 접속 구문을 자신의 번역 텍스트에서 접속어 없는 병렬 구조로 배치하는 자신의 선택을 번역 텍스트에 남기고 있다.

번역문체론의 탐구 방법은 번역 텍스트의 문체적 특징을 드러내는 데 유효하다. 비록 통계적 접근에 근거하지 않더라도 반복적 패턴을 이루는 요소를 밝히고 이의 문체 효과를 원천 텍스트와의 관계에서 볼 때 번역 텍스트의 문체적 특징은 잘 드러날 것이다. 따라서 번역가의 흔적이 번역 텍스트에서 어떻게 존재하는지를 문체의 측면에서 논의할 때, 저자로서의 번역가의 역할에 대한 논의는 번역 비평의 한 부분으로 자리매김할 것이다.

✍_ 참고문헌

국립국어연구원. (1999). 『표준국어대사전』. 서울: 두산동아.

국립국어연구원. (2002). 『현대 국어 사용 빈도 조사』. 국립국어연구원.

국립국어연구원. (2010). 「21세기 세종계획 최종 성과물 '전자 사전'」. 국립국어연구원.

김순영·이경희. (2012). 「『대성당』 번역본의 문체적 특성 고찰」. 『번역학연구』 13(1), pp. 33~58.

서정수. (1982). 「연결어미 {-고}와 {-어서}」. 『언어와 언어학』 8, pp. 53~74.

이은경. (1998). 「접속어미의 통사」. 서태룡 외(편집). 『문법 연구와 자료』. pp. 463~489. 서울: 태학사.

이희자·이종희. (2010). 『한국어 학습 전문가용 어미. 조사 사전』. 서울: 한국문화사.

정수진. (2012). 「연결어미 '-어서'의 의미 확장에 대한 인지언어학적 접근」. 『국어교육연구』 50, pp. 405~428.

조의연. (2011). 「영한번역과정에 나타난 외축의 명시화: 비대칭 'and' 접속 구문 화용의미 사례 분석], 『번역학연구』 12(2), pp. 185~206.

조의연. (2012). 「번역가의 문체선택 연구: 『호밀밭의 파수꾼』 번역텍스트 비교분석」, 『번역학연구』 13(5), pp. 197~221.

조의연·조성은 (2013). 「『호밀밭의 파수꾼』 번역텍스트의 문장 종결부 분석: 스카즈(skaz) 내러티브 사례」. 『번역학연구』 14(4), pp. 141~162.

황도경. (2002). 『문체로 읽는 소설』. 서울: 소명출판.

Boase-Beier, J. (2006). Stylistic Approaches to Translation. Manchester: St. Jerome Publishing.

Boase-Beier, J. (2011). A Critical Introduction to Translation Studies. London: Continuum International Publishing Group.

Bosseaux, C. (2007). How Does It Feel: Point of View in Translation. Amsterdam and New York: Rodopi.

Fowler, R. (1977). Linguistics and the Novel. London: Methuen.

Gutt, E.-A. (2000). Translation and Relevance (2nd edition). Manchester: St. Jerome Publishing.

Leech, G. and M. Short. (1981/2007). Style in Fiction London: Longman.

Malmkjær, K. (2004). Translational stylistics: Dullcken's translations of Hans Christian Andersen, *Language and Literature* 13(1), pp. 13~24.

Malmkjær, K and R. Carter. (2002). 'Stylistics', in K. Malmkjær (ed.) The Linguistics Encyclopedia, 2nd ed. pp. 510~520. London: Routledge.

Munday, J. (2008). Style and Ideology in Translation: Latin American Writing in English. London: Routledge.

Murphy, T. (2011). Levels of style in narrative fiction, *Situations* 5, pp. 48~68, Yonsei University.

Semino, E. (2007). Mind style 25 years on, *Style* 41(2), pp. 153~203.

분석 텍스트

ST: J.D. Salinger. (1951). *The Catcher in the Rye*. London: Penguin.

TT1 김욱동 · 염경숙. (1994). 『호밀밭의 파수꾼』. 서울: 현암사

TT2 이덕형. (1998). 『호밀밭의 파수꾼』. 서울: 문예출판사.

부록: 〈표 1〉 두 번역 텍스트에 나타난 접속어 발생 빈도수

접속어	TT1	TT2
-아서	64	49
-아	36	52
영(0)	9	31
-고	42	46
-는데	22	19
-면서	16	13
-기 때문에	7	13
-고는	11	3
-더니	12	4
-는데다가	6	7
-(으)니까	3	2
-(으)러	1	3
-는데도	3	1
-이라	3	0
-(는) 길에	3	2
-다가	3	2
-것도	2	1
-어도	1	3
-지만	2	3
-기에	2	0
-다	1	0
-으로	1	1
-은 커녕	1	0
-에서	2	2
-뿐 아니라	0	2
-며	2	2
-자	2	4
-(으)므로	1	0
-중에	2	0
-기가 무섭게	1	0

-(ㄴ)뒤	2	1
-(ㄴ)순간	1	1
-(ㄴ)탓에	1	0
그리고	5	2
그래서	8	9
그런데	2	3
게다가	2	1
그런데도	0	1
그러면서	1	1
동안에	0	1
그러면	1	1
한데	1	0
총계	285	285

번역문체의 어색함,
Theme-Rheme 구조로 풀어내기

이 상 원

번역은 다른 언어에서 옮겨진 글인 만큼 어느 정도의 어색함은 어쩔 수 없다고 흔히 생각한다. 그래서 다음과 같은 언급들이 나온다.

'문화적 차이로 인하여 필연적으로 발생하는 어색한 번역은 어느 정도 인정해야겠지만'   - 독자의 독서 감상문[1]

'어색한 번역문과 축약·평역 등에 익숙한 우리 독자들이'
                                                      - 출판사 서평[2]

'번역본에 원문만한 퀄리티를 바라면 욕심이고... 불가능이구요 맛은 30%만 살려주면 되고 그냥 오역 심하지 않고 대강 의미만 통하면 보는

---

[1] '뱀의 뇌에게 말을 걸지 말라'라는 번역서를 읽고 쓴 독서 감상문의 일부이다.
http://www.koreahealthlog.com/news/newsview.php?newscd=2010101500002
[2] 황석영 역 삼국지에 대한 출판사 서평 중 일부이다.
http://www.babosarang.co.kr/product/product_detail.php?product_no=563693

겁니다. 아니면... 속 편하게 원서 읽는 겁니다. 그게 정답'
                              - 번역 논란을 바라보는 독자의 견해[3]

세 언급을 종합하면 문화적 차이로 인해 번역은 어색할 수밖에 없는 것이고 그리하여 독자들은 그 어색함에 익숙해져 번역은 늘 그러려니 받아들이며 그 이상을 바라지 않는 상황이라고 할 수 있다. 과연 정말 그럴까? 번역은 본래 어색한 것일까? 그렇다면 그 어색함의 이유는 무엇일까? 일단 이 글에서는 그 '어쩔 수 없는 어색함'을 번역문체의 특성 중 하나로 보고자 한다.

번역문체란 번역된 글에서 독특하게 나타나는 문체를 말한다. 외국어에서 한국어로의 번역을 중심으로 본다면 본래 한국어로 쓰인 글과 비교했을 때 번역된 한국어 글에서 나타나는 특징이라고 할 수 있다.

번역문체를 바라보는 입장은 긍정적인 것과 부정적인 것 두 가지로 크게 나뉜다. 긍정적인 입장에서는 번역문체가 '출발 텍스트의 문체를 반영하여 도착어 문체와는 구별되는 독특한 표현 양식을 규칙적인 양상으로 드러내는 것'이라 본다. 또한 문학평론가 김윤식(2006)은 '번역 소설이 한국 소설을 풍요롭게 한다'고 인정하며 번역문체의 가치를 평가한다. 윤성희 작가의 '무릎'(2005), 정영문 작가의 '브라운 부인'(2006)을 평하면서 번역 문체인 양 간결하게 나열되는 수수께끼 같은 문장들이 '얘기스러움', 즉 서사성을 차단하는 새로운 소설 양식을 낳았다고 보았던 것이다.

이와 달리 부정적인 입장에서는 번역문체가 부자연스러운 표현, 더 나아가 잘못된 언어 사용이라고 본다. 다시 말해 오류의 차원에서 접근하는 것이다. 그리고 번역서가 전체 출판 서적의 25%를 차지하는 우리 상황에서 번역문체는 기존의 한국어를 파괴할 수 있고 실제로 파괴하고 있다는 우려의 시선을 보낸다. 여기서 주로 언급되는 문제는 본래 한국어에는 없

---

3 스티브 잡스의 전기 번역 오류를 둘러싸고 벌어진 논란에 대해 한 독자가 밝힌 의견의 일부이다. http://cafe.naver.com/appleiphone/1224310

는 '했었다' 류의 대과거 시제나 수동/피동/사동형 표현이 자주 사용되는 것, 그리고 상투적 번역으로 인한 언어 표현의 다양성 위축 등이다. 이는 '번역투'[4] 개념과도 연결된다.

번역문체에 대해 어느 한 입장만을 취하기는 어려워 보인다. 번역문체가 기존의 한국어를 변화시키고 있는 것은 맞다. 하지만 언어가 지속적으로 변화한다는 점을 고려한다면 기존 한국어를 무조건 보전하는 방향이 옳다고 할 수는 없다. 번역문체가 한국어를 변화시켜 온 역사는 이미 오래다. 훈민정음이 창제된 후 등장한 언해, 1900년 전후 우리 언론의 국한문 혼용체 역시 번역문체의 일종으로서 한국어 글말의 형성에 영향을 미쳤고 문학을 중심으로 외국 서적이 활발히 번역되기 시작한 후 번역문체의 영향력은 한층 더 커졌기 때문이다. 한국어와 한국 문학, 한국어 글말이 풍요로워지는 과정에서 번역문체는 분명 중요한 역할을 담당했다.

다른 한편 번역문체가 잘못된 언어 사용 사례를 양산하는 것 또한 무시할 수 없는 사실이다. 예를 들어 '자녀를 셋 가지고 있다'와 같은 표현은 번역문에서 흔히 보게 되지만 본래 한국어에서는 쓰이지 않는 표현이다. '자녀가 셋이다' 혹은 '자녀를 셋 두고 있다'가 보다 한국어답다. '가지고 있다'는 영어 have 동사의 영향으로 보이는데 번역자가 별 고려 없이 have 동사의 주요 뜻인 '가지고 있다'라고 옮겨 버리는 일이 반복되면서 '가지고 있다'라는 한국어 표현의 의미나 사용 영역까지 확대되는 중이다. 하지만 아직까지는 대부분 독자들에게 '자녀를 셋 가지고 있다'는 문장은 어색하게 다가온다. 번역자의 무심하고 자동화된 번역이 어색한 글을 낳은 것이다.

번역 글의 어떤 표현이 잘못된 한국어이고 또 어떤 표현이 한국어의

---

4 번역투는 '목표 언어의 어휘적, 통사적, 화용적, 관용적인 용법과 맥락을 고려하지 않고 대표적인 사전적 의미로 일일이 대응하는 데서 비롯되는 생소하거나 부적합한 표현'(이근희, 2008) 혹은 '문맥과 독자층을 고려하지 않고 판에 박은 듯한 용어를 사용해 조건반사적으로 번역한 것'(오경순, 2010)으로 정의된다. '생소함', '부적합', '판에 박은' 등의 표현에서 볼 수 있듯 대체로 부정적 입장이다.

지평을 넓히는지에 대해서는 앞으로도 논란이 이어질 것으로 보인다. 시간이 흐르면서 전에는 잘못이라고 생각되던 표현이 결국 한국어에 받아들여져 흡수되기도 할 것이다. 따라서 이 글에서는 그러한 표현 문제는 다루지 않으려 한다.

대신 이 글에서 초점을 맞추려 하는 것은 문장 이상 차원에서의 글 짜임이다. 어색한 번역문체는 어구나 표현뿐 아니라 글 짜임에서도 나타난다고 보기 때문이다.

다음 사례를 보자. '굶주리지 않는 괴물'이라는 제목으로 2013년 1월 매일경제신문에 실린 번역 칼럼 전문이다[5]. 전체 아홉 문단으로 이루어져 있는데 편의상 각 문단 앞에 번호를 붙여 두었다. 조금 길지만 처음부터 끝까지 한번 읽어보자.

굶주리지 않는 괴물
(1) 미국이 국가 재정 미래를 해결하려는 것을 세계가 지켜봤다. 이 과정에서 정부 지출을 어떻게 삭감할지에 대한 논의는 많았다. 하지만 지출에 대한 효율성에는 관심을 덜 기울였다.
(2) 1960년대 경제학자 윌리엄 보몰과 윌리엄 보웰은 '비용병(cost disease)'에 대해 설명했다. 공공 부문은 민간보다 생산성이 낮지만 임금은 대체로 민간을 따라간다. 민간보다 생산성은 낮은데 임금이 비슷하게 올라가면 결국 공공 서비스 비용은 올라갈 수밖에 없고, 이에 따라 자연스럽게 정부 규모는 커지게 된다. 보몰과 보웰은 이를 '비용병'이라고 비판했다.
(3) 혁신적인 접근이 없으면 정부가 서비스를 제공하는 데 드는 비용은 시간이 갈수록 급증할 것이다. 정부가 수행하는 일은 대체로 서비스업이다. 교사, 경찰관, 군인 모두 공무원이다. 이들은 제조업체 기능이 아닌 서비스업체 기능을 맡고 있다. 지금 학교는 현대 공장들보다는 50년 전 학교 모습을 닮았다. 군사적 혁신이 놀랄 만큼 발전했으

---

5 http://news.mk.co.kr/newsRead.php?year=2013&no=12060

나 아직도 노동집약적인 모습을 보인다. 다른 민간 산업과 비교해 시간이 갈수록 정부 지출이 차지하는 비중은 더 커질 것이다.

(4) 사실 오늘날 정부를 포함한 서비스 분야는 대부분 선진 경제에서 국민소득 대비 70% 이상을 차지한다. 1800년대에 국민소득 대비 절반 이상을 차지했던 농업은 겨우 몇 % 정도로 줄었다. 2차 세계대전 이전에는 모든 일자리 중 3분의 1 또는 그 이상을 차지했던 생산직 근로자는 크게 감소했다. 이런 환경에서 지출 삭감을 요구했다가는 강한 저항에 부딪힌다. 특히 이 문제는 다른 서비스 산업들보다도 생산성 성장이 느린 정부 부문이 더 심각하다. 게다가 정부 기관들은 낮은 경쟁 수준에서 운영되기 때문에 혁신에 대한 압력도 작다.

(5) 정부에 민간 부문 참여나 경쟁을 제한하는 요인을 어떻게 하면 극복할 수 있을까? 놀랄 만큼 빠른 진보를 보이고 있는 현대 기술을 적용하기 좋은 곳은 교육 산업이다. 정교한 컴퓨터 프로그램들을 사용하면 최고의 선생님 수준까지는 따라가지 못하더라도 중학교 수준 에세이를 충분히 채점할 수 있다.

(6) 또한 사회기반시설도 민간 부문 참여를 넓힐 수 있는 분야다. 예를 들어 예전에는 민간자본에 의해 운영되는 도로 위에서 운전자들은 통행료를 내기 위해 끊임없이 기다려야만 했다. 그러나 현대 무선응답기와 고도로 발달한 전자결제시스템 덕분에 이런 시간을 줄이게 됐다.

(7) 그러나 서비스를 민간 부문 공급으로 이동시키는 것을 확대하는 게 만병통치약이라고 여겨서는 안 된다. 여전히 규제는 필요하며, 특히 독점 또는 준독점이 연관된 곳에는 필요하다. 또한 서비스 공급에서 효율성과 형평성 균형을 어떻게 맞출지도 결정할 필요가 있다. 교육은 어느 나라건 간에 공평한 경쟁의 장을 제공한다는 목표를 갖고 있기 때문이다.

(8) 1980년대 보수주의 상징인 로널드 레이건 미국 대통령은 그의 재정정책에 대한 접근방법을 두고 "정부를 굶겨라"라는 표현을 사용했다. 그는 이에 따른 정책은 사람들이 더 작은 정부에 대해 동의하도록 만들 것이라고 장담했다. 다방면에서 그의 접근방법은 성공적이었다.

그러나 유권자들은 여전히 정부가 제공하는 서비스들을 원하고 있기 때문에 정부 지출은 계속 증가했다.

(9) 오늘날 정부를 억제한다는 것은 마냥 지출을 줄이는 것이 아니다. 혁신을 가져올 수 있는 인센티브 방안들을 모색해 정부의 혁신이 다른 서비스 부문의 혁신과 속도를 맞출 수 있도록 하는 것을 뜻한다. 정치인들은 더 나은 일을 하기로 약속할 수 있다. 그러나 정부 서비스의 효율성과 생산성을 증가시킬 방법을 찾지 못한다면 그들은 성공할 수 없다.

자, 어떤가? 읽으면서 어떤 생각이 들었는가? 자연스럽게 읽히는가, 아니면 어색한 느낌이 있는가? 어쩌면 1문단의 '국가 재정 미래를 해결하려는'이라는 표현이 무슨 뜻인지 알 수 없다고 생각했을 수도 있다[6]. 5문단의 '정부에 민간 부문 참여나 경쟁을 제한하는 요인'에서는 "'정부에'라고? '정부의'라고 해야 하는 걸 잘못 쓴 건가?"라고 혼잣말을 했을지도 모른다. 하지만 대부분의 문장들은 표현에서 큰 문제가 없다.

그렇다고 해서 이 번역 칼럼이 어색하지 않고 자연스럽다고 말하기도 어렵다. 읽다가 어리둥절하여 멈칫거리게 되는 부분이 여럿 있다. 3문단의 '지금 학교는 현대 공장들보다는 50년 전 학교 모습을 닮았다.'라는 문장도 그렇다. 죽 읽어 내려가던 독자는 갑자기 등장한 학교 이야기가 무엇인지 금방 이해하기 어렵다. 여기서 문제는 문장을 넘어서서 전체 글의 짜임에 있다. 문장들이 이어져 문단을 만들고 다시 문단들이 이어져 텍스트가 만들어지는 과정이 순조롭지 못한 것이다.

이런 글의 짜임을 바라보기에 유용한 접근이 Theme-Rheme 구조 분석이다. Theme-Rheme 구조는 문장이나 글이 흘러가면서 정보가 어떻게 전달되는지 보여준다. Theme은 진술의 출발점으로서 알려진 정보, 이미 주어진 정보 또는 상황을 바탕으로 유추할 수 있거나 수용자가 자신의 사전 지식과

---

6 2012년 하반기부터 2013년 초까지 미 연방정부 예산안 처리를 둘러싸고 벌어졌던 미 의회의 논란을 말한다. 핵심은 부자증세와 재정지출 삭감이었다.

세상 지식에 기대어 검증할 수 있는 정보이다. 반면 Rheme이란 Theme에 관해 전달되는 그 무엇으로서 문맥상으로 보아 이전에 언급된 적이 없는 정보 또는 텍스트 맥락이나 상황 맥락으로부터 유도될 수 없는 새로운 정보이다.[7] 정보의 가치라는 면에서 보면 Rheme이 Theme보다 더욱 중요하다.

문장들의 연쇄에서 Theme/Rheme은 어떻게 연결될까? 기본적인 방식은 단순 선형식 전개유형, 주제 일관식 전개유형, 상위주제 파생식 전개유형의 세 가지로 나누어진다.[8]

① 단순 선형식 전개유형

단순 선형식 전개유형은 앞 문장의 Rheme이 뒷 문장의 Theme으로 차례차례 연결되는 형태이다. 가장 기본적인 유형이라고 할 수 있다. 그림과 예로 보이면 다음과 같다.

$$T_1 \quad \rightarrow \quad R_1$$
$$\downarrow$$
$$T_2 \ (= R_1) \quad \rightarrow \quad R_2$$
$$\downarrow$$
$$T_3 \ (= R_2) \quad \rightarrow \quad R_3$$

예1) 철수는(T₁) 자전거를 한 대 샀다(R₁). 그 자전거는(T₂ = R₁) 지하실에 있다(R₂). 지하실에는(T₃ = R₂)....

② 주제 일관식 전개 유형

주제 일관식 전개 유형은 문장들의 연쇄에서 Theme은 변화하지 않고 서로 다른 Rheme들만 추가되는 유형이다. 결국 동일한 Theme에 서로 다

---

7 고영근(1999 p. 205)
8 Daneš(1974)

른 Rheme들이 각각 연결되어 있는 형태가 된다.

$$T_1 \quad \rightarrow \quad R_1$$
$$\downarrow$$
$$T_1 \quad \rightarrow \quad R_2$$
$$\downarrow$$
$$T_1 \quad \rightarrow \quad R_3$$

예2) 내 자전거는(T_1) 새로 산 것이다(R_1). 그것은(T_1) 우리 아버지가 주신 선물
이다(R_2). 그것은(T_1) 지하실에 있다(R_3). 그것은 내일 타기로 하였다.

③ 상위주제 파생식 전개 유형

상위주제, 즉 상위 Theme으로부터 개별 문장의 주제가 파생되어 나오
는 전개 유형이다. 상위주제는 같은 단락에 위치할 수도 있고 멀리 떨어진
부분에 존재하기도 한다. 다음 예에서 상위주제는 코끼리이고 그로부터
코, 귀, 성질이라는 Theme이 파생되고 있다.

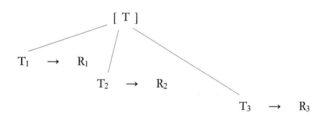

예3) 코끼리의 긴 코는(T_1) 매우 작은 물건까지 감아 올린다(R_1). 코끼리
의 귀는(T_2) 움직일 수 있다(R_2). 코끼리의 성질은(T_3) 온순하다(R_3).

이상의 기본 유형들은 서로 혼합되거나 변형되어 나타나기도 한다. 이를 테
면 설명부 분열식 전개유형과 주제 비약식 전개유형이라는 전개 유형이 있다.

설명부 분열식 전개유형은 단순 선형식과 주제 일관식의 혼합이다. 그림으로 보이면 다음과 같다.

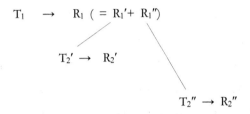

$$T_1 \quad \rightarrow \quad R_1 \ (\ = \ R_1' + R_1'')$$
$$T_2' \rightarrow \ R_2'$$
$$T_2'' \rightarrow R_2''$$

예4) 원탁에는(T_1) 두 사람이 앉아 있었다(R_1 = R_1' + R_1''). 한 사람은(T_2'= R_1') 담배를 피우고 있었다(R_2'). 다른 한 사람은(T_2'' → R_1'') 물을 마시고 있었다(R_2'').

주제 비약식 전개유형은 단순 선형식의 변형으로 맥락을 통해 충분히 유추 이해할 수 있는 성분이 생략된 형태이다. 다음 그림은 독자가 글을 읽어나가면서 R_2가 T_4로 연결된다는 점을 충분히 파악할 수 있는 상황을 보여준다.

$$T_1 \quad \rightarrow \quad R_1$$
$$\downarrow$$
$$T_2 \quad \rightarrow \quad R_2$$
$$\downarrow \ ... \ \rightarrow \cdot$$
$$\downarrow$$
$$T_4 \quad \rightarrow \quad R_4$$

실제 글에서는 보다 다양한 Theme-Rheme 구조가 나타나게 된다. 언어에 따라서도 선호되는 Theme-Rheme 구조가 달라질 수 있다. 그리하여 한국어의 Theme-Rheme 구조를 밝히기 위한 연구들도 이루어지는 중이다.

그런데 Theme-Rheme 구조를 다루는 대부분의 논문들은 하나, 혹은 두세 개의 문장들을 분석하는 데 머무르는 경향이고 그래서 번역에 적용하기에는 아쉬운 점이 많다. 번역은 몇 쪽에서 책 한 권에까지 이르는 텍스트 전체를 대상으로 하는 작업이고 그 텍스트 전체가 보이는 Theme-Rheme 구조를 생각하지 않을 수 없기 때문이다.

그래서 이 글에서는 앞서 제시한 '굶주리지 않는 괴물' 칼럼을 대상으로 하여 문장 이상 단위에서의 Theme-Rheme 구조를 분석해보려 한다. 한 가지 미리 밝혀두어야 할 점은 이 칼럼이 원문 전체 번역이 아닌 요약 번역이라는 것이다. 원문 텍스트는 지면 제약 문제로 전문을 소개하지 않겠지만 총 14문단 840 단어 길이이다.[9] 굳이 요약 번역을 선택하는 이유는 첫째, 요약 번역인 만큼 전체 길이가 그리 길지 않아 전체를 제시할 수 있다는 점, 둘째, 요약 번역 상태로 일간지에 실려 독자에게 읽혔다는 점, 그리고 완결된 한 편의 글로서 요약 번역 또한 Theme-Rheme 구조를 갖는 글이라는 점을 들 수 있다.

그런데 번역 교육 현장에서 요약 번역은 유용한 교육 방법론으로 활용되곤 한다. 원문의 내용과 주제를 정확히 이해했는지를 드러내주는 동시에 그 내용과 주제를 제대로 전달하는지 보여주는 것이 요약이기 때문이다. 요약 번역이야말로 Theme-Rheme 구조가 가장 중요하게 대두되는 텍스트일 수 있다.

기억을 되살리기 위해 칼럼의 핵심 내용을 다시 정리하면 다음과 같다.

미 연방 정부의 예산안 처리와 관련해 지출 삭감 논의가 많았지만 지출의 효율성 제고에는 충분한 관심이 기울여지지 못했다. 공공부문 서비스는 비용이 높은 반면 생산성은 낮다는 특징이 있다. 문제를 해결하려면 민간 부문 참여를 늘려야 한다. 먼저 시작할 수 있는 분야는 교육과 사회기반시설이다. 민간 부문 참여가 만병통치약일 수는 없으므로 정부 서비

---

9 Project Syndicate 웹사이트에서 원문을 확인할 수 있다. 상세 주소는 다음과 같다.
http://www.project-syndicate.org/commentary/the-economics-of-inexorably-rising-government-costs-by-kenneth-rogoff

스의 효율성을 높이는 혁신 노력도 계속해야 한다.

Theme-Rheme 구조와 관련해 칼럼 글의 네 부분을 구체적으로 살펴보자. 1문단의 세 문장, 3문단의 다섯 번째 문장, 5문단의 첫 번째 문장, 8문단의 첫 번째 문장과 제목이 그것이다.

1. 문장 연쇄와 Theme-Rheme

칼럼의 1문단을 다시 읽어보면 다음과 같다.

> 미국이 국가 재정 미래를 해결하려는 것을 세계가 지켜봤다. 이 과정에서 정부 지출을 어떻게 삭감할지에 대한 논의는 많았다. 하지만 지출에 대한 효율성에는 관심을 덜 기울였다.

첫 번째 문장(문장 1)로 칼럼이 시작된다. 두 번째, 세 번째 문장(문장 2, 3)은 문장 1의 주제를 이어가고 있다. 문장 1 전체를 새로운 정보 Rheme 으로 보면 문장 2는 문장 1과 관련된 새로운 정보를 제공하고 문장 3 역시 문장 1에 또 다른 새로운 정보를 제공하는 형태이다.

R_1 (문장 1)
↓
T_1 → R_2 (문장 2)
↘ R_3 (문장 3)

그런데 문장 1을 뜯어보면 두 부분으로 되어 있다. '미국이 국가 재정 미래를 해결하려는 것'이 첫 부분이고 '세계가 지켜본 것'이 두 번째 부분이다. 이 칼럼을 처음 읽는 독자 입장에서는 두 부분이 모두 새로운 정보이므로 $R_1 (= R_1' + R_1'')$ 형태가 된다.

$$R_1 (= R_1' + R_1'')$$
$$\downarrow$$
$$T_1(?) \rightarrow R_2$$
$$\searrow R_3$$

여기서 문제가 발생한다. T_1이 R_1'를 받는지, R_1''를 받는지, 혹은 $R_1' + R_1''$ 모두를 받는지 알 수 없기 때문이다. 다시 말해 문장 2의 시작 부분 '이 과정에서' '이'가 '미국이 국가 재정 미래를 해결하려는 과정'인지, 즉 $T_1=R_1'$인지, 혹은 '세계가 지켜보는 과정', 즉 $T_1=R_1''$인지, 아니면 '미국이 해결하고 세계가 지켜보는 과정'인지, 즉 $T_1=R_1' + R_1''$ 인지 명확하지 않다. 그리하여 문장 2와 문장 3의 내용인 지출 삭감을 논의하고 지출 효율성에 관심을 덜 기울인 주체가 미국인지 세계인지 아니면 둘 다인지 알 수 없게 되었다.

원문을 참고하면[10] 지출 삭감을 논의하고 지출 효율성에 관심을 덜 기울인 주체는 미국(상황 맥락을 감안해 구체적으로 말하자면 미국 정부와 의회)이다. Theme-Rheme 구조는 다음과 같은 형태로 나타나야 했던 것이다.

$$R_1 (= R_1' + R_1'')$$
$$\downarrow$$
$$T_1 (=R_1') \rightarrow R_2$$
$$\searrow R_3$$

이러한 Theme-Rheme 구조를 반영하는 한 가지 방법은 다음과 같이 '이 과정에서'를 '미국 내 논의 과정에서'로 대체하는 것이다. '미국이 국가 재

---

10 As the world watches the United States grapple with its fiscal future, the contours of the battle reflect larger social and philosophical divisions that are likely to play out in various guises around the world in the coming decades. There has been much discussion of how to cut government spending, but too little attention has been devoted to how to make government spending more effective.

정 미래를 해결하려는 것을 세계가 지켜봤다. <u>미국 내 논의 과정에서</u> 정부 지출을 어떻게 삭감할지에 대한 논의는 많았다. 하지만 지출에 대한 효율성에는 관심을 덜 기울였다.'

2. 문단 연쇄와 Theme-Rheme

칼럼 3문단의 다섯 번째 문장(문장 5)는 독자를 어리둥절하게 만든다. 갑자기 튀어나온 학교와 현대 공장, 50년 전 학교 모습 비교 내용이 금방 이해되지 않기 때문이다. 편의상 문장마다 번호를 붙이고 다시 살펴보자.

① 혁신적인 접근이 없으면 정부가 서비스를 제공하는 데 드는 비용은 시간이 갈수록 급증할 것이다. ② 정부가 수행하는 일은 대체로 서비스업이다. ③ 교사, 경찰관, 군인 모두 공무원이다. ④ 이들은 제조업체 기능이 아닌 서비스업체 기능을 맡고 있다. ⑤ <u>지금 학교는 현대 공장들보다는 50년 전 학교 모습을 닮았다.</u> ⑥ 군사적 혁신이 놀랄 만큼 발전했으나 아직도 노동집약적인 모습을 보인다. ⑦ 다른 민간 산업과 비교해 시간이 갈수록 정부 지출이 차지하는 비중은 더 커질 것이다.

문장 5의 '학교'는 문장 3의 '교사'와 연결되는 정보이다. (마찬가지로 문장 6의 '군사적 혁신'은 문장 3의 '군인'과 연결되는 정보이다.) 하지만 이렇게 연결을 시킨다 해도 여전히 이해하기는 쉽지 않다. 그도 그럴 것이 3문단의 문장 1, 2, 3, 4는 정부의 서비스 제공 비용 증가라는 주제로 묶이는 반면 문장 5, 6, 7은 정부 서비스의 낮은 생산성을 다루고 있기 때문이다. 문장 5에서 정보의 흐름이 크게 바뀌는 것이다. 이를 한꺼번에 묶어주는 내용은 전 문단(즉 2문단)의 문장 2 '공공부문은 민간보다 생산성이 낮지만(R_1') 임금은 대체로 민간을 따라간다(R_1'').'이다

$$R_1 \ (= R_1' \qquad + \qquad R_1'') \quad 2\text{문단 문장 } 2$$

$$\downarrow \qquad\qquad\qquad \downarrow$$

$$
\begin{array}{ll}
\varnothing \rightarrow R_6 \ (3\text{문단 문장 } 5) & T_1 \ (=R_1'') \rightarrow R_2 \quad (3\text{문단 문장 } 1) \\
\quad\ \ \rightarrow R_7 \ (3\text{문단 문장 } 6) & \qquad\qquad\ \ \rightarrow R_3 \quad (3\text{문단 문장 } 2) \\
\quad\ \ \rightarrow R_8 \ (3\text{문단 문장 } 7) & \qquad\qquad\ \ \rightarrow R_4 \quad (3\text{문단 문장 } 3) \\
& \qquad\qquad\ \ \rightarrow R_5 \quad (3\text{문단 문장 } 4)
\end{array}
$$

문장 5는 정부의 교육 서비스 제공 비용이 갈수록 높아지지만 생산성은 그만큼 높아지지 않는다는 점을 학교 시설의 낙후라는 예시를 들어 보여 주고 있다. 학교를 공장과 비교하는 것인지, 50년 전의 학교와 비교하는 것인지 혼란스러운 상황은 번역의 오류 때문이지만 여기서 관심의 초점 은 Theme-Rheme 구조에 있으므로 오류에 대해서는 상세히 설명하지 않 겠다.[11] 다만 3문단의 문장 5가 앞부분의 정보와 어떻게 연결되는지, 다시 말해 문단 경계를 뛰어넘어 2문단 문장 2와 연결된다는 점을 독자가 금방 알아차리기 어려운 탓에 이해에 문제가 발생한다는 점만 지적하겠다. R_1' 에서 연결되는 Theme을 드러내 보여주지 않고 새로운 Rheme들을 나열함 으로써 독자 스스로 그 공백을 메워야 하는데 독자 입장에서는 앞 단락까 지 되짚어 올라가 Theme을 찾아내기가 어려운 것이다.

그런데 원문을 보면 3문단 문장 5 앞에서 문단이 나뉘어 있다.[12] 생산성

---

11 '오늘날의 학교는 현대식 공장과 비교했을 때 50년 전 과거의 모습을 훨씬 더 많이 지니고 있다.' 정도의 번역이 가능할 것이다.

12 번역문 3문단에 해당하는 원문의 3, 4, 5 문단이다.

(3) Why does slow productivity growth translate into high costs? The problem is that service industries ultimately have to compete for workers in the same national labor pool as sectors with fast productivity growth, such as finance, manufacturing, and information technology. Even though the pools of workers may be somewhat segmented, there is enough overlap that it forces service-intensive industries to pay higher wages, at least in the long run.

(4) The government, of course, is the consummate service-intensive sector. Government employees include teachers, policemen, trash collectors, and military personnel.

(5) Modern schools look a lot more like those of 50 years ago than do modern manufacturing plants. And, while military innovation has been spectacular, it is still very labor-intensive. If people want the same level of government services relative to other things that they

은 낮다 해도 인건비는 다른 분야와 비슷한 수준으로 올라가기 때문에 결국 서비스 분야의 비용이 높아진다는 내용의 3문단, 정부 업무는 서비스 분야로 교사, 경찰, 군인 모두가 정부 서비스 제공자라는 내용의 4문단, 학교와 군대는 여전히 노동력이 집중적으로 요구되는 분야로 서비스 질을 향상하려면 비용이 점점 많이 들어간다는 내용의 5문단이 이어진다.

원문 4, 5문단은 원문 3문단 논의를 확대 발전시키고 있다. 원문 3문단이 R_1 ($= R_1' + R_1''$)구조라고 한다면 4문단은 $T_1'(=R_1') \rightarrow R_2$, 5문단은 T_1'' ($=R_1'') \rightarrow R_3$ 가 되는 것이다. 문단 자체가 크게 보아 Rheme 역할을 담당할 수 있음을 보여주는 대목이다. Theme-Rheme 구조는 문장이 아닌 문단을 단위로 하여서도 나타나는 것이다.

요약 번역에서는 원문의 문단 구성을 그대로 따라갈 필요가 없다. 따라서 원문에서 분리된 문단을 3문단 하나로 묶은 것이 문제될 것은 없다. 다만 화제가 전환되었고 앞선 문단에 등장했던 '공공부문의 낮은 생산성' 정보와 연결된다는 점을 드러낼 필요가 있다.

문장 앞에 '한편 생산성 측면을 본다면' 정도를 덧붙이는 다음과 같은 번역이 가능할 것으로 보인다. '이들은 제조업체 기능이 아닌 서비스업체 기능을 맡고 있다. 한편 생산성 측면을 본다면 지금 학교는 현대 공장들보다는 50년 전 학교 모습을 닮았다.'

3. 주제 비약과 Theme-Rheme

칼럼 5문단의 첫 문장 '정부에 민간 부문 참여나 경쟁을 제한하는 요인을 어떻게 하면 극복할 수 있을까?'는 몹시 생동맞게 느껴진다. 이 문장은 마치 '정부에 민간 부문 참여나 경쟁 도입이 필요함'이 앞서 언급된 정보

---

consume, government spending will take up a larger and larger share of national output over time.

Theme이고 '극복 방법 모색'이 Rheme인 것처럼 구성되었는데 정작 '정부에 민간 부문 참여나 경쟁 도입이 필요함'이라는 정보는 앞서 전혀 등장한 적이 없었기 때문이다.

사실 오늘날 정부를 포함한 서비스 분야는 대부분 선진 경제에서 국민소득 대비 70% 이상을 차지한다. 1800년대에 국민소득 대비 절반 이상을 차지했던 농업은 겨우 몇 % 정도로 줄었다. 2차 세계대전 이전에는 모든 일자리 중 3분의 1 또는 그 이상을 차지했던 생산직 근로자는 크게 감소했다. 이런 환경에서 지출 삭감을 요구했다가는 강한 저항에 부딪힌다. 특히 이 문제는 다른 서비스 산업들보다도 생산성 성장이 느린 정부 부문이 더 심각하다. 게다가 정부 기관들은 낮은 경쟁 수준에서 운영되기 때문에 혁신에 대한 압력도 작다.

정부에 민간 부문 참여나 경쟁을 제한하는 요인을 어떻게 하면 극복할 수 있을까? 놀랄 만큼 빠른 진보를 보이고 있는 현대 기술을 적용하기 좋은 곳은 교육 산업이다. 정교한 컴퓨터 프로그램들을 사용하면 최고의 선생님 수준까지는 따라가지 못하더라도 중학교 수준 에세이를 충분히 채점할 수 있다.

문제 되는 문장의 원문은 'Why not bring greater private-sector involvement, or at least competition, into government?'이다. 원문을 보면 '극복 방법 모색'13 뿐 아니라 '정부에 민간 부문 참여나 경쟁 도입이 필요함' 또한 새로운 정보로서 Rheme을 이뤄야 한다는 점을 알 수 있다. 원문은 이 문단에서 내용 흐름이 크게 전환되어 정부 서비스 비용 증가세의 원인과 현상을 분석하던 것에서 해결책 제안으로 나아간다14.

---

13 이 원문 문장에는 '극복 방법 모색'이라는 정보가 없다. 번역가는 구체적 적용 분야를 제시하는 다음 문장을 고려해 '극복 방법 모색' 정보를 추가한 것으로 추측된다. 이 글에서는 이러한 정보의 추가가 적절했는지의 여부는 일단 논외로 두겠다.

14 다음이 해당 문장이 포함된 원문의 10문단과 그 앞의 9문단이다. 9문단에서 경쟁도, 혁신 압력도 거의 없는 정부 서비스의 현 상태를 지적한 후 10문단으로 가면 경쟁 강화, 민간 부문 참여라는 해결책을 제안하는 것을 볼 수 있다.

원문의 Theme-Rheme 구조를 바탕으로 본다면 번역사는 이 문장을 굳이 의문문으로 처리하지 않아도 좋다. 의문문 형식으로는 해결책 제안이라는 Rheme이 살아나기 어렵기 때문이다. 예를 들어 '정부 서비스에 민간 부문을 참여시키거나 아니면 경쟁이라도 높이지 않는 이유는 무엇일까?' 라고 고쳐 번역한다 해도 독자들이 받아들이는 중요 정보는 '이유는 무엇'이 되어버릴 위험이 크다.

'이러한 문제의 해결책은 정부 서비스에 민간 부문을 참여시키거나 아니면 경쟁 요소를 도입하는 것이다.'와 같은 번역이라면 '이러한 문제'로 앞에서 이어진 정보의 흐름을 받아주고(Theme) '해결책은 정부 서비스에 민간 부문을 참여시키거나 아니면 경쟁 요소를 도입하는 것'으로 새로운 정보로의 전환(Rheme)을 나타내줄 수 있을 것으로 판단된다.

이렇게 번역하려면 원문의 Theme-Rheme 구조를 파악할 수 있어야 한다. 문단들이 어떤 관계를 이루며 텍스트를 짜 나가는지 볼 수 있어야 그 흐름을 반영한 번역이 가능해지는 것이다.

4. 제목과 Theme-Rheme

마지막으로 살펴볼 것은 '굶주리지 않는 괴물'이라는 칼럼 제목이다. 이 제목은 대체 무슨 뜻일까? 제목에 대한 단서는 마지막에서 두 번째인 8문단의 문장 1에 가서야 등장한다.

---

(9) Surely, part of the problem is that governments use employment not just to provide services, but also to make implicit transfers. Moreover, government agencies operate in many areas in which they face little competition – and thus little pressure to innovate.

(10) Why not bring greater private-sector involvement, or at least competition, into government? Education, where the power of modern disruptive technologies has barely been felt, would be a good place to start. Sophisticated computer programs are becoming quite good at grading middle-school essays, if not quite up to the standards of top teachers.

1980년대 보수주의 상징인 로널드 레이건 미국 대통령은 그의 재정정책에 대한 접근방법을 두고 "정부를 굶겨라"라는 표현을 사용했다. 그는 이에 따른 정책은 사람들이 더 작은 정부에 대해 동의하도록 만들 것이라고 장담했다. 다방면에서 그의 접근방법은 성공적이었다. 그러나 유권자들은 여전히 정부가 제공하는 서비스들을 원하고 있기 때문에 정부 지출은 계속 증가했다.

정부를 굶겨야 한다는 레이건 대통령의 표현에서 유추해 보면 '굶주리지 않는 괴물'은 곧 정부가 된다. 이 유추가 쉽지는 않다. '굶주림'이라는 어휘는 반복되지만 굶주리는 주체는 '괴물'과 '정부'로 불일치하기 때문이다. 원문을 보면 제목과 본문 문장 모두에 괴물(beast)이 동일하게 사용되고 있다[15]. 번역가가 칼럼 제목에서는 원문처럼 '괴물'을 유지하고 본문 문장에서는 '괴물'을 '정부'로 바꾼 이유는 번역문만 보아서는 알 수 없다. 레이건 대통령의 말을 인용할 때 '괴물을 굶겨라'라고 하면 의미 전달이 잘 안 될 것이라 판단했을지도 모른다. 하지만 그렇게 판단했다면 제목도 다시 고려했어야 정보 흐름이 원활했을 것이다.

원문에서도 제목은 마지막에서 두 번째인 13문단에 가서야 의미 유추가 가능해진다. 칼럼을 읽는 독자에게 제목은 의미를 파악할 수 없는 새로운 정보(Rheme)로 남아 있다가 글 마지막에 가서야 반복되면서 의미가 전달된다. Theme-Rheme 구조가 글 전체를 관통하고 있음을 보여주는 사례이다. 인접한 문장들이나 문단들만으로는 드러나지 않는 Theme-Rheme 구조가 존재하는 것이다.

한편 'unstarvable'을 '굶주리지 않는'으로 번역한 것도 살펴볼 만하다. '괴물을 굶겨라(starve the beast)'와 연결된 'unstarvable beast'라는 표현은 '아무리 굶기고 싶어도(다른 여러 이유로 인해) 굶길 수 없는 괴물'이라는

---

15 원문 문장은 'As US President in the 1980's, the conservative icon Ronald Reagan described his approach to fiscal policy as "starve the beast": cutting taxes will eventually force people to accept less government spending.'이다.

의미이다. 이렇게 보면 '굶주리지 않는'보다는 '굶길 수 없는' 정도의 번역이 정보 전달에 더욱 효과적이었을 것으로 판단된다.

이상으로 영어 칼럼 요약 번역 사례를 통해 어색한 번역문체가 Theme-Rheme 구조 분석과 재현의 문제일 수 있음을 살펴보았다. 구체적으로는 연속된 문장들에서 Theme-Rheme이 드러나지 못해 후속 문장들의 주체가 불분명해진 경우, 연속된 문단들에서 뒷 문단의 Theme이 앞 문단에 들어 있음을 보여주지 못한 경우, 정보 흐름이 크게 전환된 문단의 첫 문장에서 Rheme이 Theme처럼 처리된 경우, 제목의 의미가 칼럼 마지막에 이르러서야 밝혀지면서 글을 관통하는 Theme-Rheme 구조가 만들어진 경우를 검토하였다.

이러한 분석이 말해주는 바는 번역문에 독자들이 이해할 수 있을만한 Theme-Rheme 구조와 정보 흐름이 갖춰지지 못한다면 어색한 번역문체로 읽히게 된다는 것이다. 그리고 어색한 번역문체에 대한 연구는 표현이나 문장 수준을 넘어서 문장들의 연결, 문단들의 연결, 전체 글 짜임으로까지 확대될 필요가 있다는 것이다.

하지만 원문의 Theme-Rheme 구조가 그대로 번역문에 옮겨져야 하는 것은 아니다. 두 언어에서 전형적인 Theme-Rheme 정보 흐름은 얼마든지 다를 수 있기 때문이다. 다만 번역가는 원문의 정보 흐름을 읽어내고 도착어에 적절한 흐름을 새로 구성할 수 있는 능력을 갖춰야 한다.

이 글에서는 칼럼, 즉 정보전달 및 설득을 목적으로 하는 논리적인 글을 분석 대상으로 삼았다. 문학 등 다른 장르 번역에서의 Theme-Rheme 구조 분석과 재현은 또 다른 특성을 보일 수 있을 것이다. 이는 후속 연구의 몫으로 넘기고자 한다.

⋈_ 참고문헌

고영근. (1999). 『텍스트이론 : 언어문학 통합론의 이론과 실제』. 서울: 아르케.

김윤식. (2006). 「서사성을 토막 내기, 번역문체의 미학: 윤성희와 정영문의 경우」. 문학사상사, 『문학사상』 35(3) 통권401, pp. 308~323.

김정우. (2011). 「영어 번역 한국어의 문체와 어휘」. 『한국어학』 53, pp. 1~27.

백수진. (2011). 「중국현대문학작품의 한국어 번역문체에 대한 언어학적 분석」. 한국어학회, 『한국어학』 53, pp. 61~91.

오경순. (2010). 『번역투의 유혹』. 서울: 이학사.

이근희. (2008). 『번역의 이론과 실제』. 서울: 한국문화사.

이상원. (2002). 「원문 텍스트 분석」. 『국제회의통역과 번역』 4(2), pp. 91~111.

이상원. (2002). 「텍스트성을 기준으로 한 노-한 번역 텍스트 분석」. 『한국외국어대학교 통역번역 연구소 논문집』 6, pp. 125~144.

이상원. (2003). 「Theme/Rheme 이론과 번역」. 『통역과 번역』 5(1), pp. 145~161.

Daneš, F. (ed.) (1974). *Papers on functional sentence perspective*, International Symposium on Functional Sentence Perspective, Prague: Academia; The Hague: Mouton.

삼인칭대명사 He, She의 일본어와 한국어 번역: 번역어에 의한 새로운 소설담론[*]

안 영 희[**]

1. 들어가며

서구어의 삼인칭대명사 He, She는 일본어 '彼' '彼女' 한국어 '그' '그녀'로 번역되었다. 일본과 한국에서 彼, 彼女, 그, 그녀는 빈번하게 사용된다. 서구어 He, She의 문법상의 기능은 행위주체인 주어를 명확하게 하는 것이다. 또한 삼인칭대명사가 많은 문장은 독자에게 친숙하고 자연스러운 문장으로 읽혀진다. 그렇지만 일본어와 한국어의 경우, 반드시 주어를 명시할 필요가 없었기 때문에 인칭대명사는 중시되지 않았다. 주어와 대명사가 없어도 전후의 문장과 동사의 기능으로 주체를 알 수 있기 때문이다. 특별히 사용할 필요가 있을 경우에는 이름이나 이름에 알맞은 고유명사를 사용한다. 따라서 서구어를 모방하거나 의식적으로 사용하지 않는 한 彼, 彼女, 그, 그녀라고 하는 삼인칭대명사는 문장에 빈번하게 나타나지

---

* 이 논문은 『일본어문학』 제17집(2001)에 실린 것을 수정·보완한 것이다.
** 계명대학교 교양교육대학 조교수

않는다. 일본어와 한국어에서 주어는 문맥상 알 수 있으면 표시하지 않는 것이 오히려 자연스러운 문장이다.[1]

그런데 서구어에서 주체를 명확하게 하기 위해 쓰여 졌던 He, She는 주어를 필요로 하지 않는 문화권인 한국과 일본에 들어와서 어떤 문장의 변화를 일으킨 것일까. 물론 이 문제를 해결하기 위해서는 한일의 모든 근대소설을 찾아볼 필요가 있지만 여기에서는 그 예로서 彼, 彼女, 그, 그녀가 어떻게 사용되고 어떠한 새로운 작품세계를 생성해 왔는가를 다야마 가타이(田山花袋)의『이불』, 이와노 호메이(岩野泡鳴)의『오부작』, 이광수의『무정』, 김동인의『약한 자의 슬픔』, 염상섭의『초기 삼부작』을 통해서 보기로 한다. 이러한 과정을 통해서 삼인칭대명사 He, She의 번역어에 의한 근대문체형성의 구체적인 예를 보기로 한다.

일반적으로 근대문체는 근대문학의 전제조건이 되어 있지만 구체적인 근대문체의 답을 제시하는 것은 곤란하다. 왜냐하면 지금까지 근대문체는 너무나도 당연한 것으로 받아들여지고 있었기 때문에 그 기원을 찾을 시도조차 하지 않고 있었기 때문이다. 여기에서는 He, She의 번역어인 彼, 彼女, 그, 그녀에 의해 창출되어진 새로운 한일근대문체의 성립과 이로 인해 배제된 것에 대해 본다.

2. 彼, 彼女 -『이불』,『오부작』

오늘날 일본어에서는 彼, 彼女가 아주 많이 사용되고 있다. 문장어뿐만 아니라 일상어에서도 많이 접하는 용어가 되었다. 그러나 지금 사용하는 彼, 彼女의 의미는 처음부터 일본어에 있었던 것이 아니고 He, She의 번역어이다. 彼는 일본어에 있었던 말인데 번역에 의해 그 의미가 변화한 경우

---

1 エミール・バンヴェニスト著、河村正夫・岸本通夫・木下光一・高塚洋太郎・花輪光・矢島獻三共譯.『一般言語學の諸問題』(東京、みすず書房、1983), p. 204 참고. "조선어 동사의 중요한 구별은 <사회적>인 성격에 의한 것이 확실하고 화자와 청자의 신분에 의해 극단적으로 다양화되어 있고 상대가 윗사람인지, 대등한지, 아랫사람인지에 따라 변화한다."

이고 彼女는 번역에 의해 새로 만들어진 신조어이다. 그럼 이들 용어의 기원을 밝히고 이들 용어가 근대문체에 어떤 변화를 일으켰는지 알아보자.

그러면 먼저 일본어의 彼에 대해 보기로 한다. 彼는 이미 만요시대(万葉時代, 약 759년까지)에 원칭대명사로 사용되고 있었다.[2] 원칭대명사는 화자와 청자로부터 떨어진 사물, 장소, 방향을 지시하기 위해 사용하는 대명사 '저 것', '저쪽', '저곳'을 의미한다. 기쿠자와 히데오(菊澤秀生)가 『國語研究』(3卷 9号)에 발표한 문헌에 의하면 彼는 원칭대명사로 『다케토리모노가타리(竹取物語)[3]』에서 무로마치시대(室町時代, 1392~1573)까지 보이지만 헤이안시대(平安時代, 794~1191)부터 가마쿠라시대(鎌倉時代, 1192~1337)에는 구두어에서 사라지고 문장어에만 사용되었다(물론 이때 사용된 かれ(그)는 동물을 가리키기도 하고 여성을 가리키기도 했다. 현대의 용법과는 다르다). 이 설에 의하면 에도시대(江戸時代, 1600~1867) 특히 말기 이후에는 구두어에서 'かれ(그)' 'かれら(그들)'라는 용어는 존재하지 않았다는 사실을 알 수 있다.[4] 주지하는 바와 같이 일본에서 彼는 옛날부터 인칭대명사의 다른 이름으로 사용되며 남자도 여자도 가리키지만 존경을 나타내기보다 경멸적인 의미로 사용되었다. 그런데 막부말·메이지 초기에 서양어를 접하고 He, She에 남녀의 구별이 있다는 것을 알고 남자에게는 종래와 같이 彼, 여자에게는 彼女(アノオンナ(저 여자), カノオンナ(이 여자)라는 말을 사용했다.

서구어에 있는 삼인칭대명사의 번역인 彼가 처음으로 실린 일본 최초의 네덜란드어사전인 『하루마해석』(『波留麻和解』)(1796)에는 'zijn'(네덜란드어, 영어의 his(그의 것)의 의미)가 彼人(かのひと, 이 사람), 其人(そ

---

2 奥村恒哉, 「代名詞「彼、彼女、彼ら」の考察」, 『國語國文』 23巻11号(1954.11), p. 64. 여기서 지시대명사라고 하는 것은 사물과 앞의 문장을 가리킬 때 근칭중칭원칭의 거리개념을 가지고 발신자와의 거리를 구분할 때 사용하는 것으로 한다. 여기서는 지시대명사로 사용될 때 '지시성'를 가진다고 한다. 삼인칭대명사는 앞에 나온 명사 대신으로 사용되어 발신자와의 거리가 문제되지 않을 때 사용된다. 현재처럼 삼인칭대명사로서 사용될 때 '인칭성'을 가진다고 한다.

3 10세기쯤에 성립된 일본의 현존하는 가장 오래된 이야기이다.

4 奥村恒哉, 「代名詞「彼、彼女、彼ら」の考察」, p. 64.

のひと, 그 사람)로 되어 있다. 한편 彼女가 처음 등장하는 문헌은 난학자인 후지바야시 후잔(藤普林山)의 『네덜란드어 법해석』(『和蘭語法解』, 1815)이다. 네덜란어인 'Zij'가 彼女(カノオンナ, 이 여자)로 되어 있다.[5] 『영일사전』(『英和字海』(1887)에는 She가 彼女(カノジョ, 그녀)로 되어 있고 사전에 처음으로 '그녀(カノジョ)'라고 표기된다.[6] 오쿠무라 츠네오(奧村恒哉)는 彼女(カノジョ)가 보이는 최초의 예는 쓰보우치 소요의 『당대서생기질』(『当世書生氣質』,메이지19(1886)년)이라 한다. 이 작품의 "俗にいふお轉婆なれども、彼女(かのじょ)は活發だ、などといつて書生達によろこばれる小娘なり。흔히 말하는 말괄량이지만 그녀는 활발하다. 이처럼 서생들을 즐겁게 해주는 어린 처녀이다." [7] 의 용례가 최초라고 한다. 그 후, 1892년 전후에 사가노야 오무로(嵯峨の屋お室)·기타무라 도고쿠(北村透谷) 등이 소설의 창작에 彼女를 사용하게 되었다.[8] 또 현재와 같이 언문일치체가 도입되어 대명사적 기능을 가지게 된 彼, 彼女가 사용된 최초의 작품은 사가노야 오무로의 『들가의 국화(野末の菊)』(메이지 22(1879)년, 7월)를 들 수 있다. 같은 해 1월에 쓴 『첫사랑(初戀)』에는 용례가 없다.

『들가의 국화(野末の菊)』의 인용을 보면 다음과 같다.

然し彼(かれ)は斯う思ひました。
此の小さな人形が彼の友達で此の小さな一室が彼の天地であります。(女性をさす)
お糸は少しも寒くありません。火は彼女の心を溫めずとも愛は其心を溫めて居ます。[9]

---

5 柳父章.「彼、彼女─物から人へ、戀人へ」,『翻譯語成立事情』10(岩波書店, 1982), p. 192.
6 廣田榮太郎.「「彼女」という語の誕生と成長」『國語と國文學』30卷(1953.2), pp. 48~51.
7 奧村恒哉.「代名詞「彼、彼女、彼ら」の考察」, p. 67.
8 廣田榮太郎.「「彼女」という語の誕生と成長」, p. 52.
9 廣田榮太郎.「「彼女」という語の誕生と成長」, pp. 66~67.

그러나 그는 이렇게 생각했습니다.

이 작은 인형이 그의 친구로 이 작은 방이 그의 하늘과 땅입니다. (여성을 가리킨다)

오케이는 조금도 춥지 않았습니다. 불은 그녀의 마음을 따뜻하게 해주지 못했고 사랑은 그 마음을 따뜻하게 해줍니다.

『들가의 국화』에서 彼는 총 11개이고 이중에서 5개는 'あれ(저것)'이라고 읽었고 전부 여성을 가리킨다. 위의 인용의 かれ(그)와 그 외 남성을 가리키는 것 2개, 여성을 가리키는 것 2개 합쳐서 6개이다. 이와 같은 사용은 언문일치와 관련하여 현재와 동일한 삼인칭대명사의 기능을 한다. 彼를 지금과 같은 대명사의 기능으로 정착시킨 작가는 오자키 고요(尾崎紅葉)이다. 그의 작품 『청포도(青葡萄)』(메이지28(1885)년)에서 처음으로 彼가 순수한 대명사의 기능을 한다. (彼女는 분리되지 않았다.)

처음에 彼는 남자도 여자도 가리켰으나 서구의 영향에 의해 彼人(かのひと, 이 사람)·彼女(かのおんな, 이 여자)와 같이 남녀를 구별하고 메이지 20년(1886년) 전후의 언문일치운동으로 현재와 같은 彼, 彼女의 번역어가 정착하게 되었다. 현대어의 彼, 특히 문장어의 기원은 메이지 20년 전후의 언문일치운동이다. 메이지 초기까지는 彼, 彼女는 구두어로서는 존재하지 않았다. 일본의 문학자들은 메이지시대에 들어와서 처음으로 서구어의 He, She에 해당하는 삼인칭의 존재를 알았다. 일본문학이 인칭의 문제와 부딪힌 것은 언문일치라고 하는 사건이었다. 사람들은 번역작업을 통해서 서구어의 삼인칭 He, She의 존재를 의식하게 되고 일본어에는 이와 같은 역할을 하는 말이 없다는 것을 알아차렸다. 에도시대까지 사용되지 않았던 삼인칭대명사 彼가 메이지시대에 들어와서 새로운 형식으로 사용되기 시작했다. 당시 다야마 가타이와 이와노 호메이가 애독했던 서구소설에서는 He, She가 여기저기서 사용되고 있었다. 두 사람은 He, She를 대신할 수 있는 용어를 사용하고 싶은 유혹을 느꼈을 것이다.

여기서는 『이불』, 『오부작』에서 사용된 彼, 彼女의 용례를 주목해 보기로 한다. 『이불』, 『오부작』에서는 彼가 같은 He의 번역어임에도 불구하고 각각 다른 사용방법을 하고 있다. 이와 같은 사용방법은 의식하지 않고 보면 아무런 차이도 없는 것처럼 보이지만 실은 이 두 가지의 사용방법은 극히 큰 의미를 시사하고 있다. He가 어떻게 번역되고 어떤 차이가 생기며 작품 중에서 어떻게 기능하고 어떻게 새로운 소설담론을 창출해 가는가를 보는 단서가 되기 때문이다.

1) 언문일치문장의 완성-다야마 가타이와 이와노 호메이

언문일치운동으로 구어체문장을 완성한 작가들은 자연주의작가들이었다. 구어체문장이 완성되자 He, She와 같이 대명사의 기능을 하는 그, 그녀의 용어도 소설용어에서 정착하게 되었다. 그러면 현재와 같이 삼인칭 대명사의 기능으로 완전하게 정착시킨 다야마 가타이와 이와노 호메이의 작품을 보기로 한다.

다음은 다야마 가타이의 『한 병졸(一兵卒)(1908)』의 서두부분이다.

> 彼は歩き出した。
> 銃が重い、背嚢が重い。[10]
> 그는 걷기 시작했다.
> 총이 무겁다. 배낭이 무겁다.

『한 병졸』의 주인공은 계속 彼이다. 다음은 다른 병사가 도중에 나타났을 때의 부분이다.

> 血がだらだらと暑い夕日に彩られて、其の兵士はガックリ前にのめつた。胸に弾丸が中つたのだ。其の兵士は善い男だった。快活

---

10 「一兵卒」. 『定本花袋全集』 第1巻(京都、臨川書店、1994), p. 608.

で、洒脱で、何事にも氣が置けなかつた。(中略) けれどあの男は
最早此世の中に居ないのだ。[11]

　피가 줄줄 흐르고 더운 석양에 물들어 그 병사는 앞에서 푹 넘어졌다.
가슴에 총알이 박힌 것이다. 그 병사는 좋은 남자였다. 쾌활하고 깔끔하
고 어떤 일에도 스스럼이 없었다. (중략) 그렇지만 그 남자는 곧 이 세상
에 없을 것이다.

　사람이나 사물의 이름을 대신 나타내는 대명사에는 지시대명사와 인
칭대명사가 있다. 지시대명사는 어떤 사물이나 장소를 가리키는 대명사
이고 인칭대명사는 사람을 가리키는 대명사이다. 일본어의 彼는 원래 지
시대명사였다. 그러나 He의 번역에 의해 인칭대명사의 기능을 하게 되었
다. 일반적으로 He와 彼가 같다고 생각하지만 사실은 다르다고 야나부
아키라(柳父章)는 말한다. 그 차이점은 첫째, He는 삼인칭대명사이고 彼
는 지시대명사라는 점이다. 삼인칭대명사 He는 앞에 나온 명사를 반복해
서 사용하는 것을 원칙으로 하고 있기 때문에 앞의 명사와 의미가 같다.
그런데 彼는 일본어의 こそあ(이그저) 대명사 これ,それ,あれ(이것, 그
것, 저것)의 あれ(저것)의 의미로 사용된다. こそあ는 근칭, 중칭, 원칭으
로 불리고 あれ는 원칭을 의미한다. これ,こちら(이것, 이쪽)는 발신자
가까이에 있고, それ,そちら(그것, 그쪽)는 듣는 사람 가까이, あれ, あち
ら(저것, 저쪽)는 발신자와 수신자 양쪽 세력범위 바깥에 있는 것을 가리
킨다. 그렇기 때문에 彼는 원래 발신자와 수신자 양쪽 세력범위 바깥에
있는 것을 가리킨다. 따라서 彼는 발신자의 입장에 관련되어 있는 것에
대해, 영어의 삼인칭대명사는 발신자와 관계없이 객관적으로 이미 발신
되어진 것을 가리킨다. 원칙적으로 처음 본 것을 彼라고는 할 수 있으나
He라고는 할 수 없다.[12]

11　같은 책, p. 611.
12　柳父章.「彼、彼女─物から人へ、戀人へ」, p. 192.

만약 이 소설이 영어라면 줄친 부분은 He가 된다. 일반적으로 He는 앞에 나온 고유명사와 동격의 의미를 가진다. 다야마 가타이가 『한 병졸』에서 사용하고 있는 彼가 삼인칭대명사와 같은 사용법을 한다면 '其の兵士(그 병사)', 'あの男(그 남자)'는 彼로 되어야 한다. 이 소설에서 彼는 주인공만을 가리키고 있기 때문에 삼인칭대명사의 용법과는 다르다. 그러나 그 특수한 인물을 반복해서 가리키고 있기 때문에 삼인칭대명사와 비슷한 사용법을 하고 있다.

다음은 작품의 마지막 부분이다.

> 兵士がかれの隱袋を探つた。(中略)加藤平作……と読む声が続いて聞えた。[13]
>
> 병사는 그의 주머니를 찾았다. 가토 헤이사쿠……라고 읽는 소리가 계속해서 들렸다.

이 작품은 처음부터 끝날 때까지 계속해서 주인공의 이름을 밝히지 않는다. 계속 彼로 일관하다가 작품의 끝부분에서 彼의 이름이 밝혀진다. 서양에서 사용하는 He의 용법과는 다르다. 서양소설이라면 처음에 이름이 나오고 그 다음에 그라는 삼인칭대명사가 나왔을 것이다. 그러나 근대 초기 일본소설에서는 삼인칭대명사의 그가 정착되기 전까지 많은 실험이 이루어졌다는 것을 알 수 있다. 야나부 아키라는 "'彼'라고 하는 것에 작가 다야마 가타이는 어떤 운명을 맡겼다. 그것은 작가자신의 운명과 닮았다. 그렇지만 일인칭의 작자는 아니다. 彼는 처음에 존재하지만 그 정체를 모른다. '카세트'이다. 의미가 불명하니까 작자는 그곳에 의미를 부여하는 것이 가능했다."[14]라고 한다.

그러면 『이불』의 서두부분을 보도록 하자.

---

13 「一兵卒」, p. 630.
14 柳父章 「彼、彼女—物から人へ、戀人へ」, p. 192.

小石川の切支丹坂から極樂水に出る道のだらだら坂を下りようと
して彼は考へた。『これで自分と彼女との關係は一段落を告げた。』[15]
고이시카와의 기리시탄자카의 완만한 고개를 내려오면서 그는 생각
했다. "이것으로 자신과 그녀의 관계는 일단락되었다."

다음은 제2장의 서두부분이다.

彼は名を竹中時雄と謂つた。[16]
그는 이름을 다케나카 도키오라고 했다.

『이불』에서도 주인공의 이름이 처음부터 나오지 않고 '彼'라고 명명된
다. 彼의 이름은 제2장이 되어서야 밝혀진다. 이와 같이 이 소설에서 彼의
사용법은 아주 낯설게 느껴지고, 彼를 의식적으로 사용하였다는 것을 알
수 있다.

『이불』 제1장의 서두에 "彼は考へた(그는 생각했다)"에서 彼의 이름
이 알려지지 않았기 때문에 지시대명사에 가깝다. 왜냐하면 원칙적으로
처음 본 것을 彼라고 할 수 있지만 He라고 할 수 없기 때문에 彼는 원칙적
으로 He의 사용법과 다르고 일본어 こそあ(이그저)대명사 あれ(저것)의
의미에 가깝다. 제2장 서두의 "彼は名を竹中時雄と謂つた。(그는 이름
을 다케나카 도키오라고 했다.)"에서 彼의 이름이 알려지고 난 후에 彼가
계속해서 나오므로 삼인칭대명사와 비슷한 기능을 한다. 그러나 彼는 오
직 주인공인 다케나카 도키오만을 가리키는 기능을 하고 있으며 다른 작
중인물을 彼라고 하지 않는다. 처음부터 끝까지 彼는 주인공만을 가리키
고 있으므로 彼는 대명사적 의미보다 고유명사의 의미에 가깝다. 이와 같
이 『이불』은 거리를 나타내는 전통적인 지시대명사가 나타나는 제1장의

---

15 「蒲団」. 『定本花袋全集』 第1卷(京都、臨川書店, 1994), p. 521.
16 같은 책, p. 525.

彼의 역할, 그리고 제2장부터 He와 같은 삼인칭대명사의 기능을 하면서
도 彼는 오직 도키오만을 가리키는 고유명사의 이중적인 고백기능을 가
지고 있다. 주인공 즉 특정 인물만을 가리켜서 彼라고 하는『이불』의 고
백체는 彼의 역할이 달라지는 과정에서 이루어진다.

　『이불』의 彼가 오직 다케나카 도키오를 가리키고 있는 것은 작자 다야
마 가타이의 생각이 오직 彼(도키오)만을 통해 전해진다는 것이기도 하
다. 彼를 가타이는『이불』속에 사용함으로써 삼인칭의 소설문체를 완성
해간다. 객관주의를 표방하는 자연주의 작가에게 彼는 어울리는 말이기
도 했다.『이불』에서 彼는 불확정의 역할을 소설의 무대에서 연출하게
되었다. 주지하는 바와 같이『이불』은 일본 사소설의 원조이다. 작가는
『이불』에서 자신의 생각을 彼의 형식을 빌어서 표현하게 된다.『이불』에
서 사용된 彼의 역할은 작가 가타이 자신인 나를 의미하면서도 나를 삼인
칭하고 객관화하는 것이다.『이불』은 형식적으로는 삼인칭을 사용하는
객관주의를 표방하고 있지만 주인공의 내면표출방식은 주관적이다.『이
불』을 쓴 가타이의 전략은 주인공 도키오의 고백을 그대로 작가 가타이
의 고백인 것 같이 그리는 것이다. 독자는 허구인 소설을 읽으면서도 마
치 작가 가타이의 일기를 읽는 것 같은 착각에 빠진다.『이불』은 주인공
인 도키오의 번민하고 고민하는 모습을 그림으로써 자기고백을 중시하
는 사소설의 장르를 열었다. 이 사소설을 읽는 코드는 삼인칭을 일인칭으
로 읽는 것이고 주인공인 나를 작가 자신으로 간주하는 것이다.『이불』에
서 彼는 주인공 다케나카 도키오=화자=작자 가타이의 고백이라는 사소
설을 읽는 문학적인 콘테스트를 만들었다. 결국『이불』은 주인공 도키오
의 내면을 노골적으로 묘사하면서 삼인칭으로 씀으로써 자신을 객관적
으로 바라보는 것이 가능하게 되었다.

　다야마 가타이가『한 병졸』,『이불』에 사용한 彼는 특정한 인물만을
가리키고 있기 때문에 He와 같은 삼인칭대명사의 용법과는 다르다. 그러
나 그 후『생』(生,1908.4)과『시골교사』(田舍教師.1909.10)에서는 삼인칭

대명사의 용법으로 사용한다. 『생』에서는 센노스케와 그의 동생 히데오 대신에 彼를 사용하고 있다. 등장인물의 이름이 오고 그 다음에 彼가 오는 삼인칭대명사의 용법이다. 『시골교사』에서도 마찬가지다. 이처럼 거리를 나타내는 지시대명사의 지시적 용법이 없어지고 He와 같이 인칭성이 나타나는 문체가 언문일치이자 근대문체의 특성이다.

彼의 사용법이 서구어의 He와 비슷한 용법으로 사용되는 것은 이와노 호메이의 소설에서이다. 다음은 이와노 호메이의 『오부작』의 서두부분이다.

義雄は継母の爲めに眞の父とも折合が惡いので、元から別に一家を構へてゐた。且、實行刹那主義の哲理を主張して段々文學界に名を知られて來たのであるから、面倒臭い下宿屋などの主人になるのはいやであつた。

が、渠が嫌がつてゐたのは、父の家ばかりではない。自分の妻子—殆ど十六年間に六人の子を産ませた妻と生き殘つてゐる三人の子—をも嫌つてゐた。[17]

요시오는 계모 때문에 아버지와 사이가 나빠서 본가에서 따로 집을 마련하고 있었다. 단지, 실행찰나주의의 철리를 주장해 점점 문학계에 이름을 알려져 왔기 때문에 귀찮은 하숙집 주인이 되는 것이 싫었다.
그렇지만, 그가 싫어한 것은 아버지 집만이 아니다. 자신의 처자-거의 16년 만에 6명의 아이를 낳은 아내와 살아있는 3명의 아이도 싫었다.

여기서는 처음에 고유명사 요시오가 나오고 다음에 彼가 온다. 彼는 요시오만을 가리키는 것이 아니고 주인공 요시오 이외의 인물도 경우에 따라서는 먼저 그 인물의 이름이 나오고 다음에 彼가 온다. 여기서의 彼는 'He'와 같은 삼인칭대명사의 기능을 완수하고 있다. 『오부작』에서는

---

17 岩野泡鳴. 『發展』. 『岩野泡鳴全集』 제2권(京都, 臨川書店, 1994), p. 3.

『이불』과 같은 거리를 나타내는 지시대명사 및 항상 이름과 결부시키는 彼는 보이지 않게 되고 지시대명사의 원칭의 의미로 사용되는 彼도 없어진다. 그러나 彼의 사용방법이 명확하게 다르다고 해도『이불』과 같이 『오부작』의 彼에는 오직 요시오의 내면만을 그리는 일인칭의 기능과 요시오를 객관화하는 삼인칭의 기능이 동시에 주어지고 있다. 『오부작』의 인용을 보면 알 수 있듯이 彼는 요시오이기도 하고 자신(작가)이기도 하다. 즉 요시오=그=자신이라고 하는 불가사의한 역할을 담당하고 있다. 삼인칭도 일인칭도 아닌『이불』의 소설담론인 彼는 사소설담론의 길을 열게 되었다. 이와 같이『오부작』의 彼는 일원묘사로 치밀한 내면묘사를 하게 되고 근대일본문학의 새로운 소설담론을 창출하게 되었다.

He와 같은 삼인칭대명사의 기능을 하는『오부작』의 彼는 화자와의 거리를 식별할 수 없는 담론공간에서 성립한다. 결국 지시대명사의 기능을 하는 근칭중칭원칭의 거리감은 없어지고 He와 같이 모두 彼로 통일된 공간이 성립한다. 지시대명사로 미세하게 분절된 거리는 삼인칭대명사에서는 모두 동질화되어 버린다. 이와 같이 근대문체는 지시대명사의 지시성이 삼인칭대명사의 인칭성으로 변하는 것에 의해 성립된다. 최초 만요시대에 彼는 멀리 있는 사물을 가리켰지만 근대에 들어와 언문일치운동과 함께 소설의 문장어로서 사용되기 시작하고 사람을 가리키게 되고 현대는 가장 가까운 존재인 애인을 가리키는 일상어로 사용된다. 서구소설·번역소설의 영향을 받은 일본소설의 문장은 새로운 소설담론을 만들었던 것이다. 메이지 40(1907)년대에 시작된 자연주의문학이 그 전형적인 예이다.

3. 그, 그녀 -『무정』,『약한 자의 슬픔』

여기서는 한국어에 나타나는 그, 그녀의 변천과정을 보기로 하자. 한국의 경우, 기존의 연구에 의하면 중세한국어에는 고정된 삼인칭대명사가 없었고 현대한국어의 삼인칭대명사는 이광수와 김동인에 그 기원을 찾고 있다. 그러나 중세한국어에서도 많지는 않지만 삼인칭대명사의 기능을 하는 '저' '뎌' '그'가 존재하고 있었고 그 중에서도 '뎌'가 일반적으로 사용되었다.[18]

다음은 중세한국어문헌『번역노걸대』(1517),『번역박통사』(1517)에 사용된 삼인칭대명사이다.

뎌난 漢人이니(『번역노걸대』1517,하,6)
그를 절하여 스승사마(『번역박통사』1517,상,74)

일반적으로 중국어문헌에서는 '他'가 삼인칭대명사, '那'가 지시대명사로 구별되어 사용되고 있었다. 위의 인용에서 중국어 '他'는 한국어 '뎌' '그'로 번역된다. 그리고 중세한국어 '뎌'는 지시대명사와 삼인칭대명사로 구분되어 사용되었다. 중세한국어에는 삼인칭대명사의 기능을 하는 '뎌' '그'가 나타난다. 그러나 근세한국어의 대표적인 서적인『노걸대언해』(1670)와『박통사언해』(1677)에는 삼인칭대명사로 사용된 '그'는 보이지 않는다. 그리고 근세한국어문헌인『한중록』(1796~1806)에서도 '그'가 나타나지만 삼인칭대명사의 기능은 하지 않는다.[19] 처음에 지시대명사의 역할을 하던 '그'가 인칭대명사의 기능을 하기까지에는 많은 시간이 걸린다.

근대소설인 이광수의『소년』(1908~1909)에 삼인칭대명사의 기능을 하는 그가 보인다.

---

18 이숭녕『중세국어문법』(을유문화사, 1961) 제3인칭은 본시 고정된 것이 없지만 흔히 '뎌'로 쓰인다.

유창돈『어휘사연구』(선명문화사, 1973) 사물대명사 '뎌'에서 3인칭대명사로 전용한 것으로 보인다.

이기문『국어의 삼인칭대명사』.『관악어문연구』제3집(1978) 적어도 중세국어에서 지시대명사를 3인칭대명사로 사용한 흔적이 보인다. 중세한국어문헌에서 보면 '뎌'가 3인칭으로 사용된다.

19 김형철「삼인칭대명사에 대하여-「뎌」「그」를 중심으로」.『문학과 언어』제2집(1981). pp. 7~8.

러시아에는 톨스토이라는 유명한 어떤 사람이 잇나니 그의 事跡을
쉬내일터이오(1년 1권 p. 56)

　大體 하날이란 것은 우리 머리 우혜 덥혀 잇난 뎌 둥그럿케 보이난 것인
데 휘둥그러케 우리땅을 싼 故로 녯사람은 그를 形容하되(1년 1권 p. 63)

첫 번째 문장은 톨스토이 대신에 그를 사용하는 삼인칭대명사의 용법이
다. 두 번째 문장의 그는 하늘 대신에 사용하는 지시대명사의 용법이다.
『소년』에서 그는 삼인칭대명사와 지시대명사로 사용되고 인칭성과 지시
성을 동시에 가지고 있었다. 김형철에 의하면 20세기 초까지 그는 인칭성
과 지시성을 동시에 가지고 있고 또 인칭성보다 지시성이 우세하였다. 그
러나 1910년 이후 그는 삼인칭대명사로 보편성을 가지고 지시대명사의
기능은 약화된다.[20] 결국 근대에 들어와서 서구문헌의 He, She가 번역됨
으로써 인칭성과 지시성을 동시에 가지고 있던 그는 지시성은 약화되고
인칭성이 강화되었다고 생각된다.

1910년대 한국어소설에서 최초로 그를 사용한 사람은 이광수이다. 이
광수는 일본어소설 「사랑인가」(「愛か」,1909)에서 이미 삼인칭대명사 彼
를 사용하고 있었다. 「사랑인가」의 서두에서 "文吉は操を澁谷に訪うた
。無限の喜と樂と望とは彼の胸に漲るのであった。…彼が表門に着
いた時の心持と云ったら實に何とも云えなかった。분키치는 미사오
를 시부야에서 만났다. 무한한 기쁨과 즐거움과 희망이 그의 가슴에 넘쳐
흘렀다.…그가 대문에 도착했을 때의 마음은 정말 뭐라고도 할 수 없었
다."[21]와 같이 분키치 대신에 그라는 삼인칭대명사를 사용하고 있다. 일본
어소설에서 이미 삼인칭대명사의 기능을 하는 彼를 사용하지만 같은 시
기에 쓴 한국어소설에서는 삼인칭대명사의 기능을 하는 그는 보이지 않

20　김형철. 「삼인칭대명사에 대하여-「뎌」「그」를 중심으로-」, pp. 7~8.
21　李光洙 (李寶鏡). 「愛か」. 『白金學報』(1909・12)(黑川創編、『朝鮮』「<外地>の日本
　　語文學選」第3卷(東京、新宿書房、1996) 수록, p. 21.

는다. 이광수의 초기단편인 『어린희생』(1910년, 2~5월 『소년』 3권 2-5호 게재)에는 고유명사를 그대로 표기하고 있으며 그라는 삼인칭대명사는 보이지 않는다. 이광수의 한국어소설에서 언문일치에 의한 그가 나타나는 것은 좀 더 많은 시간이 지나서이다.

이광수는 메이지·다이쇼소설의 문체인 彼를 체험한 후 한국어소설에서 그라는 소설문체를 사용하기 시작한다. 이와 같은 상황에서 일본어와 조선어라는 두 언어의 문제가 얽혀있고 당연히 번역의 문제가 떠오른다.

그러면 한국에서 그, 그녀의 변화과정을 보도록 하자.

단편 『무정』(1910년 3-4월 대한흥학보 11~12호 게재)에는 삼인칭대명사 '그'의 역할을 하는 '저'가 보인다.

> 婦人이라 하여 온 사람은 <u>松林 韓座首의 子婦</u>라. (중략)저가 韓明俊의 아내가 된 것은 去今 八年前, 즉 저가 十六, 明俊이가 十二적이라.[22]

여기서는 송림 한좌수의 자제인 부인을 '저'라고 하고 있다. 중세한국어에서 사용한 '저'를 여기서 사용하고 있다. 저는 중세한국어에서 사용되었던 삼인칭대명사이다. 저는 원래 '저이'를 축약한 말로 삼인칭대명사로 사용되고 현대까지 일인칭대명사 나의 겸칭과 재귀의 의미를 가진 '자기'의 겸칭으로서 많이 사용되고 있다. 후기 중세한국어에서 저는 대표적인 삼인칭대명사로 사용되고 중국어문헌의 '自"其'의 번역어이기도 했다. 근세한국어에서는 대표적인 삼인칭대명사 뎌가 사용되고 他의 번역어였다. 근세한국어문헌인 『한중록』에는 삼인칭대명사 '저'만이 보인다. 이때 '뎌'는 '저'로 구개음화되고 이전의 뎌는 전부 저로 나타난다. 개화기의 교과서에는 삼인칭대명사로 저만이 나타난다. 저가 일인칭대명사의 겸칭으로 사용된 것은 19세기 말부터이다. 현대한국어에서 저는 일인칭대명사의 겸칭으로 주로 사용된다.[23] 이광수는 중세한국어에 있었던 저라고 하는 삼

---

22 「무정」(단편소설). 『이광수전집』 제1권(서울, 삼중당, 1971), p. 563.

인칭대명사를 참고로 해 자신의 소설에 사용하고 있다.

다음은 『헌신자』(『소년』1910년, 3권 8호)이다. 『헌신자』에서는 최초로 그가 오고 그 다음에 그의 이름이 나온다.

　　나는 그를 안 것이 昨年이오.(중략) 그는 原來 가난하고 門閥로 말하여도 所謂 校生이라.
　　(중략)이리하여 金光浩라 하면 아는 사람이 많게 되었소24

여기서도 처음에 이름이 나오고 그 이름 대신에 그를 표기하는 것이 아니고 그가 먼저 나오고 나중에 김광호라는 이름이 나온다. 여기서의 그는 화자와 청자로부터 멀리 떨어진 것을 가리키는 원칭의 의미인 지시대명사로서 사용된다. 일반적인 삼인칭대명사의 기능은 아니다.

다음은 『김경』(1915, 3월 『청춘』6호)에서 그가 삼인칭대명사로 사용된다.

　　金鏡은 어젯밤에 大邱를 떠나 九月一日 夕陽에 高邑驛에 내리었다. 그는 (중략)장달음을 하였다. (중략)그는 어디든지 갔다가 高邑驛에 내리어 이 포플라 숲과 이 집을 보기를 가장 기뻐한다.25

He의 번역어인 그가 대명사로 최초로 나타난 것은 이광수의 『김경』이다. 여기에서 그는 김경이라는 이름 대신에 사용된다. 여기에서 처음으로 언문일치체에 의한 삼인칭대명사의 역할을 하는 그가 사용된다. 그러나 다른 사람을 그라고 부르지 않고 오직 김경만을 그라고 부르고 있기 때문에 현재와 같은 완전한 형태의 삼인칭대명사의 기능을 하고 있지는 않다. 그리고 여기서 그는 대명사 그와 함께 주관을 나타내는 동사와 형용사의

23　김형철 「삼인칭대명사에 대하여-「더」「그」를 중심으로」, p. 25 참고
24　「헌신자」. 『이광수전집』 제1권(서울, 삼중당, 1971), p. 566.
25　「김경」. 『이광수전집』 제1권(서울, 삼중당, 1971), p. 568.

종결어미인 '쓰다'의 형태가 아니고 'ㄴ다'의 형태로 사용된다. 이는 이광수의 『김경』에서 김동인의 『약한 자의 슬픔』과 같이 명확한 문체에 대한 자각을 보여주지는 않는다.

다음은 이광수의 장편소설 『무정』(1917)의 일부분이다.

> 경성 학교 영어 교사 <u>이형식</u>은 오후 두시 사년급 영어 시간을 마치고 내리쬐는 유월 볕에 땀을 흘리면서 안동 김장로의 집으로 간다. (중략) <u>이형식</u>은 아직 독신이라 (중략)
> 「허허. <u>그</u>가 유명한 미인이라네」 (중략) 형식은 여태껏 <u>그</u>의 너무 방탕함을 허물하더니 오늘은 도리어 그 파탈하고 쾌활함이 부러운 듯하다. <u>그</u>는 하느님이 장차 빛을 만들고 …생각하는 양을 본다.[26]

장편소설 『무정』에서 그는 언문일치에 의한 삼인칭대명사의 역할을 완전하게 수행하는 것은 아니다. 이 소설의 서두부분은 "경성 학교 영어 교사 이형식"으로 시작되고 다음에도 이형식이 나온다. 이형식이라는 고유명사가 나오고 다음에 나오는 이형식은 그로 바꾸어도 상관이 없다. 그러나 여기서는 반복해서 이름을 그대로 쓰고 있다. 그리고 다음 문장 「허허. 그가 유명한 미인이라네」는 이형식과 그의 친구 신우선의 대화이다. 여기서 김장로의 딸 선형에 대해 처음으로 '그'라고 하고 있다. 여기서의 그는 이그저 (こそあ) 대명사의 저것과 같이 멀리 있는 것을 가리키고 있다. 이 부분은 형식이 김장로의 딸인 선형의 가정교사로 고용되어 처음으로 가르치러 갈 때 친구와 만났을 때의 회화이다. 선형은 두 사람의 회화 속에 나오지만 두 사람이 있는 장소에 그녀는 없다. 현대한국어의 회화체에 '그'는 일반적으로 사용하지 않는다. 회화체에서는 '그' 대신에 '그 여자'를 쓰는 것이 일반적이다. 그 다음 문장 "형식은 여태껏 그의 너무 방탕함을 허물하더니"에서는 형식의 친구 신우선을 그라고 하고 있다. 여기서의 그

---

26 『무정』. 『이광수전집』 제1권(서울, 삼중당, 1971), pp. 15~16.

는 어디까지나 멀리 있는 것을 가리키는 지시대명사의 용법이 사용되고 He, She와 같은 삼인칭대명사의 용법은 아니다. 『무정』에서 그의 사용방법은 지시대명사의 용법이 대부분이고 주인공 이형식을 가리킬 때는 이름을 사용한다. 그러나 마지막 문장 "그는 하느님이...생각하는 양을 본다." 에서는 그는 주인공 이형식을 가리키고 있고 He, She와 같은 삼인칭대명사로 사용되고 있다. 이와 같이 『무정』의 그는 지시대명사와 삼인칭대명사의 기능을 동시에 가지고 있다. 즉, 『무정』에서 사용된 그는 언문일치에 의한 완전한 삼인칭대명사의 기능을 하는 것은 아니고 전통적인 지시대명사의 성격이 짙은 것을 알 수 있다.

이상을 요약하면 이광수는 1909년 일본어소설 「사랑인가」에서 언문일치에 의한 삼인칭대명사의 기능을 하는 그를 사용하였지만 한국어소설에서 언문일치에 의한 그의 사용은 1915년 『김경』에 이르러서이다. 『어린희생』에 그라는 말은 전혀 보이지 않고 단편 『무정』에서는 저가 그의 전단계로 사용되고 『헌신자』에서는 원칭으로 그가 사용되고 『김경』에서 대명사의 그가 사용되고 있다. 그러나 1910년대 단편에서 그는 여러 가지의 사용방법을 하고 있음에도 불구하고 1917년 장편의 『무정』에서 그는 지시대명사와 삼인칭대명사가 섞인 형태로 나타난다. 이광수의 소설에서 그는 지시대명사의 지시성과 삼인칭대명사의 인칭성을 동시에 나타내고 있다. 최초의 근대장편소설이라 불리는 『무정』(1917)에서도 언문일치에 의한 그의 사용을 자각적으로 하고 있지는 않다. 완전한 근대문체로서의 그의 사용을 자각적으로 한 작가는 김동인이다. 이와 같이 지시대명사의 지시성이 없어지고 인칭성만이 남은 삼인칭대명사로서 그가 출현한 것은 김동인의 『약한 자의 슬픔』이다. 그리고 김동인은 소설공간에서 새로운 소설담론을 만들었다. 『약한 자의 슬픔』에서 He, She는 남녀 구별 없이 그로 통일되어 있다.

다음은 김동인의 『약한 자의 슬픔』의 서두부분이다.

<u>家庭教師姜엘리자벳트는</u> 가르침을끝내인다음에自己방으로도라왓
다。 도라오기는하엿지만 이잿것快活한兒孩들과마조유쾌히지난그는
씀々하고갑々한自己방에도라와서는無限한寂寞을깨다랏다。[27]

『약한 자의 슬픔』의 시작 부분은 언문일치와 관련해서 많은 문제를 시
사해 주는 부분이다. 이 문장을 구상하기 위해 김동인은 일본어로 구상하
고 조선어로 썼다고 했다. 따라서 이 부분은 근대문체와 관련하여 삼인칭
대명사인 그의 사용도 매우 의식적으로 하고 있다는 것을 알 수 있다.

여기서는 첫 문장인 "家庭教師姜엘리자벳트는 … 도라왓다."에서 姜
엘리자벳드라는 이름이 먼저 나오고 그 다음 문장에 "그는 … 無限한寂
寞을깨다랏다."에서 강엘리자벳드 대신에 그를 사용하고 있다. 따라서
여기서의 그는 멀리 있는 것을 가리키는 지시대명사가 아니고 He, She의
번역어인 삼인칭대명사이다. 1910년대의 이광수의 초기단편과 『무정』의
그의 사용방법을 비교해 보면 김동인의 『약한 자의 슬픔』이 그를 얼마나
의식적으로 사용하고 있는가를 알 수 있다. 왜냐하면 이광수는 그를 지시
대명사와 삼인칭대명사의 두 가지의 용법을 사용하고 있는 것에 대해
김동인의 『약한 자의 슬픔』에서는 지시대명사의 기능은 없어지고 삼인
칭대명사의 기능밖에 보이지 않기 때문이다. 김동인의 『약한 자의 슬
픔』과 이와노 호메이의 『오부작』의 그의 사용방법은 거의 같다. 『무
정』에서 사용된 지시대명사로서의 그의 그림자는 『약한 자의 슬픔』에서
는 거의 그 모습이 사라진다.

더욱 삼인칭으로 자신의 내면을 표현하는 경우, 이광수가 『김경』에서
"그는 … 기뻐한다."와 같이 현재시제로 사용하는 것에 반해 김동인은 "그
는 … 깨다랏다"와 같이 과거시제를 사용하고 있다. 이는 김동인이 삼인칭
대명사 '그'와 주관을 나타내는 주관감정동사인 '깨다랏다'와 과거시제를

---

27 『약한 자의 슬픔』.『창조』1호, p. 53.

나타내는 종결어미 '쓰다'를 의식해서 사용하고 있고 이는 근대문체를 형성하는 주요한 문제가 되었다. 이는 한국문학에서 처음으로 의식적으로 사용된 '그"쓰다'이고 『약한 자의 슬픔』이 근대소설로 처음으로 그 표현을 완성한다.

더욱 더 철저하게 He, She를 彼, 彼女로 구별해서 사용한 작가가 염상섭이다. 그러나 염상섭은 한국어의 그, 그녀가 아니고 일본어의 彼, 彼女를 초기 삼부작에 그대로 사용하고 있다.[28]

다음은 염상섭의 초기 삼부작(1920-22)에 보이는 일본어 彼 '彼女'의 사용이다.

> 彼는 三層洋室을 어떠케하면 居處에便利하게 房勢를定할까하얏다.
> (『표본실의 청개구리』『개벽』16호, 1921년, p. 122)
> 彼는 손에들엇던短杖으로, 대번에 모다때려누이고싶다고생각하얏다.
> (『암야』『개벽』19호, 1922년, p. 59)
> 그러면서도 彼女는 貴君을 背反하지안핫습니까
> (『제야』『개벽』20호, 1922년, p. 59)
> 그는, 암만해도 그대로 들어업드려서썩고싶지는안핫다.
> (『E선생』『동명』19호, 1922년, p. 57)

염상섭소설에서는 한국어소설 속에 일본어인 彼, 彼女를 그대로 사용하고 있다. 『표본실의 청개구리』는 일인칭소설이지만 김창억을 소개하는 부분이 되면 삼인칭으로 변한다. 여기에서 그의 용법은 "北國의哲人,南浦의狂人 金昌億은"으로 시작되고 처음에 이름이 나오고 다음에 彼가 오는 삼인칭대명사의 용법이다. 『암야』에서는 처음부터 끝까지 주인공을 彼로 표시하고 있고 마지막까지 이름을 밝히지 않는다. 여기서의 彼는 이름을

---

28 『삼국사기』 열전에는 삼인칭대명사 '其', '他', '彼', '之'가 보인다. 그러나 염상섭의 일본 유학과 텍스트 중의 일본어를 생각할 때 彼는 한문에서 온 가능성보다 일본어에서 온 가능성이 높다.

밝히지 않기 때문에 지시대명사로 볼 수도 있으나 그것보다 오히려 이화작용(낯설게하기)으로 볼 수 있다. 왜냐하면 작가는 마지막까지 彼의 이름을 밝히지 않고 彼를 독자에게 익숙하지 않는 것으로 보이려고 하는 의식적인 수법을 사용하고 있기 때문이다.

『제야』에서 처음으로 彼女라고 하는 여성의 삼인칭대명사가 나타난다. 염상섭의 소설에서는 남녀 구별 없이 사용된 그가 성별을 구별하는 彼, 彼女로 나누어서 사용한다. 남녀를 구별하는 것에 의해 처음으로 그는 현재와 같은 남성을 가리키는 삼인칭대명사로 정착하게 된다. 염상섭이 일본어에서 유래한 彼, 彼女를 사용하지 않게 되는 것은 『E선생』에서이다. 『E선생』 이후에 彼, 彼女는 보이지 않게 된다. 『E선생』의 서두부분에는 "E先生이 X學校에서 敎鞭을 들게 된 것은, 그가 日本에서 歸國한지 半年쯤 지난뒤의 ㅅ일이었다."와 같이 E先生이 오고 나서 다음에 그가 오는 삼인칭대명사의 용법으로 사용된다. 『표본실의 청개구리』 『암야』 『제야』에서 彼, 彼女를 사용하고 『E선생』에서 한국어인 그를 사용한다. 이와 같이 염상섭소설에서는 서구어에서 일본어로, 일본어에서 한국어로의 번역과정이 그대로 드러난다.

또한 당시의 그와 그녀의 번역에 대한 어려움을 잘 나타내는 단서가 되는 책이 중국소설을 번역한 양백화의 소설이다. 양백화는 당시 중국에는 그와 그녀를 구분하는 용어가 있었지만 한국에는 아직 정착되지 않았기 때문에 그를 '그' 로, 그녀를 'ᅌ그'로 그 나름대로 구분하였다.

그는 『중국단편소설』(1929) 서문에 다음과 같이 쓰고 있다.

　　나는 우리글中에 三人稱代名詞가 性別로간단히쓰이게된것이업슴을 만히 不便으로認한졔기 種種잇슴으로여긔에서 「ᅌ그」字를 女性의 三人稱代名詞로하야 한자를새로넛코 「그」字는 男性代名詞로쓰게되엿다。한데 「ᅌ그」字에 「ᅌ」을 加하게된것은다른寓意가업고 「ᅌ」은 우리글에서 無音인故로 말에는 變動이생기지안토록하기 爲하야서만 뜻이잇섯든것이

다。惑은不必要하다고생각하는이도잇슬것이나 如何튼지나는必要를늣
기엿스닛가 이러케쓴 것이다。[29]

양백화의 '그' "그'의 사용방법은 중국어의 그에 해당하는 '他'와, 그녀에
해당하는 '她'를 참고했다고 생각된다. 중국어에도 서구의 삼인칭대명사 He,
She의 영향으로 남녀를 구별하지 않고 '他' 만으로 표현했던 말이 남녀를
구별하고 남성에게는 '他', 여성에게는 '她'로 사용하는 쪽으로 변해 왔다.
다음은 『중국단편소설』의 『光明』의 서두이다.

李四는오래동안各處로단니며장사하는사람이엿다。…그는나히四十
이다되지못하얏지만[30]

여기서는 李四라는 이름이 먼저 나오고 그 다음에 그라는 삼인칭대명
사의 용법이 사용된다.
다음은 『船上』(除志摩)의 서두 부분이다.

°그는이렇케즐겨본적이업엇다。[31]

여기서는 여성인 그녀를 "그로 표기하고 있다. 여기서도 이름이 먼저
나오고 그 다음에 "그'가 오는 삼인칭대명사의 용법으로 사용된다. 이와
같이 한국에서도 그를 여러 가지 방법으로 사용하고 그는 다양하게 변화
해 간다. 그리고 이러한 사용방법은 여성 삼인칭대명사의 표기법에 관한
여러 가지 시험에 의해 남녀의 구별이 없었던 말에서 현재와 같이 남녀를
구별하는 말로 변화해 갔다.
이광수소설에서 삼인칭대명사를 많이 사용하였지만 그는 삼인칭대명

---

29 양백화. 「역자의 말」. 『중국단편소설』(京成、開闢社出版,1929), p. 3.
30 양백화. 『公明』. 『중국단편소설』, p. 52.
31 양백화. 『船上』. 『중국단편소설』, p. 94.

사인 동시에 지시대명사의 용법 즉 인칭성과 지시성을 동시에 가지고 있었다. 김동인의 『약한 자의 슬픔』에서는 삼인칭대명사의 용법이 일반화되어 이광수소설에 보이는 지시대명사의 용법은 보이지 않는다. 김동인소설이후, 삼인칭대명사 그는 He의 번역어와 같은 용법으로 사용되고 지시대명사의 지시성은 없어진다. 그리고 염상섭소설에서 처음으로 여성의 삼인칭대명사가 나타나고 그는 처음으로 남성만을 가리키는 남성의 삼인칭대명사로 정착하게 된다.

일본에서는 He, She를 서양에서 받아들이고 彼가 지시대명사의 용법으로 사용되고 있었기 때문에 언어자체에 대한 고민은 없었다. 그러나 한국에서는 당시 He의 번역어에 해당하는 말이 없었기 때문에 그에 해당하는 말을 찾으려는 많은 노력이 있었다. 한국의 그에는 영어의 He, She는 물론 일본어의 彼, 彼女의 영향도 받았으리라고 생각된다. 결국 서양과 일본에서 이중으로 받아들인 것이다. 그 과정은 염상섭의 소설에서 드러난다. 일본과 한국에서 사용된 彼, 그는 같은 번역어의 영향을 받았고 He와 같은 삼인칭대명사로 바뀌지만 그 과정에서는 다소의 차이가 있었다.

이상과 같이 한일의 근대문체성립의 공통점을 彼, 그에서 보면 근대이전에 전통적인 지시대명사는 지시성과 인칭성을 동시에 가지고 있고 지시대명사가 삼인칭대명사의 역할도 하고 있었다. 그러나 He, She의 번역어가 들어오고 삼인칭대명사의 역할만을 하게 된다. 근대이후 He, She의 번역어로서 사용된 삼인칭대명사는 지시성을 가지지 않고 인칭성만을 가지게 된다. 그, 그녀가 지시대명사의 지시성을 없애고 삼인칭대명사의 인칭성만을 나타내는 방향으로 변하는 것에 의해서 존경과 겸양의 표현이 배제된다. 또 그, 그녀가 삼인칭대명사의 기능만을 가지는 것으로 지시대명사의 거리개념이 없어지게 된다. 이와 같이 삼인칭대명사가 정착해 가는 과정은 바로 근대문체의 성립과정이기도 하다.

4. 번역어와 근대소설문체

He의 번역어인 彼, 彼女, 그, 그녀는 한일근대문학자들에 의해 여러 가지 사용방법을 하게 된다. 그 사용방법은 다르다고 해도 결국 그 번역어는 한일의 소설문체에 침투하고 행위 주체를 나타내게 되었다.

일본에 유학하고 일본어번역으로 서구문학을 접한 이광수·김동인·염상섭과 같은 작가의 예를 볼 때 당연히 서구어에서 일본어로 일본어에서 한국어로의 과정을 생각하지 않을 수 없다. 조선어에 없는 He, She는 그들에게 있어서 큰 문제이기도 했다. 그러면 그들은 조선어에 없는 언어를 어떻게 수용하고 또 새로운 담론세계를 만들어 가기 위해 어떠한 고통을 겪었는가.

다음의 인용에는 김동인이 번역의 문제에 따르는 고통을 피력하고 있다. 일본어와 조선어라고 하는 두 언어의 문제, 그리고 그에 의해 창출된 새로운 소설담론을 다음의 김동인의 고백으로 생각해 보자.

> 또 소설을 쓰는데 한 큰 문제는 우리말에는 없는 He며 She의 대명사 문제였소. (중략) 성적(性的)으로는 남성과 여성의 구별까지는 보류하고, He나 She를 몰몰아 '그'로 하기로.
> (중략) 표현에 있어서, 동사(動詞)의 과거사화(過去詞化)도 어려운 문제의 하나였소. (중략)
> '깨달았다', '느꼈다'등의 야릇형 형용사를 처음 써 볼 때의 주저와 의혹, 이 고심은 전연 보수(報酬) 없는 고심이었소.[32]

김동인은 『망국일기』에서 'He, She의 대명사' '동사의 과거사' '형용사'를 문제시하고 있다. 그리고 『문단 30년의 발자취』에서 일본어로 구상하고 조선어로 썼다고 고백하면서 『약한 자의 슬픔』을 쓰는 데 있어서의 고민을 진술하고 있다. 그것은 구어체와 과거시제의 문제, 그리고 대명사의 문제였다. 그리고 삼인칭대명사 He와 She의 번역에 얼마나 많은 고통

---

32 김동인. 「망국일기」. 김치홍 편저. 『김동인평론전집』(서울,삼영사, 1984), pp. 518~519.

을 겪었는가를 쓰고 그 해결에 '일본'"일본어"'일본문장'이 큰 도움이 되었다는 것을 진술하고 있다.

『약한 자의 슬픔』에서 김동인은 He, She의 번역어인 삼인칭대명사 '그', '쓰다'의 과거형, 주관을 나타내는 감정동사를 문제시하고 있다. 그리고 『약한 자의 슬픔』의 서두부분 "그는 …깨다랏다"에서 확인할 수 있듯이 김동인은 삼인칭대명사 '그'와 '쓰다'의 과거형, 주관을 나타내는 감정동사 '깨다랏다'를 한 문장 안에서 동시에 사용하고 있고 근대문체의 실천에 작가자신이 매우 자각적이었다. 이는 "그는 깨다랏다"와 같은 일상언어에서는 사용하지 않는 소설언어에서만 볼 수 있는 허구의 장치를 만드는 시도이기도 했다. 이런 소설담론을 김동인은 일원묘사라고 부른다. 김동인의 헤아릴 수 없는 소설담론에의 고통은 일원묘사가 해결해 주었다. 일인칭이 아닌 삼인칭을 사용하는 것으로 화자와 주인공이 완전하게 일치하는 것을 막고 어느 정도의 거리를 둔다. 일원묘사는 작중인물을 삼인칭으로 하면서 동시에 그의 내면을 그리는 수법이다. 따라서 이는 작중인물의 주관성과 객관성을 동시에 유지하는 방법이다. "그는 깨다랏다"는 일상언어와 소설언어의 차이를 나타내는 것이고 삼인칭과 과거시제, 추량표현의 부재는 허구를 나타내는 하나의 장치이다. 작가가 자신의 얼굴을 감추고 작중인물을 삼인칭으로 하면서 동시에 그 내면을 표현하려고 하는 이 문체는 소설세계의 진실과 허구를 동시에 나타내는 소설기법이다. 이는 또 삼인칭에 의한 새로운 고백체라고 할 수 있다.

5. 나오며

전통적인 한국어와 일본어의 문장은 주어와 인칭을 나타내는 단어를 생략할 수도 있고 오히려 그렇게 하는 것이 더 자연스러웠다. 왜냐하면 동사에는 발화상황을 나타내는 화자와 청자의 인칭성이 나타나 있기 때문이다. 예를 들면 한국어와 일본어와 같이 존경어와 겸양어가 발달한 언어에서는 연상과 연하에 대한 동사가 달라진다. 그 때문에 이러한 언어권에서는 동사와 형용사의 활용을 최대한 살리고 있기 때문에 주어와 인칭을 나타내는 단어를 생략해도 아무런 지장이 없다. 결국 한국어와 일본어의 소설은 동사의 어미활용을 풍부하게 하는 것에 의해 주어의 생략을 가능하게 하고 있기 때문이다. 근대의 한국어소설과 일본어소설은 이와 같은 동사와 형용사의 다양한 변화와 활용을 없앴다. 그래서 주어를 알기 어렵게 되었고 He와 She의 번역어 彼, 彼女, 그, 그녀가 빈번하게 등장하는 문장으로 변해 왔던 것이다.

번역문에 의한 이 새로운 언어의 출현에 대해 오쿠무라 츠네야(奧村恒哉)는 「대명사 그, 그녀, 그들의 고찰」에서 그라는 새로운 말이 지금까지 존재했던 말 대신에 출현한 것이 아니고 지금까지 공백이었던 곳에 주격, 소유격, 목적격을 충전하는 역할을 담당했다고 한다. 이에 대해 야나부 아키라는 「그, 그녀 - 사물에서 사람으로, 애인으로」에서 하나의 언어체계에 공백이라는 것은 없다고 한다. 서구어를 모델로 하니까 일본어에 없는 공백이 있는 것처럼 보이는 것에 지나지 않는다고 했다. 그라고 하는 번역어는 공백을 메우기 위해 일본문장에 들어온 것이 아니고 불필요한 말로써 침입해 왔다고 한다.[33]

그러나 번역문에 영향을 받았던 근대작가들은 번역어가 없이는 문장을 쓸 수가 없었다. 삼인칭대명사 그, 그녀는 공백도 불필요한 말도 아니고 필수불가결한 것으로 들어왔다. 왜냐하면 근대 문학자에게 새로운 사상을 전달하기 위해 기존의 말과 문법으로는 무리가 있다는 것을 알았기 때문이다. 그들에게 있어 彼, 그는 없어서는 안 될 말이었다. 그 후 이러한 소설담론은 양국에 있어 새로운 소설담론을 생성했다. 동시에 번역어에 의한 새로운 담론체계는 전통적인 소설의 다양한 용법을 없애는 것에 의해 가능하게 되었다.

---

33 柳父章, 「彼、彼女―物から人へ、戀人へ」, pp. 201~202.

주어가 필요하지 않았던 문화권에 He, She의 번역어 彼, 彼女, 그, 그녀가 침투한 결과 지금까지 알지 못했던 중요한 역할을 짊어지게 된다. 삼인칭대명사 He, She의 번역어가 들어와서 일본어와 한국어의 문장이 변화하고 새로운 담론체계를 만들고 더욱 새로운 소설세계를 만들었다. 이 새로운 담론체계는 일본에서는 다야마 가타이·이와노 호메이에 의해 한국에서는 이광수·김동인에 의해 실현되었다.

He, She가 彼, 彼女, 그, 그녀가 번역되어진 이래 그 의미가 변하고 He, She에 가까운 의미로 되어 왔던 것도 사실이다. 번역문을 모델로 해서 일본어와 한국어가 변한 것이다. 이는 새로운 소설담론의 탄생과 동시에 기존의 소설담론을 크게 변화시키는 것이기도 했다. 서구어의 삼인칭대명사 He, She는 이미 발신되어진 것 대신에 사용한다. 이에 대해 일본어와 한국어의 彼, 그는 멀리 있는 것을 가리키는 지시대명사였다. 일본과 한국에서 彼, 그는 He, She와 같은 삼인칭대명사가 아니고 지시성과 인칭성을 동시에 가지고 있었다. 그러나 근대이후 He, She의 번역어가 들어오고 彼, 그는 지시성은 없어지고 인칭성만을 가진 삼인칭대명사로 바뀌었다.

원래 지시대명사는 말하는 사람과 말을 듣는 사람, 그리고 제삼자와의 관계 속에서 근칭중칭원칭과 같은 발신자와의 거리에 따라 선택되고 발화되었다. He와 같은 삼인칭대명사는 말하는 사람과의 거리가 없고 경어를 가지지 않는 언어공간에서 성립한다. 이와 같이 근대언문일치운동을 배경으로 서구어 He, She가 번역됨으로써 말하는 사람과 말을 듣는 사람과의 상호관계성에 의거해서 근칭중칭원칭의 거리에 따라서 발화되었던 전통적인 지시대명사의 여러 가지 요소가 없어지고 삼인칭대명사로 통일된다. 그리고 이와 같이 순수하게 삼인칭대명사만의 기능을 가진 He, She의 번역어인 彼, 그를 사용하는 문장이야말로 근대문체가 지향하는 언문일치체이다. 결국 번역어에 영향을 받은 이들 용어가 근대문체 및 언문일치를 가능하게 했던 것이다.

김동인. (1984). 「망국일기」. 김치홍 편저. 『김동인평론전집』. 삼영사.

김동인. (1919). 『약한 자의 슬픔』. 『창조』 1호(1919. 2).

김형철. (1981). 「삼인칭대명사에 대하여 ― 「뎌」, 「그」를 중심으로」. 『문학과 언어』(제2집).

야나부 아키라 지음. 서혜영 옮김. (2003). 『번역어 성립과정』. 일빛.

양백화. (1929). 「역자의 말」. 『중국단편소설』. 개벽사.

이광수. (1971). 『이광수전집』. 제1권. 삼중당.

李光洙(李寶鏡). (1909). 「愛か」. 『白金學報』(1909. 12).

岩野泡鳴. (1994). 『岩野泡鳴全集』 제2권. 臨川書店.

エミール・バンヴェニスト著、河村正夫・岸本通夫・木下光一・高塚洋太郎・花輪光・矢島猷三共譯. (1983). 『一般言語學の諸問題』. みすず書房.

奧村恒哉. (1954). 「代名詞「彼、彼女、彼ら」の考察―その成立と文語口語―」. 『國語國文』 23卷 11号(1954. 1).

田山花袋. (1994). 『定本花袋全集』 第1卷. 臨川書店.

廣田榮太郎. (1953). 「「彼女」という語の誕生と成長」. 『國語と國文學』 30卷(1953. 2)

柳父章. (1982). 「彼、彼女―物から人へ、戀人へ」. 『翻譯語成立事情』. 岩波書店.

巴金『家』의 번역문체에 대한 언어학적 분석

백 수 진

1. 서론

번역 작품의 문체적 특징에 대한 평가에는 '투박한', '매끄럽지 못한', '어색한', '원문의 스타일을 그대로 살린 번역', '술술 잘 읽히는' 등의 막연한 표현이 사용된다. 그리고 번역에서 무엇이 오역이고 무엇이 출발언어의 영향을 받은 번역어투의 표현인지, 무엇이 번역자의 의도에서 비롯된 표현인지에 대한 평가도 있다. 직역인가, 의역인가, 아니면 출발언어에 초점을 맞춘 번역인가, 도착언어에 맞춘 번역인가에 대한 평가도 있다. 그 외에도 번역 평가에는 원텍스트의 의미 전달과 함께 원텍스트가 가지고 있는 보편적인 표현 규칙이 번역텍스트에 스며들었는지에 대한 평가도 있을 수 있다. 이것은 도착언어의 문체와는 구별되는 독특한 표현 양식으로 규칙적인 양상을 띠면서 '번역문체'라는 독특한 표현 양식으로 나타난다. 번역어투와는 구별되는 또 하나의 번역문체로, 도착언어 텍스트에는 없는 새로운 표현 수단이 되어 도착언어의 표현 수단을 채워주는 긍정적인 역할을 할 수도 있고, 도착언어의 표현을 훼손하는 부정적인 역할을 할 수도 있다.

이 논문에서는 출발언어의 흔적을 담은 번역문체의 통사구조/텍스트구조가 규칙적인 양상을 띠면서 나타나는 것을 언어학적인 관점에서 조사해 보고, 이것이 역자의 독특한 번역문체인지, 도착언어 텍스트에 부정적 기능을 하는 번역인지, 긍정적 기능을 하는 번역인지를 살펴보려 한다. 더불어 도착언어의 규범에 맞춘 번역의 순기능과 역기능도 살펴보려 한다.

이과 관련해서 백수진(2008, 2011)은 魯迅의 『藥』, 『狂人日記』, 茅盾 『子夜』 등과 그 대응 번역텍스트의 비교를 통해 번역문체 요소에 대한 분석을 한 적이 있다. 본문에서는 巴金의 작품 『家』(1993년 판, 人民文學出版社)를 분석 대상으로 한다. 작품은 앞 선 연구의 대상 작품과는 다르지만 분석 대상 요소가 되는 통사구조나 텍스트구조는 중복이 되는 경우도 있다. 번역텍스트로는 중국의 연변인민출판사에서 번역하고 출판한 것을 국내 출판사에서 판권을 가지고 다시 출판한 번역서[역1]와 이 번역서를 참고로 해서 번역한 박난영의 번역서[역2]를 사용하였다.

『家』는 5·4운동을 반영한 巴金의 대표적인 장편소설 『激流三部曲』(『家』, 『春』, 『秋』) 중의 하나로 1933년에 처음 단행본으로 출간된 이래 지금까지 중국인들에게 사랑 받는 문학작품이다. 巴金의 현실주의적인 문제의식이 강하게 드러난 작품으로 대가족 생활의 이면을 통해 전통적인 예교와 구세력의 부패상을 신랄하게 비판하고, 반봉건의 기치 아래 5.4운동 초기의 선각자적 청년들을 등장시켜 새로운 사회의 미래상을 그리고 있다. 이 작품은 중국현대문학사에서 부동의 위치를 차지하고 있으며 문학적 가치에서도 여전히 높은 비중을 차지하고 있다. 이 논문에서 『家』를 번역문체의 분석 대상 텍스트로 정한 데는 또 다른 이유가 있다. 그것은 이 작품의 문체가 다른 문학 작품과는 달리 서구화 된 중국어 언어 풍격을 가진 대표적인 작품으로, 영어의 영향을 받은 문장 구조가 많기 때문이다(許余龍 1992:250, 郝榮齋·劉奕 2006:76).

2. 도착언어의 규범에 맞춘 번역

1) 긴 수식어 구조의 번역

『家』의 언어 특징 중 하나는 수식어의 길이를 증가한 표현을 많이 사용하고 있다는 점이다. 예를 들면,

(1) 於是那個帶着順受表情的少女的面龐便漸漸地消失去, 另一個反抗的、熱烈的少女的臉又在他的眼前現出來。
[역1] 그러자 순종적인 표정을 띠던 그 소녀의 모습은 차차 사라져 버리고.......
(2) 他臨睡時總是要去望那個躺在妻的身邊、或者睡在妻的手腕裏的孩子的天眞的睡臉。
[역1] 그는 자리에 눕기 전에 언제나 아내의 옆에서, 혹은 아내의 팔에 안겨 고이 잠들어 있는 아이의 천진한 얼굴을 들여다보곤 하였다.

(1)은 '那個帶着順受表情的少女的面龐'이 긴 주어로 사용되었고 (2)의 '那個躺在妻的身邊、或者睡在妻的手腕裏的孩子的天眞的睡臉'은 긴 목적어로 사용되었다. (1)에서 '那個'와 '面龐' 사이에, 그리고 (2)에서 '那個'와 '睡臉' 사이에 긴 수식어가 들어간 것은 원래의 전통적인 중국어 표현법과는 거리가 멀다. 서구어의 영향을 받은 것이다. 중국어는 전통적인 통사구조상 중심어 앞에 부가되는 수식어는 그다지 길지 않으며 또한 그러한 표현법을 잘 쓰지도 않는다. 그러나 번역 문학 작품의 영향으로, 또 여러 문체의 발전으로 수식어가 점점 길어지고 그런 표현법을 자주 사용하는 경향이 있다. 『家』에서는 그 당시의 다른 작품들과는 달리 (1), (2)처럼 긴 수식어 구조를 많이 사용하는 특징을 보인다. 이 경우는 번역텍스트에서도 원텍스트 구조처럼 자연스럽게 번역 처리된다. 다음 예를 보자.

(3) 早過了六十歲的祖父躺在床前一把藤椅上, 身子顯得很長。

[역1] 육십이 훨씬 넘은 조부는 …….

주어부에서 사람을 지칭하는 명사 앞에 이를 꾸미는 관형어를 사용하였다. 작품『家』에서는 이런 표현법이 많이 나타나지는 않는다. 중국어에서는 관형어를 사용하더라도 (3)에서처럼 자수가 적은 짧은 문장 구조를 사용한다. [역1]처럼 한국어도 중국어와 마찬가지로 관형어 구조를 많이 사용하는 언어적 특징이 있다 보니 1:1 대응 번역이 가능하다. 하지만 한국어에서는 중국어보다 훨씬 관형어 구조를 많이 사용한다. 그러다 보니 원텍스트는 관형어 구조가 아님에도 불구하고 대응 번역에서는 관형어 구조로 번역하는 것이 많고 수식어도 굉장히 길다.

『家』에서도 도착언어의 규범에 맞추어 관형어 구조로 번역 전환한 예를 많이 볼 수 있다([역2]의 번역이 [역1]을 참고로 한 유사한 번역일 경우에는 번역 예시에서 생략하였음).

(4) 他看見她這樣傷心, 也覺得自己的話過火。他并沒有傷害她的心思, 他這樣說, 無非一則試探她的心, 二則報復她的冷淡。他却料不到他的話會使她這應難過。試探的結果使她滿意, 但是他也有點後悔。

[역1] 소녀가 그처럼 상심하는 것을 본 각혜는 자기의 말이 지나쳤다고 후회하였다.

[역2] 이렇게 상심하는 그녀를 보며 그는 자기 말이 지나쳤다고 후회했다.

(5) 後來他的惶恐漸漸地減少了, 他便注意地觀察祖父的暗黃色的臉和光禿的頭頂。

[역1] 시간이 지남에 따라 불안하던 마음이 차차 사라지게 된 그는 조부의 거무충충한 얼굴과 벗겨진 정수리를 찬찬히 관찰하게 되었다.

(6) 她在思索, 她在回想。她在享受這種難得的"清閑", 沒有人來打擾她,

那些終日在耳邊響着的命令和責罵的聲音都消失了。

[역1] ……여러가지 사색과 회상에 잠기곤 하였다. 온종일 귀청을 울리던 명령과 꾸지람도 말끔히 사라져 버리고 사람을 못 견디게 구는 이도 하나 없는 이 얻기 어려운 '한가로운' 시간을 마음대로 누리고 싶었다.

(4)의 [역1]에서는 "他看見她這樣傷心"을 관형어 구조로 번역하였고 [역2]에서는 "她這樣傷心"을 관형어 구조로 번역하였다. (5)에서는 하나의 문장 전체가 뒤 문장의 주어를 수식하는 구조로 번역하였다. 심지어 (6)에서는 영어 수식 구조처럼 두 개의 문장이 앞 문장의 명사 성분인 '淸閑'을 수식하는 구조로 번역하였다.

김미형(2000)에서는 "관형어 구조를 가진 문장은 구성상 쉽게 읽어 내려갈 수 있는 방식은 아니다. ……. 문장 쉼표가 없어도 쉬어 읽어야 하며, 따라서 글이 다소 무거운 느낌이 있다"라고 언급하였다. 여기에 해당하는 예를 보자.

(7) 走到那邊月台, 須穿過鐵道, 須跳下去又爬上去。父親是一個胖子, 走過去自然要費事些。我本來要去的, 他不肯, 只好讓他去。(『背影』, 백수진 2011)

원어의 구조대로 번역하여 "아버지는 몸집이 뚱뚱하여 여간 힘드신 일이 아니었다."로 독자가 읽을 경우 순조롭게 넘어갈 수 있지만 관형어 구조인 "몸이 뚱뚱하신 아버지로서는 여간 힘든 일이 아니었다."로 읽을 경우 독자는 쉼표가 없어도 쉬어 읽어야 한다. 글이 다소 무거운 느낌을 준다.

이 외에도 관형어 구조 방식으로 번역이 되는 원텍스트 구조로는 어떤 것이 있는지 보자.

원텍스트에서는 단락 전환이 없지만 번역텍스트에서 단락 전환을 하여 번역할 때 관형어 구조를 사용하기도 한다.

(8) <u>他看見兒子慢慢地長大起來, 從學爬到走路, 說簡短的話。</u>

[역1] (단락 바꿈) 아이는 차차 걸을 수 있게 되었고 말도 몇 마디씩
하게 되었다.

[역2] (단락 바꿈) <u>바닥을 기는 게 고작이었던</u> 아이는 차차 자라나
걸을 수 있게 되었고 말도 몇 마디씩 하게 되었다.

(9) 他念着亡故的祖母贈給某校書的詩句 (這是他前些時候在祖母的詩
集裏讀到的), 眼前馬上現出了青年時代的祖父的面影。

[역1] 돌아가신 할아버지가 어느 기생에게 써 보냈다는 이 시 — 그
는 얼마 전에 할머니의 시집에서 이 시를 읽었던 것이다 —를 음미
하자 청년 시절 조부의 모습이 떠오르는 것이었다.

[역2] 그는 조모가 돌아가시기 전에 조모의 시집에서 읽어주었던 시
한 구절을 생각하며, 젊은 시절 할아버지의 모습을 떠올리다 ……

(8)의 [역2]에서는 번역에서 단락 전환을 사용함과 동시에 관형어 구조
를 사용하였다. (9)의 [역2]처럼 원텍스트의 괄호 안의 문장을 관형어 구
조로 처리하여 번역하기도 한다. [역1]에서는 괄호 안의 문장을 줄표로
처리하였지만 [역2]에서는 괄호 안의 문장을 관형어 구조로 처리하여 번
역하였다.

때론 번역에서 관형어 구조의 선택을 신중히 해야 한다. 다음 예를 보자.

(10) 然而陳姨太進來了。那張顴骨高、嘴唇薄、眉毛漆黑的粉臉在他的
眼前晃了一下。她帶進來一股刺鼻的香風。……。

[역1] 이때 <u>광대뼈가 나오고, 입술이 얇고 눈썹이 새까만</u> 얼굴에 분
을 잔뜩 바른 진씨의 모습이 나타났다. 그녀는 지독한 분 냄새를
가지고 들어왔다.

[역2] 이때 첩 천씨가 들어왔다. 높은 광대뼈에 붉은 입술, 새까맣게
칠한 눈썹에 분을 잔뜩 바른 얼굴. 코를 찌르는 분 냄새 뒤로 ……

[역1]처럼 '陳姨太'에 대한 묘사 부분 '那張顴骨高、嘴唇薄、眉毛漆黑的粉臉'을 관형어 구조로 처리할 경우 문학적 묘사 기능이 떨어진다. [역2]처럼 원텍스트의 구조대로 번역하는 것이 독자에게 '陳姨太'에 대한 묘사를 훨씬 생동감 있게 전달할 수 있다.

(11) 鳴鳳的注意力正集中在那枝梅花上面, 不曾看見他走近。他忽然聽見他的聲音, 不覺吃驚地松了手來看他。

[역1] 명봉이는 가지에 달린 매화꽃에 정신이 쏠려 각혜가 가까이 오는 것도 보지 못하고 있었다. 그녀는 난데없는 사람의 말소리를 듣고 깜짝 놀라 나뭇가지를 놓아버리고 그를 바라보았다.

[역2] 가지에 달린 매화꽃에 정신이 쏠려 그가 가까이 오는 것을 보지 못했던 펑밍은 사람의 말소리를 듣고 깜짝 놀라 나뭇가지를 놓쳐버렸다.

[역2]는 두 개의 문장을 하나로 연결하고 앞 문장을 관형어 구조로 처리하였다. 번역에서 관형어 구조를 지나치게 길게 처리하였다. 각혜가 갑자기 나타나서 놀란 명봉이의 모습을 묘사하기 위해서는 [역1]처럼 원어 구조대로 앞 문장을 주술 구조로 번역하고 문장을 하나하나 짧게 표현하는 것이 좋다.

(12) 現在祖父在他的眼前顯得非常衰落, 身子軟弱無力地躺在那里, 從微微張開的嘴裏斷續地流出口水來, 把頷下的衣服打濕了一圈。

[역1] 지금 조부는 퍽 쇠약해 보였다. 맥없이 누워 약간 벌린 입에서는 이따금 침이 흘러내려 턱 밑의 옷을 적시고 있었다.

[역2] 지금 그의 눈에는 맥없이 거기에 누워있는 할아버지가 퍽 쇠약해 보였다. 약간 벌어져 있는 입에서는 이따금 침이 흘러내려 턱 밑의 옷을 적셨다.

[역2]는 관형어 구조로 번역하였다. 그러나 원어 구조대로 번역한 [역1]의 표현이 좋다. '할아버지는 쇠약하다'는 표현을 앞 문장에서 먼저 언급하고 뒤 문장에서 '쇠약한 할아버지'에 대해 구체적으로 묘사한 것이 훨씬 생동감이 있다.

원래는 한국어에서도 중국어와 마찬가지로 관형어가 다음 말을 수식해도 대체로 짧은 관형절을 관형어로 이용한다. 그런데 수식-피수식 관계가 복잡한 영어 구조의 영향을 받아 번역텍스트에서 많이 사용하는 경향을 보이고 있다. 영어에서는 한 문장에서 앞 관형절이 뒤 체언을 꾸며주기도 하며, 뒤 문장이 앞 체언을 꾸며주기도 한다. 그래서 전체 문장이 길어진다(한효석 2000: 221). 따라서 [역1]에서 관형어 구조를 지나치게 많이 사용한 것은 도착언어의 규범에 맞추기 위한 것만은 아닌 것 같다. 영어의 영향을 받은 번역문체(한국어)에 익숙한 역자의 독특한 번역문체가 중국어 번역에도 영향을 미친 것으로 볼 수도 있다.

2) 인칭대명사의 첨가와 삭제

중국어와 한국어 모두 하나의 텍스트 안에서 인칭대명사의 생략이 가능하다는 특징을 가지고 있지만 생략할 수 있는 위치가 동일한 것은 아니다. 특히 巴金『家』의 경우는 서구화된 중국어 언어풍격을 가진 대표적인 작품으로 영어의 영향을 많이 받은 문장 구조다(許余龍 1992: 250). 그래서 전통적인 문학 작품에서 많이 사용하는 '영형(ø) 주어' 대신에 매 문장마다 인칭대명사를 빈번하게 사용하고 있다.

(13) 他絶望地痛哭, (他) 關上門, (他) 用鋪盖蒙住頭痛哭。他不反抗, 也想不到反抗。他忍受了。他順從了父親的意志, 沒有怨言。可是在心裏 (他)却爲着自己痛哭, 爲着他所愛的少女痛哭。
[역1] 그는 문을 걸어 닫고 ø이불을 뒤집어쓰고 ø절망적으로 통곡하였다. 그는 거부하지 않았고 거부할 생각도 없었으며 ø오직 자신을

억제할 뿐이었다. 그는 원망의 말을 하지 않았으며 부친의 의사에 순종하였다. 그러나 그는 자신을 위하여 통곡하였고 자기가 사랑하는 그 처녀를 위하여 슬퍼하였다.

[역2] 그는 그저 문을 닫아걸고 ø이불을 뒤집어쓴 채 ø 절망적으로 통곡했다. 그는 반항하지 않았으며 오로지 인내할 뿐이었다. ø 한 마디 원망도 없이 부친의 뜻에 순종했다. 그러나 ø마음속으로 자기 자신을 위해, 그리고 사랑하는 그녀를 위해 울었다.

원텍스트에서는 마침표가 사용된 4개의 문장에 모두 주어 '他'를 사용하였다. 그리고 문장 단위 안의 절 안에서도 주어 자리에 '他'를 사용하였다. 총 7개의 주어 '他'를 사용하였다. '他'에 괄호를 사용한 것은 필자가 '他'의 생략 가능함을 임의로 표시한 것이다.[1] [역1]에서 역자는 총 4개의 마침표를 사용한 문장을 만들었고 매 문장마다 '그'를 주어로 사용하였다. 그러나 문장 안의 쉼표를 사용한 절에서는 '他'의 번역을 생략하였다. 원텍스트대로 사용할 경우 도착언어의 규범과 어법에 맞지 않기 때문이다. [역2]에서는 도착언어의 텍스트 흐름 규범에 맞추어 최대한 3인칭대명사의 사용을 줄여 '그'를 2개만 사용하였다. [역1]은 하나의 텍스트 안에 3인칭대명사를 빈번하게 사용한 원텍스트의 문체적 특징을 역자가 그대로 반영한 것으로 볼 수도 있고, 역자 개인의 번역문체로 볼 수도 있다. 다음 예를 보자.

(14) 他跟着她走了幾步, 便又站住, (他) 看見她慢慢地走下石級, 忽然一轉彎被石壁遮住, (他) 不再看見她的背影了。

[역1] 각혜는 명봉을 따라 몇 걸음 걷다가 곧 걸음을 멈추었다. ø 소녀가 천천히 돌층계를 다 내려가는 것까지는 보았으나 모퉁이를 돌아서자 그만 석벽에 가로막혀 <u>보이지 않게 되었다</u>.

---

1 '他'를 생략할 경우 앞 문장의 마침표를 쉼표로 바꾸어야 한다. 他順從了父親的意志, 沒有怨言, 可是在心裏ø却爲着自己痛哭, ……。

중국어에서는 문장 간의 의미 연결이 동작의 연속을 나타낼 경우 인칭 대명사 주어를 사용하지 않는 경향이 있다. 그런데도 원텍스트에서는 '他'를 반복해서 사용하고 있다. 작가의 문체적 특징을 볼 수 있는 부분이다. [역1]에서는 도착언어의 규범에 맞추어 번역하였다. "他不再看見她的背影了"에서는 능동 구조인 '보다'를 피동 구조인 '보이다'로 번역했기에 더더욱 번역에서 3인칭대명사 '그'를 사용할 수 없다.

원텍스트 (13), (14)는 모두가 새로운 단락의 출발점이다. 그런데도 작가는 단락의 출발점에서 주어로 완전명사를 사용하지 않고 3인칭대명사를 사용하였다. (13), (14)의 '他'는 각각 완전명사 '覺新', '覺慧'로 바꿀 수 있다. 비슷한 시기인 1919년에 발표한 魯迅의 작품『藥』의 예를 보자(백수진 2011).

> (15) 老栓正在專心走路, 忽然吃了一驚, 遠遠裏看見一條丁字街, 明明白白橫着。/ 他便退了幾步, 尋到一家關着門的鋪子, 蹩進檐下, 靠門立住了。/ 好一會, ø 身上覺得有些發冷。
> [역] 골똘히 길을 걷고 있던 노전은 깜짝 놀랐다. / 멀리 가로 놓인 T자 거리가 환히 바라보였던 것이다. / 그는 뒷걸음질을 쳐서 문이 꼭 닫힌 가게의 추녀 밑으로 비실거리며 들어가 문에 기대어 섰다. / 한참 서 있던 그는 몸이 오싹해짐을 느꼈다. (연변대학통신학부 역)

첫 번째 문장에서 주어로 완전명사 '老栓'을 사용하였고 두 번째 문장에서는 이것을 지칭하는 3인칭대명사 '他'를 사용하였다. 3개의 문장으로 구성된 텍스트에서 '他'는 1개만 사용하였다. 巴金의 문체와 대조되는 부분이다. 확실히 巴金의 문체는 매 문장마다 인칭대명사 주어를 사용하는 영어의 영향을 강하게 받았음을 알 수 있다. 이러한 특징은 백수진(2011)의 분석을 통해서도 알 수 있다. 그는 작품『藥』과 번역텍스트를 비교하여 텍스트에서 주어로 사용된 주요 등장인물의 완전명사/3인칭대명사의 사용 비율을 조사한 적이 있다.

[원텍스트]

老栓 : 20개, '老栓'을 지칭하는 **3인칭대명사 '他' : 3개**

[연변대학통신학부 번역]

노전 : 21개, '노전'을 지칭하는 **3인칭대명사 '그' : 5개**

작품 『藥』의 원텍스트에서는 주어로 완전명사 '老栓'을 20개나 사용한 반면에 3인칭대명사 '他'는 3개밖에 사용하지 않았다. 번역텍스트에서도 완전명사/3인칭대명사의 사용 위치가 원텍스트와 동일하지는 않지만 원텍스트와 사용 횟수가 비슷하다. (14)의 "他跟着她走了幾步, ……。"의 번역에서는 원텍스트의 문체 특징에 맞춘 '그/그녀'를 사용하지 않고 완전명사인 '각혜/명봉'을 사용하여 "각혜는 명봉을 따라 몇 걸음 걷다가 ……"로 번역하였다. 다음 예를 보자.

(16) 在左邊也有一張同樣的木板床, 上面睡這頭發花白的老黃媽 ; 還有一張較小的床, 十六歲的婢女鳴鳳坐在床沿上, 痴痴地望着灯花。(단락 바뀜)

照理, 她辛苦了一個整天, 等太太小姐都睡好了, 暫時地恢復了自己身体的自由, 應該早点休息才是。然後在日子裏, 鳴鳳似乎特別重視這些自由的時間。

[역1] 왼쪽에도 마찬가지의 나무 침대 하나가 놓여 있는데 거기에는 머리가 반백이 된 황씨 어멈이 자고 있고 그보다 좀 작은 침대에는 열여섯 살 먹은 하녀 명봉이가 앉아서 불똥만 멍하니 바라보고 있었다. (단락 바뀜)

ø 온종일 고된 일을 했고 마님과 아씨들이 이미 잠들어 잠시나마 몸의 자유를 회복했으니 이제는 잠을 자도 되었지만 요즈음 명봉이는 이 자유로운 시간을 유달리 소중하게 여기게 되었다.

원텍스트에서는 "她……鳴鳳"의 후조응 형식을 취하였다. 번역텍스트에서도 동일한 후조응 형식을 취하였다. 대신에 도착언어의 규범에 맞추기 위해서는 [역1]처럼 조응의 대상인 '她'를 영형(ø)의 조응 형식으로 바꿔줘야 한다. 다음 예를 보자.

(17) 右邊的兩張木板床上睡着三十歲光景的帶孫少爺的何嫂同伺候大太太的張嫂, ø 斷續地發出粗促的鼾聲。

[역1] 오른쪽의 두 나무 침대에는 이 집 장손 해신이의 시중을 드는 삼십이 된 하씨와 큰마님의 시중을 드는 장씨가 자고 있는데 <u>그들은</u> 이따금 큰 소리로 코를 골고 있었다.

[역2] 오른쪽 두 나무침대에는 이 집의 장손 하이천 海臣의 시중을 드는 30세 가량의 허씨와 큰마님의 시중을 드는 장씨가 자고 있는데 ø 이따금 큰 소리로 코를 골곤 했다.

(18) "那怎麼應行? 外面的運動正鬧得轟轟烈烈, 我怎麼能够安靜地躲在家裏不出去?" 他絶望地說, (他) 開始明白事情的嚴重了。

[역1] "어떻게 그럴 수가 있겠어요? 지금 밖에선 운동이 한참 격렬하게 진행되고 있는데 나 혼자 가만히 집에 틀어박혀 있을 수 있겠어요?" <u>그는</u> 절망적으로 말하였다. <u>그는</u> 사태가 그렇게 쉽지만은 않다는 것을 깨닫기 시작하였다.

[역2] ……… <u>그는</u> 절망적으로 말했다. <u>그는</u> 사태가 간단치 않음을 깨닫기 시작했다.

(17)에서는 [역1]처럼 인칭대명사 주어를 첨가해도 되고 [역2]처럼 생략해도 되지만 지시대상을 명확히 하기 위해 '그들은'을 첨가하는 것이 좋다[2]. (18)의 "他開始明白事情的嚴重了"에서 '他'는 생략이 가능하다. 그만큼 번역에서 '他'를 번역하지 않아도 될 가능성이 높다는 것을 의한다. 그런데도 두 번역텍스트 모두가 '他'를 번역하였다. 논리적 어순을 바꾸어

---

[2] 한국어의 예를 보자. "춘원 이광수는 1917년에 『무정』을 발표했는데, 국문학사상 최초의 근대장편소설이다."의 경우 "춘원 이광수는 1917년에 『무정』을 발표했는데, <u>이 작품은/『무정』은</u> 국문학사상 최초의 근대장편소설이다."로 주어를 첨가하여 표현하는 것이 맞다.

"그는 사태의 심각성을 깨닫고는 절망적으로 말했다."로 번역할 경우 도 착언어의 규범에 맞게 3인칭대명사를 생략하고 번역할 수 있다.

3) 어순(논리 관계)

중국어 번역텍스트에서는 긍정-부정의 표현법을, 한국어 번역텍스트에서 는 부정-긍정의 표현법을 많이 쓴다[3]. 문장의 부정 부분과 긍정 부분에서 의미의 중심은 긍정 부분이다. 한국어는 중심 술어동사가 문장의 끝에 위치 하기 때문에 의미의 중심이 되는 긍정 부분이 뒤에 위치한다고 볼 수 있다. 다음 예에서도 원텍스트의 긍정-부정 표현과는 달리 번역텍스트에서는 도 착언어의 규범에 맞추어 공통적으로 '부정-긍정'의 표현으로 번역하였다.

(19) 陳先生, 你爲什麽總是這樣謙虛? 我們常常見面, 又比不得外人, "
琴溫和地說。
[역1] 진 선생님! 선생님은 어쩌면 그렇게 겸손하기만 하세요? 우리 는 낯선 처지도 아니고 늘 만나는 사이가 아니예요?"

(20) 他很細心地聽他們談話, 有時又露出得意的笑容。覺慧又翻開 ≪新青年≫讀着, 幷不注意他們的談話。
……… 각혜는 그들의 대화에는 시선도 돌리지 않고『신청년』을 펼 쳐들어 보고 있었다.

(21) 他絶望地痛哭, 他關上門, 他用鋪盖蒙住頭痛哭。他不反抗, 也想不 到反抗。他忍受了。他順從了父親的意志, 沒有怨言。
[역1] 그는 문을 걸어 닫고 이불을 뒤집어쓰고 절망적으로 통곡하였다. ……… 그는 원망의 말을 하지 않았으며 부친의 의사에 순종하였다.
[역2] 그는 그저 문을 닫아걸고 이불을 뒤집어쓴 채 절망적으로 통 곡했다. ……… 그는 반항하지 않았으며 오로지 인내할 뿐이었다. 한 마디 원망도 없이 부친의 뜻에 순종했다.

---

3 긍정-부정/부정-긍정 구조와 관련해서 백수진(2011)은 영어 원텍스트와 중국어, 한국어 번 역텍스트를 비교하여 분석한 적이 있다.

3. 출발언어의 흔적이 담긴 번역

1) '他的臉上' 구조의 번역문제

『家』의 다음 예를 보자.

(22) 覺慧聽見哥哥的這些話, <u>他的怒氣</u>馬上消失了, 他只是默默地點着頭。
[역1] 각혜는 이러한 말을 듣자 치밀던 분이 곧 가라앉았다.
(23) "......," 覺民對琴說, <u>他的臉上</u>現出得意的微笑, 他們已經走出上
房, ..."
[역1] 각민은 얼굴에 부드러운 미소를 띠며 온화에게 말하였다.

『家』의 문체적 특징 중 하나는 '他的怒氣', '他的臉上'과 같은 류의 표현
을 유난히 많이 사용한다는 점이다. 이것은 전형적인 중국어 통사구조의
한 특징이다. (23)에서 주어로 사용된 '他的臉上'에서서 '他的'는 생략이 가
능하지만 중국어에서는 이런 표현을 즐겨 쓴다. 번역텍스트 (22), (23)에서는
'他的'의 번역을 생략하고 모두 도착언어의 표현 규범에 맞추어 번역하였다.
'他的臉上' 류의 번역에 관해서는 백수진(2008, 2011)에서 이미 연구가
있었다. 그는 '-的-' 구조가 출발언어의 한 특징임을 한·중 번역텍스트를
통해 설명하였다.

(24) 뜨거운 햇볕에 늘어져 있을 난초 잎이 <u>눈에</u> 아른거려 더 지체할
수가 없었다. 『무소유』
[역] <u>我的眼</u>前閃現出因驕陽而低垂的蘭草葉, 更是容不得有半點
耽擱地上路了。

한국어에서는 '눈'으로 표현한 것이 번역텍스트에서는 '나의 눈(我的
眼)'으로 표현하였다. 중국어에서는 신체의 일부분을 나타내는 단어('眼')
를 주어로 사용할 때 소유의 주체인 인칭대명사를 한정적 구조(관형어+

‘的’+피수식어 구조)로 표현하길 좋아한다.

그런데 다음『家』의 [역1]에서는 원텍스트에 ‘他的臉上’ 류(‘-的’ 구조)가 없음에도 불구하고 ‘-的-’ 구조의 영향을 받은 번역문체가 많이 나타난다.

(25) 覺慧把祖父的瘦長的身子注意地看了好幾眼, 忽然……。

[역1] 각혜의 단호한 눈초리는 조부에게로 옮아갔다. 그는 길고도 여윈 조부의 체구를 여러 번 눈여겨 바라보았다.

[역2] 쥬에후이는 할아버지의 홀쭉하게 여윈 긴 체구를 여러 번 눈여겨 바라보았다.

(26) 早過了六十歲的祖父躺在床前一把藤椅上, 身子顯得很長。長臉上帶了一層暗黃色。嘴唇上有兩撇花白的八字胡。頭頂光禿, 只有少許花白頭髮。兩只眼睛閉着, 鼻孔裏微微發出一点聲息。

[역1] 육십이 훨씬 넘은 조부는 ……긴 얼굴은 …… 코 밑에는 …… 머리에는 이미 백발이 된 머리칼이 드문드문 있을 뿐이었다. 두 눈을 감고 있는 조부의 코에서는 가느다란 숨소리가 나고 있었다.

[역2] …… 머리에는 이미 백발이 된 머리칼이 드문드문 있을 뿐이었다. 두 눈을 감고 있는 할아버지의 콧구멍에서는 가느다란 숨소리가 새어나왔다.

(27) 這樣地過了一個月, 有一天也是在晚上, 父親又把他叫到房里去對他說: ……。

[역1] 이렇게 한 달이 지난 어느 날 저녁 그의 아버지는 그를 자기의 방에 불러 놓고 말하는 것이었다.

[역2] 그렇게 한 달이 지난 어느 날 저녁, 부친은 그를 자신의 방에 불러놓고 말했다.

(25)의 [역1]에서는 원텍스트에 없는 표현임에도 불구하고 중국어 ‘他的臉上’ 류 구조의 영향을 받아 ‘각혜의 단호한 눈초리(‘他的眼神’)’란 구조로 번역하였다. (26)의 [역1]에서도 ‘鼻孔裏’를 ‘他的鼻孔裏’의 구조로 번역하였다. 그런데 이러한 번역문체가 전혀 어색하지 않고 자연스럽다. 하지

만 (27)의 [역1]은 오역에 가깝다.

2) 지시어의 번역

(28) 祖父還有一個姨太太。這個女人雖然常常濃妝艶抹, 一身香氣, 可是幷沒有一點愛嬌。她講起話來, 總是尖聲尖气, 扭扭捏捏。她是在祖母去世以後買來服侍祖父的。祖父好像很喜歡她, 同她一起過了將近十年。

[역1] 조부에게는 또 첩이 하나 있는데 의 여인은 늘 진한 화장을 하여 온몸에서 향기가 풍기지만 애교라곤 조금도 없는 사람이 어서 말을 할치라면 언제나 날카로운 소리로 이리저리 비꼬아대는 것이다. …… 조부는 의 여자가 마음에 드는 모양이었고 그녀와 근 십 년 동안이나 살아왔다.

[역2] 게다가 할아버지에게는 또 첩이 한 명 있었다. 그 여인은 늘 진한 화장을 하여 온몸에서 향기가 풍겼지만 애교라곤 눈꼽만치도 없었으며 입을 열었다 하면 언제나 시끄러운 소리로 비아냥대기만 했다. …… 할아버지는 그 여자가 마음에 드는지 근 10년 동안이나 함께 살아왔다.

두 번역텍스트에서 지시어의 번역이 서로 다름을 알 수 있다. (28)의 [역1]에서는 원텍스트 '這'와 동일한 지시어 '이'를 사용하였으나 [역2]에서는[역5]에서는 '那'에 해당하는 '그'를 사용하였다.

崔奉春(1989:107)이 조사한 바에 따르면, 한국어로 쓴 『朝鮮名文選』에서는 '이' 계열과 '그' 계열의 비율이 1:2.1이었고 중국어로 쓴 『北京文藝』에서는 '這' 계열과 '那' 계열의 비율이 1.7:1이었다고 한다. 중국어에서는 '這' 계열을 '那' 계열보다 많이 사용하고, 한국어에서는 '이' 계열 보다 '그' 계열을 많이 사용한다. 이러한 차이는 언어문화학적 관점에서 설명할 수 있다. 중국어에서는 대상에 대한 지칭을 화자의 영역 안으로 끌어들여 표현하려는 경향이 강하고, 한국어에서는 대상에 대한 지칭을 화자와 일정 거리를 유지하면서 표현하려는 경향이 강하기 때문이다(백수진 2004, 2008). (28)의 [역1]에서는 출발언어의 흔적이 담긴 번역문체이고 [역2]는 도착언어의 규범에 맞춘 번역이라 할 수 있다. 물론 한국어 문학 작품에서 도 '화자의 심리 이동'을 통해 지칭 대상을 화자에게 가까운 것으로 묘사 하고자 할 때는 '그'를 '이'로 전환하여 지칭할 수도 있다. 하지만 [역1]의 역자는 중국인(조선족)으로 이중언어 사용자이기 때문에 원어의 흔적이 담긴 번역으로 봐야 한다.

3) 지시대명사 주어의 첨가

원텍스트에서는 지시대명사 주어가 없음에도 불구하고 번역텍스트에서 는 이것을 첨가하여 번역함으로써 형성된 번역문제가 있다. 다음 예를 보자.

(29) "我在這兒過了七年了, "第一個念頭就是這個, <u>它近來常常折磨他</u> 。……。雖然這其間流了不少的眼泪, 吃了不少的打罵, <u>但畢竟是 很平常的</u>。流眼淚和吃打罵已經成了她的平凡生活裏的點綴。她 認爲這是無可避免的事, 雖然自己不見得就愿意它來, 但是來了 也只好忍受。

[역1] 맨 먼저 떠오르는 것이 이런 생각이었고 이 생각이 근래에 와서는 늘 그녀를 괴롭히는 것이었다. ……… 그동안에 적지 않은 눈물을 흘렸고 적지 않은 매를 맞았고 무수한 욕을 먹었지만 결국 <u>그것은</u> 아주 일상적인 것으로서 눈물과 매와 욕은 그녀의 평범한 생활의 한 부분이 되어버렸다.

[역2] ……… 그동안에 수없이 눈물을 흘렸고 많은 매를 맞았고 무수 한 욕을 얻어먹었다. 눈물과 매와 욕은 아주 일상적인 것으로서 이 미 그녀 생활의 일부분이 되어버린 지 오래였다.

(30) 此外, 他無論在什麼地方, 只要看見祖父走來, 就設法躲開, <u>因爲有 祖父在場, 他感覺拘束</u>。祖父似乎是一個完全不親切的人。

[역1] 매일 아침저녁으로 조부의 방에 들어가 문안을 드리는 외에는

어디서나 할 것 없이 조부가 보이기만 하면 되도록 피하고 있었다. 그것은 조부의 앞에만 있으면 어쩐지 구속 받는 것 같았기 때문이다. 조부는 인간미라고는 전혀 없는 사람 같았다.

[역2] 매일 아침저녁으로 할아버지의 방에 들어가 문안을 드렸지만 그 외에는 어디서든 할아버지의 그림자만 보아도 몸을 피할 정도로 그와 마주치길 꺼렸다. 친절이라고는 전혀 찾아볼 수 없는 할아버지 앞에 있으면 어쩐지 구속을 받는 것처럼 거북했기 때문이다.

(29)의 '但畢竟是很平常的'에서는 앞부분의 내용을 지칭하는 지시어 주어가 없음에도 불구하고 [역1]에서는 '그것은'을 첨가하여 '그것은 아주 일상적인 것으로서......'로 번역하였다. (30)의 [역1]에서도 마찬가지로 '그것은 조부의 앞에만 있으면......때문이다'로 번역하였다.

원텍스트 (29)에서도 '這'를 첨가하여 '但這些事畢竟是很平常的'의 표현으로 전환할 수 있다. (30)에서도 앞 내용에 대한 원인 설명 "因爲有祖父在場, 他感覺拘束"에서 앞 내용을 지칭하는 지시대명사 주어 '這'를 첨가하여 "這是因爲有祖父在場, 他感覺拘束"의 구조로 표현할 수 있다. 둘 다 중국어에서 자주 사용하는 표현 구조이다. 따라서 번역텍스트에서 지시어를 첨가한 것은 도착언어의 규범에 맞추기 위한 것이 아니고 출발언어에서 자주 사용하는 지시어 '這'의 흔적이 들어간 번역문체의 한 특징으로 보아야 한다. 다음 예를 보자.

(31) 覺新唯唯應着, 做出很恭順的樣子, 一面偸偸地看覺慧, 給他做眼色, 叫他不要開口。覺慧也沒有什麼表示。

[역1] 각신은 아주 공손하게 예! 예! 하고 대답하며 각혜에게 눈짓을 하였다. 그것은 다시는 말대답을 하지 말라는 암시였다. 각혜는 가만히 있었다.

[역2] "예, 예." 쥬에신은 아주 공손하게 대답하며 쥬에후이에게 더 이상 말대답을 하지 말라고 눈짓을 했다. 쥬에후이는 가만히 서 있었다.

"一面偸偸地看覺慧, 給他做眼色, 叫他不要開口"를 원어의 구조에 맞추어 번역하면 "각신은 몰래 각혜를 보면서 눈짓을 했다. 대꾸를 하지 말라고"가 된다. [역2]에서는 도착언어의 의미 논리 구조에 맞추어 "각신은 각혜에게 더 이상 말대답을 하지 말라고 눈짓을 했다."로 번역하였다. 그러나 [역1]에서는 앞 문장의 행위 내용 '눈짓'에 대한 보충 설명에서 지시어 주어 '그것은'을 첨가하여 "그것은 다시는 말대답을 하지 말라는 암시였다."로 번역하였다. [역1]의 번역문체가 도착언어의 규범에 맞춘 [역2]보다 '不要開口' 의미를 독자에게 더 부각시킨다.

4. 결론

본문에서는 巴金의 작품 『家』와 그 번역텍스트의 비교를 통해 나타나는 번역 특징을 두 가지로 나누어 이를 언어학적 관점에서 분석하였다. 이 두 가지는 도착언어의 규범에 맞춘 번역과 출발언어의 흔적을 담은 '번역문체'이다. 원텍스트와 번역텍스트의 비교 분석을 통해 두드러지게 반복적으로 나타난 통사구조/텍스트구조로는 '긴 수식어를 가진 문장', '3인칭대명사의 사용 여부', '어순', "他的臉上' 구조', '지시어 '이/그'', '지시대명사 주어의 첨가' 등이 있었다. 이중 "他的臉上' 구조와 '지시대명사 주어의 첨가'에서는 원텍스트도 없는 출발언어의 통사구조('-의', '그것은 ……')를 번역텍스트에서 첨가하여 번역하였다. 이것은 도착언어의 표현을 풍부하게 해주는 독특한 번역문체로, 순기능적 기능을 하는 표현임을 확인할 수 있었다. 반면에 '긴 수식어를 가진 문장'에서는 출발언어를 도착언어의 규범에 맞추어 관형어 구조로 전환하여 번역한 것은 좋았으나 불필요하게 긴 관형어 구조를 사용하여 도착언어에 부정적 기능을 하는 표현도 있었다.

언어학적 접근 방식으로 분석한 위의 6가지 항목의 번역문체에 대한 통사구조/텍스트구조 분석이 한 작품의 번역문체에 관한 전반적인 문제를 설명하기에는 너무나 작은 요소이지만 어느 정도 객관성 있는 설명을 제공할 수 있다고 본다. 또한 이러한 설명은 주관적 인상에 의해 규정되는 문학적 번역문체 분석과는 구분된다.

ᇰ 참고문헌

김미형. (2000). 「문체 분석의 실제(1)」. 『어문학연구』 제9집. 상명대 어문학연구소
김정우. (2007). 「번역투의 성격 규명을 위한 다차원적 접근: 진단에서 처방까지」. 『번역학연구』 8(1).
박갑수. (1994). 『국어문체론』. 대한교과서.
박승윤. (1984). 「문체론의 언어학적 고찰—Henry James와 조해일을 중심으로—」. 『인문과학』 13.
백수진. (2004). 「중한 텍스트결속성 비교와 번역」. 『중국학연구』 28.
백수진. (2008). 「중한 번역텍스트의 번역문체 비교」. 『중국어문학논집』 49.
백수진. (2011). 「Rich Dad Poor Dad와 중국어 번역본·한국어 번역본의 비교 분석」. 『동서비교문학저널』. 24.
백수진. (2011). 「중국현대문학작품의 한국어 번역문체에 대한 언어학적 분석」. 『한국어학』 53.
이승권. (1998). 「번역의 방법으로 본 비교 문체론」. 『康星旭敎授停年退任紀念論叢』.
태평무. (1992). 『한조번역이론연구』. 흑룡강조선민족.
한효석. (2000). 『이렇게 해야 바로 쓴다』. 한겨레신문사.
崔奉春. (1989). 『朝漢語語彙對比』. 延邊大學.
郝榮齋·劉奕. (2006). 『走進巴金『家』的語言世界』. 花山文藝.
許余龍. (1992). 『對比語言學槪論』. 上海外語敎學.

분석 텍스트
巴金. (1993). 『家』. 人民文學出版社.
연변인민출판사 편집부 역. (1994). 『집』. 한국어 판권: 도서출판 해누리.
박난영 역. (2006). 『가家』. 황소자리.

제3부
문체의 번역

「대성당」의 문체 특성과 번역[*]

김 순 영 · 이 경 희

1. 들어가는 말

문학작품을 읽다보면 작가가 "무엇을 말하고 있는가" 뿐만 아니라 말하고자 하는 내용을 "어떻게 말하고 있는가"에도 자연히 관심을 갖게 된다.[1] 내용물은 동일하다 하더라도 작가가 그것을 어떻게 포장하고 배열하는가에 따라 독자에게 전달되는 맛이 달라질 수 있을 것이기 때문이다. 이때 작가가 전달하고자 하는 내용물을 포장하고 배열하는 방식, 즉, '어떻게'는 곧 문체에 해당한다. 문체는 단순한 수사적 차원의 언어 현상이 아니라 작품의 주제, 인물의 의식, 작가의 세계관을 드러내는 장치이다(황도경, 2002: 51). 그러므로 문학 작품의 번역이 제대로 이루어지기 위해서는 원천 텍스트에 사용된 언어의 표면적 의미뿐만 아니라 그 표현 방식에 대한 이해가 선행되어야 하며, 이러한 이해를 바탕으로 텍스트의 재생산

---

[*] 이 논문은 『번역학연구』 13권 1호에 게재된 「「대성당」 번역본의 문체적 특성 고찰」, 『통번역학연구』 18권 4호에 게재된 「번역문체의 특성에 대한 정량적 분석-「대성당」 번역 텍스트의 지시표현과 연결표현을 중심으로」를 부분 수정하고 보완한 것이다.
[1] 황도경(2002) 『문체로 읽는 소설』 참조

이 이루어져야 하는 것이다. 번역의 범주에서 문학 텍스트와 비문학 일반 텍스트의 번역을 구분 짓는 것도 이와 무관하지 않다. 정보 전달을 주목적으로 하는 일반 텍스트의 번역에서는 '어떻게' 보다는 '무엇'을 말하고 있는가에 더 관심을 두어야 하며, 형식과 내용의 긴밀한 관계에 주목하여야 하는 문학 텍스트의 번역에서는 '무엇'을 말하고 있는가도 중요하지만 그 것이 '어떻게' 말해지고 있는가 역시 간과할 수 없는 부분이기 때문이다.

리치와 쇼트(Leech & Short, 1981/2007: 11)에 따르면 문체란 한마디로 "특정 텍스트에서 나타나는 언어적 특성"으로 정의될 수 있으며, "전체건 혹은 일부를 발췌한 것이건 간에 텍스트야말로 언어의 동질적이고 구체적인 용례에 가장 근접한 것이므로 텍스트가 문체 연구의 자연스러운 출발점"이다. 이를 번역의 경우에 적용해보면 번역문체란 특정 번역 텍스트에서 나타나는 언어적 특성이라 할 수 있으며, 번역 텍스트가 곧 번역문체 연구의 출발점이 될 것이다. 조의연(2012: 197)은 번역 텍스트의 문체 연구를 다음과 같이 두 종류로 제시한다. "하나는 원천 텍스트의 문체가 번역 텍스트에서 어떻게 해석, 생산, 재창조되고 있는가의 과정에 관한 것이며(Gutt, 2000: 6장; Boase-Beier, 2006: 4장, 2011: 2부), 다른 하나는 목표 텍스트 문체 자체에 대한 분석이다(Malmkjaer, 2004; Bosseaus, 2007; Munday, 2008: 1장)". 이러한 두 가지 접근방식 중 본 논문에서는 후자의 방식을 취한다. 그러나 번역 텍스트는 태생적으로 원천 텍스트와는 불가분의 관계를 가지고 있으며, 따라서 "비록 번역 텍스트 자체의 문체를 연구하더라도 원천 텍스트와의 관계 속에서 번역 텍스트의 문체를 분석한다"(조의연, 2012: 198).

지금까지 대부분의 번역문체 관련 연구들은 주로 연구자의 직관(intuition)을 기반으로 원천 텍스트와 번역 텍스트의 일부를 발췌하여 대조분석의 방식으로 비교하고, 그 유사점이나 차이점을 정성적으로 기술하는 데에 중점을 두었다. 물론, 문체연구에서 직관은 중요한 역할을 한다. 직관이 지극히 개인적인 것이라기보다는 다수의 경험적인 근거를 바탕으로 한 것일 수 있기 때문이다. 이와 관련하여 리치와 쇼트(1981/2007: 38)는 문체특성을 입증할 때 직관(intuition)에 의한 분석을 보완하는 도구로 필요하다면 정량적인 방법을 사용할 수 있다고 제시한다. 이러한 배경에서 본 연구에서는 리치와 쇼트(1981/2007)의 문체 분석 틀을 활용하여 레이먼드 카버(Raymond Carver)의 대표적 단편소설인 *Cathedral*(1984)의 번역 텍스트 「대성당」에 나타나는 반복적이고 두드러진 문체적 특성을 정성적인 분석과 더불어 그 분석을 객관화하는 도구로써 정량적 분석을 함께 시도해 보고자 한다.

「대성당(*Cathedral*)」에서 카버는 지극히 표면적이고 단순한 글쓰기 방식을 통해 평범한 세 인물의 일상에서 나타나는 갈등을 매우 사실적으로 묘사하고 있다. 이 작품에서 가장 두드러지게 나타나는 문체적 특성은 간결하고 꾸밈없는 문체를 통한 인물의 감정 표현으로, 이기적이고 냉담하며 낯선 사람과의 관계형성에 어려움을 겪는 불안정한 서술자의 모습이 작가 특유의 문체를 통해 드러난다. 또한 주인공인 서술자와 그의 아내와의 관계에서도 원활한 소통이 결핍되어 있는데, 이러한 등장인물들 간의 심리적 거리는 간결하고 사실적인 글쓰기를 통해 묘사된다. 본 논문에서는 이 작품의 문체적 특성을 드러내주는 대표적인 언어적 장치인 지시표현과 연결표현을 중심으로 문체적 특성을 분석한다. 지시표현과 연결표현은 리치와 쇼트(1981/2007)에서 제시하는 문체분석을 위한 네 가지 항목 중에서 문맥과 응집성(cohesion) 범주에 포함되며, 본 논문에서 다루게 될 문체분석 항목에 대한 이론적 배경과 데이터 분석 방법은 2장에서 상세히 다루기로 한다.

2. 번역문체에 관한 선행연구 및 분석방법

리치와 쇼트가 제시한 문체분석 틀을 소개하기 전에 먼저, 번역문체분석에 대한 선행연구를 살펴보자.

한미애(2010)에서는 황순원의 「소나기」의 두드러진 문체적 특성을 서정성에 둔다. 이 서정성을 형성하는 요소는 간결체, 일문일단락, 시제의 혼용, 도치법, 생략법, 인용법, 반복법, 색채어 및 토속어 사용 등이며, 이들 장치들이 하나의 유기체로 구성되어 서정적 문체가 형성된다고 하면서, 이들 장치 중 번역본에 두드러지게 나타나는 네 가지 양상인 일문일단락, 시제의 혼용, 어구의 도치, 어구의 반복에 초점을 맞춰 분석하였다. 또한, 한미애(2011)에서는 송영의『부랑일기』의 독특한 서술 방식을 문체적 특성으로 제시하고, 자유직접발화/사고와 자유간접발화/사고를 중심으로 문체 효과를 검토한 후, 이를 번역본의 서술 방식과 비교분석하였다. 원천 텍스트에서 인상적인 효과를 주는 화법이라는 문체적 특성이 번역 텍스트에서 화법 전환이라는 현상으로 나타남을 제시하면서 그 문제점에 대해 논의하였다. 두 연구의 연구방법은 각 텍스트에 나타나는 문체적 특성을 추출, 분석하여 그 양상을 보여주는 정성적인 방법이 사용되었다. 한영 문학번역에서의 형식 변이라는 측면에서 문체 번역에 접근한 박옥수(2011)는 박완서의『그 살벌했던 날의 할미꽃』의 영어 번역본 두 편에서 관형절을 중심으로 원문의 형식이 번역본에서 어떻게 유지되고 있는지를 분석하였다. 원천 텍스트의 문체적 특징인 사설조의 문장, 풍자적 표현, 독백체 등을 보여주기 위한 매개체로 관형절이 사용된 것으로 보았으며, 관형절은 영어 번역에서 재생할 수 있는 문법 항목이므로 이러한 관형절이 번역 텍스트에서도 반영되어야 하나 분석대상인 두 텍스트 모두에서 원문 형식의 충실한 재생이 우선적으로 고려되지는 않았음을 밝혔다. 한편, 조의연(2012)에서는『호밀밭의 파수꾼』번역텍스트에 나타난 문체를 원천텍스트의 관계 속에서 분석하였다. 원천 텍스트 전체를 지배하는 특징적인 문체를 비표준적인 구어체 영어 사용으로 보고, 특히 등위 접속사 'and'의 반복적인 사용이 번역 텍스트에서 어떻게 실현되는지를 번역문체론의 관점에서 통계적으로 분석하였다.

번역의 변이(shift)를 연구한 먼데이(Munday, 1998)는 원천텍스트와 번역텍스트2간의 비교 방법을 설명하면서 투리(Gideon Toury)가 제시한 비교 방법 중 원천텍스트와 번역텍스트의 특정 부분간의 관계를 검토하기 위해 무엇을 볼 것인지 결정하는 것이 중요하다고 강조한다. 원천 텍스트와 번역텍스트의 일부를 비교하다보면 부분적이고 간접적인 결과가 될 경향이 있으므로, 전체 텍스트에 걸쳐 상세하게 비교하는 연구 방법이 객관적이고 명시적인 결과를 얻을 가능성이 크다고 보고, 코퍼스를 활용하여 짧은 텍스트 전체에 걸친 번역 변이 현상을 분석하여 빈도수로 제시한다. 이제 문체특성을 보여줄 수 있는 자료를 수집한다고 가정하면, 어떤 항목이 포함될 수 있는가가 문제가 된다.

리치와 쇼트(1981/2007: 61-64)는 문체분석 항목을 크게 어휘 범주, 문법 범주, 수사적 표현 범주, 그리고 문맥과 응집성의 네 가지로 분류한다. 먼저, 어휘범주는 어휘가 단순한가 혹은 복잡한가, 형식성이 있는가 아니면 구어체인가, 기술적인가 평가적인가, 일반적인가 구체적인가 등과 같은 부분을 살펴보는 것이다. 문법범주는 문장의 유형, 예를 들어, 평서문인지, 의문문인지, 명령문인지 등과 같은 요소, 문장의 복합성, 예를 들어, 단문인지 복합문인지의 여부, 문장 내의 단어 수를 기준으로 산출한 문장의 평균적 길이, 독립절과 종속절의 비율 등을 살핀다. 또한 절의 유형, 절의 구조, 명사구, 동사구, 그 외 다른 절의 유형을 살펴보는 것도 여기에 속한다. 수사적 표현의 범주는 문법 및 어휘적 측면에서 특정 형식이나 구조가 반복적으로 쓰이는지, 음운적 장치가 있는지, 비유적 표현(tropes)이 쓰이고 있는지 등과 같은 부분을 살펴본다. 마지막으로, 문맥과 응집성 범주에서는 문장 사이에 접속사나 연결부사와 같은 논리적 혹은 기타 연결어가 있는지 여부와 지시표현에 대한 대명사 사용, 생략, 대체 등과 같은 결속 장치 사용, 저자가 독자에게 이야기를 전달하는 방식, 관계를 드러내는 언어적 실마리, 주인공에 대한 저자의 관점, 등장인물의 말과 생각을 표현하는 방법 등을 분석 항목으로 제시한다.

이러한 네 개의 범주 중에서 본 논문에서는 문맥과 응집성 범주를 중심

---

2 먼데이는 원천텍스트(ST)와 목표텍스트(TT)라고 표기하였는데, 본 논문에서는 목표텍스트를 번역텍스트로 부르기로 한다.

으로 「대성당」의 문체적 특성을 분석하며, 전술한 바와 같이 접속사나 연결부사와 같은 연결표현과, 대명사, 대체, 생략 등에 의한 지시표현의 결속장치를 문체분석의 주요항목으로 다룬다. 이 항목들은 본 논문의 분석대상인 「대성당」 원천 텍스트에서 나타나는 매우 특징적인 문체특성으로서, 원천 텍스트와의 관계 속에서, 그리고 두 번역 텍스트의 비교를 통해서 이 항목들이 어떻게 문체에 영향을 미치고 있는가를 번역문체론의 관점에서 탐구해볼 것이다. 다음은 「대성당」 원천텍스트와 번역텍스트에 나타난 지시표현과 연결표현의 특성을 살펴본다.

1) 지시표현

텍스트를 구성하는 모든 문장은 독자적으로 존재하는 것이라기보다 각 문장과 문장이 유기적으로 연결되면서 일관된 흐름으로 전개되어 하나의 이야기를 완성하게 된다. 이러한 유기적 관계를 응집성으로 이해할 수 있다. 리치와 쇼트(1981/2007: 3장)는 텍스트의 응집성을 설명하면서 지시표현의 결속장치를 중요한 요소로 다루고 있는데, 여기에는 텍스트의 다른 부분에서 언급된 같은 사물 혹은 사람을 인칭대명사, 정관사, 지시대명사 등으로 지시하는 것, 다른 언어 표현으로 대체(substitution)하는 것, 맥락에서 그 의미를 회수(recover)하여 이해할 수 있는 경우에 생략하는 것, 이미 언급된 내용을 반복하는 것, 대명사나 대체가 아닌 다른 표현을 사용하는 것(elegant variation) 등이 포함된다.

일인칭 서술자(narrator)인 '나'와 아내, 아내의 옛 친구인 맹인 로버트(Robert)가 주요 인물로 등장하는 「대성당」은 지시표현의 사용에서 매우 특징적인 문체특성이 나타나는데, 텍스트 전반에 걸쳐 서술자인 '나'와 아내의 이름을 드러내지 않으며, 아내의 친구인 맹인 로버트와 그의 아내 뷰라(Beaulah)의 이름은 제시된다. 김순영·이경희(2012: 46)에 따르면 이처럼 이름을 드러내지 않는 것은 인물간의 의사소통의 결핍과 인물이 맺고 있는 인간관계의 거리감과 불완전성을 나타내주는 요인이며, 서술자인

'나'가 두 인물에 대해 갖는 선입견과 태도를 보여주는 수단으로서 기능한다. 그러므로 인물에 대한 지시표현은 텍스트 내 결속장치로서의 지시기능뿐만 아니라, 인물간의 태도와 관계에도 영향을 미치며 나아가 전체 이야기의 분위기에도 영향을 미치는 문체특성 항목으로 볼 수 있다.

「대성당」의 원천 텍스트에서 가장 중심적으로 사용되는 지시표현은 맹인 로버트를 지칭하는 삼인칭대명사 'he', 명사구 'this/the blind man', 그리고 고유명사 'Robert'이다. 아래 (1)은 「대성당」 도입부의 첫 문장으로, 서술자인 '나'가 아내와 오래전부터 알고 지내온 맹인 친구의 방문 소식을 기술하는 장면이다.

(1) ST: This blind man, an old friend of my wife's, he was on his way to spend the night.
TT1: 아내와는 오랜 친구 사이라는 그 눈먼 친구가 우리 집에 와서 하룻밤을 자고 간단다.
TT2: 그 맹인, 아내의 오랜 친구인 그가 하룻밤 묵기 위해 찾아오고 있었다.

위의 (1)에서처럼 원천 텍스트 전반에서 서술자가 맹인을 지시하는 유형은 고유명사, 인칭대명사, 대명사나 대체가 아닌 다른 표현 등 다양한 결속장치를 통해 나타나는데, 그중에서도 명사구 'this/the blind man', 삼인칭대명사 'he', 고유명사 'Robert'의 사용이 번역 텍스트와 관련하여 두드러진 특성을 보인다. 김순영·이경희(2012: 41)에서 논의하였듯이 카버는 '화려하고 복잡한 수식어구 없이 짧은 문장, 표면적이고 직접적인 설명'으로 서술자인 남편의 입장에서 등장인물과의 심리적 거리, 아내의 맹인 친구의 방문을 받게 된 자신의 달갑지 않은 감정을 전달하고 있다. 이처럼 감정 전달의 주요 기제로 사용되고 있는 지시표현이 문체특성 항목으로서 기능하고 있음을 입증해보이기 위하여, 먼저 원천 텍스트와의 관계, 그리고 두 번역

텍스트에서의 지시표현의 결속장치 구현 양상을 분석한다.

영어에서는 지시표현의 결속기제로 먼저 인물의 이름이나 직책을 사용하고, 그 후에 동일 인물을 다시 언급할 때는 대명사를 사용하는 것이 지시관계 표현의 일반적인 순서임을 고려하면, 원천 텍스트에서 명사구 'this/the blind man'을 반복적인 지시표현의 결속기제로 활용하고 있는 것은 이 텍스트가 가지고 있는 특징적인 문체특성이라 볼 수 있다. 고유명사 'Robert'의 경우에도 원천 텍스트와의 관계에서뿐만 아니라 두 번역 텍스트 간에 그 구현 양상이 다르게 나타나는데, 본 논문에서는 이를 두 번역 텍스트의 번역문체적 특성으로 상정한다. 정리하면, 본 논문에서는 먼저 원천 텍스트에 나타나는 문체특성이 두 번역 텍스트에서 어떻게 구현되고 있는지를 알아보고, 다음으로 이러한 문체적 특성이 두 번역 텍스트 사이에서 어떤 유사점 또는 차이점을 보이는지 밝혀볼 것이다.

2) 연결표현

연결표현은 표면적으로 드러나는 연결어로 등위접속사, 종속접속사, 접속부사가 포함된다. 본 연구에서는 문장과 문장을 연결하는 접속어에 한정해 접속 관계를 분석하는데, 한 문장 내부에서의 문장 성분은 그 문장에서의 단기적인 논리를 반영하는데 비해, 문장과 문장을 연결하는 문장 성분은 텍스트 전체의 진행 방향과 논리를 반영하므로 텍스트 전체의 맥락과 더 밀접한 연관이 있다고 보기 때문이다.

할리데이와 핫산(Halliday & Hasan, 1976: 228)은 결속장치로써 접속 (Conjunction)을 언어 문법으로 실현되는 의미 관계가 아닌 연속해서 나타나는 언어적 요소들이 서로 연결되면서 갖는 기능을 중심으로 설명한다. 예를 들어, 아래 문장 (a), (b), (c)에서 (a)와 (b)는 언어 문법에 의한 구조적 의미에 의해 접속 관계가 발생한다. 반면에 (c)는 구조적 의미가 아닌 언어적 요소들의 연결에 의해 접속관계가 발생한다.

(a) A snowstorm followed the battle.

(b) After the battle, there was a snowstorm.

(c) They fought a battle. Afterwards, it snowed.

이러한 접속관계를 아래 (2)의 예문에 적용해보면, ST에서는 'So'가 전후 문장을 연결하는 접속기능을 하며, 번역 텍스트 TT1과 TT2에서 각각 '그래서'와 '때문에'라는 접속표현으로 구현된다.

(2) ST: His wife had died. <u>So</u> he was visiting the dead wife's relatives in Connecticut. He called my wife from his in-laws. Arrangements were made.

    TT1: 얼마전 그의 아내가 세상을 떠났다. <u>그래서</u> 그는 코넷티컷에 사는 아내의 친척들을 찾아갔다가 처갓집에서 내 아내에게 전화를 걸어왔다. 그렇게 해서 약속이 이루어진 것이다.

    TT2: 그의 아내는 죽었다. <u>때문에</u> 그는 코넷티컷에 사는, 죽은 아내의 친척을 방문했다. 그 친척집에서 그는 아내에게 전화를 걸었다. 약속이 잡혔다.

그런데 위 (2)의 TT1에서는 원천 텍스트에는 없는 문장부사의 쓰임이 포착된다. TT1에서 원천 텍스트와 달리 접속표현이 첨가된 부분을 표시해보면 아래와 같다.

(3) TT1: **얼마 전** 그의 아내가 세상을 떠났다. <u>그래서</u> 그는 코넷티컷에 사는 아내의 친척들을 찾아갔다**가** 처갓집에서 내 아내에게 전화를 걸어왔다. **그렇게 해서** 약속이 이루어진 것이다.

TT1에서 나타나는 이러한 접속표현의 첨가는 원천 텍스트와의 관계에서뿐만 아니라 TT2와의 관계에서도 TT1만의 두드러진 문체특성으로 작용하는데, 이러한 특성들이 반복적으로 사용됨으로써 TT1과 TT2의 번역은 텍스트의 결속관계에서 다른 해석을 유발시킨다. 본 연구에서는 전술한 지시표현과 더불어 이러한 접속어의 발생빈도를 산출해봄으로써 원천 텍스트와 번역 텍스트, 그리고 번역 텍스트 간에 나타나는 문체의 차이를 설명해볼 것이다.

3. 작품 분석 및 논의

본 연구의 분석대상 *Cathedral*(1984)은 카버의 단편소설로 전미비평가 그룹상과 퓰리처상 후보작으로 오르기도 했다. 무라카미 하루키는 이 단편집을 카버의 단편집 중 창의력, 문장력, 작가 특유의 맛이 최고로 어우러져 있는 훌륭한 작품이라고 평가하면서, 사실적이며 간결한 언어구사는 사람 마음의 가장 깊숙한 곳에 정확히 전달되며 현대 단편소설의 작법을 제시한 명작이라고 하였다(최봉애 역 1996 작품해설)[3]. 우리나라에는 현재 두 종의 번역본이 나와 있는데, 둘 다 「대성당」이라는 제목으로 레이먼드 카버의 다른 작품들과 함께 전집 형태를 띠고 있다. 첫 번째 번역본은 전문번역가 안종설(1996)의 번역으로 레이먼드 카버 소설 전집 『사랑에 대해서 말할 때 우리들이 하는 이야기』에 수록이 되어 있으며, 두 번째 번역본은 소설가이기도 한 김연수(2007)의 번역으로 출판된 『대성당』에 수록되어있다. 본 논문에서는 편의상 먼저 나온 안종설의 번역본을 TT1으로, 후에 나온 김연수의 번역본을 TT2로 칭하기로 한다.

분석에 들어가기 전에 먼저 작품의 대강의 줄거리를 살펴보면 다음과 같다. 소설의 도입부는 서술자인 주인공의 아내가 예전부터 알고 지내온 맹인의 방문 소식으로부터 시작된다. 남편은 맹인의 방문을 달가워하지 않

---

3 본 연구에서는 1989년 레이먼드 카버의 단편을 모아 출판한 *Where I'm Calling From*에 수록된 *Cathedral*을 참고하였다.

는다. 결혼하기 전 아내는 맹인에게 책 읽어주는 일을 하면서 알게 되었다. 서술자의 아내는 책 읽어 주는 일을 그만두고 애인이던 공군장교와 첫 번째 결혼을 하지만, 군인 남편을 따라 이곳저곳을 떠도는 삶에서 외로움을 느끼고 사람들 속에서 고립감을 느끼며 자살을 시도하지만 실패한다. 결국 첫 번째 남편과 헤어진 후 서술자와 두 번째 결혼을 하게 된다. 맹인은 책 읽어주는 일을 하러 온 새로운 여자와 결혼하였지만 아내는 암으로 죽는다. 죽은 아내의 친척집에 들렀다가 기차를 타고 서술자의 아내 집을 방문하게 된 것이다. 맹인과 아내는 책 읽어주는 일을 그만두고 첫 번째 결혼과 두 번째 결혼을 하여 사는 10여 년간 서로의 이야기를 테이프에 녹음하여 우편으로 주고받으면서 계속해서 소식을 전하고 있었다. 맹인은 어둡고 가라앉은 서술자의 태도와는 달리 활발한 모습이다. 이 두 사람은 하루 밤을 보내면서 함께 술을 마시고 텔레비전을 보고 이야기하는 일상생활을 공유하게 되면서 조금씩 마음이 통하게 된다. 텔레비전에 나오는 대성당에 대해 맹인에게 설명하던 중 말로는 설명하기 어렵다는 것을 깨달은 서술자는 맹인의 제안으로 연필을 같이 잡고 대성당 그림을 그리면서 대성당의 모습을 설명하게 된다. 서술자의 손을 따라 맹인의 손이 움직이면서 맹인은 대성당의 모습을 볼 수 있게 된다. 눈을 감아 보라는 맹인의 말에 서술자는 눈을 감고 대성당의 모습을 보게 된다.

다음은 실제 사례 분석을 통해 문체적 특성이 어떻게 전달되고 있는지를 살펴보기로 하자.

1) 지시표현의 번역

이 작품에서 사용하는 문체적 효과의 특징 중 하나는 이름을 드러내지 않는 이른바 정체성의 결핍이다. 인물의 정체성 결핍은 등장 인물간의 의사소통의 결핍과 인물이 맺고 있는 인간관계의 거리감과 불완전성을 나타내주는 요인이다. 작품에서 주요 등장인물인 남편과 아내의 이름이 나타나지 않는다. 맹인과 맹인의 아내 이름만이 나타나는데, 이 두 인물의 이름이 드러나는 것은 서술자인 남편이 두 인물에 대해 갖는 선입견과 태도를 보여주는 수단으로 작용한다.

소설의 도입부는 'This blind man, an old friend of my wife's, he was on his way to spend the night.' 으로 시작된다. 서술자가 인물을 지시하는 방법으로 처음 선택한 표현은 바로 'This blind man'이다. 이후로 'blind man'을 포함한 명사구와 삼인칭대명사 'he'가 반복적으로 사용된다. 맹인의 이름은 '로버트(Robert)'로 소개되지만, 서술자인 남편이 로버트라는 이름으로 지시하는 경우는 소수이며, 대부분 'the blind man' 또는 'he'로 언급한다. 이는 곧 남편이 맹인에게 갖는 불편한 감정과 거리감의 표현이다.

원천 텍스트에서 서술자가 아내의 맹인 친구를 지칭하는 지시표현을 정리해보면 다음과 같다.

> Robert, he, this blind man, this same blind man, her blind man, the blind man, a blind man, an old friend of my wife's

원천 텍스트에서 서술자가 아내의 맹인 친구를 지칭하기 위해 사용하고 있는 지시표현들이 두 번역 텍스트에서는 어떻게 구현되었는지를 살펴본 결과, 두 번역 텍스트에서도 원천 텍스트에서와 마찬가지로 고유명사, 인칭대명사, 대명사나 대체가 아닌 다른 표현의 명사구가 주로 사용된다. 또한 원천 텍스트에 있는 지시표현이 생략되는 경우도 나타난다. 두 번역 텍스트에서 주로 사용되고 있는 지시표현은 다음과 같다.

> TT1: 로버트, 그, 장님, 그 장님, 이 장님, 그 눈먼 친구, 그 양반, 아내의 오랜 친구사이, 생략
> TT2: 로버트, 그, 맹인, 그 맹인, 이 맹인, 아내의 오랜 친구, 생략

영어에서 어떤 대상을 지칭할 때 일반적으로 이름을 먼저 언급하고, 그 후 같은 대상을 언급할 때 대명사를 주로 사용하는 점을 감안하면, 서술자가 처음으로 선택한 지시표현인 명사구 'this blind man'은 이 소설의 특성이 드러나는 출발점이라고 볼 수 있다. 이후 서술자는 상대 인물에 대해 불편한 감정을 갖는 원인인 '맹인'의 존재를 지시표현을 통해 지속적으로 상기시켜 자신에게 그가 불편한 존재임을 드러내는 효과가 있다.

아래 (4)의 예를 살펴보자. 부부의 집에 도착한 맹인과 저녁을 먹은 뒤 거실에 나와 특별한 이야깃거리를 찾지 못해 어색함을 피하려고 텔레비전을 켜고 술을 마시는 중이다. 그 동안 아내는 침실로 올라가고 맹인과 단 둘이 있는 어색함을 피하려고 술 한 잔을 더 권하고 마리화나를 피워보겠냐고 권하며 맹인 옆에 앉아 있는 중에 아내가 내려온 상황이다. 함께 저녁을 먹고 같은 공간에서 이야기를 나누고 있지만 남편은 여전히 맹인의 존재가 불편하다. 남편은 그의 이름을 부르지 않는다. 맹인은 타인일 뿐 가까워지고 싶은 존재도 아니고 오히려 맹인에 대한 편견을 가지고 있으며 질투심의 대상이다.

(4) ST: My wife sat on the sofa between <u>the blind man</u> and me. (367)
TT1: 아내는 소파로 다가와 나하고 <u>로버트</u> 사이에 끼여 앉았다. (227)
TT2: 아내는 <u>맹인</u>과 나 사이에 앉았다. (340)

위의 예에서 ST에서 서술자인 남편은 여전히 그를 'the blind man'이라 칭함으로써 그에 대한 심리적 거리를 드러낸다. TT1은 이를 '로버트'라는 이름으로 번역함으로써 남편이 느끼고 있는 심리적 거리가 제대로 전달되지 못하고 있다. TT2에서는 '맹인'이라는 호칭을 사용함으로써 그에 대한 질투심과 불편한 마음을 안고 있는 남편의 심경을 비교적 잘 드러내준다. 위에서 제시한 예 이외에도 'the blind man' 또는 'he'의 번역에 있어, TT1은 TT2보다 '로버트'라는 이름으로 번역한 경우가 더 많았다.

아래 표 1은 두 번역 텍스트에서 'blind man'을 포함한 명사구가 어떻게 번역되었는가를 정리한 결과이다.

〈표 1〉 *blind man 명사구 번역비교

ST		TT1			TT2		
지시유형	출현 횟수	지시유형	출현 횟수	상대 빈도	지시유형	출현 횟수	상대 빈도
* blind man	64회	*장님(맹인)[4]	44회	69%	*장님(맹인)	64회	100%
		생략	8회	13%			
		로버트	5회	8%			
		그	3회	5%			
		기타[5]	3회	5%			
		눈먼 친구	1회	2%			
합계	64회		64회			64회	

(* 본 논문에 제시된 %수치는 소수점 첫째 자리에서 반올림한 값이다.)

표 1에서 보듯이, TT2에서는 'blind man'을 포함한 명사구에 대한 번역으로 '맹인'이라는 어휘가 일관되게 사용되고 있다. TT2는 원천 텍스트에서와 같은 방식의 지시표현 선택으로 소설 전체에 걸쳐 지속적으로 맹인의 이미지를 환기시키는 효과가 발생된다. TT1에서도 맹인이라는 표현으로 번역된 경우가 약 69퍼센트로 가장 많이 사용되고 있기는 하지만, TT2와는 다른 양상을 보인다. 텍스트 전반에서 일관되게 '맹인'을 선택한 TT2와는 달리 TT1에서는 생략된 경우가 12.5%, 고유명사 '로버트'로 번역된

---

4 'blind man'이 포함된 명사구에 대한 번역 어휘로 TT1에서는 '장님', TT2에서는 '맹인'이 지속적으로 사용되고 있으며, 원문의 관사 또는 지시 대명사는 국어의 지시 관형사인 '이' 또는 '그'로 번역되었다. 국어에서 '장님'이라는 어휘는 '맹인을 얕잡아 이르는 말로 해석될 수도 있으나, 본 연구에서는 이러한 표현적 의미를 배제하고 명제적 의미 차원에서 두 어휘를 동일한 것으로 간주하여 분석하였다. 관사 또는 직시어를 통한 표현적 의미 차이 또한 논외로 하고 관사와 직시어를 포함한 명사구로 통일하여 분석하였다.

5 기타는 'she and the blind man'처럼 다른 인물과 동시에 지시하는 경우로 '두 사람' 등과 같이 맹인이라는 구체적 어휘 표현이 사라진 경우이다.

경우가 7.8%, 삼인칭대명사 'he'로 번역된 경우가 4.7%, 기타 4.7%로 나타났다. 정리해보면, TT1에서는 동일 지시체에 대하여 다양한 지시표현을 사용하고 있고, TT2에서는 텍스트 전반에 걸쳐 동일한 지시표현을 사용함으로써 '맹인'의 이미지를 전달하는 효과에 있어서는 두 번역 텍스트 간에 차이가 발생하였다고 볼 수 있다.

서술자는 텍스트 전반에서 맹인이라는 사실을 드러내는 지시표현을 총 64회 사용하고 있다. 서술자가 'blind man'이 포함된 명사구를 64회에 걸쳐 반복적으로 사용하는 대신에 이름이나 인칭대명사로만 상대방을 지칭하였다면 텍스트 내에서 맹인의 이미지를 떠올리는 효과가 달라졌을 수 있을 것이며, 이러한 표현적 의미는 결국 텍스트의 문체적 특성을 결정짓는 요소로 작용한다. 다시 말하면, ST에서 남편이 맹인에 대해 갖는 거리감과 감정이 제대로 전달되지 못하고, 작품 전체에서 드러나는 남편의 감정에 대한 일관성을 떨어뜨리는 결과를 가져온다. 또한 불편하고 이해하고 싶지도 않던 대상이었던 맹인에 대한 감정이 마지막 장면에서의 교감과 대비를 일으키는 작품의 플롯에도 영향을 주게 된다. 이 작품에서 작가가 다루고 있는 주요 감정 요인이 독자에게 미치는 영향을 강조하는 관점에서 키트레지(William Kittredge)는 카버가 감정적으로는 미니멀리스트가 아니라고(Amir 2010) 하였을 만큼 이 작품에서 등장인물간의 심리적 거리와 감정은 매우 중요하게 다루어진다. 그러므로 이러한 효과를 인식하고 번역에 반영하는 것은 무엇보다 중요하다고 하겠다.

다음은 ST에서 나타난 'blind man' 명사구와 고유명사의 출현빈도를 알아본다. 원천 텍스트에서 'blind man' 명사구 사용 빈도는 전체 텍스트에서 총 64회, 고유명사 'Robert'는 총 6회가 사용되었다. 아래 그림 1은 ST에 나타난 'blind man' 명사구와 고유명사의 출현빈도를 비교한 것이다.

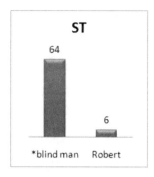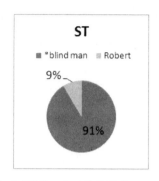

〈그림 1〉 ST에서의 'blind man' 명사구와 고유명사 출현빈도

그림 1에서 보는 바와 같이 원천 텍스트에서 'blind man' 명사구는 총 64회가 사용되어 고유명사 대비 약 91%를 차지한다. 반면에, 고유명사 'Robert'는 총 6회로 약 9%를 차지한다. 이처럼 원천 텍스트에서는 고유명사 'Robert'가 극히 일부분에서만 사용되어 다른 지시유형인 'blind man' 명사구의 반복된 사용과 대비되어 서술자의 감정을 드러내는 효과를 준다. 이는 원천 텍스트에서 'blind man' 명사구의 사용이 매우 유표적인 문체적 특성으로 기능하고 있음을 보여주는 것이라 할 수 있다.

먼저 원천 텍스트와 번역 텍스트를 비교해 보면 원천 텍스트의 고유명사 'Robert'는 TT1과 TT2에서 모두 고유명사 '로버트'로 번역되어 원천 텍스트와의 관계에서 차이를 보이지 않는다.

다음으로, 번역문체론의 관점에서 TT1과 TT2를 비교분석해보면, 두 번역 텍스트 사이에서 고유명사 '로버트'의 사용빈도는 TT1에서 27회, TT2에서는 6회로 비교적 큰 차이를 보인다. 이러한 결과는 원천 텍스트에서 고유명사가 아닌 다른 유형의 지시표현이 번역 텍스트에서는 고유명사로 번역되어 나타났기 때문이다. TT1에서 '로버트'로 번역된 원문의 지시유형을 살펴보면 삼인칭대명사 'he'가 14회, 'we'가 1회, 'they'가 1회, 'blind man' 명사구가 5회였다. 이를 정리하면 아래 그림 2와 같다.

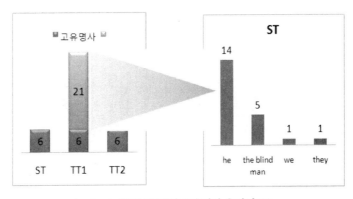

〈그림 2〉 ST와 TT에서 고유명사 출현빈도*

* ST와 TT1, TT2에서 '6회'로 표시된 부분은 고유명사 'Robert' 의 ST, TT1, TT2에서의
출현 횟수를 나타낸다. 즉, TT1에 사용된 총 27회의 인칭대명사 중 ST와 관계없이 사용
된 인칭대명사가 총 21회에 달한다.

원천 텍스트와 두 번역텍스트의 지시표현을 비교한 결과 TT1에서는
ST에 나타난 지시표현과는 다른 유형의 지시표현을 사용함으로써 텍스트
전반의 결속구조가 원천 텍스트와는 다름을 확인할 수 있었고, TT2에서
는 ST의 지시표현을 동일한 수준의 지시표현으로 번역하여 원문과 유사
한 지시표현의 결속관계를 유지하고 있음을 알 수 있었다.

원천 텍스트에서 고유명사 'Robert'를 지시어로 거의 사용하지 않고,
'blind man'이라는 지시어를 반복하여 사용하는 것은 단순히 맹인을 지시
하는 기능 외에 서술자와 그 인물간의 관계를 드러내는 기제로 사용된다
고 볼 수 있으며, 이러한 지시표현의 일관성 있는 번역은 작품 전체의 분
위기에 영향을 주게 되며, 결과적으로 독자가 작품에 대해 갖게 되는 느낌
과 이미지에도 영향을 줄 수 있다. 번역 텍스트간의 지시표현 발생빈도를
나타낸 아래 그림 3을 보자.

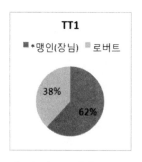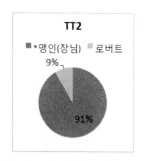

〈그림 3〉 TT에서 'blind man' 명사구와 고유명사의 출현빈도

그림 3에서 보듯이 원문과의 관계에서뿐만 아니라 번역 텍스트 사이에서도 지시표현의 발생빈도가 다르게 나타난다. 이는 지시표현의 선택이 번역 텍스트의 전체적인 분위기와 느낌을 결정하는 중요한 문체특성의 하나가 될 수 있음을 보여주는 것이다.

우리 주변에서 흔히 볼 수 있는 일반적인 인물인 서술자가 화려한 수식 어구 없이 덤덤하게 이야기를 이끌어가는 원천 텍스트에서 서술자와 아내, 아내의 옛 친구인 맹인과의 관계는 독자가 내용을 이해하고 해석하는 데 필요한 맥락으로 작용할 수 있으며, 그 관계를 드러낼 수 있는 표면적인 언어 구조 중의 하나가 바로 지시 표현이라고 볼 수 있다. 누군가의 이름을 부르지 않고 그 사람의 신체적 특징을 사용해 지칭한다는 것에 대한 서술자의 감정표현을 인지할 수 있느냐 없느냐는 독자의 몫이 될 것이다. 이러한 감정을 인지하도록 도울 수 있는 장치로 반복적인 지시표현의 사용을 해석한다면, 번역 텍스트에서 그 빈도의 차이는 유의미한 것으로 볼 수 있을 것이다. 스페인어로 된 원천텍스트와 영어 번역텍스트를 대상으로 소유 대명사 'su/her'의 번역 양상을 연구한 먼데이(1998; 8)는 반 루벤-스와트(van Leuven-Zwart, 1990; 85)에서 제시한 것처럼, 서술 (narrative) 내에서 결속 장치를 변화시키면 텍스트의 서술 기능에 영향을 미친다고 설명하면서, 원천 텍스트와 번역 텍스트에서 소유 대명사라는 지시 표현의 결속 장치가 출현하는 빈도를 제시하였다. 문체를 빈도가 갖는 기능으로 볼 때, 원천 텍스트와 번역 텍스트에 반복적으로 두드러지게 나타나는 특성을 정량적인 자료로 제시하는 것은 비교적 간단한 작업이라고 볼 수도 있으나, 문체적 특성이 사용된 텍스트 내의 맥락을 고려하여 자료를 분석하고 해석하는 것이 문체연구에서 중요할 것이다. 이 점은 정량적 분석의 한계점이 될 수도 있으나, 맥락을 고려한 정성적 분석과 어우러져 그 중요성이 달라질 수 있을 것이다.

2) 연결표현의 번역

앞서 연구방법에서 언급한 바와 같이 본 연구에서는 텍스트 전반에 걸쳐 서술자의 감정과 태도를 나타내는 연결 관계를 분석하기 위해 등장인물간의 대화를 제외하고 서술자의 서술을 위주로 한 문장[6]을 모두 산출하였다. 이렇게 산출한 원천 텍스트에서 연결표현 유형과 사용빈도를 확인하고, 두 번역본에서 각 연결표현이 번역된 양상과 빈도를 비교분석하였다. 원천 텍스트에 나타난 연결표현은 다음과 같다.

but, then, so, and then, and, first, finally, of course, now, or

원천 텍스트에서 연결표현의 출현횟수는 총 60회로, 이들 연결표현은 각각 TT1에서 8회, TT2에서 7회 생략된 경우를 제외하고, 표현 형태를 달리한 경우는 있지만 모두 번역되었다[7].

조의연(2012)에서 보여주었듯이 연결관계가 원천 텍스트와 번역 텍스트 사이에서 어떤 차이점을 보이는지, 또한 번역 텍스트 간에 연결관계가 어떤 번역양상을 보이는지를 분석하는 것은 의미 있는 연구과제이다. 본 연구에서는 두 번역 텍스트 사이의 연결어 번역을 중심으로 문체적 특성을 살펴보았다. 전술한 바와 같이 원천 텍스트와의 관계에서는 TT1에서 8회, TT2에서

---

6 대화문을 제외하고 산출된 문장의 총 개수는 ST 402개, TT1 384개, TT2 408개이다.
7 <부록: 원천 텍스트의 연결표현 번역 양상> 참조

7회 생략된 경우를 제외하고 모두 번역이 되었다. 번역 텍스트 간의 연결어 번역을 비교한 결과 횟수와 유형에는 차이가 있으나, 두 번역 텍스트 모두 원천 텍스트에는 없는 연결어 또는 수식어가 첨가된 사례를 확인할 수 있었다. TT1에서 24 종류의 문장부사가 총 30회 첨가되었고, TT2에서는 4 종류가 5회 사용되어, TT1이 TT2에 비해 첨가된 문장부사 유형이 다양하고 횟수도 많았다.

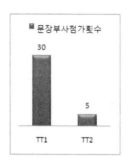

〈그림 4〉 TT에서 문장부사 첨가 비교

TT1과 TT2에 나타난 문장부사의 유형을 정리해보면 다음과 같다[8].

TT1: 그리고는(4), 그래서(2), 그랬더니(1), 그러면(1), 그리고 나서는(1), 그래도(1), 그렇게 해서(1), 결국(2), 먼저(1), 솔직히 말해서(1), 확실히(1), 불과(1), 어차피(1), 하는 수 없이(1), 도저히(1), 아직도(1), 그때(1), 그 동안(2), 그 후(1), 어느덧(1), 지금(1), 이제는(1), 얼마 전(1), 얼마 지나지 않아(1)

TT2: 그리고(2), 그러고는(1), 그러니까(1), 이제는(1)

---

8 국어의 문장부사는 문장 전체를 꾸며주는 부사를 가리키며, 문장부사에는 화자의 태도를 나타내는 양태부사, 앞 문장과 뒷 문장의 의미를 연결하여 꾸며주는 기능을 하는 접속부사가 포함된다(남기심·고영근, 1985: 179).

문장과 문장 사이의 논리를 연결하는 연결표현의 기능을 고려하면, 아래 예와 같이 원문에 없는 연결어를 첨가하여 번역하는 경우 문장과 문장을 연결하는 논리전개 방향을 번역가가 명시적으로 드러내게 되어 독자의 논리전개 방향에 영향을 주게 된다. 아래 (5)에서처럼 TT1에서는 TT2에 비해 번역가가 연결어를 선택하고 첨가함으로써 설명하는 듯한 태도를 보여준다.

(5) ST: She wanted to talk. They talked. (ø) He asked her to send him a tape and tell him about her life. She did this. (ø) She sent the tape.

TT1: 아내는 누군가와 이야기를 나누고 싶었다. **그래서** 그 장님과 이야기를 나눈 것이다. 그는 아내에게 요즘 어떻게 지내는지 상세한 얘기를 녹음 테이프에 담아서 보내달라고 부탁했다. **그래서** 아내는 테이프를 보냈다.

TT2: 그녀는 통화하고 싶어했다. 그들은 통화했다. (ø) 그는 그녀에게 어떻게 살아가는지 테이프에 녹음해 보내달라고 했다. 그녀는 그렇게 했다. (ø) 그녀는 테이프를 보냈다.

아래 예는 화자의 태도를 표시하는 문장부사가 첨가된 예이다. TT1에서는 원문에 없는 연결어 '불과'를 첨가함으로써, 일 년이라는 기간의 길이에 대한 서술자의 태도를 명시적으로 드러내고 있다. 국어의 접속부사가 문장과 문장의 연결관계를 드러내는 기능을 함은 물론이고, 문장전체를 꾸미는 문장부사가 문장과 문장 사이의 연결 관계를 나타내는 기제로 사용될 수 있음을 보여준다.

(6) ST: Once she asked me if I'd like to hear the latest tape from the blind man. (ø) This was a year ago.

TT1: 한 번은 아내가 가장 최근에 그 장님에게 서 온 테이프를 들어 보고 싶지 않느냐고 물었다. **불과** 1년 전의 일이다.

TT2: 한번은 맹인이 막 보내온 테이프를 한번 들어보겠느냐고 내게 물은 적도 있었다. **(ø)** 일년 전 쯤의 일이었다.

위에서 살펴본 바와 같이 TT1과 TT2의 두 번역본에서 연결관계 번역이 달리 나타나는 부분을 확인해본 결과, TT1이 TT2에 비해 원문에 없는 연결표현이 첨가된 경우가 많음을 알 수 있었다.

아래 그림 5는 분석대상 문장 수 대비 연결표현의 출현 횟수를 나타낸다.

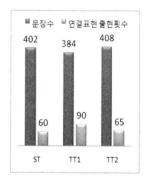

〈그림 5〉 연결표현 출현빈도수 비교

TT1의 경우 문장 수는 ST에 비하여 줄어든 반면 연결표현의 출현 횟수는 50% 이상 늘어났다. 반면에 TT2는 문장 수나 연결표현의 출현횟수에서 ST와 10% 미만의 차이를 보여 거의 근사한 분포를 보인다. 필자들의 이전 연구에서 제시한 의견에 따르면 원천 텍스트의 언어적 특징 중 하나는 문맥의 흐름을 조절하는데 필요한 어구의 사용을 절제하는 경제성이다. 그런데 TT1의 경우는 ST에 드러나지 않은 부분까지 명시적으로 표현하는 경향을 보인다. 연결표현의 사용빈도가 높아짐으로써 TT1에 ST와는 다른 문체표지가 생겨나고, 이로 인해 텍스트의 형식적 요소로 유발되는 문체적 효과가 달라질 수 있다. 이처럼 연결관계를 나타내는 문장부사의 첨가는 번역가의 해석이 개입되어 원문에서 저자가 서술자를 통해 드러내려고 하는 감정과 태도에 영향을 줄 수 있으며, 결과적으로 전체 이야기를 구성하는 결속요소의 변화를 가져와 내용 해석에도 영향을 줄 수 있다.

3) 분석 논의

카버의 단편소설 중 최고의 작품으로 꼽히는 *Cathedral*의 두 번역본, 안종설(1996)과 김연수(2007)의 「대성당」을 문체적 효과를 중심으로 비교 검토해 보았다. 카버의 간결하고 직접적인 묘사를 통한 감정 표현이라는 문체적 특성은 작품에서 인물의 감정, 태도, 인간관계를 표현하는 방식이다. 부부간의 관계에서도 사회와의 관계에서도 깊이 있는 대화를 원하지 않고, 타인과의 복잡한 관계 또한 원치 않는 서술자의 태도는 짧은 문장, 수식어구의 절제로 나타난다.

전반적으로 볼 수 있는 특징은 TT1에서는 번역가가 수식어를 첨가하거나, 상황을 자세히 설명하는 번역 방법을, TT2에서는 ST의 문장 유형을 유지하려는 번역 방법을 선택한 것으로 보인다. 어느 한 번역을 더 나은 번역이라고 선택하기보다는 두 번역의 문체적 효과를 비교 분석하고자하는 본 연구의 목적에서 보자면, 두 번역이 문체에 대한 충분한 이해와 인식을 가지고 행해진 것이었는지도 중요한 판단의 요소일 것이다. 1996년에 출판된 TT1의 경우, 번역에 대한 설명이나 의견은 볼 수 없었다. 2007년에 출판된 TT2의 경우에는 번역에 대한 관심과 인식이 달라진 시대적인 배경도 영향을 받았을 것으로 예상하였는데, 실제 TT2의 출판사 서평에서는 "카버 특유의 깔끔하고 군더더기 없는 문체를 그대로 살린 김연수의 번역은 카버 소설이 가지고 있는 독특한 미학을 제대로 음미할 수 있는 기회를 마련케 할 것이다"라고 밝히고 있다. 이는 문체에 대한 인식의 중요성 면에서 긍정적인 발전이라 볼 수 있으며, 이와 더불어 문체에 대한 충분한 이해와 분석이 어우러져야 더 나은 결과물을 얻을 수 있을 것이다. 위의 예에서도 보았듯이, 어휘 하나, 문장 하나가 갖는 의미는 그 이상일 수 있다. 작가가 선택한 서술 방식은 서술자의 감정 및 태도를 드러내는 중요한 요인이므로 이러한 효과를 인식하는 것이 중요하다고 하겠다.

4. 맺음말

흔히들 번역 텍스트를 읽다보면 원천 텍스트와의 관계에서는 물론이고, 원천 텍스트가 동일한 번역 텍스트 간에도 무언가 '다름'을 느낀다. 예를 들어, 본 연구에서 살펴본 「대성당」의 두 번역 텍스트에서도 TT1은 설명적인 느낌을, TT2는 간결한 느낌을 준다. 이런 '다름의 느낌'이 곧 텍스트의 형식적 차이에서 오는 효과, 즉, 문체의 효과라 할 수 있다. 장 보아스베이에르(Jean Boase-Beier, 2011: 43)에서 언급하였듯이 '텍스트의 형식적 요소로 유발되는 효과를 재창조'하는 것은 문학번역에서 주목해야할 부분이다. 그런 점에서 최근 들어 번역 텍스트의 문체에 관한 논의가 늘어나는 것은 매우 고무적인 일이다.

"문학작품에 부정적 평가를 내리는 것이 문체 분석가의 임무는 아니"라고 한 리치(Leech, 2008: 8)의 말을 번역문체 연구에 적용해보자면 번역문에 대해 잘된 번역 혹은 잘못된 번역이라는 이분법적 평가를 내리는 것이 번역문체 연구의 목적은 아니다. 조의연(2012: 198)에서 언급하였듯이 "번역문체 연구는 각 번역 텍스트의 문체적 특성이 무엇이며 그러한 문체적 특성이 보이는 문체적 효과는 무엇인지를 기술하는 데 목적이 있다." 그러나 필자들의 이전 연구를 비롯하여 대부분의 (번역)문체 연구는 연구자의 직관에 의존한 정성적 연구가 주를 이루어 문학비평적인 해설과 번역문체에 대한 연구의 객관성을 뒷받침하는 정량적 자료의 보완이 필요할 수 있다. 원천 텍스트와의 관계에서뿐만 아니라 번역 텍스트 자체가 갖는 번역문체의 특성을 밝혀내기 위해서는 연구자의 직관을 주로한 정성적 연구와 더불어 구체적이고 객관적인 데이터를 바탕으로 반복적인 유형으로 나타나는 문체적 특성을 밝혀내기 위한 정량적 접근이 병행된다면 더 나은 결과를 얻을 수 있을 것이다.

리치와 쇼트(1981/2007)는 문체를 일관성, 경향, 빈도로 귀결되는 언어적인 선택으로 보고, 이를 측정 가능한 특성으로 여기며 문체적 특성을 설명할 수 있는 구체적인 증거를 제시하기 위해 정량적인 자료가 필요함을 강조하였다. 또한 어떤 항목을 분석 대상으로 삼을 것인가에 대한 문체분석 항목을 제시하였다. 본 연구에서는 그 항목 중 지시표현과 연결표현을 중심으로 번역 텍스트와 원천 텍스트와의 관계에서, 또한 번역 텍스트 간의 문체적 특성을 검토하였다.

본 연구에서 제시한 정량적 자료는 문체의 특성을 파악하기 위한 여러 항목 중 극히 일부에 해당하며, 부분적인 정량 자료의 제시만으로 문체적 특성을 보여주는 데에는 한계가 있을 수 있다. 그러나 가공하지 않은 자료, 즉 원자료(raw data)를 통해 원천 텍스트와 번역 텍스트에서 일어난 변이 현상을 인지할 수 있으며, 문체연구에 있어 때로는 정성적 분석을 뒷받침하기 위한 구체적인 정량적 자료가 필요하다는 점을 감안하면 보다 심도 있는 문체연구를 위한 기본 자료로서의 역할을 할 수 있을 것으로 기대한다.

☒ 참고문헌

김순영·이경희. (2012).「「대성당」 번역본의 문체적 특성 고찰」.『번역학연구』 13(1).

김순영·이경희. (2014).「번역문체의 특성에 대한 정량적 분석 -「대성당」 번역 텍스트의 지시표현과 연결표현을 중심으로」.『통번역학연구』 18(4).

김주호 (1998).「미니멀리즘, 레이먼드 카아버, 그리고『대성당』」.『현대영미소설』 5(2).

남기심·고영근. (1985).『표준국어문법론』. 서울: 탑출판사.

노헌균. (2009).「미니멀리즘과 레이먼드 카버-현대 미국사회의 문화적 평가」.『현대영미소설』 16(3).

박옥수. (2011).「한영문학 번역에서 문체의 반영-박완서의『그 살벌했던 날의 할미꽃』의 분석에 근거해서」.『겨레어문학』 46.

이기세. (1994).「오늘의 세계문학(24) 레이먼드 카버와의 대담」.『외국문학』 40.

조의연. (2012).「번역가의 문체선택 연구:『호밀밭의 파수꾼』 번역텍스트 비교분석」.『번역학연구』 13(5).

한미애. (2010).「황순원 소설의 문체번역 가능성-「소나기」를 중심으로」.『번역학연구』 11(1).

한미애. (2011).「서술의 다양성을 번역하기-『부랑일기』를 중심으로」.『번역학연구』 12(1).

Amir, Ayala. (2010). *The Visual Poetics of Raymond Carver.* Plymouth: Lexington Books.

Boase-Beier, Jean. (2006). *Stylistic Approaches to Translation.* Manchester: St. Jerome Publishing.

Boase-Beier, Jean. (2011). *A Critical Introduction to Translation Studies.* London & New York: Continuum.

Bosseaux, Charlotte. (2007). *How Does It Feel: Point of View in Translation.*

Amsterdam and New York: Rodopi.

Fowler, Roger. (1977). *Linguistics and the Novel.* London: Methuen.

Gutt, Ernst-August. (2000). *Translation and Relevance: Cognition and Context.* Manchester & Boston: St. Jerome Publishing.

Halliday, M.A.K. and Ruqaiya, Hasan. (1976). *Cohesion in English.* London: Longman.

Leech, Geoffrey. (2008). *Language in Literature: Style and Foreground.* London: Longman.

Leech, Geoffrey and Short, Mick. (1981/2007). *Style in Fiction.* London: Longman.

Malmkjær, Kirsten. (2004). Translational stylistics: Dullcken's translations of Hans Christian Andersen. *Language and Literature.* 13(1).

Munday, Jeremy. (1998). A Computer-Assisted Approach to the Analysis of Translation Shifts. *Meta.* 43(3).

Munday, Jeremy. (2008). *Style and Ideology in Translation: Latin American Writing in English.* London: Routledge.

Nord, Christiane. (2005). *Text Analysis in Translation.* 2nd ed. Amsterdam: Rodopi.

Runyan, Randolph. (1992). *Reading Raymond Carver.* Syracuse, NY: Syracuse University Press.

Toolan, Michael. (1995). Discourse Style Makes Viewpoint: the Example of Carver's Narrator in Cathedral, *Twentieth-Century Fiction: from Text to Context.* (Eds.). Peter Verdonk and Jean Jacques Weber. London: Routledge.

분석 텍스트

Carver, Raymond. (1989). Cathedral. *Where I'm Calling From: New and Selected Stories.* New York: Vintage Books.

안종설 옮김. (1996/2001). 「대성당」. 『사랑에 대해서 말할 때 우리들이 하는 이야기』. 서울: 집사재.

김연수 옮김. (2007). 「대성당」. 『대성당』. 서울: 문학 동네.

ST		TT1		TT2	
연결표현	출현 횟수	연결표현	출현 횟수	연결표현	출현 횟수
but	22	하지만	15	하지만	20
		그러나	3	그러나	1
		간단히 말해서	1	그런데	1
		전 문장에 통합	2		
		생략(ø)	1		
then	14	그리고는	5	그 다음에	2
		그러자	1	그 다음에는	1
		그 대신	1	그러더니	2
		그래서	1	그리고	3
		그 때	1	대신에	1
		이어서	1	그러다	1
		전 문장에 통합	3	그러고는	1
		생략(ø)	1	그러고나서	1
				생략(ø)	2
so	9	그래서	6	그래서	6
		그렇게	1	그렇게	1
		생략(ø)	2	때문에	1
				생략(ø)	1
and then	4	그러다가	1	그러다가	1
		한편으로는	1	그리고	2
		이제	1	생략(ø)	1
		생략(ø)	1		
and	3	게다가	1	게다가	1
		생략(ø)	2	생략(ø)	2
first	3	처음에	2	먼저	3
		생략(ø)	1		
finally	2	이윽고	2	이윽고	1
				마침내	1
now	1	이제	1	그런데	1
of course	1	물론	1	물론	1
or	1	또	1	생략(ø)	1
합계	60		60		60

일탈문체의 번역:

「아내의 상자」의 현재시제 분석

한 미 애

1. 들어가는 말

일탈(deviance, deviation)이란 규범적 언어 규칙에서 벗어난 언어 형태 또는 통계적으로 자주 쓰이지 않는 언어 형태이다(Wales 2001: 103). 문학 텍스트에서 일상적이고 규범적인 언어 형태는 익숙한 표현이어서 독자의 흥미나 주의를 끌지 못하는 반면, 일탈된 언어 형태는 독자의 관심이나 주의를 끌 수 있다.[1] 또한 기대된 규범에서 일탈된 언어 표현은 창의적이고 독창적인 느낌을 줄 수 있다. 따라서 창의성을 중요시하는 문학 텍스트에서 일탈된 문체(deviant style)는 작가의 특성을 나타낼 수도 있고 이야기 세계를 이루는 중요한 구성요소일 수 있다.[2]

---

[1] 반 피르와 헤이크멀더(Willie van Peer & J. Hakemulder 2006: 547)는 경험적 연구를 통해 언어적 일탈은 독자의 관심을 유도하고, 독자가 텍스트를 좀 더 천천히 읽도록 이끌며, 텍스트에 대한 정서적 반응을 늘이고, 미학적 평가를 강화하면서 문학 텍스트 외부의 세계에 대한 독자의 인식을 바꾼다는 점을 확증했다.

[2] 발레리는 문체를 '규범에 대한 일탈이다'라고 정의한다. 또한 슈피처에게 있어서 모든 문

소설은 서술자(narrator)가 독자에게 자신의 경험이나 등장인물의 경험을 이야기해주는 형태이므로, 일반적으로 과거시제로 서술된다. "과거시제로 상상적인 이야기를 묘사하는 것은 관례적이므로, 소설에서 직접발화(direct speech)를 제외하고 현재시제로 서술하는 것은 규범적인 서술에서 일탈된 형태가 된다"(Leech 1971: 12). 과거시제로 서술하다가 규범적인 틀에서 벗어나 현재시제로 서술하게 되면 서술에 변화를 부여하는 등 독특한 문체적, 미학적 효과를 발휘할 수 있다. 또한 시제의 혼용으로 이야기를 독특하게 구성할 수 있는데, 이러한 구성은 은희경의 「아내의 상자」의 서술에서도 나타난다.

시제는 시간을 언어 형태로 나타내는 것이고, 소설에서 시간 구성은 이야기 구성을 결정지을 수 있는 요소로 작용하기 때문에 시제 번역 양상에 따라 소설의 구성이 달라질 수 있다. 또한 규범적인 서술 형태에서 일탈된 현재시제를 규범화 현상에 따라 과거시제로 번역할 경우, 일탈이라는 언어장치를 통해 독자의 주의와 흥미를 끌 수 있는 전경화(foregrounding)[3]의 양상이 달라질 수 있다. 일반적으로 텍스트를 번역할 때에 '규범화' 현상이 일어나기는 하지만, 문학 텍스트에서는 일탈된 문체를 번역하는 일은 텍스트의 독창성이나 문학성을 살리는 데에 있어 중요하다. 베이커(Mona Baker 1992: 251)도 목표언어 구성에 관한 독자의 기대를 충족시켜야 하지만 규범적인 형태에서 벗어난 일탈이 원천 텍스트 자체의 유의미한 특성인 경우도 있다고 언급한다. 창의적인 문학 텍스트에서는 이상해 보이는 언어 형태라 하더라도 독자는 받아들일 준비가 되어

체는 일탈이며, 정상적 사용에서 벗어나게 표현하는 이러한 방식을 개인적 문체 일탈이라 불렀다(황석자 1992: 39).
3 전경화는 배경화(backgrounding)와 반대되는 개념이다. 문학 텍스트 내에서 언어적 특징이 '전경화 되었다'는 의미는 특별한 효과를 위해 '강조 되었다' 또는 '두드러지게 되었다'라는 뜻이다. 전경화 되지 못한 나머지 규범적인 언어는 배경화 되어 독자의 주의를 끌지 못한다(Wales 2001: 157). 즉 텍스트에서 규범적인 언어 형태에서 벗어난 일탈된 형태는 독자에게 두드러져서 독자는 이러한 형태에 주의를 기울이고 견해나 관심을 새롭게 하게 되는데, 이러한 현상을 문학이론에서 전경화라고 한다.

있으므로, 일탈된 문체를 목표 텍스트에 옮겨야 한다고 강조한다.

본 논문에서는 일탈된 문체 중에서 특히 현재시제의 활용으로 소설 텍스트에 문학성이 부여될 수 있으므로, 소설 번역에서 현재시제의 중요성을 제시하고자 한다. 이러한 목적을 위해, 우선 2장에서는 시제 번역에 대한 선행 연구를 살펴본다. 3장에서는 일탈된 현재시제가 이야기 구성이나 문맥에 미치는 문체적 효과를 고찰한다. 4장에서는 3장에서 살펴본 현재시제의 기능이 「아내의 상자」의 원본에 나타난 양상과 두 종류의 영역본에서 번역된 양상을 분석하고, 번역 양상에 따라 소설구성이나 문체효과의 차이를 대조 분석한다. 5장에서는 분석한 내용을 간략히 정리·논의하며 결론을 맺는다.

2. 선행 연구

시제 번역과 관련된 기존 연구에서는 한국어와 외국어의 시제와 상(aspect)의 체제가 다르므로 문제가 될 수 있다는 점을 지적하고, 이러한 문제를 해결하기 위한 번역전략을 제시하고 있다.

지광선·강옥경(2002)은 한국어, 프랑스어, 독일어의 시제 체제와 용법 및 기능을 비교 분석하고 번역할 때의 문제점을 제기한다. 한국어에는 프랑스어와 독일어와 달리 현재완료라는 상이 없으므로, 문맥에 맞게 상의 의미를 살려 부사를 첨가하는 등의 방법을 사용해서 번역해야 한다고 설명한다. 안미현(2007)은 우리말 소설의 독일어 번역에 나타나는 시간과 시제의 문제를 다룬다. 신경숙의 「그는 언제 오는가」에서 과거시제와 현재시제의 잦은 변화 현상의 분석을 통해 번역자가 시제의 미학적, 문체적 특징을 인식하고 번역을 하여도, 출발어와 도착어의 통사구조나 시제의 체계가 다르므로 원작과 동일하게 재현하는 것은 어려울 수 있다고 주장한다. 따라서 번역가들이 원문에 충실해야 한다는 강박증으로 도착어의 독자들에게 전혀 이해되지 않는 번역문을 만들어내는 것보다는 시제 변화의 기능적인 측면 즉 문체효과를 번역하는 것이 차선책이 될 수 있다고 언급한다. 설옥순(2009)은 영한번역에서 시제와 시상에 대한 번역 전략을 통사론적 번역 전략과 화용적 번역 전략으로 구분하여 제시한다. 통사론적 번역 전략에는 시간 부사나 시간 표현과 관련된 명사를 추가하거나, 복합명사나 관형사를 만들어 사용하는 등 품사를 전환하는 전략이 포함되어 있다. 화용적 번역 전략에는 과거시제와 과거완료시상의 맥락을 활용하는 전략이 포함되어 있다. 권인주(2011)는 실제 영한으로 번역된 소설 텍스트의 시제와 상이 원문과 어느 정도 일치하는지를 분석한다. 영어의 단순시제에 비해 완료 및 상의 경우는 한국어에서 일치하지 않았고 대부분 과거시제로 번역되었다. 한국어의 시제 표현에 있어 한국어의 동사의 존도는 영어에 비해서 낮았다.

본 연구가 기존의 연구와 차별화되는 점은 현재시제의 문체효과를 소설텍스트에서 분석하되, 일탈문체의 관점에서 현재시제를 순간적 현재, 자유직접화법에서 사용된 현재, 역사적 현재로 구분한다는 것이다.

3. 현재시제의 문체효과

소설에서는 과거나 현재, 심지어 미래에 일어나는 허구적 이야기도 일반적으로 과거시제로 서술하게 된다. 과거시제로 서술하다가 현재시제를 혼용하게 되면 서술의 변화로 독자의 흥미를 끌 수 있을 뿐 아니라 다양한 문체적 효과를 낼 수 있다. 특히 「아내의 상자」와 같은 1인칭 시점에서는 2인칭 시점이나 3인칭 시점에 비해 현재시제의 문체효과가 강하게 나타날 수 있다. 서술자의 고백적인 이야기 형태인 1인칭 소설에서는 3인칭 소설과 달리 시점을 자유롭게 옮길 수 없어 서술의 변화를 다양하게 표현하기 어렵기에 현재시제는 전경화 될 수 있다. 현재시제는 문맥에서 사용

되는 다양한 기능이 있는데, 본 연구에서는 서술자의 서술과 밀접한 관련
이 있는 순간적 현재, 자유직접화법의 현재, 역사적 현재에 초점을 맞춘다.
이러한 현재시제가 소설의 구성이나 문체에 미치는 영향을 살펴보겠다.

1) 순간적 현재

리이치(Geoffrey Leech 1971: 2-3)에 따르면, 순간적 현재(instantaneous
present)는 어떠한 사건이 현재 순간에 일어나고 있다는 점을 나타낼 때
사용된다. 즉, 순간적 현재는 말하는 순간에 일어난 사건이나 행위를 이야
기할 때 사용된다. 현재의 상태를 나타내는 비제한적 현재(unrestrictive
present)와 대조적으로 순간적 현재는 현재의 동작을 나타낸다. 일반적으
로 스포츠 해설(Walker *swings* a right at the West Indian - he *ducks* and it
glances harmlessly off his shoulder)이나 마술사가 마술을 하면서 설명하는
경우(Look, I *take* this card from the pack and *place* it under the handkerchief)
등에서 볼 수 있다. 순간적인 동작을 나타낼 때는 일반적으로 현재진행형
을 사용하게 되는데, 이 규범적인 표현에서 벗어나 순간적 현재라는 단순
시제를 사용하게 되면 '유표적'(marked)이 된다. 왜냐하면 말하는 순간에
행위가 시작되고 완성되는 상황은 거의 없기 때문이다. 따라서 현재시제
는 현재진행형보다 더 극적으로 느껴질 수 있다.[4]
리치에 이어 블랙(Elizabeth Black)도 순간적 현재를 화용적 문체와 관련
하여 설명한다. 블랙에 따르면, 순간적 현재는 현재 일어나는 행위와 서술
이 동시에 일어나고 있다는 것을 표현하기 위해 사용된다. 이러한 형태는
소설에서는 드문 경우이기는 하지만 이따금 발견되는데, 플롯과 밀접하게
연관되어 있다. 소설에서 현재시제가 효과적으로 사용될 수 있는 이유는
순간적 현재가 허구세계의 사건과 서술자의 서술 간의 동시성을 표현할

---

4 예를 들어 'I open the cage.'와 'I am opening the cage.'를 비교해보자. 두 번째 문장은 'What
are you doing?'의 질문에 해당하는 중립적인 표현인 반면, 첫 번째 문장은 말하는 순간에
행위 전체가 일어나는 것이므로 더 극적으로 느껴지게 된다(Leech 1971: 3).

수 있기 때문이며, 서술자의 서술 솜씨가 소설의 플롯으로 드러날 수 있기 때문이다(Black 2006: 8-9). 블랙이 언급하는 플롯은 현재의 동작이나 사건을 나타내는 순간적 현재와 관련되어 있으므로 사건이 구성되는 행동 플롯에 해당된다.5 또한 허구세계의 사건과 서술자의 서술 간의 동시성이라는 의미는 소설의 이야기가 일어나는 시간과 서술자가 서술하는 시간이 현재시제로 같다는 뜻이다. 따라서 이러한 동시성은 소설구성에서 유표적(marked)이며 일반적인 소설구성에서 벗어나는 형태이다. 일반적으로 서술자가 서술하는 시간은 현재일 수 있지만, 이야기의 사건이 일어난 시간은 과거이기 때문이다.

2) 자유직접화법의 현재

자유직접화법(free direct discourse)은 등장인물의 발화를 나타내는 규범적인 직접화법에서 일탈된 형태이다. 서술자가 'He said, "I am going to do it soon."'이라고 서술했을 경우, 이 표현방식은 직접화법이다. 'He said'에는 서술자의 목소리가 담겨있고, 'I am going to do it soon.'에는 등장인물의 목소리가 직접적으로 담겨 있다. 서술자는 과거에 일어난 사건이나 경험을 이야기 하므로 과거시제로 서술하지만, 등장인물은 자신의 현 상황이나 앞으로 할 일을 현재시제로 발화할 수 있다. 직접화법에서 일탈된 자유직접화법은 다음 세 가지로 표현된다.

① He said, I am going to do it soon.
② "I am going to do it soon."
③ I am going to do it soon.

---

5 일반적으로 플롯(plot: 구성)은 텍스트에 나타난 사건들의 배열이나 인과관계를 나타내는데, 학자마다 플롯의 정의는 약간씩 다르다. 그 중 크레인(R. S. Crane 1952: 620)은 창안물의 내용을 구성하는 행동, 등장인물, 사상(thought) 등의 요소를 작자가 특수하게 구성한 것을 플롯으로 보고, '행동 플롯, 등장인물 플롯, 사상 플롯'으로 구분한다.

①의 형태는 인용표시(" ")가 생략된 방법이다. 인용표시를 사용하지 않아 서술자의 목소리가 담긴 과거시제(said)와 등장인물의 목소리가 담긴 현재시제(am)가 혼용되어 서술된다. 전달동사가 뒤에 나올 경우, 즉 'I am going to do it soon, he said.'일 경우, 등장인물의 발화인 'I am going to do it soon'은 인용표시가 없어 얼핏 서술자의 서술로 여겨질 수 있다. ②는 전달동사인 'He said'가 생략된 방법이다. 이러한 형태는 전달동사가 없으므로 이런 대화문이 잇달아 사용되면 발화자가 누구인지 혼동될 수 있다. 이런 형태는 혼잡한 버스 안에서 여러 명이 대화하는 소리를 표현할 때 사용되기도 한다. ③은 인용표시와 전달동사가 모두 생략된 형태로 서술자의 개입이 없는 가장 자유로운 형태이다. 서술자는 등장인물의 발화라는 점을 인용표시나 전달동사로 나타내게 되는데 이러한 인용표시나 전달동사가 생략되면 그 만큼 서술자의 개입이 줄어들게 된다. 서술자의 개입이 줄어들면 등장인물이 독자에게 직접 이야기하는 것처럼 느껴지게 되어 생생하고 생동감 있는 문체효과가 난다. 또한 서술자의 개입이 전혀 없어, 등장인물과 독자의 거리는 가까워지게 되고 독자가 등장인물에게 감정이입이 더 잘 될 수도 있으며 동일화 현상이 더 수월하게 일어날 수 있다. ③의 형태는 ①의 형태처럼, 인용표시가 없어 서술자의 목소리가 담긴 서술의 일부분처럼 느껴지기도 한다. 또한 등장인물의 목소리와 서술자의 목소리가 명확하게 구분이 되지 않아 아이러니한 효과도 난다. 본 논문에서는 등장인물이 발화하는 현재시제가 서술의 과거시제와 혼용되어서 사용되는 경우인 ①과 ③의 형태에 초점을 둔다.

3) 역사적 현재

역사적 현재(historical present)는 과거에 일어난 사건을 마치 현재에 일어나는 것처럼 현재시제로 표현하는 서술방법이다(Leech 1971: 7, 김천혜 2010: 63). 소설에서는 일반적으로 이야기가 과거형으로 서술되므로 '서사적 과거'(narrative past)라고 하는데, 이와 대조적으로 역사적 현재는 '서사적 현재'(narrative present) 또는 '극적인 현재'(dramatic present)라고 칭한다. 국문법에서는 '현실법'이나 '현사법'이라고 부르기도 한다(한미애 2013: 112). 이러한 기법은 여러 언어권에서도 발견된다.

소설에서 과거시제로 이야기를 전개하다가 역사적 현재가 사용되면, 독자가 텍스트를 읽는 바로 그 순간에 이야기가 전개되는 것처럼 직접적이고 생생하게 느껴져 독자의 관심과 주의를 모을 수 있고 감정에 호소하는 문체효과가 날 수 있다. 또한 이야기의 구성 즉 플롯이 과거시제로 전개될 경우, 역사적 현재로 묘사된 문장은 이야기 전개와는 직접적으로 관련되어 있지 않으므로, 어떤 장면에 인상을 강하게 남길 수 있다. 즉 서사적 과거 대신 서사적 현재인 역사적 현재를 사용하게 되면, 독자의 관심과 흥미를 일으킬 수 있어 역사적 현재가 담고 있는 내용은 전경화하게 된다.

4. 텍스트 분석

분석 텍스트인 「아내의 상자」는 은희경의 단편소설로, 1998년 이상문학상을 수여한 작품이다. 1인칭 관찰자 시점으로 전개되며, 서술자인 '나'가 불임인 아내와 헤어지게 된 경위를 이야기한다. 「아내의 상자」는 "My Wife's Boxes"의 제목으로 번역되었으며, 영역본은 두 종류 있다. 첫 번째 영역본(TT1)은 Korean Literature Today(1999)에 실린 텍스트로, 번역가는 표기되어 있지 않다. 두 번째 영역본(TT2)은 Unspoken Voices: Selected Short Stories by Korean Women Writers(2002)에 실렸으며, 번역가는 최진영이다. 3장에서 살펴본 순간적인 현재, 자유직접화법의 현재, 역사적 현재로 구분하여 원본과 영역본을 대조 분석하겠다.

1) 순간적 현재

「아내의 상자」에서 현재의 동작을 나타내는 순간적 현재형은 이야기의 구성과 관련 있고, 현재의 상태를 나타내는 비제한적 현재형은 서술자가 이야기를 서술하는 시간과 관련되어 있다. 우선 순간적인 현재와 비제한적 현재를 구별해보기 위해 소설의 첫 도입부를 살펴보자.

> 마지막으로 아내의 방에 <u>들어가 본다</u>.
> 푸른 빛이 감도는 벽지, 벽을 향해 놓여진 독일식 책상과 창가의 안락의자. 그 사이로 알 수 없는 희미한 향기가 <u>떠다닌다</u>. 그리고 상자들. 아내는 상자를 많이 <u>갖고 있다</u>. 어떤 상자에는 그녀가 한 계절 내내 손가락을 찔려 가며 십자수를 놓은 탁자보가 들어 있고 어떤 상자에는 편지 뭉치가 <u>들어 있다</u>… 그 아이가 삼 개월 만에 자연 유산된 후 아내는 또 다른 아이를 <u>가지지 못했다</u>. 그런데도 아내는 그런 물건을 <u>간직했다</u>. (p. 25)

위의 예문에서 '들어가 본다'와 '떠다닌다'는 현재에 일어나는 동작을 나타내므로 순간적 현재형에 해당하는 반면, '갖고 있다'와 '들어 있다'는 현재의 상태를 나타내므로 비제한적(unrestrictive) 속성을 지닌 현재형이다. 순간적 현재형은 등장인물인 '나'가 현재에 경험하는 사건을 나타내므로 행동 플롯에 영향을 미치는 반면, 비제한적 현재형은 서술자인 '나'가 서술하는 시점만 나타내게 된다. 결과적으로 등장인물이자 서술자인 '나'가 경험하고 서술하는 시간은 모두 현재가 되므로 이러한 이야기 서술방식은 유표적이다. 더불어 현재형으로 서술하는 가운데에 '가지지 못했다'처럼 과거시제로 묘사하게 되면 서술하는 '현재'의 시간 속에서 과거의 사건이나 상태를 회상하는 것으로 표현된다.

순간적 현재형은 「아내의 상자」에서 이야기의 구성을 이루는 데에 중요한 역할을 한다. 현재형으로 '나'가 경험하는 이야기를 서술하고, 과거형으로 '나'가 경험했던 이야기를 서술한다. 현재에 경험하는 이야기 속에, 과거에 경험한 이야기가 삽입되는 형태이다. 이렇듯 "소설의 이야기 속에 또 하나의 이야기가 들어 있어서, 그 틀이 마치 액자 모양을 취하고 있는

소설의 형태를" "액자소설frame-story이라고 부른다."(이규정 1998: 197).[6]
이를 도형으로 나타내면 <그림 1>과 같다.

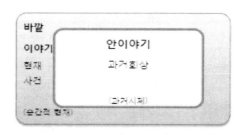

〈그림 1〉 ST의 구성

액자소설의 바깥이야기와 안이야기를 둘 다 과거시제로 서술할 수도 있지
만 「아내의 상자」에서는 바깥이야기를 현재시제로, 안이야기는 과거시제로
묘사하고 있어, 그 차이가 더욱 두드러지게 나타난다. 「아내의 상자」의 바깥
이야기는 발단 부분과 결말 부분에 해당되며, 현재에 일어나는 사건으로 구
성되어 있다. 안이야기는 전개·위기·절정 부분에 해당되며, 과거에 일어난 사
건으로 구성되어 있다. 우선 바깥이야기에 해당하는 발단 부분을 살펴보자.

(예문 1) 바깥이야기 — 발단
ST:　마지막으로 아내의 방에 들어가 본다.
　　　　푸른빛이 감도는 벽지, 벽을 향해 놓여진 독일식 책상과 창가의
　　　　안락의자. 그 사이로 알 수 없는 희미한 향기가 떠다닌다. . .
　　　　나는 좁은 방 안을 서성이기 시작한다. 온 방바닥을 내 발자국으로
　　　　덮어 버리려는 듯이 리놀륨 바닥을 꾹꾹 눌러 밟는다. 지난주에 나
　　　　는 아내를 그곳에 버리고 왔다. 차마 죽여 버릴 수는 없다고 마음먹
　　　　었으면서 그렇다고 죽이지 않은 것도 아니다.

6　액자소설의 예로는 『천일야화』, 『데카메론』, 『캔터베리 이야기』, 『우리들의 행복한 시간』,
　「유정」, 「광염 소나타」, 「배따라기」, 「무녀도」 등이 있다(김천혜 2010: 234).

나는 아내의 방을 <u>나온다</u>......아내는 없다. 아내의 박제조차 이제는
여기 없다. (pp. 23~26)

예문 1의 발단 부분은 유표적인 현재시제로 독자에게 아내가 왜 여기
없는지, 그 동안 무슨 일이 있었는지 궁금증과 호기심을 유도한다.

(예문 1)

TT1: Finally, I <u>entered</u> my wife's room.

Bluish wallpaper. German-style desk toward the wall. Comfortable chair
near the window. Filling the spaces, a vague fragrance in the air. . . .

I <u>walk</u> around inside the small room. I <u>try</u> to cover the floor with
my footsteps. I feel the linoleum floor beneath my feet. Last week,
I left my wife there. I did not kill her, but I did not save her.

I <u>come</u> out of my wife's room... She is not there. My stuffed wife
is not there.[7]

TT2: I <u>go</u> into my wife's room for the last time.

The light blue wall paper, the German-style desk and an easy chair
against the wall, and the indescribable fragrance floating among the
furniture and, of course, ...

I <u>pace</u> around the room. I <u>stomp</u> on every part of it. Last week
I left her there. I couldn't bring myself to kill her, but leaving her
there was pretty much like killing her.

I <u>decide</u> to come out of her room...She is gone. Even her shadow
is no longer there. (pp. 167-168)

예문 1의 ST에서 순간적 현재인 '들어가 본다', '떠다닌다' 등을 통해
사건이나 행위가 현재에 일어나고 있다는 점을 묘사하는 반면, TT1에서

---

7 인터넷 자료에서 발췌하여 페이지를 알 수 없음.

는 과거시제인 'entered'로 서술되어 있어 서술자가 과거에 경험한 사건이나 행위를 묘사하는 것으로 그려지고 있다. 하지만 TT2에서는 서사적 규범에서 벗어난 순간적 현재시제 'go'를 사용하여 낯선 효과와 더불어 현재에 행동이 일어나고 있음을 서술하고 있다. 따라서 TT2는 TT1과 달리 서술자인 '나'가 현재에 행위를 하면서 동시에 서술하고 있으므로, 순간적 현재형을 통해 극적인 효과를 높일 수 있다. 또한 ST의 순간적 현재인 '시작한다' '밟는다', '나온다'는 TT1에서 각각 'walk' 'try', 'come'로 번역되어 있다. ST와 TT2는 순간적인 현재형이 소설의 첫 장면에서부터 나타나는 반면, TT1에서 순간적 현재는 이 장면에서 처음 등장한다. TT1의 도입 부분은 과거시제로 묘사하다가 갑자기 현재시제가 나타나게 되는 것이다. 따라서 TT1의 첫 장면 'I entered my wife's room'이 언제 일어난 일인지가 불분명하고, 아내의 방에 들어갔던 동기도 불분명하게 된다. 따라서 사건이 일어나는 인과관계가 불분명하다는 느낌을 준다. 하지만 TT2는 'pace', 'stomp', 'decide', 'is'로 순간적 현재로 번역했을 뿐 아니라, TT1과는 달리 소설의 첫 장면에서부터 순간적 현재형으로 묘사되어 있어 소설의 발단 부분에서 현재에 일어나는 사건과 행위를 통일성 있게 구성하고 있다.

예문 2는 안이야기에 속하는 전개 부분이다.

(예문 2) 안이야기
ST: 우리가 신도시로 이사를 온 것은 작년 삼월<u>이다</u>. 그 전에 우리는 유명한 불임 클리닉이 있는 강남의 아파트에 <u>살았다</u>. 신도시는 전세값이 훨씬 쌌기 때문에 같은 돈으로 방 세 개짜리 아파트를 얻을 수 있었다……
"커튼을 달아야 할 텐데 무슨 색이 좋을까요?"
아내가 물어 보았을 때 나는 텔레비전 리모컨을 눌러 채널을 <u>바꾸는 중이었다</u>. (p. 26)

전개 부분은 현재의 시간에 있는 서술자인 '나'가 과거에 '아내'와의 사이에서 경험했던 사건을 서술하고 있다. 소설의 전개·위기·절정 부분은 모두 회상 장면으로 직접화법 및 자유직접화법의 대화문에서 사용된 현재와 역사적 현재를 제외하고는 모두 과거시제로 서술되어 있다. 과거 회상장면에서 '나'가 관찰하는 아내를 통해 아내는 불임의 원인이 아내 자신에게 있다고 생각한다는 점과 어느 날 아내가 불륜을 저질렀다는 점, 그런 아내를 정신병원 같은 곳에 입원시킨다는 점을 독자는 서서히 알게 된다.

(예문 2)

TT1: Last March we <u>moved</u> to this new city. Before then, we <u>lived</u> in an apartment in Kangnam, where the famous fertility clinic was located. The rent at our new apartment was low so we could rent a three-bedroom... "What color curtains do you like?" I <u>was changing</u> the television channel by remote control.

TT2: It <u>was</u> March last year when we moved to this new suburban city. We <u>had been living</u> in an apartment south of the Han River near an infertility clinic. Since the rent was cheaper in the new suburb, we could get a three-room apartment and my wife was very happy to have her own room....

"What color of curtains would you like?" she asked one night as I <u>was</u> just <u>changing</u> TV channels with a remote control. (p. 168)

예문 2에서 눈여겨볼 점은 회상이 시작되는 장면 '삼월이다.'는 현재시제로 서술되어 있는데, 여기에서 '이다'는 현재의 행위를 나타내는 동작이 아니므로 순간적 현재형이 아니다. 따라서 소설의 사건 구성에 역할을 하지 않으므로, TT1에서 'moved', TT2에서 'was'인 과거시제로 번역된 것은 행동플롯 구성에 영향을 미치지 않는 것으로 보인다. 또한 ST의 과거시제는 TT1과 TT2에서 각기 단순 과거시제나 과거진행형, 과거완료진행형으로 번역되었다. 이는 한국어에는 진행형이나 완료형이라는 상이 발달되어 있지 않으므로, 영어로 번역될 때에는 여러 상으로 번역될 수 있다.

예문 3은 바깥이야기에 해당되며 소설의 결말 부분이다. 과거회상 장면에서 현재의 사건으로 다시 돌아온다.

(예문 3) 바깥이야기—결말
ST: 그들은 정확히 아침 아홉 시에 <u>도착했다</u>. 한 사람은 휘파람 소리에 맞춰 장갑을 <u>끼고</u> 한 사람은 내게 이사 갈 집의 약도와 회사 전화번호를 <u>넘겨받는다</u>. 집을 나선 뒤 나는 아내의 방을 한 번 더 둘러보지 않은 것을 <u>후회한다</u>....
이윽고 시야가 <u>뚫린다</u>. 반갑게도 저 멀리에 늘씬한 포장 도로가 <u>나타나 있다</u>. (pp. 57~59)

소설의 전개, 위기, 절정 부분에서는 회상장면을 과거시제로 서술하다가 소설의 결말 부분에 다시 순간적 현재로 사건을 서술한다. 예문 3의 첫 문장 '그들은 정확히 아침 아홉 시에 도착했다'는 발단 부분에서 나오는 '내일이면 포장 이사 회사의 일꾼들이 와서 이 방을 통째로 커다란 상자에 담아 내갈 것이다.'(p. 24)와 호응을 이루는 문장이다. 즉 '...담아 내갈 것이다'는 미래시제로 '도착했다'는 과거시제로 서술함으로써 과거를 회상하는 동안 시간이 경과되었음을 나타내고 있다. 반면 두 번째 문장부터는 서술자가 현재에 경험하는 사건으로 다시 서술된다.

(예문 3)
TT1: They <u>arrived</u> at my place at exactly 9:00 a.m. One fellow <u>put</u> on a pair of gloves while whistling. The other <u>got</u> out a map of the new place I was moving to and my office telephone number. I <u>regretted</u> not looking at my wife's room once more......
Finally, I <u>can see</u> the vast sky. Luckily, the paved road <u>comes</u> into sight.

TT2:   The movers arrived right on time at 9 o'clock. One man put on
        his work-gloves, whistling a bright tune while another man asked me
        for my new address and my office number. Later I regretted that I
        hadn't looked around my wife's room for the last time.......
            Far ahead, to my relief, I see an opening, a long, clean paved road.
        (pp. 193~194)

ST에서 결말 부분은 '끼고...넘겨받는다', '후회한다', '뚫린다', '나타나 있
다' 등으로 다시 순간적 현재형으로 묘사를 하며 소설을 마무리 짓는다.
하지만 TT1에서는 과거시제 'put...got', 'regretted'로 묘사했고, 맨 마지막 행
에서만 순간적 현재 'can see', 'comes'를 사용했다. TT2에서도 순간적 현재
형 대신 과거시제 'put...asked', 'regretted'로 번역했고, 맨 마지막 행에서만
순간적 현재 'see'를 사용했다. 이 행에서만 현재시제를 사용한 이유가 이야
기 전개상 분명하게 드러나지 않으므로 사건의 인과관계가 분명하지 않다.
    ST에서는 바깥이야기를 순간적 현재로 서술하고 안이야기는 과거 회상
으로 서술하여 액자소설이라는 틀이 뚜렷하게 나타난다. 즉 현재 사건에서
회상장면으로 또다시 현재 사건으로 돌아오는 인과관계가 분명하게 드러
난다. TT1과 TT2에서도 안이야기는 과거회상 장면을 과거시제로 서술하
였다. 하지만 TT1의 바깥이야기 중에서 발단 부분은 시제가 불규칙적으로,
임의적으로 사용되고 결말 부분도 한 문장만 현재형으로 사용되어 이야기
의 인과관계가 불분명하여 액자소설이라는 틀이 구성되지 않았다. 차라리
순간적 현재시제를 모두 과거시제로 일관성 있게 번역했더라면 내용을 통
해서 액자소설로 구성될 수도 있었을 것이다. TT2에서는 바깥이야기의 도
입부분은 현재시제로 서술하였지만 결말부분에서는 마지막 문장만 현재
형으로 처리하여 액자틀이 뚜렷하지는 못하여도 전체적인 윤곽은 액자소
설로 볼 수 있다. TT2의 구성을 도형으로 나타내면 그림 2와 같다.

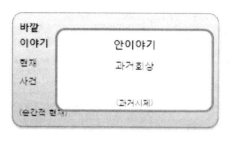

<그림 2> TT2의 구성

2) 자유직접화법의 현재

서사적 과거에서 일탈된 서사적 현재는 등장인물의 발화를 인용표시 없이 나타내는 자유직접화법으로 나타날 수 있다. 1인칭 소설은 서술자가 독자에게 고백하는 서술 형태이므로, 시점이 서술자인 '나'에게 고정되어 있어 서술이 지루해질 수 있다. 그러므로 1인칭 소설에서 과거시제와 더불어 자유직접화법을 통해 현재시제를 적절하게 혼용하면 서술에 변화를 줄 수 있으므로 독자의 흥미를 끌 수 있고, 등장인물의 생각이나 의식을 강조하는 효과가 날 수 있다.

(예문 4)는 소설의 과거회상 장면에 해당하는 부분으로, 자유직접화법이 연속적으로 사용되었다.

(예문 4)

ST: 나는 실내 환기를 안 해서 습도가 낮아진 거라고 가볍게 아내를 나무라며 안심시켰다. 얼핏 생각이 떠오른 대로 수족관에 열대어를 키워 보면 어떻겠냐고 말해 보았다. 아내는 깜짝 놀랐다. (1) <u>맞아요. 아파트 안이 건조해서 수족관의 물이 한 뼘씩 줄어든다는 뉴스를 텔레비전에서 봤어요. 시멘트 벽이 집 안의 온갖 물을 다 빨아들여요. 나중에는 수도관 속에 있는 물까지 빨아들일 거예요. 이건 벽이 아니라 흡반이에요.</u> 토요일에 나는 가습기를 사서 들고 들어갔다. 아내는 포장조차 풀지 않았다. (2) <u>병원에서만 쓰는 물건인 줄 아는 모양이</u>

군, 나는 못마땅했지만 그런 것을 일일이 맞춰 가며 살려고 하다보면 가정이란 피곤해지게 마련이라는 생각을 갖고 있었으므로 그냥 내버려두었다. 아내는 늘 나로서는 아무 관심도 없는 소식을 진지한 말투로 전해 주기도 했다. (3) 슈퍼 옆에 있는 유치원 말예요. 거기 자연 학습장에서 키우는 닭은 새벽에 울지 않고 매일 한낮에 울어요. 슈퍼에서 나오는데 갑자기 꼬끼오, 소리가 나서 처음에는 깜짝 놀랐어요. 거기에다 제 나름의 논평까지 붙이곤 했다. (4) 이제는 생태 환경이 달라져서 닭이 새벽에 울 필요가 없는 거죠. 요즘은 개하고 고양이도 사이좋게 지낸다잖아요. 그때마다 나는 시사 주간지나 마감 뉴스에 시선을 둔 채 고개를 두어 번 끄덕여 주었다. (p. 34)

위의 예문은 3.2에서 살펴보았듯이, 자유직접화법 중에서도 인용표시와 전달동사 모두를 생략한 형태로 서술자의 개입이 전혀 없는 가장 자유로운 형태이다. 인용표시와 전달동사가 없어 직접화법에 비해 읽기가 다소 어렵다. 서술자인 '나'의 목소리인지 등장인물인 아내의 목소리인지가 구별이 잘 가지 않지만 그만큼 독자들은 그런 부분에 주의를 기울일 수 있고 서술의 미묘한 변화와 흥미를 느낄 수 있다. (1), (3), (4)는 아내가 하는 말인데, 마치 아내가 독자에게 직접적으로 말하는 듯한 생생한 효과가 난다. (2)는 '나'의 발화일 수도 있고 생각일 수도 있다. 전달동사가 생략되어 아내에게 직접 말하는 발화인지, 혼자 생각하는 부분인지가 모호하다. 모호한 중의성(ambiguity)은 "문학 텍스트 자체의 속성"(Leech 2008: 192)으로 미학적 효과를 풍부하게 하는 장치로 사용될 수 있다. 문학 텍스트에서는 그라이스(Herbert Paul Grice)의 태도의 격률처럼 표현이나 의미가 명확하거나 분명할 필요는 없다. 이러한 중의적인 표현은 독자에게 제각기 상상할 수 있는 여지를 남겨줄 수 있기 때문이다.

(예문 4)

TT1: I comforted my wife, "Because we do not have good ventilation, the room moisture level is low. That is all." I suggested that she put a tropical fish bowl in the room. She was surprised at my suggestion.

(1) "You are right!" I saw a news segment on television that said the water level of an aquarium in an apartment will drop several inches due to the dryness. The cement wall is absorbing the moisture in the room. In the end, it will absorb water in the pipeline. This is not a wall. It is a leech. I bought a humidifier Saturday for our room. But, my wife did not open the box.

(2) She thought it was only fit for a hospital room. I was not comfortable leaving it unopened. But, I did not want to confront her all the time, so I restrained. Home is not supposed to make people tired. So, I did not care if she used the humidifier. My wife was sincere in offering news that was not interesting to me at all.

(3) "There is a kindergarten near the supermarket. It is raising chickens for a children's nature education program. The rooster does not cry at dawn, but at high noon. I was surprised to hear a cock-a-doodle-doo in the daytime when I came out of the supermarket." She commented,

(4) "It is changing time. The rooster does not need to cry at dawn. These days, dogs and cats are not fighting. They are friendly." Whenever she spoke about these tidbits, I nodded absent-mindedly while reading the weekly magazine or watching the news.

ST(1)에서는 인용표시를 하지 않은 자유직접화법이 일관되게 사용된 반면, TT1(1)에서는 일관되지 않게 작위적으로 번역되었다. 즉 인용표시를 한 "You are right!"라는 부분과 인용표시를 하지 않은 'I saw... to the dryness.' 부분에다 문단을 바꾸어서 'The cement wall... a leech'라는 부분으로 번역되었다. 따라서 이 세 부분은 각기 다른 사람의 목소리로 오해될 수 있다. 차라리 TT1(1) 전체를 동일한 방식으로 처리했다면 내용면에서 오해의 소지는 없었을 것으로 판단된다. TT1(2)에서는 ST에서 사용된 자

유직접화법 대신 간접화법으로 대치됨으로써, ST의 생동감 있는 문체효과
는 사라졌다. 또한 TT1(3)과 (4)에서는 직접화법을 사용하여 읽기는 수월할
수 있지만 자유직접화법이 문맥에 부여하는 서술의 묘미나 등장인물이 독
자에게 직접 말하는 듯한 생생함은 그만큼 줄어들었다고 볼 수 있다.

(예문 4)

TT2: "Maybe because we don't air out our apartment often enough," I said
by way of consoling her, and suggested that we get an aquarium with
a few tropical fish in it. My wife jumped at my suggestion. (1) "You
are right. I saw on television that an aquarium loses one hand-length
of water every day in an apartment. Cement walls are not walls really
but water-suckers. They will suck water out of even water pipes."
On a Saturday I bought a vaporizer, but my wife didn't bother to
open the box, because, I knew, (2) it reminded her of a hospital. I
was disappointed but said nothing. Some things are better left unsaid
to make family life less irritating.
My wife had the habit of telling me trivial things in which I had no
interest. (3) "You know that kindergarten beside the supermarket? For
nature studies, they raise a rooster and hens, but the rooster crows
in broad daylight instead of at dawn. I was stepping out of the
supermarket when I heard the crowing. I was so surprised. (4) Our
ecological environment had changed so much that even cocks don't
have to wake up early, it seems They say dogs and cats now get along
as well." I would nod a couple of times to her such prattle without
taking eyes from the television news or a weekly news journal. (pp.
175~176)

TT2(1)은 직접화법으로 전환되었지만, ST(1) 전체를 모두 직접화법으로 바
꾸었으므로 일관성 없게 번역된 TT1(1)과 비교해보면 더 나은 선택으로 보인

다. TT2(2)는 ST(2)와 달리 서술자의 서술문으로 되어 있다. TT2(3)과 (4)는 인용 표시로 인해서 서술자의 목소리인지, 등장인물의 목소리인지가 분명히 드러나서 읽기가 수월하기는 하지만 자유직접화법의 문체적 효과는 사라졌다. ST에서는 아내가 말하는 (3)과 (4) 중간에 서술자인 남편의 목소리 '거기에다 제 나름의 논평까지 붙이곤 했다.'가 덧붙여짐으로써 문학 텍스트 특유의 서술의 묘미가 생기게 된다. 하지만 TT2에서는 (3)과 (4) 중간에 남편의 목소리를 번역하지 않음으로써 맛깔스러운 문체적 효과는 사라졌다고 볼 수 있다.

한국어의 대화문에서는 '어요', '이군'이라는 종결어미가 사용되어 대화문인지 서술문인지가 영어에 비해 비교적 확연하게 드러나는 반면 영어에서는 종결어미가 없어, 자유직접화법이 잘 번역되지 않은 것으로 보일 수 있다. 하지만 영어에서도 한국어에서 잘 사용되지 않는 'you'라는 대화문의 표지가 있다. 예를 들어, TT2(1)에서 인용표시를 생략하면 다음과 같다. 'My wife jumped at my suggestion. You are right. I saw on television that an aquarium loses one hand-length of water every day in an apartment. Cement walls are not walls really but water-suckers.' 이 문장에서 현재시제 'are'뿐만 아니라, 'you'에서도 아내가 발화하는 대화문이라는 점을 인식할 수 있다. 직접화법에 비하면 누구의 발화인지가 쉽게 드러나지는 않지만, 읽고 이해하는 데에 드는 시간만큼 미학적 문체효과는 나타날 수 있다.

3) 역사적 현재

과거에 일어난 사건이나 경험을 현재시제로 표현하는 역사적 현재는, 독자에게 주의나 집중을 요하는 장면에서 사용될 수 있다. 과거회상 장면을 과거형으로 서술하다가 역사적 현재형을 사용하게 되면, 현재형은 보다 유표적으로 보일 수 있다.

(예문 5)에서는 아내가 왜 불임의 원인이 자신에게 있다고 생각하는지를 유추할 수 있는 중요한 부분이므로 역사적 현재가 사용된 것으로 추정된다.

(예문 5)

ST: 그녀의 이야기는 이런 내용이었다.

한 가족이 있다. 아버지는 떠돌이였다. 그러므로 억척스런 어머니
가 세 개구쟁이들을 갖은 욕을 퍼부으며 혼자 <u>키운다</u>. 어느 날 어머
니가 <u>죽는다</u>. 아이들은 복지 시설에 <u>맡겨진다</u>. 소식을 들은 아버지가
아이들을 찾으러 온다. 그러나 알다시피 그는 무직자에다가 짐작하
다시피 주정뱅<u>이다</u>. 건전하고 깨끗한 복지 시설의 직원은 아버지
를 예의바르게 <u>멸시한다</u>. 아이들의 복지를 위해서는 그들을 고아로
만들어야 한다고 <u>주장한다</u>. 아버지는 아이들을 사랑했다. 아이들을
위해서라면 그 유쾌한 자유까지도 기꺼이 포기할 수 있었다. 아버지
는 <u>싸운다</u>... 온갖 복지 시설과 온갖 입양 가정을 <u>돌아다닌다</u>. (pp.
38~39)

'내용이었다', '떠돌이였다', '사랑했다'에서 볼 수 있는 것처럼, ST는 예
전에 일어났던 이야기를 전하는 부분이므로, '있다', '키운다', '죽는다' 등
도 과거에 일어난 사건이다. 이렇게 과거에 일어난 사건을 현재형으로 서
술함으로써 서술에 변화를 주는 동시에 독자에게 주의를 끌 수 있다. 「아
내의 상자」에서 역사적 현재가 사용된 부분은 이 예문뿐이다.

(예문 5)

TT1: This was her story: There <u>was</u> a family. Father was a wanderer. So,
a tough mother <u>raised</u> three naughty boys. One day, the mother <u>died</u>.
The children <u>were</u> put in an orphanage. The father <u>came</u> to find the
children. He <u>was</u> a jobless alcoholic. The administrator <u>despised</u> him
and rejected the father's pleas. She <u>claimed</u> that the children should
be raised by the welfare system, and therefore, treated as orphans.
The father loved his children. He determined to give up his
wandering free spirit to bring his children back. He <u>fought</u>....he <u>visited</u>
all the families who took care of his children and the social workers.

TT2: The story goes like this. There <u>was</u> a family. The father was a wanderer. The hard-working bitter mother <u>raised</u> their three children. One day the mother <u>died</u> and the children <u>were</u> sent to an institution. The father <u>learned</u> of the news and came to claim the children, but he <u>was</u> jobless and drunk. The manager of the clean and well-run orphanage <u>despised</u> him and <u>said</u> in a cold correct manner that the children would be better off at the place. The father loved his children and was willing to give up his freedom such as it was. He <u>began</u> to fight back.... He <u>begged</u> every concerned office for some documents or clues. (p. 179)

위의 예문에서 볼 수 있는 것처럼, ST에서 역사적 현재는 TT1과 TT2에서 모두 단순 과거시제로 바뀌었다. ST에서는 일탈된 문체를 사용하여 전경화 현상이 일어나는 반면, TT1과 TT2에서는 규범적인 과거시제를 사용하여 특별한 문체효과를 발휘하지 못한다. 역사적 현재라는 문학적 장치가 사용되어 텍스트에 미학성을 불어 넣을 수 있으므로 TT1과 TT2에서도 미학적 측면에서 이러한 기법을 살려주는 것이 좋겠다. 라이스 (Katharina Reiss 2000: 36-37)도 형식중심적인 문학 텍스트에서 원천텍스트의 언어적 형태는 내용 뿐 아니라 목표언어의 형식을 결정한다고 주장한다. 원천 저자가 규범에서 일탈된 표현을 사용할 경우, 특히 이 일탈이 미학적 목적이 있을 때 목표언어의 규범에서 일탈되도록 해야 한다.

하지만 영어는 한국어와 달리 시제일치라는 문법적인 항목이 있어, 'There is a family'와 'Father was a wanderer'를 연속적으로 사용하면 다소 어색하게 느껴진다고 판단할 수도 있다. 그렇다면 위의 예문의 시제를 모두 현재형으로 사용하는 대안도 있을 수 있다고 본다. 즉 TT1의 방식을 활용하여 'This was her story: There is a family. Father is a wanderer...'처럼 'This was her story' 부분만 과거시제로 처리하고 이야기에 해당하는 부분은 모두 현재시제로 처리하는 것이다. 이렇게 하면 회상장면에서 역사적 현재형이 독자의 시선을 끌어 독자들이 보다 주의를 기울이게 유도할 수 있다. 또한 서사적 과거형과 더불어 일정 부분에서 역사적 현재형을 사용하면 다채로운 서술이라는 문체적 효과를 부여할 수 있다.

5. 맺는 말

규범에서 일탈된 문체는 텍스트의 문학적, 미학적 특성을 나타낼 수 있을 뿐 아니라 작가의 독창성과 창의성을 드러낼 수 있다. 특히 시제는 서술의 특성과 상당 부분 연관되어 있어, 규범적인 과거형 서술에서 벗어난 현재형 서술은 텍스트의 중요한 미학적 특성을 이룰 수 있다. 「아내의 상자」와 같은 1인칭 시점에서 특히 현재시제는 과거시제와 어우러져 텍스트에 유의미한 문체적 효과를 부여한다. 순간적 현재, 자유직접화법의 현재, 역사적 현재를 사용함으로써, 과거시제의 서술에 변화를 주고 생생하고 생동감 있는 이야기를 독자에게 들려줄 수 있으며 이야기 전개에 중요한 부분에 독자의 주의와 관심을 끌 수 있다.

순간적 현재는 현재에 일어난 사건이나 동작을 나타내는 역할을 하는데, 「아내의 상자」에서 소설을 구성하는 행동 플롯에 중요한 요소로 작용하였다. 이야기의 발단 부분에서는 순간적 현재시제로 '나'의 현재의 사건이 서술된다. 전개·위기·절정 부분에서는 과거시제로 구성된 회상장면이다. 결말 부분에서는 다시 순간적 현재시제로 '나'의 현재 사건이 서술된다. 이렇듯 바깥이야기(현재 이야기)와 안이야기(과거 이야기)로 구성되는 액자소설(frame-story)이라는 특성은 TT1과 TT2에서 다르게 나타났다. TT1에서는 ST와 달리 첫 장면에서 과거시제를 사용하고 발단 부분 중간에 현재시제를 사용함으로써 사건의 인과관계나 통일성이 어그러졌으며, 텍스트의 특성인 액자소설이라는 형태가 구성되지 못했다. TT2에서는 비록 결말 부분의 맨 마지막 문장만 현재시제를 사용하였기는 하지만 발단 부분에서는 ST의 순간적 현재의 특성을 반영하여 액자소설이라는 구성적 특성은 살렸다고 볼 수 있다.

자유직접화법은 직접화법에서 사용하는 인용표시와 전달동사(말했다, 생각했다)를 생략함으로써 서술자의 개입이 일어나지 않아 등장인물이 독자에게 직접 말하는 듯한 느낌이 난다. 이로 인해 등장인물과 독자는 더 가깝게 느낄 수 있어 감정이입이나 동일시 현상이 더 수월하게 이루어 질 수 있다. TT1과 TT2에서는 ST에서 생략된 인용표시를 첨가함으로써 발화자가 누구인지 구별하기는 다소 수월해졌지만, 과거시제와 현재시제의 혼용이라는 서술의 묘미는 사라졌다. 또한 TT1은 TT2와 달리 인용표시를 잘못된 부분에 넣어, 해당 부분의 발화자가 달라졌고 대화 내용을 이해하기 다소 어려워졌다. 한국어와 영어에서 사용되는 자유직접화법의 표지가 현재시제를 사용할 수 있다는 점은 같지만 다른 점도 있었다. 한국어에서는 '요'와 같은 종결어미에서 대화문의 표지가 나타나는 반면, 영어에서는 'you'에서 나타났다.

과거에 일어난 사건을 현재시제로 표현하는 역사적 현재는 독자가 보다 주의를 기울여 읽도록 유도하고 과거시제와 대조적으로 독자의 눈앞에서 이야기가 펼쳐지는 듯한 인상을 준다. ST에서 역사적 현재로 서술된 부분은 TT1과 TT2에서는 모두 규범적인 과거시제로 서술되었다. 이로 인해 ST에서 독자의 흥미와 관심을 끌 수 있는 전경화 효과는 사라지게 되어 역사적 현재가 문맥에 부여하는 인상적인 장면은 밋밋해졌다고 볼 수 있다.

「아내의 상자」에서 서술된 현재시제는 소설의 구성이나 미학적, 문학적 특성을 이루는 중요한 요소이므로, 일탈된 현재시제라는 문체를 번역의 규범화 현상에 맞추어 번역한다면, 작품 특유의 미학성이나 문학성이 사라질 수 있다. 따라서 소설 텍스트를 번역할 때 일탈된 문체가 갖는 미학, 문학적 효과를 인식하는 것이 무엇보다 중요하다. 문체효과를 번역 텍스트에 반영할 때에 해당 작품의 미학적 고유한 특성을 살릴 수 있다.

◊_ 참고문헌

권인주. (2011). 「시제와 상에 대한 번역연구」. 『번역연구』 창간호, pp. 1~23.

김병욱 편, 최상규 역. (2007). 『현대 소설의 이론』. 서울: 예림기획.

김상태·양희철 편역. (2000). 『일탈문체론』. 서울: 보고사.

김서윤. (2013) 「소설의 서술시제와 '운명'의 형상화」. 『국어국문학』 168, pp. 419~452.

김천혜. (2010). 『소설구조의 이론』. 파주: 한국학술정보

문흥술. (2013). 「플롯과 모티프, 그리고 소설의 독창성」. 『인문논총』 26, pp. 17~32.

설옥순. (2009). 「시제와 시상에 대한 영한 번역 전략」. 『번역학연구』 10(2), pp. 23~60.

안미현. (2007). 「소설번역에 나타나는 시간과 시제의 문제 - 우리말 소설의 독어 번역을 중심으로」. 『독일문학』 103, pp. 231~242.

유태영. (2003). 『한국현대소설의 해석』. 서울: 새문사.

윤충의. (2010). 『현대소설의 구성과 표현기술』. 서울: 국학자료원.

이규정. (1998). 『현대소설의 이론과 기법』. 서울: 박이정.

정영길. (2006). 「소설읽기의 문제설정 방식 - 은희경의 아내의 상자를 중심으로」. 『한국문예창작』 5(2), pp. 271~293.

조의연·한미애. (2012). 「최대의 적합성으로 본 자유직접화법: 「엘리베이터에 낀 그 남자는 어떻게 되었나」를 중심으로」. 『통번역학연구』 16(1), pp. 177~203.

지광신·강옥경. (2002). 「번역에 있어서의 시제에 관한 연구: 독일어와 한국어, 프랑스어와 한국어의 번역을 중심으로」. 『외국어로서의 독일어』 11, pp. 177~214.

최경도. (1997). 「소설의 플롯」. 『헨리 제임스 연구』 2, pp. 69~84.

한미애. (2012). 「문학번역에 대한 인지시학적 접근」. 『번역학연구』 12(4), pp. 205~229.

한미애. (2013). 『인지시학적 관점의 문체번역 연구: 황순원 단편소설을 중심으로』. 박사학위논문. 동국대학교.

황석자 편저. (1992). 『현대문체론의 이론과 실제』. 서울: 한신문화사.

Baker, Moan. (1992). *In Other Words*. London & New York: Routledge.

Black, Elizabeth. (2006). *Pragmatic Stylistics*. Edinburgh: Edinburgh University.

Chapman, Raymond. (1973). *Linguistics and Literature: An Introduction to Literary Stylistics*. London: Edward Arnold.

Crane, Ronald Salmon. (1952). The Concept of Plot and the Plot of Tome Jomes, *Critics and Criticism, Ancient and Modern*. Chicago: University of Chicago. pp. 162~165.

Enkvist, Nils Erik et al. (1964). *Linguistics and Style*. London: Oxford University.

Leech, Geoffrey. (1971). *Meaning and the English Verb*. London: Longman.

Leech, Geoffrey. (2008). *Language in Literature: Style and Foregrounding*. Harlow & New York: Pearson Longman.

Reiss, Katarina. (1971/2000). *Möglichkeiten und Grenzen der Übersetzungskirtik*, Munich: Max Hueber (Erroll F. Rhodes. (trans.) (2000). *Translation Criticism: Potential and Limitations*. Manchester: St. Jerome & American Bible Society).

van Peer Willie, W. & Hakemulder. J. (2006). Foregrounding, in Keith Brown (ed.) *Encyclopedia of Language and Linguistics*. pp. 546~550.

Wales, Katie. (1990/2001). *A Dictionary of Stylistics*. Harlow: Longman.

Wolfson, Nessa. (1982). Tense-switching in Narrative. *Language and Style* 14(3), pp. 226~231.

분석 텍스트

ST: 은희경. (1998). 「아내의 상자」. 『이상문학상 수상작품집』. 서울: 문학사상사.

TT1: The Korean Center of International P.E.N. (1999). The Wife's boxes. *Korean Literature Today*, http://hompi.sogang.ac.kr/anthony/klt/99summer/unhuikyong.htm

TT2: 최진영. (2002). The Wife's boxes. *Unspoken Voices: Selected Short Stories by Korean Women Writers*, Dumont, N.J.: Homa & Sekey Books.

의미에서 문체로? 의미에서 문체로!:

한국문학의 스페인어 번역을 중심으로

성 초 림

1. 의문의 시작

간혹 한국문학작품을 스페인어 번역판으로 먼저 읽게 되는 때가 있다. 그럴 경우 이후에 꼭 해당 작품의 한국어 원작을 찾아 읽어보게 되는데 원작을 읽으면서 깜짝 놀라는 때가 가끔 있다. 내가 읽은 스페인어판과 한국어판이 과연 같은 작품이라고 할 수 있을까하는 의문이 들 만큼 전혀 다른 그 무엇으로 느껴지는 경우가 종종 있기 때문이다. 결국 나는 붉은 펜을 집어 들고 한국어 원작과 스페인어 번역본을 한 줄 한 줄 대조하기 시작한다. 신기한 것은 딱히 잘못된 번역이라고 지적할 만한 부분은 별로 없다는 것이다. 물론 모든 번역본이 ―정도의 차이는 있지만― 저마다 아쉬운 점, 부족한 점을 가지고 있게 마련이다. 그러나 문장 대 문장으로 대조하며 비교했을 때 원작의 의미를 크게 훼손하는, 그래서 원작과 완전히 다른 인상을 줄 만큼의 심각한 오류가 있냐하면 절대 그렇지 않다는 것이다. 그렇다면 어째서 두 버전 사이에 그토록 큰 차이가 있다고 느끼게 되는 것일까?

우선적으로 생각해볼 수 있는 원인은 첫째, 내가 한국어와 스페인어를 모두 모국어로 사용하는 사람이 아니라는 점이다. 독자의 입장에서 두 언어의 독해 능력에 차이가 있다면 당연히 한국어 텍스트를 읽었을 때와 스페인어 텍스트를 읽었을 때의 느낌이 다를 수 있다. 물론 스페인문학 전공자로서 스페인어로 된 작품 내용 분석에 문제가 있었을 것이라고는 생각지 않지만 내가 놓친 한두 부분의 미묘한 의미 차이가 전체적인 느낌을 좌우했을 가능성을 배제할 수 없으므로 두 세 명의 원어민에게 스페인어 번역판 작품의 일독을 권하고 감상을 듣는다. 때로는 구체적으로 주인공의 나이, 성격, 작품의 시대적 배경에서부터 등장인물들 행위의 원인까지 독자의 입장에서 갖게 된 느낌에 대해 자세히 묻는다. 그때마다 이들의 답변 내용과 내가 스페인어 텍스트를 읽고 난 후에 느낀 것 사이에 그다지 큰 차이가 없음을 알게 된다. 그러니 딱히 독서능력의 차이 때문이라고 볼 수는 없는 것 같다. 둘째, 유명한 소설을 영화로 먼저 접하고 나중에 소설을 읽었을 때, 혹은 그 반대의 경우에 느끼는 이질감 같은 것일 수 있다. 하지만 과연 장르 전환에서 발생되는 것만큼의 큰 변화가 번역과정에서 일어날 수 있는 것일까? 번역이라는 작업이 어떤 의미에서건, 어떤 층위에서건 '등가'를 추구한다는 점을 고려해보면 영화에서 소설로, 혹은 그 반대방향으로의 장르 전환에서 작가나 감독이 누릴 수 있는 '개작 혹은 '변조'의 권리를 번역자가 번역작업에서 부여받는 경우는 거의 없다는 점을 간과할 수 없다. 게다가 문학번역이야말로 그 어떤 종류의 번역작업보다 "원본이 겨냥하는 것과 똑같은 효과를 창출"(푸코, 116)하는 것을 목표로 하지 않는가. 그렇다면 세 번째로, 반드시 전달되어야할 원작의 그 무엇이 번역과정에서 전달되지 않고 생략되었다고 가정해볼 수 있다. 문장을 하나하나 비교해보았을 때 내용상 큰 차이가 없다는 것은 대략의 줄거리가 전달되었다는 뜻이고, 문학작품에서 줄거리가 동일한데도 불구하고 전혀 생소한 작품처럼 느끼게 할 수 있는 요소가 무엇인가 생각해볼 때 작품의 내용이 독자에게 전달되는 형식이 서로 상이했던 것은 아니었나 의문을 품어볼 수 있다. "동일한 내용을 담았다고 하더라도 그것을 하나의 의미망으로 엮어내고 배열하는 방식에 따라 독자에게 전달되는 의미는 달라질 수 있다"(김순영, 94)는 것을 우리는 잘 알고 있기 때문이다. 그렇다면 '내용을 하나의 의미망으로 엮어내고 배열하는 방식'을 우리는 무엇이라고 총칭할 수 있을까?

박갑수는 "작가가 아무리 심원하고 고매한 사상을 향유하고 신선하고 따뜻한 감성을 가지고 있다고 하더라도 표현이라고 하는 형상화의 과정을 거치지 않고서는 결코 문학작품이라는 이름을 부여할 수가 없다"고 하면서 "문학작품이 그 매체가 되는 언어로써 표현될 때 가장 우선적인 문제가 바로 작가의 '태도' 결정"이라고 지적한다. 이 태도에 따라서 작품의 표현형식이 좌우되고, 이 달라진 표현형식은 독자에게 전혀 다른 뉘앙스와 감동을 주게 되는데 이러한 표현의 방법 및 형식을 보편적으로 문학작품의 '기법'이라고 부르고, 그러한 기법들이 텍스트 속에서 총합적으로 작용하여 하나의 전체적인 구조물로서의 문학 작품을 형성하였을 때 그 구체적인 형성물로서의 총합체가 곧 '문체'라고 말한다(103-107). 다시 말해 '문체'가 바로 작가의 사상과 감성을 하나로 엮어 표현하는 방법과 형식의 총합체라는 것이다.

그렇다. 나는 이제 문체의 문제에 관해 이야기해보려고 한다.

시작하기에 앞서 논의의 범위를 한국문학의 스페인어 번역으로 한정한다는 점을 밝혀둔다. 일단 문학번역이라는 점, 또 외국어를 한국어로 전환하는 번역이 아니라 한국어를 외국어로, 특히 스페인어로 번역할 때의 문제에 주목한다는 점은 다음 사항을 전제로 하고 있다. 우선, 출발어 텍스트가 한국문학이라는 점이다. 따라서 한국어 원작이 담고 있는 고유의 문체, 타 언어에서는 보이지 않는 ― 혹은 두드러지지 않는 ― 한국어만의 표현 양식이 문학 작품 속에서 담당하는 역할과 기능이 논의의 중심이 된다는 것이다. 둘째, 이 글에서 제시하는 모든 예가 그렇지는 않지만 대부분 스페인어를 도착어로 하는 번역작업에서 발생할 수 있는 문제에 초점이 맞춰져있다는 점을 미리 일러둔다.

2. 문체란 무엇인가

1) 문체의 일반적 정의

앞에서 간단히 '내용을 전달하는 형식' 혹은 '문장의 전달 방식'이라고 규정한 문체는 사실 다양한 정의가 가능하다. 보통 광의의 문체는 '언어 특성의 집합'으로 "작가가 자신의 본성과 의도에 따라 표현수단을 선택한 결과로 나타나는 언어기술양상으로서의 표현, 표현의 양상, 작가의 본성이나 의도가 포함된다"(Guiraud 1979: 120, 서정목, 145에서 재인용). 이런 광의의 문체는 개성적 문체와 유형적 문체로 나눌 수 있다. 여기에서 개성적 문체는 흔히 문장양식을 가리키는데 어떤 표현의 특수성이 유형을 띠지 않고 독자적인 성격을 지니는 경우로 특정 필자와 문장에 나타난다. 반면, 유형적 문체는 많은 표현에 공통되는 어떤 문체상의 특수성이 인식되는 것을 가리킨다. 표기형식이나 어휘, 어법, 수사, 문장, 형식에 따라 혹은 시대나 지역사회에 따라 다른 유형적 문체가 이루어지기도 한다(이종오, 86). 이는 달리 말하면 개성적 문체는 작가 개인의 문체로서 한 작가에게서 나타나는 다른 작가와의 차이점, 개별성에서 드러나고 글의 장르와 언어 환경과 같은 언어적 요인, 작가의 품성과 독자의 인식과 같은 개성적 요인, 이해, 비교, 분석, 상상, 추리, 종합, 비판과 같은 정신적 작용에 따른 심리적 요인, 서술, 묘사, 상징, 비유, 함축, 강조와 같은 표현적 요인으로 구성된다. 한편, 사회적 문체는 보편적이고 일반적인 특성을 나타내며 역사적 요인, 사회적 요인, 정치적 요인, 문화적 요인, 언어적 요인 등으로 구성된다(서정목, 145).

위의 구분이 문체의 구성요인 측면에서 본 것이라면 문체가 텍스트

상에서, 구체적으로는 문학 작품 속에서 표현되는 방식의 관점에서 문체의 종류를 구별해보면, 첫째 방언, 고유어, 한자어, 외래어, 특수영역의 용어와 같이 어휘에서 비롯된 문체, 둘째, 경어법, 시제, 문장구조와 길이와 같이 문법에서 비롯된 문체, 셋째, 텍스트의 유형에서 비롯되는 문체를 들 수 있다(박갑수, 73-99). 이석규 외에서 추가적으로 제시되는 문체의 유형에는 구어체와 문어체, 그리고 특히 지칭어와 높임법의 문제도 중요하게 다루고 있다(223-232).

따라서 번역자의 입장에서 문체를 고려한다는 것은 작가의 언어적 요인, 개성적 요인, 심리적 요인, 표현적 요인에서 비롯되는 개인적 문체(혹은 개성적 문체)와 한국이라는 지역사회 특유의 역사, 사회, 정치, 문화, 언어적 요인들에서 비롯되는 사회적 문체(혹은 유형적 문체)가 출발어 문학텍스트 상에 방언, 고유어 등의 어휘와, 경어법, 시제, 문장 구조 같은 문법, 그리고 텍스트 유형별 특성으로 나타났을 때 이를 어떻게 도착어 텍스트에 담아낼 것인가에 관한 고민이라고 정리해 볼 수 있겠다.

2) 의미와 문체: 이분법이 가능한가?

이제 본격적으로 문학번역에서 문체의 위치에 관해 이야기해보자. 번역에서 '문체'가 가장 강조되는 분야는 문학번역이다. Theo Hermans는 "법률계약서 등의 경우 주로 형식적인 면에서 상응하는 유사성을 획득해야만 하고 문학텍스트의 경우에는 문체에서 그 유사성이 요구된다"고 주장한다(78). 문학에서는 무엇이 말해졌느냐 만큼 중요한 것이 어떻게 말해졌느냐이기 때문이라는 것인데 여기에서 '무엇'은 아마도 작품이 담고 있는 의미를 일컬을 것이고, '어떻게'는 문체에 해당하는 것이리라.

우리는 보통 의미와 문체를 문학작품을 이분하는 카테고리로 간주한다. 의미는 작품이 전달하고자하는 메시지를 포함, 작품의 플롯에 해당하고 문체는 그 메시지를 포장하는 장식물로 생각해, 의미가 작품의 숭고한 정신에 해당한다면 문체는 작품의 겉모양, 미학적 부분을 담당한다고 여기는 것이다. 모든 창작물을 내용과 형식으로 대별해온 학문적 관례도 이와 무관하지 않을 것이다. 번역에서도 상황은 마찬가지이다. 번역학은 그중 텍스트의 의미 전달을 중심으로 발전해왔다. Seleskovitch의 해석이론은 탈언어화를 강조하며 의미를 출발어의 문체론적 장치에서 분리시키는 접근법을 강조하였다. 또한 Nida는 번역을 "출발어의 메시지에 대해 도착어에 있어 가장 가까운 등가를 재생산하는 과정으로 우선 의미에 있어, 두 번째로는 문체에 있어 등가를 찾는 것이다"(Nida, 1964, 김도훈, 49-50에서 재인용)라고 정의한다.

이렇듯 오늘날 다수의 번역학자들은 그 무엇보다도 의미를 강조하고 있다. 그리고 "의미에 강조를 두고 있다"는 말의 기저에는 '의미와 문체는 별개의 것' 혹은 '순차적으로, 아니면 따로 분리하여 다룰 수 있는 것'이라는 전제가 포함되어 있다. 확실히 지금의 번역학에서는 언어의 문체론적 장치에서 의미를 분리하는 것이 가능하다고 생각한다. 의미와 문체를 이분법적으로 분리하고 그중 가장 최우선적으로 전달해야하는 것은 바로 의미이며 의미 전달이 완성되었을 때에야 비로소 고려해 볼 또 다른 요소로서 '문체'를 생각한다. 이는 대부분 문학텍스트 번역에 관해 이야기할 때 "내용 전달 위주로 텍스트를 구성하는 언어의 의미론적이고 기능론적인 등가성 유지를 위해서 뿐만 아니라, 문학텍스트로 기능할 수 있도록 미적 가치를 구축하도록 하는 것이 중요하다. 이 말은 바로 원어 텍스트의 문체를 살려 번역해야 함을 뜻한다"(구정연, 2)는 말에서도 분명히 드러난다.

그런데 여기에서 생겨나는 한 가지 의문은 정말로 의미와 문체는 별개의 것일까? 라는 것이다. 먼저 의미의 등가를 이루고, 이후에 문체의 등가를 이룬다는 Nida의 생각이 타당한가? 적어도 문학번역에서 적용가능한 말일까? 과연 번역에서 의미가 문체에 앞서는 더 중요한 가치를 담보하고 있는가?

Jean Boase-Beier는 텍스트상의 문체적 장치들이 의미를 구축하는 것과 관련이 있다고 말한다. 그는 문학텍스트에서 문체적 장치들은 두 가지 기능적 특징을 가지고 있는데 하나는 작가의 의도에 대한 의사소통의 실마리를 제공하는 것이고 또 하나는 독자에게 시적 효과를 발휘하는 것이라면서 번역자는 제1독자로서 저자가 말하고자 하는 바를 먼저 포착해야하는데 이런 점에서 문체적 장치들은 작가가 의도한 것이 무엇인지 추론하는데 결정적 역할을 하며 또한 해당 텍스트 혹은 구절과 연관된 특정 정서상태로 이끌어간다는 것이다(276-279). 분명 문체는 작품의 시적 효과 이외에도 작가가 작품을 통해 독자에게 전달하고자하는 내용, 의미를 구성하는데 결정적 역할을 한다. 작가의 의도가 명시적으로 언급되지 않아도 문체만을 통해 독자에게 전달될 수 있기 때문이다. 따라서 의미 전달에 중점을 두고 작가의 문체가 담고 있는 의도에 대한 고민이 부족했던 번역의 경우, 실제로는 제대로 된 의미를 전달하는데 실패하고 마는 것을 볼 수 있다.

실제로 김순영은 김동인의 「감자」 영역본들을 분석하면서 "문장의 전달방식, 즉 문체는 동일한 내용을 달리 서술함으로써 의미의 차이를 가져오며, 읽기의 과정에서 해석에 필요한 전체와 부분을 하나로 묶어주는 필수요소로 작용한다"(82)고 주장한다. 또 "문체의 번역은 원천 텍스트의 의미망을 훼손하지 않고 목표 텍스트로 재현하는데 있어 중요한 역할을 한다"(94)라고 밝히고 있다.

그렇다면 원작의 문체를 고려하지 않은 번역이 어떤 의미상의 오류를 가져오게 되는지, 그 구체적 예를 몇 가지 살펴보도록 하자.

3. 문체가 배제된 번역에서 오는 의미 전달의 오류

사실 의미 전달의 오류에 관해 이야기하기 위해서는 먼저 이 글에서 사용되는 '의미'라는 말의 정의를 내려야할 필요가 있을 것이다. '의미'는 보통 '언어를 포함한 넓은 뜻에서의 기호가 갖는 기능과 용법 및 내용'으로 정의된다. 이 '의미'의 두 가지 기능, 곧 기술적 기능과 표현적 기능 중에서 언어의 의미를 담당하는 것은 표현적 기능으로 '사실의 기술 및 명령, 권유, 판단, 상징 등에서처럼 기호사용자의 태도나 정서를 표출하는 것'이라고 되어있다(두산백과). 이러한 '의미'에 대한 일반적 정의에 의거하면 번역학에서 말하는 '의미'는 '텍스트 상에서 저자가 사실의 기술 및 명령, 권유, 판단, 상징 등을 통해 표출한 태도나 정서' 정도로 정의해 볼수 있겠다. 이제 저자가 텍스트 상에 표출한 태도나 정서가 번역자 측의 문체에 대한 세심한 배려 부족으로 인해 제대로 전달되지 못했던 예를 살펴보자.

1) 한국어 경어체계에 대한 고려

한국어의 경어체계는 모든 알려진 언어들 중 가장 체계적인 것으로 간주된다. 그 결과 한국어를 외국어로 번역할 때, 상대적으로 한국어보다 경어체계가 뚜렷하지 않은 언어로의 번역에 번역자들은 어려움을 겪게 된다(Mullers, 216). 대부분의 경어체계는 문장에 형태소 '시', '께' 등을 추가하거나, 동일한 의미를 지닌 다른 형태의 명사 사용(집/댁, 밥/진지), 동사의 선별적 사용(자다/주무시다, 먹다/잡수시다) 등으로 나타난다.

구체적으로 볼 때, 한국문학 작품에서 발화자가 어느 정도의 경어체를 사용하느냐에 따라 대화의 상대방을 어떤 위치에 있는 사람으로 간주하느냐가 드러나고 따라서 문학작품 속에서 등장인물들 간의 대화에 나타나는 경어체계는 두 인물간의 관계를 짐작하게 하는 결정적 요소로 작용하는 경우가 많다는 점에 주목할 필요가 있다. 또 작품 속에서 작가가 발화자의 신분을 정확히 밝히지 않더라도 두 인물이 나누는 대화 속 경어 체계를 통해 누가 발화자인지 알 수 있는 경우도 적지 않다. 그런데 번역 과정에서 이러한 인물 상호간 관계를 나타내는 경어체계를 고려하지 않고 기계적으로 문장의 내용만 전달하게 된다면 결과적으로 정확한 의미를 구현하지 못하고 오역에 이르게 되는 경우가 있다.

김승옥의 「무진기행」을 스페인어로 번역한 *El viaje a Mujin*에는 거의 동일한 내용이 두 사람에 의해 언급되는 부분이 있다. 아래 예 1-1의 경우는 부인이 남편에게 하는 말이다. 원작에서 작가가 부인이 하는 말임을 명확히 밝히고 있기도 하지만, 만약 밝히지 않았더라도 문장에서 사용된 경어체계만으로도 독자는 이 내용이 부인이 남편에게 하는 말이라는 사실을 쉽게 인지할 수 있다.

(예 1-1)
- "어머님의 산소에 다녀온다는 핑계를 대고 무진에 며칠 동안 계시다가 오세요. 주주총회에서의 일은 아버지하고 저하고 다 꾸며놓을 게요. 당신은 오랜만에 신선한 공기를 쐬고 그리고 돌아와 보면 대회생제약 회사의 전무님이 되어 있을게 아니에요?" 라고 며칠 전날밤 아내가 나의 파자마깃을 손가락으로 만지작거리며 내게 [...] (무진기행, 115)
- Con el pretexto de visitar la tumba de tu madre, quédate unos días en Mujin. Mi padre y yo nos encargamos de la reunión del consejo general de accionistas. Respira aire puro, y cuando estés de vuelta ya te habrán nombrado director general de la gran compañía farmacéutica. (115)

문제는 거의 동일한 내용을 장인이 이야기할 때이다. 아래의 예 1-2에서 보듯이 한국어 원작에서는 이 부분은 장인-사위 간 경어체계에 따라 '자네', '~하게'체를 사용하여 표현하였으므로 작가가 이 말을 하는 사람이 누구인지를 전혀 언급하고 있지 않음에도 불구하고 이를 읽는 한국어 독자들은 발화자가 누구인지 충분히 짐작할 수 있었다. 하지만 스페인어로 번역되면서 한국어 원작에서의 경어체계가 모두 배제되고 아내가 남편을 부를 때와 장인이 사위를 부를 때 둘 다 동일한 인칭대명사(tú)를 사용함으로써 원작에서는 전혀 다른 문체였던 것이 번역본에서는 동일한 문체로 표현되었다. 게다가 원작에 이 말을 하는 사람이 누구인지 명시되어 있지 않으므로 번역문도 발화자가 누구인지 밝히지 않았고 결과적으로 스페인어 원어민 독자들은 예 1-2 역시 부인이 한 말로 이해하게 되는 오류가 발생하는 것이다.

(예 1-2)
- "이번엔 자네가 전무가 되는 건 틀림없는 거구, 그러니 자네 한 일주일 동안 시골에 내려가서 긴장을 풀고 푹 쉬었다가 오게. 전무가 되면 책임이 더 무거워질 테니 말야." 아내와 장인영감은 자신들은 알지 못하는 사이에 퍽 영리한 권유를 내게 한 셈이었다.(무진기행, 118)
- Esta vez es seguro tu ascenso a director general, por lo tanto tómate una semana para pasarla en el campo y descansar relajándote. Cuando te nombren director general, tu responsabilidad será mayor.-Mi mujer y mi suegro, sin darse cuenta, me habían hecho una propuesta genial.

상대방을 모두 you로 통칭하는 영어와는 달리 스페인어에는 상대방을 지칭하는데 tú와 usted 두 가지 인칭대명사를 사용하며 이 둘은 각각 다른 문법 범주에서 활용된다. 일반적으로 tú는 우리말의 반말에 해당하고 usted은 존댓말에 해당하는 것으로 알고 있지만 우리말의 반말과 존댓말이 관계의 상하개념을 반영한다면, 스페인어의 tú/usted을 구별하는 것은 관계의 원근개념이다. 다시 말해 할아버지-손자 관계라고 해도 그 둘 사이에 상당한 연령차가 있음에도 불구하고 심리적으로 친밀한 사이일 때는 당연히 서로 tú로 지칭하게 된다. 이에 따라 번역자는 남편-부인간의 친밀한 관계를 고려하여 당연히 tú로 지칭해야할 것으로 간주하였고, 장인-사위 간에도 동일하게 친밀한 관계로 설정했던 것이지만 결과적으로는 원작의 문체를 고려하지 않은 점이 독자의 오해를 불러일으키게 된 것이다.

경어체 번역의 문제에서 또 한 가지 기억할 것은 한국문학에서 두 사람 사이의 대화에 경어체계가 변화한다는 것은 서로의 관계가 변화를 겪는다는 뜻이고, 이는 스토리 전개에 결정적 요소로 작용하게 되는 경우가 많다는 점이다. Mullers는 "Style shift in Korean Teledramas"에서 문체의 전환이 해당 장면의 줄거리를 전개하는데 핵심요소가 되는 예를 제시하면서 두 사람 사이의 관계변화를 표현하는 장치로 사용되는 경어체계의 변화에 대해 언급한다. 서로 존댓말을 사용하던 사이에서 둘 중 하나가 상대방에게 갑자기 "아침 먹었니?"라고 묻는다면 대화체의 변화 자체에 이미 많은 것이 함축되어있다는 것이다. 그런데 번역에서 이러한 문체의 변화를 고려하지 않고 '아침은 먹었는지' 묻는 내용만 전달된다면 그 문체 변화가 뜻하는 감정적 변화, 함축적 의미가 모두 사라져버리게 된다는 것이다. 어느 언어에서나 화계(speech level)가 달라졌다는 것은 상호관계가 변화를 겪었다는 것을 뜻하지만 특히 경어체계가 다양한 우리말의 경우 섬세하고 예민하게 이런 변화를 전달해주려는 번역자 측의 의지가 없다면 많은 부분 작가가 의도했던 작품상의 의미가 훼손될 것은 자명하다.

2) 어휘에서 느껴지는 작품의 시대적 배경

지난 20세기는 세계적으로도 격변의 시대였지만, 그 와중에 더욱 급속한 산업화를 겪은 한국은 일상생활에서 소용되는 물품을 지칭하는 용어에서부터 직업, 화폐단위에 이르기까지 어휘상의 변화가 극심하였다. 그러한 영향으로 한국의 독자들은 문학작품 속에서 시대적 배경에 관한 아무런 구체적 언급이 없어도 작가가 사용하는 어휘만으로 작품이 전개되는 시대를 짐작할 수 있는 경우가 많다. 간단한 예를 들어보자. 손창섭의 「유실몽」의 경우 한국 독자들은 아래의 몇 문장만 읽어보아도 원작에 사용된 여러 어휘들을 통해 이 작품의 배경이 전후 궁핍했던 시절임을 쉽게 눈치 챌 수 있다.

- 단 10환인들 내가 쓸데없는 데 쓰는 줄 아나. (243)
- No me gasto ni diez wones en cosas innecesarias. (14)

- 누이는 술집 작부였다. 그러한 직업에 누이는 수재적이었다. (247)
- Mi hermana atendía a los clientes de una taberna, trabajo para el cual tenía gran talento. (17)

- 차녀는 대구서 양부인 노릇을 하고... (250)
- la segunda trabajaba en la base militar norteamericana en Daegu, (20)

- "남북 석탄 주식회사 상무 취체역 오상근"이라는 명함을 내놓았다. (255)
- me puso delante una tarjeta que decía "O Sang-gun, Director General, Compañía de Carbón Nambuk, Sociedad Anónima".

- 단추 떨어진 구제품 저고리를 입고 있는 사내를 가리켰다. (256)
- un hombre que llevaba una chaqueta anticuada a la que le faltaba un botón.

- 고리짝을 뒤져서 자기의 변변한 옷가지를 다 싸가지고 간 것이다. (269)
- Rebuscando en el baúl de mimbre se había llevado la ropa que todavía le servía (36)

하지만 스페인어 번역에서는 어휘가 지니는 시대적인 배경에 대한 고려 없이 환을 원으로 표기하고(圜이 원으로 화폐개혁 된 것은 1962년), 양부인은 '미군기지에서 일하는 여자', 구제품 저고리는 '구식 재킷'으로 술집작부는 '술집에서 손님 시중드는 여자'로 번역하는 등 현대적인 일상 어휘로 대체하였다. 또 상무취체역이라는 과거 주식회사의 '이사'를 일컫던 말도 간단히 '상무'로 번역하였다. 재미있는 것은 고리짝을 'el baúl de mimbre'로 번역한 것인데 baúl de mimbre는 형태상으로는 고리짝과 유사하게 생겼지만 오늘날에도 이케아에서 판매하는 최신 패션 가구임을 생각해보면 번역작업에서 단순히 몇 개의 어휘에 대해 '약간의 심사숙고하는 과정'이 부족했다기보다는 작가의 '옛스러운' 문체에 대한 고려가 없었다는 점을 지적해야할 것이다.

작품에 시대를 지칭하는 직접적인 언급이 없는 상황에서 스페인어 번역본 독자들은 스토리가 전개되는 시대적 배경을 어떻게 판단할 수 있을까? 한국사회에 대해 별반 지식이 없는 독자들은 지극히 현대적인 어투를 사용하면서 경제적으로 몹시 곤궁한 한국 사회를 묘사하는 번역본을 읽고 혼란을 느끼지 않을까? 실제로 스페인어 번역본을 읽은 몇몇 원어민 독자들에게 시대적 배경에 대해 물었을 때 "잘 모르겠다"거나 "분명치 않다"는 정도의 답변이 다수였던 점이 이를 입증한다.

사실 1950~60년대를 다루는 작품이라고 해서 모두 어휘에서 시대성이 묻어나는 것은 아니다. 게다가 '전후 소외와 가난의 현상적 묘사를 통한 시대상의 표현'(유종호, 13)이라는 주제 하에 작품을 쓰면서도 시대에 대한 명확한 언급은 생략한 채 문체를 통해 독자로 하여금 시대를 짐작하게 했다는 점에서 작가의 의도는 분명히 드러난다. 따라서 이 작품의 번역에서 집중해야할 점은 문체를 통한 시대성의 표현이었다고 볼 수 있다. 하지만 작가의 '구식어휘'에 대한 고려 없이 그 어휘가 뜻하는 바, 있는 그대로 의미 전달에 충실한 번역의 결과 독자는 작가가 전달하고자 했던 시대상을 제대로 이해할 수 없게 된 것이다.

푸코는 자신의 작품이 번역된 경험을 상세히 서술한 저서『번역한다는 것』에서 번역작업 과정 중에 '현대화하기'와 '고풍스럽게하기'(푸코, 269~) 전략에 대해 이야기하면서 자신의 작품『장미의 이름』러시아어 번역을 예로 들고 있다. 시대적 분위기를 되살리기 위해 삽입한 라틴어 인용문들 번역에서 라틴어에 대한 최소한의 지식을 갖고 있는 여타 서방국가 독자들과는 달리 슬라브 독자에게 키릴 문자로 쓴 라틴어 문장과 제목이 아무 것도 암시하지 못했을 것이므로 라틴어 대신 중세 그리스 정교회의 옛날 성직 슬라브어를 사용했다는 것이다.

푸코의 이러한 예가 문체와 직결되는 것은 아닐지 몰라도 작품의 시대성을 살리기 위해서는 '개작도 서슴지 않는다'는 예로서는 충분히 기능한다고 본다. 원작이 의도하는바 시대성을 전달하는 것이 번역의 핵심이 되는 문학작품들이 상당수 있다. 그런데 번역과정중에 그 시대성을 전달하기 위해 작가들이 가장 빈번하게 사용하는 전략인 '문체'에 대한 고려가 없다면 그 작품의 전체적 의미가 제대로 번역되었다고 볼 수 없는 것이다.

3) 사투리의 문제

언어사용체계의 변형과 관련, 대화 상황에 따른 변이형은 언어사용역(register)로 불리며 지역이나 계급 이외의 요소인 사회 상황에 따라 달리 적응하여 반응하는 방식, 곧 발화자가 어떻게 말하고 있는가가 중요한 요소가 되는 반면, 시간적, 공간적, 사회적 언어체계의 변이형은 방언이라고 불리며 발화자의 출신지역과 계급을 나타내는 것으로 규정된다. 즉 발화자가 그 사회 내에서 어떤 사람인지, 어떤 지역, 계급과 동질적인 특징을 공유하는지를 나타내주는 근거가 된다는 것이다.

손창섭의 「유실몽」에서 주인공의 매형은 함경도사투리를 쓴다(예 2-1). 작품 속에서는 매형의 출신지나 이력에 관한 어떠한 언급도 없고, 시대적 상황에 대한 서술도 전혀 찾아볼 수 없지만, 이들 가족이 서울에 살고 있고, 주인공이 제대군인이라는 점, 거기에다가 함경도 사투리를 쓴다는 점으로 미루어보아 매형이 월남한 실향민이라는 사실을 쉽게 알 수 있으며 무직상태의 빈곤에 놓인 그의 처지가 실향민이 남쪽에 내려와 겪을 수밖에 없는 고충이라는 것에까지 확대해석이 가능하다. 이에 비해 누이가 실제 남편이라고 내세운 사내의 경우 '제법 미끈하게 차린 사내'라는 묘사 이외에도 반듯한 표준말을 구사하는 것으로(예 2-2) 전후 남한사회에서의 그의 확고한 위치를 보여준다. 작가는 은연중에 문체를 통하여 그 어떤 묘사보다 더 명확하게 등장인물에 대해 독자에게 설명하고 있는 것이다.

(예 2-1)
- 거 너무 시시하니 굴디 말라우. [...] 오늘운 꼭 누게다 한탁 멕에둘
  일이 생게서 그래. 술 한 잔만 멕에노문 내중에 천환의 몇십배, 몇백배
  돼서 돌아올테야. 자 쾌니 그러디말구 어서 천환만 내노라우.(243-244)
- No seas necia. ¿Qué crees? [...] Es para usarlo en cosas fructíferas. Hoy
  precisamente tengo que invitar a alguien. Con unos tragos que le convide,
  esos mil wones regresarán después multiplicados por diez o cien. Vamos,
  saca los mil wones.(14)

(예 2-2)
- 그야 다 이를 말인가. 하나 밖에 없는 처남인데.(270)
- Esarás de más pedírmelo, siendo él el único hermano que tienes.(37)

하지만 번역본에서는 양자가 동일하게 표준말을 구사하는 것으로 표현
되었고 결과적으로 원작에 나타나는 매형의 모습과는 상이한 인상을 독
자에게 남기게 되었다. 스페인어 번역본을 읽은 원어민 독자들에게 주인
공의 매형 '상근'이라는 인물의 성격과 이미지를 묻는 질문에 대부분 '자
기 환상 속에 빠져 우쭐거리며 살고 폭력적'이라거나 '성숙하지 못하고
자기애가 강하며 현실을 받아들이지 못하는' 것으로 판단한다는 답변을
받았다. 손창섭의 많은 작중인물들이 소위 '해방따라지'라는 고향상실자,
피난민이라는 점과 작가가 이들을 통해 사회 전반이 유동적인 시기에 잉
여인간으로 살아가는 이들의 설움과 삶의 허무를 그려내고자 했다는 점,
상근도 역시 이러한 인물들 중 하나라는 점을 생각해보면, 작가가 상근에
게서 의도했던 인물상과 번역본 독자들이 갖게 된 인상은 큰 차이를 보인
다. 인물에 대한 명시적 묘사 이전에 많은 것을 내포하고 있는 사투리가
번역에서 완전히 배제된 상태에서 상근이 구사하는 사투리가 내재하고
있는 실향민이라는 의미가 전혀 전달될 수 없었던 때문이리라.
  사실 사투리 번역의 문제는 단순하지는 않다. 위에서 언급한 대로 사투

리는 한 사회 내에서 개인이 속하는 집단을 명시적으로 지목하고 있기 때문에 도착어 사회에서 이와 동일한 특성을 지닌 집단을 찾아내 그들의 사투리로 대입시키는 것이 쉽지 않기 때문이다. 실제로 한국어 원작에서 전라도 농민의 사투리로 되어있던 것을 스페인어 번역본에서 스페인 남부의 안달루시아 사투리로 대체한 예를 본 일이 있었는데 한국 농부의 입에서 구사되는 안달루시아 사투리가 왠지 어색하다는 느낌이 강했다. 물론 번역자의 사투리 번역에 대한 고민과 노고는 높이 평가하는 바이다. 그럼에도 불구하고 작품 속에 사투리라는 문체가 담고 있는 의미, 작가의 의도에 대한 번역자 측의 진지한 고민은 필수적이라고 본다. 사투리가 사투리로 번역될 수 없어 사투리 관련 부분을 포기한다고 하면 마땅히 그 상실되는 부분을 어떻게 보상할 것인가 생각해봐야할 것이다.

위에서 살펴본 세 가지 예는 빙산의 일각이라고 할까. 문체가 의미에 영향을 주고 나아가 의미를 바꿔놓을 수 있는 수많은 예의 일부에 불과하다. 문학작품의 번역에서 줄거리는 동일한데 전혀 생소한 작품으로 느끼게 되었다면 그 작품의 의미가 충분히 전달되었다고 볼 수 있을까? 절대 그럴 수 없다고 본다. Nida는 번역의 성공 여부가 등가 반응을 이끌어낼 수 있는지의 여부에 달려 있다고 했다. 여기서 기본 조건은 네 가지로 첫째, 의미가 성립되어야하고, 둘째, 원문의 기질과 태도를 전달하고, 셋째, 표현의 자연스러움과 쉬운 형태를 유지하며, 마지막으로 똑같은 반응을 이끌어내야 한다는 것이다(박옥수, 7). 그런데 이 말은 수정되어야한다. 먼저 의미가 성립되고 두 번째로 원문의 기질과 태도가 전달되어져야 하는 것이 아니라, 의미를 온전히 전달하기 위해서는 원문의 기질과 태도가 제대로 반영되는 것이 필수적이며, 그래야만 독자에게서 똑같은 반응을 이끌어내는 '등가의 효과'를 이루게 되는 것이다.

4. 마무리를 위하여: 의미에서 문체로? 의미에서 문체로!

의미가 곧 문체이고 문체가 곧 의미가 된다고는 말할 수 없다. 둘 사이의 구분은 분명히 존재한다. 하지만 문학작품에서 이 둘을 분리하여 생각할 수도 없다. 결론적으로 분명한 것은 적어도 문학번역에서는 의미와 문체를 구분하는 것은 무의미하며, 의미를 우선적으로 전달하고 문체는 차후의 문제라거나, 의미만 전달한 번역은 열등한 번역이고 문체까지 전달된 번역은 우월한 번역이라고 말할 수 없다는 것이다. 따라서 '의미만 전달하는 번역'에서 '문체까지 전달하는 번역'으로 이행해가는 것이 좀 더 수준 높은 번역으로 향하는 것이라는 생각은 오류이다. 문체가 전달되지 않았는데 온전한 의미가 전달되었을 리 만무이기 때문이다. 현실적으로 출발어 텍스트의 문체가 도착어 번역문에 100% 반영되기 어렵다는 사실은 모두가 인지하고 있다. 번역에 완전한 등가는 없는 것처럼, 그 번역 전략의 일부인 문체의 전달도 마찬가지이다. 혹자는 "번역에서 우리에게 중요해 보이는 원본의 측면을 부각시키고자 한다면, 그것은 때로는 거기에 있는 다른 측면들을 뒤로 제쳐두거나 또는 심지어 없앰으로써만 가능해질 것이며 텍스트의 모든 차원을 표현할 수 있는 것은 아니기 때문에 그의 작업은 끊임없는 단념도 포함한다"(가다머 1960, 푸코에서 재인용)고 말한다. 하지만 원작텍스트의 문체에 대한 꼼꼼한 분석과 고려는 번역자의 1차 독서 작업에서 필수적인 것이며, 문체적 장치들을 통해 작가가 의도하고자했던 바를 어떻게 번역에 반영할 것인지에 대한 고민 역시 번역자의 몫이다. 출발어의 문체가 반드시 도착어에서 문체로 반영되지 않는다고 하더라도, 문체가 의도하는 감정이나 분위기 어조 등에 대한 부연 설명 등 여러 가지 방법으로 해결점이 모색되어야한다. 이는 '원작과 동등한 효과'를 지향해해야하는 문학번역의 절대 절명의 과제라 할 것이다.

⅙_ 참고문헌

구정연. (1999). 「비교문체론적 번역방법에 관한 연구-프랑스어 한, 영 번역텍스트의 대조 분석을 중심으로」. 『언어연구』 19.

김도훈. (2004). 「번역에 있어서의 문체론적 고찰-연설문을 중심으로」. 『통역과 번역』 6(1).

김순영. (2010). 「김동인의 「감자」 영역본 분석: 문체번역을 중심으로」. 『통역과 번역』 12(1).

박갑수. (1994). 『국어문체론』. 대한교과서(주).

박옥수. (2011). 「한영문학번역에서의 문체의 반영-박완서의 「그 살벌했던 날의 할미꽃」의 분석에 근거하여」. 『겨레어문학』 46.

서정목. (2011). 「번역전이에 따른 문체의 비교방법론에 관한 연구」. 『언어과학연구』 57.

에코, 움베르토. (2003). 『번역한다는 것』. 김운찬 역. 열린책들.

이석규 외. (2002). 『우리말답게 번역하기』. 역락.

이종오. (2006). 『문체론』. 살림.

Boase-Beier, Jean. (2004). Saying what someone else meant: style, relevance and translation. *International Journal of Applied Linguistics* 14(2).

Hermans, Theo. (1999). *Translation in Systems*. St.Jerome.

Muller, Jeansue & Charles. (2009). Style shift in Korean Teledramas: A case for the careful consideration of speech style in translation. *Forum* 7(2).

분석 텍스트

김승옥. (2003). 「무진기행」. 『김승옥문학선』. 나남출판.

손창섭. (2005). 「유실몽」. 『손창섭단편전집1』. 도서출판 가람기획.

임철우. (1989). 「아버지의 땅」. 『직선과 독가스: 이상문학상 수상작가 대표작품선』. 문학사상사.

JI-DO. (2009). Antología de la narrativa coreana contemporánea. Santiago Arcos editor: PARABELLUM.

문체를 기준으로 한 문학번역 비평:
『폭풍의 언덕』을 중심으로

김 순 미

1. 서문

최근 번역학계에서는 번역작도 원작처럼 그 자체로서 의미와 지위를 갖는 작품이라 여기는 의견이 부상하고 있다. 특히 문학번역서는 그 자체로 하나의 창의적 작품으로 보기 때문에 문학번역 평가는 우선 그것이 가능한가를 고민하는데서 출발하게 된다. 정혜용이 밝힌 바와 같이 텍스트마다 작동하는 시적 기능은 각기 고유한데 모든 문학 텍스트에 적용할 수 있는 객관적인 평가 규범이 과연 존재할 수 있는지, 그리고 번역가 각자의 작품 해석이 다를 수 있는 문학 번역에서 객관적 규범 자체가 궁극적으로 도달해야 할 목적이 될 수 있는가에 대한 고민은 필수적이라고 할 수 있다(2012: 120). 결론적으로 보면 문학번역 텍스트의 경우 학자들[1]은 객관적, 과학적 기준에 의거하여 일률적으로 가치를 매기는 것이

---

1 "'다름'의 미학에 바탕을 둔 서로 다른 문학텍스트를 객관적 준거를 가지고 비교 평가할 수 있는 범위는 그리 넓지 않다"(이형진 2008: 90).

가능하지도, 바람직하지도 않은 것으로 보고 있다. 그러나 잘 된 번역평가는 특정 시대, 사회의 번역관을 보여주고, 거시적, 미시적 번역전략의 비교분석을 통해 개선 방향을 모색하며, 독자들을 위한 독서의 길잡이가 되는 등 그 의의가 매우 크기 때문에 번역학계가 문학번역 평가에 대한 연구를 소홀히 할 수는 없다.

그렇다면 문학번역 비평의 조건은 무엇일까? 이상원(2008)은 문학번역에 있어서는 단순 평가를 넘어선 비평이 필요하다고 강조하면서 우선 문학번역은 그 자체로 하나의 작품이기 때문에 그 지위를 인정해야 하며 미시적 접근보다는 작품 전체를 보는 포괄적, 거시적 접근을 할 필요가 있다고 하였다. 특히, 번역가에 대한 일방적인 지도나 교육에서 벗어나기 위해서 문학번역 비평을 하는 비평가도 번역관과 기준을 명확히 제시하고 이에 근거해 비평할 것을 요구하였다. 또한 그 비평은 단순한 언어적 오류를 찾기보다 번역가의 번역관을 분석해야 한다고 하였다.

이와 같은 맥락에서 본 연구는 미적, 형식적 장치와 인물간 대화체, 서술 방법 등을 통해 드러나는 작가의 '문체'를 번역비평의 '기준'으로 삼았다. 문학번역 비평은 원작의 언어적 측면에 기초한 미시적 오역잡기에 치중하는 것이 아니라 문학이란 장르가 지닌 고유한 요소를 중심으로 이루어져야 한다고 보기 때문이다. 다시 말해 특정 작가의 독특한 문체를 각 번역가들이 어떻게 이해하고 그를 전달하기 위해 어떤 전략을 택했는지를 분석한 후, 각 번역가가 재창조한 문체의 기능과 효과를 살펴보는 것이어야 한다고 생각한다. 문체를 번역한다는 것은 "문체가 작품의 의미 형성에 참여하는 몫, 그리고 그것이 독자에게 줄 수 있는 심미적 효과를 옮기는 것"(금지아 2012: 35)이므로 "기능적으로 등가성을 띠게 된다"(35)고 볼 때 기능론자인 라이스(Reiss 2000)의 텍스트 유형과 관련되어 있다. 라이스는 문학을 다른 텍스트 유형과 차별화 하는 요소, 즉, 미적 효과를 드러내는 텍스트의 형식적 측면을 문학번역에서 살려야할 가장 중요한 기능으로 보았고, 이것이야 말로 번역 비평가가 다루어야 할 중요한 기준이라고 보았다.

이 기준에 의거해 비평을 하려면 먼저 문학만이 지닌 미적 형식은 무엇인지 규정해야 한다. 이에 대해 라이스는 은유, 언어유희, 속담, 비유 등 수사적 표현과 각운, 운율 등을 대표적인 문학의 표현 도구로 들었다. 문학이라는 장르의 특수한 요소를 이론과 실제 면에서 구체적으로 연구한 르페베르(Lefevere 1992)는 라이스가 밝힌 표현적 측면 뿐 아니라 방언, 개인어, 언어역 설정 등 등장인물의 성격과 관계를 드러내는 측면과 외래어, 문화적 배경이 담긴 단어, 신조어 등 외국 문물의 향취를 느끼게 해주는 측면 등이 문학이 가진 특수한 요소라 하였다.

지금까지 밝힌 바와 같이 본고의 첫 번째 과제는 라이스의 텍스트 유형에 기초한 문체전달 중심 번역비평의 기준을 마련하는 것이다. 두 번째 과제는 이를 기초로 실제 텍스트를 비평하고 그것을 지금까지 이루어진 다른 문학번역 비평과 비교해 보면서 어떤 차이가 있는지 알아보는 것이다. 이를 위해 충실성과 가독성을 중심으로 번역평가를 한 영미연의 문학번역비평 연구를 비교 대상으로 택했다. 분석 대상 텍스트는 에밀리 브론테(Emily Bronte)의 『폭풍의 언덕』(Wuthering Heights)이다. 이 작품을 선택한 이유는 첫째, 원문 자체가 문학성을 높이 평가받고 있으며 문학작품 특유의 형식적, 미적 요소가 풍부한 작품이라는 점이고 둘째, 영미연 연구에 분석대상으로 포함되어 있다는 점이다. 즉, 영미연의 충실성과 가독성을 중심으로 한 평가 방법과 본 논문에서 제시하는 문체 중심 비평 방법의 차이점을 비교하기에 적절한 텍스트인 것이다. 구체적 연구 방법론으로는 한 가지 원천 텍스트와 여러 종의 번역본을 비교해 보는 형식을 택하고 있다.

2. 이론적 배경

본 장에서는 문학번역 비평에서의 선행연구를 분석한 후 본 연구의 기준을 세우기까지의 이론적 배경을 전개하려 한다. 앞에서 밝힌 바와 같이 본 논문은 문학번역에 대한 라이스의 비평이론의 측면에서 접근하고 있다.

1) 선행 연구의 기여도와 한계점

번역비평이 체계적인 학문 영역으로 자리 잡기 이전에는 언어적, 문화적 이해 부족으로 인한 오역, 첨가, 누락 등이 비평의 중요 기준이었고 "현재 도 압도적인 다수의 번역 평가가 번역본이 가진 오류와 단점을 파헤치는 데 치중"(이상원 2008: 150)하고 있는 것이 사실이다. 한편 원문에 대한 충 실성에서 한 걸음 나아가 번역문의 가독성[2]이라는 두 축을 중심으로 번역 을 평가하는 경향도 나타났다. 이 중 가장 대표적인 것이 지금까지 행해진 가장 방대한 문학번역 평가인 영미연의 연구로 중역, 오역 등으로 얼룩진 한국 문학작품 번역 현실에 대한 방대하고 체계적인 분석을 통해 함량미달 의 번역을 걸러내는 큰 과업을 달성한 바 있다. 그러나 원문에 대한 번역의 종속적인 위치를 전제로 번역문의 위계를 정한 평가라는 점에서 평가 기준 과 방법론적으로 한계가 있다는 비난을 받기도 했다. 정혜용은 연구팀에서 도 자신들의 방법론의 한계를 알고 있다며[3] "이들은 충실성과 가독성 규범 이 '번역본으로서 갖추어야 할 최소한의 요건'을 따지는 잣대가 되지 '번역 의 문체 등 좀 더 고차원의 분석이나 평가'에는 적합하지 않다는 것을 분명 하게 밝히고 있다. 결국 이 연구팀의 결론과, 우리가 문학번역 실천에 비추 어 가독성과 충실성이라는 두 잣대에 대해 내렸던 부정적인 평가는 일치하

---

2 충실성(faithfulness): 번역문이 원문을 정확하게 이해하고 적절하게 번역했는가를 판단하 는 영역으로, 단어, 구절, 문장 등에서 부정확하거나 부적절한 번역의 빈도나 정도를 판별 한다.
가독성(readability): 번역문의 우리말 구사 수준을 판단하는 영역으로, 대개 문장 차원에 서 어색하거나 생경하거나 비문인 정도가 어떠한지를 판별한다. 다만 번역자가 의도적으 로 낯선 역어나 구문을 선택했다고 보이는 경우에는 역자의 선택을 존중한다(영미연 2005: 21-22).
3 "우리 작업은 사업명에 명시된 '평가'라는 말에서도 드러나듯, 번역본이 난립하고 좋은 번 역본 선별이 어려운 상황에 대한 문제의식에서 출발했다"(김영희 2008: 34).

는 셈"(2007: 36) 이라고 주장했다. 이상원도 그 중에서도 오류분석을 중심 으로 이루어지는 번역평가 현상에 대해 언급하며 "각 작품별 번역본 분석 내용을 살펴보면 충실성 기준에 대부분의 내용이 할애된다"(2008: 151)고 지적한다. 이에 대해 영미연 연구에 참여했던 김영희는 연구에 대한 한계 와 문제의식에 상당 부분 동의한다면서도 평가의 기준이었던 원전중심주 의를 지나치게 부정적인 맥락에서 사용하는 비판의 위험성을 경고하며 "양적 풍요에 비해 두드러지는 질적 빈곤이 짚어지지 않으면서 번역에 대 한 '기술'(記述)만 한다면 실상과 동떨어지는 분석이 나올 위험이 크 다"(2008: 59)고 지적한다. 이상원도 이런 현상이 "문학 전공자의 번역 평가 가 애초부터 원 작품의 문학적 구조와 가치가 제대로 전달되지 못하는 데 대한 안타까움에서 출발한다는 점을 감안하면 당연하다"(2008: 152)고도 보았다. 그러나 한국 문학번역계의 현실이 열악하다고 해도 현실에 대한 안타까움이나 기술적 평가가 가진 위험성이나 한계를 주장하며 오류분석 위주의 번역비평만 고수할 수는 없는 것 또한 현실이다.

그렇다면 그 한계를 극복할 수 있는 방법은 무엇일까? 김영희는 또한 단순히 부실하지 않은 번역을 찾는 수준에서 벗어난 "'좋은 번역'에 대한 논의가 실제 개별 번역본에 대한 서술에는 상당히 포함되었다는 점"(2008: 51)을 강조하면서 평가 방법을 충실성 이상으로 확대해야 할 중요성을 인 정하였다. 주목할 것은 영미연의 연구에서 실제로 단순한 충실성이나 가 독성의 영역을 벗어나 작가의 문체나 방언, 시제, 은유적 표현, 비속어 등 의 문학 특유의 번역상 문제가 되는 논제에 대한 방법론적 논의도 행해졌 다는 점이다. 다음은 김욱동 번역가의 『허클베리 핀의 모험』 번역에 대한 영미연 비평이다. 단순한 언어적 충실성을 넘어 방언과 비속어 부분에 대 해 언급하고 있다.

많은 번역본에서 짐의 사투리를 전달하기 위해서 <u>우리나라 특정지역의 사투리를 사용하는 경향</u>이 있다. 이것은 짐이 사투리를 사용하고 있다는 점을 환기시키는 효과는 있지만 짐의 성격이나 작중 위치 혹은 사투리가 작품 내에서 지니는 의미를 전달하기 보다는 우리나라 사투리가 환기하는 효과를 더 부각시키는 역효과가 있다. (119)

이외에도 김욱동의 번역본에서 지적할 필요가 있는 대목은 허크의 말에서 눈에 띄게 비속어를 많이 사용한다는 점이다. "토껴버렸지요"(16면), "골로 가는 게 아닌가 싶을 만큼"(18면), "미친 소리"(181면). "대갈통이 어떻게 된 바보 멍텅구리"(181면), "기똥찼던"(183면) 등과 같이 번역본의 여러 곳에서 발견되는 허크의 말투는 번역자가 의도적으로 비속어를 사용한 경우인데, 이런 비속어들의 사용은 허크의 교육수준을 고려한 번역이기는 하지만 '사회적 예법'과는 다른 차원의 인간적 품격 혹은 순수성을 유지하는 허크의 전체적인 인상과는 어울리지 않는 과도한 표현이라 판단된다. (123) (*밑줄은 저자의 것)

그러나 오역이나 번역문의 매끄러움 등과 같은 측면에 대한 논의가 주된 토론 기준이었다면 위와 같은 부분은 부수적으로 다루어졌으며 평가 방법 또한 기술적이기보다는 비판적, 위계적이었다고 할 수 있고 이에 대한 대안번역이나 방법 제시 등은 없었다. 이제 본 연구의 비평 기준 성립과 이론적 배경을 살펴보도록 하겠다.

2) 비평 기준 정립의 이론적 배경

기능론자인 라이스는 뷜러(Bühler)가 제시한 언어의 기능에 따라 텍스트를 구체적으로 세 가지 유형으로 구분하였다. 그것은 "논리적인 언어를 사용하며 정보 전달 기능이 강조되는 내용 중심(content-focused) 텍스트, 미적인 언어를 사용하며 표현적 기능이 강조되는 형식 중심(form-focused) 텍스트, 대화형식의 언어를 사용하며 설득적 기능이 강조되는 호소 중심(appeal-focused) 텍스트 등"(2000: 25-26)이다. 본고의 분석 대상인 문학은 형식 중심 텍스트이다.

그렇다면 '형식'은 과연 무엇인가? 그것은 "저자가 '무엇을 말하는가'와 구분되는 것으로 '어떻게 자신을 표현 하는가'의 문제"(31)라 할 수 있다. 이를 발전시켜보면 '형식'은 작가가 선택한 "독특한 표현 방식"(Wales 2001: 371)으로 한 작가의 '문체'라 할 수 있다. 번역에서 형식 중심 텍스트를 원천어 중심 텍스트라 하는 이유는 번역가가 원문 문체를 드러내는 속도, 형식, 각운, 비유적 표현 사용, 속담, 은유 뿐 아니라 운율과 미적 효과 등 모든 언어 형식에 '대응되는' 형식을 목표어에서 찾아 원문과 '유사한 효과'를 주어야 하기 때문이다. 라이스는 "번역가가 번역 방법을 선택하는 데 가장 큰 영향을 미치는 것은 텍스트 타입"(2000: 17)이라고 하면서 단지 번역가들만이 텍스트 유형에 적절한 번역을 해야 할 뿐 아니라 번역 비평가 또한 이렇게 제시된 텍스트 유형에 근거하여 비평을 해야 한다고 주장하였다.

그렇다면 어떻게 하면 표현적인 언어의 기능을 살리는 번역을 할 수 있는 것일까? 라이스에 의하면 번역가들은 원문의 형식을 음미한 후 영감을 받아 목표어권 독자들에게 원문 독자들이 느낀 것과 같은 '반응'을 불러일으킬 수 있도록 원문과 유사한 '효과'를 내는 새로운 형식을 목표어로 창조해 내야 한다. 그러므로 ST의 독자이기도한 번역가가 어떻게 ST의 문체를 인식하고 그 효과를 독자에게 전달하는가는 매우 중요하다. ST 작가의 문체와 마찬가지로 번역가가 만들어낸 문체는 결국 그가 '선택'한 표현방식이기 때문이다. 이 과정에서 번역가는 의도적으로 목표어권의 언어사용 규범에서 벗어나는 형식과 언어를 추구할 수도 있고 일대일 대응 형식을 찾지 못한 경우 텍스트의 다른 곳에서 이에 대한 보상을 하거나 유사한 효과를 주려고 하는 등 다양한 전략을 사용할 수 있으므로 번역비평가는 이를 잘 파악해서 인정하고 오류로 판단하지 않아야 한다. 즉, 번역가가 의도적으로 어떤 전략을 추구했다면 비평가는 그것을 알아보는 안목까지 갖추고 있어야 한다.

번역가가 주의를 기울여야 할 문학의 형식은 어떤 것이 있을까? 라이스는 다양한 수사적, 비유적 표현들과 음성학적인 도구들을 문학의 형식이라 하였고 르페베르(1992)는 다른 장르와 달리 문학에서 두드러지는 비표현 수행능력이 있는 언어사용(illocutionary use of language)을 문학의 중요한 형식이라고 하였다. 이는 라이스가 말한 은유, 두운, 각운, 언어유희, 패러디나 시적 운율 등 표현적 측면 뿐 아니라 외래어, 신조어, 외래 문물에 관한 낯선 용어 등 이국적 문화배경, 그리고 비속어, 방언, 언어 사용역(register) 등 인물의 성격과 관계를 나타내 주는 요소까지 포함하고 있다. 이들은 결국 문체를 형성하는 중요한 요소들이다.

본고는 위의 문학번역 이론에 기초해 관용어구와 은유 등 비유적, 수사적 표현(figurative expressions)과 인물의 성격과 관계를 설정하는 대우법(honorification), 비속어, 방언 등의 문체적 요소를 중심으로 번역비평을 행해 보려 한다. "충실성은 언표적 의미의 충실성뿐만 아니라 원전의 형식에 대한 충실성까지를 포함해야 한다. 왜냐하면, '무엇'을 이야기하고 있는가도 중요하지만, 그것을 '어떻게' 이야기하고 있는가 역시 의미의 중요한 구성요소가 될 수 있기 때문이다. 그러므로 번역에서는 원전의 의미에 대한 충실성이나 번역본의 가독성뿐만 아니라 원전의 문학성이 번역본에 어떻게 반영되고 있는가에 대한 고려가 반드시 필요"(김순영·이경희 2012: 53) 하기 때문이다.

여기서 중요한 점은 '효과'라는 것은 다양한 해석이 가능하고 누구에게 어떤 효과를 주는 지도 중요하기 때문에 이상적인 하나의 전달방법이 존재하기 보다는 번역가, 번역 상황, 독자층에 따라 달라질 수 있다는 것이다. 그것은 문체를 보는 시각의 확장과도 밀접한 관련이 있다. 근래에는 문체를 단순하게 표현 형식으로만 보는 협의의 문체론(stylistics)에서 벗어나 "사회, 심리, 역사, 이데올로기적 요소까지 포함하는 광의의 사회, 인지적 문체론"(Boase-Beier 2007: 10)이 부상하고 있다. 문체의 중요한 요소인 수사적 표현을 예를 들어 보면, 지금까지 번역학자들은 수사적 표현을 주로 일상적인 언어에서 벗어난 '일탈적인'(anomalous, deviant) 언어로 인식해 왔다. 그래서 이 분야에 대한 연구는 주류에 속하지 못하는 주변적인 학문으로 여겨져

왔다. 그러나 근래 들어 언어학, 문화인류학, 사회언어학, 철학 등 다양한 분야에서 수사적 표현에 대한 관심이 증폭되고 있으며 이를 보는 관점에도 많은 변화가 일고 있다. 즉, 형식은 그 안에 사용자의 문화, 인지적 배경을 담고 있으며 단순한 형식이 아니라 함축된 의미를 해석할 수 있는 단서를 제공한다는 것이다. 이로 인해 효과에 대한 각자의 해석에 따라 다른 번역 방법이 존재할 수 있으며 그 과정을 알아보는 비평 방법을 취하고 있다.

3)『폭풍의 언덕』의 문학적 요소

『폭풍의 언덕』의 문체를 연구한 바르기스(Varghese 2012)는 문학을 분석하는 것은 각 부분의 기능을 찾아내기 위해 텍스트를 작은 부분으로 잘라내고 작가가 미학적인 완결체를 어떻게 창조했는지를 찾아가는 것이라고 하였다. 이를 통해 문학을 더 깊이, 통찰력 있게 이해할 수 있게 된다. 또한 분석은 작가의 삶에 대한 비전을 변호해 줌으로써 그의 문학 작품이 어떤 것인지 알 수 있게 해준다. 동시에 작가가 문학을 창조하기 위해서 의미 창조의 가장 중요한 과정이라고 할 수 있는 이미지, 즉 언어의 원자재를 어떻게 활용했는지를 보여주기도 한다. 결국 분석을 통해 독자들은 어떤 내러티브 장치, 도구, 기술이 텍스트 내에 사용되었는지를 알 수 있고 이는 작가가 창조한 상상의 세계에 대한 독자의 반응에 심오한 영향을 미치게 된다. 바르기스는 텍스트 문체 분석의 가장 중요한 측면을 특정 어휘의 사용이나 반복, 독특한 문장 구조, 그리고 이미지를 이용한 수사적 언어 사용 등이라 하였다. 이처럼 텍스트의 문체 분석을 하면 텍스트를 통해 드러난 유형을 찾아내고 그 중요성을 강조할 수 있다.

『폭풍의 언덕』의 문체는 기본적으로 캐서린의 시적 담화, 히스클리프의 폭력적 언어, 록우드의 우월감 넘치는 문학적, 학구적 언어, 넬리의 설교적 미사여구, 집사 조셉의 설교적 문체의 요크서 방언과 의미를 알 수 없는 중얼거림을 통해 나타난다. 이는 바흐친(Bakhtin)이 제시한 대화적 이질언어(dialogical heteroglossia)를 통한 상호작용을 통해 나타난다. 바흐친은 도스토예프스키를 분석하면서, 그의 소설작품에 드러난 다성악의 특징에 대해 인습적인(전통적인) 소설유형에는 작품 속 주인공들의 목소리가 작가의 목소리에 막혀 독자적으로 들리지 않는데 반해 도스토예프스키의 소설유형에서는 작가가 주인공들 각자에게 완전한 독립적 자율성을 부여하였다고 했다. 결국 이 같은 이질 언어적 특성은 『폭풍의 언덕』에도 드러난다고 볼 수 있고, 위에서 언급되었듯이 각 등장인물은 작가가 일방적으로 하는 이야기 속의 수동적 주체가 아니라 자신의 목소리를 내는 독립적인 주체이며 그들의 목소리는 함께 어우러지면서 조화를 이루고 있는 것이다. 각각의 인물이 개성을 잃지 않으면서도 조화를 이루는 것과 함께 브론테의 소설 속에는 인물을 묘사하기 위해 다양한 수사적 표현들이 등장하고 있는 것도 특징이다. 그러므로 번역에서는 각종 수사적 표현과 인물들의 특징을 잘 살리는 번역을 해야 원작이 주는 효과를 유사하게 전할 수 있을 것이다.

3. 영미연『폭풍의 언덕』번역 평가

영미연에서는『폭풍의 언덕』에 대한 1958년도 최초의 번역본부터 2000년까지 총 91종의 번역본 중 주요장면을 전달하는 데 큰 무리가 없다고 판단된 안동민, 이봉순, 김종길, 유명숙, 정금자, 오국근, 강봉식, 황용하, 이장성, 윤종혁 등 10종의 번역본을 집중 검토의 대상으로 삼아 평가를 마쳤다. 그 결과 "원작의 작품성을 살려내고 오역이 적은 신뢰성 높은 번역본은 매우 적다"(345)고 결론 내렸으며 그 중 비교적 신뢰할 만하여 추천본으로 제시된 것은 김종길, 정금자, 유명숙본이다. 이들 작품에 대한 대표적인 평가는 다음과 같다.

명백하게 부정확한 번역은 평균 4-5면당 1개꼴로 드문 편이어서 번역의 정확도에서는 매우 우수한 편이었으며, 부정확한 대목도 내용 전체를 잘못 전달하는 명백한 오역이나 줄거리의 올바른 이해를 방해하는 경우보다는 단어 의미 파악의 오류나 관용적인 표현을 잘못 번역한 정도였다. 가독성의 측면에서는 매끄러운 우리말 구사로 읽기에 별로 불편함이 없으나, 무난한 문장을 구사하는 듯하면서도 막상 원문과 대조해보면 세밀한 뉘앙스는 디테일을 놓치고 원문의 내용을 다소 단순화해버린 경우가 종종 있었다. (348) *밑줄은 필자의 것

김종길 번역에 대한 위의 평가에서 볼 수 있는 것은 오역의 개수나 심각성, 그 성질에 관한 것이 주를 이루며 가독성 측면을 이야기 하면서도 "막상 원문과 대조해보면" 단순화되었거나 디테일을 놓치고 있다고 함으로써 결국 충실성에 대한 언급을 하고 있다는 점이다. 위와 같은 총평 뒤의 세부적 평가에서도 단어나 구절 단위에서 문맥을 잘 살리지 못한 여러 가지 경우들을 열거하고 있다. 예를 들어 "'under-bred pride'를 '천한 자존심을 풍기는'이라고 번역해서는 비천한 신분 때문에 도리어 거만하고 뻣뻣해 보이는 히스클리프의 복잡한 인상이 잘 전달되지 않는다"(350)나 "대문의 가로막대를 장애물이라고 한다거나 워더링 하이츠의 거실 모습을 설명하는데 음식들을 걸어놓은 나무선반 이야기를 누락시킴으로써 천장부분의 묘사가 제대로 전달되지 못한 점, 히스클리프가 캐시에게 빨리 가서 짐을 챙겨오라는 뜻으로 '가라'라고 말한 부분을 '비켜'라고 번역한 것"(361-362)과 같이 단어나 구절이 내용이나 성격 전달에 부족하거나 부적절, 누락된 부분에 대한 지적이 주를 이루고 있다. 이 같은 '지적'들도 거의 존재하지 않았던 과거의 실정을 볼 때 엄중한 평가는 번역가들과 출판사에게는 좀 더 성실하게 번역을 하게 되는 계기가 될 것으로 생각된다.

그러나 앞에서 김영희의 논문을 통해 밝혔듯이 번역 평가가 아닌 비평으로 넘어가기 위해서는 단순 오역이나 가독성 부분에 관한 지적 이외 문체나 번역가의 번역 전략 등 충실성이나 가독성을 넘어 '좋은 번역'을 만들기 위한 다른 측면들에 대해 언급해야 한다. 영미연 연구에서도 다음

의 예와 같이 그런 부분들이 발견된다. 우선, 사투리나 개인의 말투 등 등장인물의 어투에 관한 비평이다.

조쎕 같은 인물의 특이한 사투리와 구어체는 거의 살려내지 못하는데, 이는 번역의 일반적인 한계이기도 할 것이다. 또한 사회적 지위, 연령, 나이에 따라 각각 알맞은 어휘와 어투를 사용하는 데서 모든 번역본이 공통적으로 취약한 면을 보였다. 이는 문화적인 차이를 넘어서서 원문의 언어를 상황과 인물의 관계에 맞게 어떻게 살려내느냐 하는 원론적인 문제와 연결되는 것이다. (347)

넬리가 주로 서술하는 이야기들을 그녀의 신분과 성격, 교육 정도에 알맞은 말투로 서술한 것도 돋보이는 점이다. (360) *밑줄은 필자의 것

다음 예는 번역가의 작품 해설에서 드러나는 치밀한 배경 연구에 관해 언급하는 부분이다.

서문 격인 작품해설과 번역에 관한 이야기는 다른 번역본들에 비해 충실한 연구와 조사의 결과로 보이며, 특히 텍스트 판본에 대한 설명과 제목을 '워더링 하이츠'로 번역한 데 대한 논의는 다른 판본에서는 찾아볼 수 없는 것이다. (359)

결국 영미연의 번역비평은 부분적으로 위와 같이 인물간의 관계, 인물의 성격에 적절한 말투 등 문체, 번역전략 등의 중요성도 밝히고 있으나 기본적으로 언어적 충실성과 가독성 중심의 비평이라 할 수 있다.

4. 라이스의 텍스트 유형 이론 기반 『폭풍의 언덕』 문체 번역 비평

본 연구에 포함된 번역본 중 유명숙본과 김종길본은 영미연 연구에 포

함되었던 것으로 다른 본들보다 우수한 번역으로 추천본으로 선정되었던 작품이다. 두 번역본 모두 다른 출판사에서 개정 출간되어 영미연 연구에서 지적되었던 사항들이 일부 수정되었음을 알 수 있었다. 다른 두 번역본인 김정아본과 이덕형본은 영미연 연구 후에 출간된 작품들로 이덕형은 그동안 『가시나무새』, 『허클베리핀』, 『호밀밭의 파수꾼』, 『제인 에어』 등 많은 작품의 번역을 한 인정받는 번역가이기에 선택하였고, 김정아본은 문학동네 출판사가 야심차게 출간한 클래식 번역 시리즈에 포함되었으며 각종 인터넷 서점 독자들의 판매지수와 반응에서 가장 큰 호응을 받고 있기에 선택하였다. 분석텍스트에 대한 정리를 해보면 다음과 같다.

〈표 1〉 분석 텍스트

	제목	번역가	출판사	출간년도
TT1	폭풍의 언덕	김정아	문학동네	2011
TT2	워더링 하이츠	유명숙	을유문화사	2010
TT3	폭풍의 언덕	김종길	민음사	2005
TT4	폭풍의 언덕	이덕형	문예출판사	2004

본고는 위의 번역본들을 방언, 비속어, 은유, 인물간의 언어사용역 등 『폭풍의 언덕』에서 중요한 특징으로 나타나는 문학적 요소를 중심으로 분석하여 보겠다.

1) 은유와 관용어구

은유와 관용어구 사용은 문학번역에 있어 중요한 역할을 하는 도구이다. 깁스(Gibbs 1994)에 따르면 은유적 표현은 첫째, 사실적 표현(literal language)보다 훨씬 함축적이고 생생하며, 풍부한 이미지를 이해하기 쉽게 표현해 준다는 장점과 두 번째, 화자와 청자간의 친밀감을 더욱 높여 주는 '사회적 기능'(social function)을 한다는 장점이 있다. 이로 인해 은유적 표현을 이해하고 공감할 수 있는 사람들 사이에는 유대감이 생기는데 이는 같은 경험, 정보, 감수성을 나누고 있다는 공통분모를 찾을 수 있기 때문이다. 그러나 다른 언어를 사용하며 문화적 맥락도 차이나는 번역가들의 입장에서 독자들을 위해 같은 감정적 공감대를 형성하는 표현을 만들어 낸다는 것이 쉽지는 않은 일이다. 그러므로 번역가는 비유적인 표현은 상실된 채 의미만 전달하거나, 은유나 관용어구를 문자 그대로 번역하거나, 목표어권의 표현으로 전환하거나, 원문에 없는 은유, 관용어 등을 창조하여 삽입하는 등 다양한 방법을 사용하고 있다(김순미 2002, 2003).

다음의 첫 번째 예문은 히스클리프(Heathcliff)와 며느리 캐시(Cathy)가 다투는 장면으로 다양한 관용어와 은유가 어떻게 번역되었는지를 볼 수 있다. TT1-1), TT1-2), TT1-4)는 'at your idle tricks', 'earn their bread', 'trash', 'sweat your tongue out' 등을 은유나 관용어로 적극적인 번역을 한 반면 TT1-3)은 일반적인 표현을 많이 사용하여 차이가 드러나고 있다. 이는 표 2를 보면 명확히 드러난다.

〈표 2〉 은유 표현 번역

영어 표현	TT1-1	TT1-2	TT1-3	TT1-4
at your idle tricks	빈둥대는 구나	꾀를 부려 빈둥거리고	하찮은 마술책이나 읽고 있구나!	할 일없는 짓거리
earn their bread	밥값을 하는데	밥벌이	일해서 먹고사는데	제밥벌이
trash	쓰레기	쓰레기 같은 책	그따위	쓰레기/쓰레기 같은 책
swear your tongue out	주둥이가 닳게 욕을 해도	욕설을 하다 혀가 닳아 없어진다 해도	뭐라고 하셔도	혀가 빠지도록 욕을 해도

ST1: 'There you are <u>at your idle tricks</u> again! The rest of them do <u>earn their bread</u>- you live on my charity! Put your <u>trash</u> away, and find something to do. You shall pay me for the plague of having you eternally in my sight - do you hear, damnable jade?'

'I'll put my <u>trash</u> away, because you can make me, if I refuse.'

answered the young lady, closing her book, and throwing it on a chair. 'But I'll not do anything, though you should <u>swear your tongue out</u>, except what I please!'(p. 30)

TT1-1: "또 <u>빈둥대는구나!</u> 모두들 <u>밥값을 하는데.</u> 식충이 같은 년! 그런 <u>쓰레기</u>는 당장 내버리고 할 일을 찾으란 말이다. 계속 내 눈앞에 얼쩡대면 내가 가만 안 둬, 빌어먹을 년아, 알아들어?"
　　"시키는 대로 이런 <u>쓰레기</u>는 내버리지요. 버텨봤자 소용없으니까." 젊은 부인은 책을 덮어 의자 위에 던지면서 대꾸했다. "하지만 나한테 그렇게 <u>주둥이가 닳게 욕을 해도,</u> 나는 내가 안하고 싶은 일은 안 할 거야!"(50-51)

TT1-2: "넌 또 <u>꾀를 부려</u> 빈둥거리고 있구나! 남들은 <u>밥벌이</u>를 하는데. 넌 내가 인정을 베풀어 얻어먹고 있는 거야! 그따위 <u>쓰레기 같은</u> 책을 치우고 일거리를 찾지 못해? 눈앞에서 지겹게도 아른거린 대가를 치르도록 만들 테다. 알겠냐? 빌어먹을 계집 같으니."
　　"싫다고 해 봤자 소용없을 테니 <u>쓰레기 같은</u> 책은 치우도록 하죠." 젊은 여인은 책을 덮어 의자에 던지면서 대답했다. "그렇지만 <u>욕설을 퍼붓다 당신 혀가 닳아 없어진다 해도</u> 하고 싶은 일이 아니면 하지 않겠어요!"(51)

TT1-3: "너는 또 <u>하찮은 마술책이나 읽고 있구나!</u> 남들은 <u>일해서 먹고사는데</u> 너는 내 자선 덕분에 살고 있어! <u>그따위</u> 책은 집어치우고 일거리를 찾아봐. 항상 내 눈에 거슬리는 죗값을 하란 말이야. 알았어? 못난 것 같으니."
　　"제가 거부해도 소용없을 테니 책은 치우겠어요." 젊은 여자는 책을 덮어 의자 위에 던지면서 대답했다. "하지만 <u>뭐라고 하셔도</u> 제가 하고 싶은 일이 아니면 그 어떤 일도 하지 않겠어요!"(52)

TT1-4: "넌 또 그 <u>할 일 없는 짓거리를</u> 하고 있구나! 다른 사람들은 <u>제밥</u>

벌이는 <u>하는데</u> 너만 내 자선에 기대어 살다니! 그 <u>쓰레기</u>는 집어
치우고 할 일을 찾아라. 내 눈앞에서 늘 얼씬거려 나를 괴롭힌
대가는 치러야 할 것이다. 내 말 듣고 있느냐? 이 가증스런 것아!"
"<u>이 쓰레기 같은</u> 책은 치워버리겠어요. 내가 거부해도 억지로 치
우게 하실테니까요." 그 젊은 숙녀는 이렇게 대답하고 책을 엎어
의자 위로 던져버렸다. "그러나 당신이 아무리 <u>혀가 빠지도록 욕을</u>
<u>해도</u> 내가 하고 싶은 일이 아니면 그 어떤 일도 하지 않겠어요!"(50)

다른 번역가들이 '밥값', '밥벌이' 등으로 표현한 부분을 TT1-3)의 김종길
번역가는 '일해서 먹고사는데'로 번역하였고, '쓰레기'는 '그따위'로, '주둥이
가 닳게 욕을 해도'나 '혀가 빠지게', '혀가 닳아 없어진다 해도' 등으로 번역
한 부분을 '뭐라고 하셔도'로 번역한 것을 볼 수 있다. 김종길의 번역은 영미
연 평가에서 오역이 없고, 가독성도 높다는 평가를 받았으나 은유, 관용어
번역이라는 측면에서 볼 때는 원작이 주는 생동감을 감소시키는 일반적인
표현으로 번역한 것을 볼 수 있다. 특히 며느리인 캐서린이 히스클리프에게
증오에 섞인 말투로 소리 지르는 부분인데 다른 번역가들과는 달리 '뭐라고
하셔도' 라는 존칭형 일상어를 사용함으로써 언어가 표준화되는 경향은 더
두드러지고 있다. 『폭풍의 언덕』의 등장인물의 증오와 격정, 폭력성을 드러
내기 위해서는 약한 표현이라 할 수 있다. 반면 TT1-1)은 반말체와 '주둥이'
라는 표현까지 사용함으로써 오히려 긴장감을 나타내는 효과를 더 상승시
킨 것을 볼 수 있다.

두 번째의 은유 예문은 록우드(Lockwood) 씨의 워더링 하이츠 방문시
사나운 개들이 달려드는 장면이다. 놀란 그는 격렬한 방어를 하고 부엌에
서는 개들을 저지시키기 위해 하녀가 달려 나온다. 브론테는 전 과정을
실제의 '전투장면' 구조를 그대로 빌려 생생하게 표현하고 있다. 김순미
(2002, 2003)에 따르면 이렇게 하나의 구조 위에 다른 구조를 그대로 입히
는 구조 은유의 경우 영어에서 은유를 만들기 위해 사용한 포괄적인 인지
구조가 한국어 독자의 인지체계 내에서도 이해가 된다면 원문의 은유를

그대로 살릴 수 있는 장점이 있어 번역에서도 이를 적극적으로 나타내 줄 수 있다. 다음은 원문의 구조은유가 어떻게 번역되었는지를 구체적으로 보여주는 내용이다. 볼드체로 되어 있는 부분이 은유로 번역된 내용이다.

〈표 3〉 은유 표현 번역

영어 표현	TT 1-1	TT1-2	TT1-3	TT1-4
rouse the whole hive	벌집을 통째로 건드리는 짓	벌집을 쑤셔놓은 결과	벌집을 온통 쑤셔놓은 결과	벌집을 쑤셔놓고 말았다
fiends	악마	마귀	마귀	마귀
hidden dens	은신처	소굴	굴속	동굴
issued	결집했다	뛰쳐나온	튀어나왔다	달려나왔다
subjects of assault	공격이 집중	공격대상	공격대상	공격하는 특별 목표
Φ	군사력의 열세를 무릅쓰고			
large combatants	적들	큰 놈들을	큰 놈들	큰 놈들을
re-establishing peace	평화의 회복을 위해서는	평화를 다시 정착시키기 위해	소동을 가라앉히기 위해서	평화를 다시 확립
some of the household	집안의 병력	집안사람들	이 집사람	집안사람 몇몇
inhabitant of the kitchen made more dispatch	부엌 지원군이 먼저 도착했다	부엌에 있던 사람 하나가 와주었다	부엌일을 보는 사람 가운데 하나가 빨리 와주었다	부엌에 있던 누군가가 더 빨리 달려왔다
weapon	무기	무기	무기	무기

실제로 이 부분의 번역을 보면 'combatant', 'assault', 'reestablish peace', 'dispatch' 등 전투 용어의 대부분을 번역가들이 그대로 살려 주었다. 개들과 싸우는 장면을 그대로 전투 장면을 통한 은유로 표현할 수 있기 때문이다. 이중에서도 두드러지게 은유적 표현을 잘 활용하여 생동감 있는 문체를 만들어 준 것은 TT2-1) 경우였다. '벌집을 건드리다', '공격', '은신처', '무기' 등 원문의 은유적 표현뿐 아니라 자신이 만든 새로운 은유적 표현

을 추가적으로 삽입하여 격렬한 전투장면을 완성했다. 예를 들어 'issued'
를 '뛰어 나오다' 대신 '결집했다'로, 'some of the household'를 '집안 사람
들' 대신 '집안의 병력'으로 'inhabitant of the kitchen'를 '부엌일을 보는 사
람 중 하나'가 아니라 '부엌 지원군' 등 전투의 장면을 입힌 구조에 맞게
은유적 표현으로 번역하였고 '군사력의 열세'처럼 원문에 없던 문맥을 만
들어 주기도 하였다. 또한 'large combatant'의 경우 다른 번역가들은 '큰
놈들'로 번역하였으나 이도 '적들' 이라는 은유적 표현으로 번역하였다.
이로서 모든 단어들이 조화를 이루며 전체 전투 장면을 완성하고 있다.

> ST2: This proceedings <u>roused the whole hive</u>. Half-a-dozen four-footed
> <u>fiends</u>, of various sizes, and ages, issued from <u>hidden dens</u> to the
> common centre. I felt my heels and coat laps peculiar subjects of
> <u>assault</u>; and parrying off the large <u>combatants</u>, as effectually as I could,
> with the poker, I was constrained to demand, aloud, assistance from
> some of the household in <u>re-establishing peace</u>.
>
> Happily, an inhabitant of the kitchen made more <u>dispatch</u>; a lusty
> dame, with tucked-up gown, bare arms, and fire-flushed cheeks,
> rushed into the midst of us flourishing a frying pan; and used that
> <u>weapon</u>, and her tongue, to such purpose.... (7)

> TT2-1: 그런데 이것이 <u>벌집을 통째로 건드리는 짓</u>이었다. 크기도 다양하
> 고 나이도 다양한 네발 달린 <u>악마</u> 대여섯이 저마다의 <u>은신처</u>를
> 뛰쳐나와 <u>결집했다</u>. 나의 뒤꿈치와 상의 자락에 <u>공격이 집중된다</u>
> 는 느낌이 들었다. 나는 <u>군사력의 열세를 무릅쓰고</u> <u>적들</u>을 부지
> 깽이로 받아쳤지만, <u>평화의 회복</u>을 위해서는 집 안의 <u>병력</u>을 큰
> 소리로 요청하지 않을 수 없었다.
> 다행히도, <u>부엌 지원군</u>이 먼저 <u>도착했다</u>. 겉옷을 말아 올리고
> 소매를 걷어붙이고 얼굴이 벌겋게 달아오른 건장한 여자가 프라
> 이팬을 휘두르면서 달려와주었던 것이다. 그녀가 들고 온 <u>무기</u>와

혀를 적절히 휘둘러 준 덕에... (15-16)

TT2-2: 이것이 벌집을 쑤셔놓은 결과를 낳았다. 대여섯 마리나 되는 네 발 달린 마귀들이 큰 놈 작은 놈, 늙은 놈 어린 놈 할 것 없이 어딘지 모를 소굴에서 무대의 중심으로 뛰쳐나온 것이다. 내 발꿈치와 코트 자락이 주된 공격 대상임을 알아차릴 수 있었다. 나는 부지깽이를 들고 가능한 한 효과적으로 큰 놈들을 막아 냈지만, 평화를 다시 정착시키기 위해 큰 소리로 집안사람들의 도움을 청하지 않을 수 없었다.

　다행히 부엌에 있던 사람 하나가 서둘러 와 주었다. 옷자락을 걷어 올리고 소매는 걷어붙인 채, 불길에 두 뺨이 발갛게 달아오른 건장한 여자가 프라이팬을 휘두르며 뛰어든 것이다. 그녀는 무기를 아주 효과적으로 휘두르는 동시에 호통을 쳐... (15~16)

TT2-3: 이렇게 한 것이 벌집을 온통 쑤셔놓은 결과가 되고 말았다. 대여섯 마리나 되는 네 발 돋친 마귀들이 큰 놈, 작은 놈, 늙은 놈, 어린 놈 할 것 없이 굴 속에 숨어 있다가 밖으로 뛰어나왔으니 말이다. 내 발꿈치와 코트 자락이 주로 들의 공격 대상인 모양이었다. 나는 쇠 부지깽이를 들고 솜씨껏 큰 놈들을 막아내면서 이 소동을 가라앉히기 위해서 누구든 이 집사람의 도움을 청하느라고 소리치지 않을 수 없었다.

　다행히 부엌일을 보는 사람 가운데 하나가 좀 더 빨리 와주었다. 옷자락을 걷어 올려 두 팔을 드러내고, 불에 두 볼이 붉게 익은 억센 여자가 프라이팬을 휘두르며 우리들 한가운데로 뛰어들었다. 무기를 휘두르고 말로 꾸짖는... (14)

TT2-4: 이렇게 내가 취한 조치가 그만 벌집을 쑤셔놓고 말았다. 크기와 나이도 다양한 여섯 마리의 네 발 달린 악귀들이 숨어 있던 동굴에서 공동의 중앙 광장으로 달려 나왔다. 그들이 공격하는 특별 목표는 내 발꿈치와 옷자락이라는 것을 감지했다. 나는 부지깽이로 될 수 있는 한 효과적으로 큰 놈들을 <u>격퇴</u>시키면서 <u>평화를 다시 확립</u>하기 위해 소리를 질러 집안사람 몇몇에게 구원을 요청하지 않을 수 없었다.

다행히 부엌에 있던 누군가가 더 빨리 달려왔다. 기운차게 생긴 아주머니가 치맛자락을 추어올리고 팔을 걷어붙인 해 불덩이처럼 달아오른 양 볼을 하고 우리 사이로 뛰어들더니 프라이팬을 휘둘렀다. 그 <u>무기</u>와 자신의 혀를 적절히 사용하여... (15-16)

세 번째 예는 히스클리프의 성격과 과거를 은유적으로 표현한 부분으로 주인공의 성격과 이야기의 전개를 파악하기 위해 매우 중요한 부분이다. 첫 번째 히스클리프의 성격을 묘사한 부분에서 번역가는 대부분 원문의 언어와 형식을 그대로 살려주었는데 'rough as a saw-edge'는 모두 '거칠기는 톱날 같고'라고 했으나 'hard as whinstone' 부분에서는 번역상 차이를 보이고 있다. TT3-1)은 '돌덩이처럼 딱딱한'이라고 하여 경직되고 완고하다는 의미이고, TT3-2)는 '바윗돌처럼 냉혹한'이라고 하여 차갑고 잔인하다는 의미가 되며, TT3-3)과 TT3-4)는 '차돌처럼 여문', '차돌처럼 단단한'이라고 하여 똑똑하고 야무지며 빈틈이 없다는 의미가 된다. 이는 도입부이므로 독자들의 인물 해석에 영향을 줄 수밖에 없으므로 번역가들이 크게 신경 써야 할 부분이다. 두 번째 히스클리프의 내력에 관해서는 '뻐꾸기' 혹은 '뻐꾸기 내력'이라고 한 반면 TT3-3은 '남의 둥지를 가로채는 뻐꾸기의 내력'이라고 하여 배경 지식을 추가 한 것을 볼 수 있다. 이와 같이 설명을 추가하면 독자들이 이해하기가 좋고 설명이 없으면 <u>스스로 함축된 의미를 찾도록 하는 은유적 표현의 효과와 강세가 더 올라가는 것을 볼 수 있다. 세 번째 헤어튼을 묘사하는 부분은 모든 번역가들이 '아기 새'에 비유를 한 것을 볼 수 있고 TT3-4 번역을 제외하고는 '둥지'에서 쫓겨났다고 하여 원문에 없는 은유적인 표현을 추가해 상황을 묘사하고 있다.

ST3: 'Rough as a saw-edge, and hard as whinstone! The less you meddle with him the better.'

'He must have had some ups and downs in life to make him such a churl. Do you know anything of his history?'

'It's a cuckoo's sir........And Hareton has been cast out like an unfledged dunnock--.....' (35)

TT3-1: "거칠기가 톱날 같고 딱딱하기가 돌덩이 같지요! 그런 사람과는 상종 안 하는 게 상책이랍니다."

"그 사람이 그렇게 된 대도 곡절이 있겠지. 그 사람에 대해 뭣 좀 아나?"

"뻐꾸기가 따로 없답니다. 제가 속속들이 알거든요…… 헤어턴 은 털도 안 난 종다리 새끼가 둥지에서 밀려나듯 자기 것을 모두 잃었고요….." (57)

TT3-2: "거칠기는 톱니 같고 냉혹하기는 바윗돌 같은 사람이지요! 그 사 람과는 왕래가 적을수록 좋을 거예요."

"그렇게 못된 성미를 갖기까지는 필경 우여곡절이 있었을 텐데. 그 사람 내력에 대해 뭐 아는 게 있소?"

"그야 뻐꾸기 내력 같은 거지요. 그 사람 내력이라면 훤하답니 다….. 헤어턴은 마치 채 안 자란 바위종다리 새끼처럼 둥지에서 밀려난 셈이지요….." (57)

TT3-3: "거칠기는 톱니 같고 여물기는 차돌 같죠! 그분과는 상종 않을수 록 좋아요."

"그렇게 사나운 사내가 되기까지는 필경 여러 가지 사연을 많 이 겪었을 거요. 그 사람 내력에 대해서 아는 게 있소?"

"그야 남의 둥지를 가로채는 뻐꾸기의 내력 같은 거지요. 그이 의 내력이라면 뭐든지 알고 있어요….. 글쎄, 헤어튼 도련님은 마 치 털도 안 난 참새처럼 둥지에서 밀려난 셈이지요!….." (58)

TT3-4: "**톱날처럼 거칠고 차돌처럼 단단하지요!** 그 사람과는 상종하지
않을수록 더 좋을 겁니다."
"세파에 시달리며 여러 가지 기복을 겪어서 그런 심술쟁이가
되었을 겁니다. 그 사람의 과거에 대해 아시는 것이 있습니까?"
"뻐꾸기 같은 사람이에요. 그 배은망덕을 저는 다 알고 있습니
다....... 헤어튼 씨는 깃털도 나지 않은 바위종다리처럼 쫓겨났던
거에요." (56)

예1)은 은유를 통해 등장인물의 어투에서 성격을 파악하고 둘의 관계를
알 수 있게 해주고, 예2)는 소설 안의 역동적인 장면을 묘사하고 있으며
예3)은 주인공의 성격과 과거를 묘사하고 있다. 이들은 부분적인 예라 할
수 있으나 문학번역에서 수사적인 표현을 통해 나타나는 문체를 잘 전달
해 주는 것이 얼마나 중요한 것인지를 보여주며 각 번역가의 번역 방법과
문체 또한 잘 보여주고 있다.

2) 비속어

김순미(2010)에 의하면 텍스트 장르상 예술적, 수사적 표현이 중요시
되며 감정 이입도가 높은 문학 작품의 번역을 할 때 번역가들은 ST의 효
과를 유지해 주려 하지만 번역문의 속성상 자연스럽게 '명시화', '표준화'
를 하여 형식성(formality)이 올라가게 되는 경우가 많다. 특히 비속어의
경우 ST보다 번역문에서 거칠거나 저속한 표현의 사용이 강화되기 보다
는 약화되는 것이 더 일반적이다. 다름은 워더링 하이츠의 집사 조셉이
히스클리프의 며느리인 캐시에게 훈계하는 장면으로 비속어가 방언과 뒤
섞여 있는 문장이 등장한다. 이 경우 TT4-3)과 TT4-4)의 경우 조셉의 억양
과 성격에서 드러나는 비속어를 강하게 사용하지 않은 편으로 비속어를
쓴 경우 '지옥에나 가는거지'와 '악마한테나 가버려' 등으로 무난한 편이었
다. 이에 반해 TT4-1)의 경우는 '밥버러지 같은 자슥', '버르장머리를 고치

것냐, '에미하고 같이 퍼뜩 뒈지거라 고마' 등 여러 군데서 원문의 강한
억양의 효과가 유사하게 나타났고, TT4-2)의 경우도 '쓰잘대기 없는 물건',
'제 버릇 개 주겠나', '에미처럼 곧장 악마헌티로 내빼겠지' 등으로 방언과
비속어의 효과를 살려 번역이 된 것을 볼 수 있다. 또한 TT4-3)의 경우는
조셉이 캐시에게 '당신은'이라는 존칭을 사용하고 있어 규칙을 엄하게
적용하는 일반적인 집사로 그려진다. TT4-4)의 경우는 '너'라는 표현을 사
용하고는 있으나 깍듯한 언어를 사용하고 있어 조셉의 성격이나 둘의 관
계는 잘 드러나지 않고 있다.

ST4) 'Aw woonder hagh yah can faishion tuh stand thear i'idleness un war,
when all on 'em's goan aght! Bud yah're a nowt(nothing), and it's
noa use talking - yah'll niver mend uh yer ill ways; bud goa raight
tuh t' divil, like yer mother afore ye!' (15)

TT4-1) "어쩌자고 이리 게을러터진 건지. 모두 일한다고 나갔는디! 하기
사 만고에 밥버러지 같은 자슥한테 이리 떠들어사 뭐할 긴데. 내
가 뭐라칸다 캐서 네가 그런 버르장머리를 고치겠나. 기냥 에미
하고 같이 퍼뜩 뒈지거라 고마." (27)

TT4-2) "다덜 한데서 일허는디 빈둥거리는 꼴이라니! 쓰잘데기 없는 물
건에게 말해 봤자 입만 아프지. 제 버릇 개 주겠나. 즈이 에미처
럼 곧장 악마헌티로 내빼겠지!" (27)

TT4-3) "다들 밖으로 나가버렸는데, 왜 할 일 없이 서 있나 몰래! 하지만
당신은 쓸모없는 사람이니 말해 봤자 소용없지. 그렇다고 버릇이
고쳐지진 않을 테니. 당신 어미처럼 바로 지옥에나 가는 거지!" (27)

TT4-4) "모두 바쁘게 일하러 나갔는데 여기서 이렇게 빈둥거리다니, 넌
더 나빠! 말해봤자 소용없지. 그 버릇은 절대 고치지 못할거다.

너도 네 어미처럼 곧장 <u>악마한테나 가버려!</u>" (27)

위와 같이 번역문 마다 비속어를 통한 격식성의 차이는 매우 큰데 이에 대해 한미선(2012: 299)은 "금기 비속어의 경우 인물의 특성이나 작가의 문체, 작품의 전체적인 분위기를 전달하는데 있어 중요한 역할을 담당하는 경우가 대체적으로 많으며 해당 어휘 자체가 어휘에 담긴 감정적 가치를 보존하는 것이 번역의 적절성을 논하는데 있어 중요한 기준이 된다는 점에서 목표문화의 규범을 준수하기 위해 무조건적으로 어휘 격식이 높은 어휘로 번역할 경우 문제가 발생할 수 있다"(2012: 299)고 밝힌다. 다시 말해, "소설의 경우 다양한 인물들이 등장하기 때문에 이들이 구사하는 담화문의 격식은 지극히 다채로울 수밖에"(2011: 300) 없고 이는 "인물들의 개성을 차별화하기 위해 원저자가 의도적으로 선택하는 문학적 장치"(2300)이기 때문에 제대로 살려주어야 인물의 개성이 드러날 수 있는 것이다.

3) 방언

다음은 워더링 하이츠의 집사인 조셉과 록우드 씨의 대화로 조셉은 강한 요크셔 액센트로 말하고 있다. 이 강한 액센트는 그의 무지하고 광신자적 성격을 더 두드러지게 해주는 효과를 주고 있어 이를 어떻게 번역해주는가에 따라 인물의 느낌이 완전히 달라진다. 김순미(2011)에 따르면 방언의 번역을 보면 표준어로, TL의 방언으로, 번역가가 문법, 어휘, 음절 등의 변화를 주어 새로 창조한 언어로, 지역 방언이 아니라 말하는 이의 성격을 드러낼 수 있는 TL의 사회적 방언으로 번역을 해주는 방법 등이 있다. 각각의 장단점이 있지만 TL의 방언으로 번역하는 것과 창조한 언어로 번역하는 방법은 효과가 큰 반면 의도하지 않았던 다른 느낌을 줄 수 있는 반면 표준어로 번역하게 되면 ST의 효과가 전혀 살지 않는다는 단점이 있다. 중간 단계로 사회적 방언으로 번역을 하게 되면 효과도 어느 정도 살리면서 크게 벗어난 느낌을 주지 않게 번역을 할 수 있다는 특징이 있다. 이를 기반으로 예문을 보면, TT5-1)과 TT5-2)는 각각 TL의 방언과 사회적 방언을 섞어가며 원문과 유사한 효과를 주려 한 반면 TT5-3)과 TT5-4)는 표준어로 번역을 하고 있음을 볼 수 있다. TT5-3)의 경우는 "~하슈"하는 어투를 사용하여 빈정대는 느낌은 살리고 있으나 TT5-4)의 경우 표준어에다 경어체까지 쓰고 있다. 각 방언의 효과에 따라 인물의 성격이 달라지는 것도 볼 수 있다. TT5-1)과 TT5-2)를 비교해보면 TT5-1)은 "뭐꼬?"로 시작하여 경상도 사투리가 강하게 들어가 강하고 퉁명스런 느낌이 드러나는 반면 TT5-2)는 그것 보다는 "~할 때꺼정", "~할게여" 등 퉁명하고 거친 모습을 살리기 위해 번역가가 만들어낸 어투와 사회적 방언을 섞어서 조셉의 성격이 주는 효과를 전달하려 한 차이점이 있다. TL의 특정지역 방언을 사용하는 것은 그 지역이 주는 느낌과 원문의 인물이 주는 느낌이 섞여 의도하지 않았던 어색한 분위기를 자아낼 수 있다는 단점이 있다. TT5-4)의 경우 조셉을 깍듯하게 예의를 차리는 일반적인 집사의 모습으로 그리고 있다. ST5) 뒤의 ST5-1)은 조셉의 강한 방언의 의미를 알아보기 위하여 의미를 표준어로 살린 원문 해석이다.

ST5) 'Whet are ye for?' he shouted. 'T' maister's dahn i' t'fowld. God rahnd by th' end ut' laith, if yah went tuh spake tull him.'
'Is there nobody inside to open the door?' I hallowed, responsively.
'They's nobbut t'missis; and shoo'll nut oppen't an ye mak yer flaysome' dims till neeght.'
'Why? cannot you tell her who I am, eh, Joseph?'
'Nor-ne me! Aw'll hae noa hend wi't,' muttered the head, vanishing. (10)

ST5-1) 'What do you want?' he shouted. 'The master's down in the fold [sheep pen]. Go round the end of the barn if you want to speak to him.'

'Is there nobody inside to open the door?' I hallooed, responsively.

"There's nobody but the mistress, and she'll not open it for you if you make your frightening din [noise] till night."

"Why? Cannot you tell her whom I am, eh, Joseph?"

"Not me. I'll not have anything to do with it," muttered the head, vanishing.

TT5-1) "뭐꼬?" 조지프가 고함을 질렀다. "<u>주인은 축사에 있을 긴데. 할 말 있으면 헛간 저쪽으로 가보든가.</u>"

"안에는 문 열어줄 사람 없나?" 나도 같이 소리를 질렀다.

"<u>마님 뿐일 긴데. 밤중까지 문이 부서져라 두들겨도, 안 열어줄 기다.</u>"

"왜? 내가 누구인지 마님한테 가서 전해주면 안 되겠나, 조지프?"

"<u>어데! 내가 참견할 일이 아니다.</u>" 조지프의 머리가 중얼거리는 소리와 함께 사라졌다. (19)

TT5-2) "<u>무슨 볼일이래?</u>" 하고 그는 소리쳤다. "<u>쥔장은 양 우리 쪽에 있수. 그 냥반에게 할 말이 있거들랑 헛간을 삥 돌아가 보든가.</u>"

"집 안에는 문 열어 줄 사람이 없는가?" 내가 붙임성 있게 큰 소리로 물었다.

"<u>쥔아씨밖에 없수. 껌껌해질 때거정 소란을 피워 봤자 문을 열어 주지는 않을 게여.</u>"

"왜지? 가서 내가 누구라고 말 좀 해주지 그러나, 조지프?"

"<u>내가 왜! 내가 으째라 저째라 헐 일이 아니지.</u>" 이렇게 중얼거리며 그는 사라져 버렸다. (19)

TT5-3) "<u>뭣 땜에 그러슈?</u>" 그는 소리쳤다. "<u>주인은 양 우리에 가셨소. 그 양반에게 할 얘기가 있거든 헛간을 삥 돌아가슈.</u>"

"집 안에는 문 열어줄 사람이 아무도 없단 말이오?" 나도 여봐란 듯이 딱딱 을러댔다.

"마님밖에 없소. 날이 저물도록 그렇게 소란을 피워도 그분은 문을 열어주지 않을 거요."

"아니, 내가 누구라는 걸 그분에게 알려줄 순 없나, 조셉?"

"내가 알 게 뭐요! 난 그런 일엔 상관 않소이다." 그는 이렇게 중얼거리며 내밀었던 머리를 도로 넣어버렸다. (18-19)

TT5-4) "왜 그러시오?" 그가 외쳤다. "주인님은 양 우리 안에 계십니다. 주인님께 할 얘기가 있으면 창고 뒤로 돌아가보시오."

"집 안에는 문 열어줄 사람도 없단 말인가?" 나는 응답 조로 외쳤다. "아씨밖에 없어요. 아무리 문을 요란하게 흔들어도 밤이 되도록 아무도 열어주지 않을 겁니다."

"뭐야? 자네가 아씨한테 내가 누구라고 말해줄 수 없나, 조셉?"

"안 돼요! 난 상관하지 않겠습니다." 그 머리통은 중얼거리더니 창 안쪽으로 사라졌다. (19)

4) 대우법

문학에서 등장인물 간의 성격과 관계를 나타낼 때 중요한 것은 묘사, 방언, 비속어 사용과 함께 한국어에 독특한 대우법을 들 수 있다. 영어에는 한국어와 같이 복잡한 대우법이 존재하지 않기 때문에 번역가는 명사, 대명사, 종결어미 등을 사용하여 인물들 간의 관계를 설정해 주어야 한다. 이 과정에서 배경, 사회상, 인물의 지위에 대한 주관적인 견해 등 다양한 요소가 개입된다. 다음 예문은 주인공인 캐서린과 에드거 린튼의 대화로 각 번역마다 다양한 경어체가 사용되고 있음을 볼 수 있다. 우선 TT6-1)과 TT6-2)에서는 두 사람이 서로 반말을 하고 있다. 십대의 친구들이 서로 반말을 하는 것이 더 자연스럽다고 본 번역가의 견해에 따른 것이다. 또한, 유명숙 번역가에 의하면 "성차별이라는 점에서도"(2000: 169) 여성만 경어를 사용하는 것은 어울리지 않기 때문에 캐서린과 에드가는 서로 반말을 사용하는 것으로 설정이 되었다. 이와는 달리 TT6-3)에서는 일반적으로 여성들이 더 공손한 경어체를 사용하는 시대적 배경이나 사회적 관습을 고려하여 캐서린만 경어를 사용하고 있다. TT6-4)에서는 두 사람 모두가 경어를 사용하여 예의를 지키는 높은 사회 계급의 느낌을 살리고 있음을 볼 수 있다. 경어체의 사용은 보는 사람의 시대에 대한 관점, 인물들 간의 관계 등을 반영하기 때문에 시대의 변화에 따른 자연스런 언어구사에 대한 번역가의 태도는 번역에 매우 중요한 요소가 된다. 앞의 두 번역은 더 현대적인 문체를 그리고 있는 반면 뒤의 두 번역은 훨씬 고풍스런 느낌을 주고 있다.

> TT6-1: "어디 가게?" 캐서린이 문 앞을 막으며 물었습니다.
> 에드거는 피하면서 지나가려고 했지요.
> "가지 마!" 캐서린이 힘주어 소리쳤습니다.
> "가야 해. 갈 거야!" 에드거가 나직하세 대꾸했습니다.
> "못 가." 캐서린은 문고리를 잡고 막아섰습니다. "지금 가면 안돼. 에드거 린턴. 앉아. 그렇게 화내며 가버리면 안돼. 그럼 난 밤새 괴로워해야 해. 너 때문에 괴로워하기 싫어!" (115)

> TT6-2: "어딜 가는 거야?" 캐서린이 문간으로 다가서면서 따지고 들었습니다.
> 에드거 린턴은 옆으로 비켜 지나가려고 했지요.
> "가면 안 돼!" 캐서린은 힘을 주어 소리쳤어요.
> "가야만 해. 갈 거야." 에드거 린턴이 가라앉은 목소리로 대답하더군요.
> "안 돼!" 캐서린은 문의 손잡이를 잡고 고집을 부렸답니다. "아직은 안 돼. 에드거 린턴. 앉아. 그런 기분으로 가게 하지는 않겠어. 그럼 밤새 괴로울 테고, 난 너 때문에 괴롭고 싶지는 않아." (114)

> TT6-3: "어딜 가는 거예요?" 캐서린 아가씨는 문간으로 다가서면서 다급히 물었어요.
> 도련님은 옆으로 비켜 지나가려고 했어요.

"가면 안 돼요!" 아가씨는 힘주어 소리쳤어요.

"돌아가야겠어. 돌아가야겠다고!" 도련님은 가라앉은 목소리로 대답했어요.

"안 돼요! 아직은 안 돼요. 에드거 린튼. 앉아요. 그런 기분으로는 가게 하지 않겠어요. 그럼 내가 밤새도록 괴로울 테니까. 당신 때문에 괴로워하고 싶지는 않아요!" 하고 아가씨는 고집을 부렸어요. (119)

TT6-4: "어디를 가시려고요?" 캐서린이 문 쪽으로 다가서면서 묻더군요. 에드거는 그녀를 제치고 지나가려고 했습니다.

"가시면 안 돼요!" 캐시는 힘껏 외쳤습니다.

"가야겠습니다. 갈 겁니다!" 린튼은 목소리를 낮춰 대답했습니다.

"안 돼요." 캐시는 문의 손잡이를 잡고 자기주장을 굽히지 않았습니다. "지금 가시면 안 돼요. 에드거 린튼. 앉으세요. 그렇게 화난 채 돌아가면 안 돼요. 그러면 나는 밤새도록 비참할 거에요. 전 당신 때문에 비참해지고 싶지 않아요." (111-112)

5. 분석

본 연구에서는 번역가의 원작 문체 이해와 재창조의 과정을 통해 『폭풍의 언덕』에 대한 번역 비평을 행했다. 각 번역가들은 문학적 형식의 재창조에 있어 큰 차이를 보였는데 이는 번역가의 기본 번역전략과 관련이 있기 때문에 역자후기나 출판후기 등 '곁텍스트'(paratext)[4]를 통해서도 일관된 의견을 발견 할 수 있었다.

각 번역가 별로 분석을 하자면 첫째, TT1의 김정아 번역가는 언어적

---

4 "문학작품이라는 대상은 작품의 순수한 텍스트와 더불어 그 가장자리에 곁다리로 붙어 있는 몇 가지 요소들(저자명, 책제목, 서문, 삽화, 표지에 쓰인 글, 띠지에 쓰인 글 등)로 구성되어 있는데, 이처럼 텍스트를 둘러싸고 그것을 연장하면서 텍스트를 소개하고 그것이 책의 형태로 수용되고 소비되는 것을 공고히 하는 역할을 하는 요소"(지영래, 박선희 2010: 247).

수준에서는 인물들 간 대화에 현대적인 한국어를 사용하였고 관용어와 은유 뿐 아니라 방언과 비속어의 경우에도 원문 형식이 주는 효과를 극대화하기 위해 유사한 새로운 형식을 창조하려 노력한 것을 볼 수 있었다. 원문보다 더 강한 비속어 사용, 한국 특정 지역의 방언사용, 원문에 없는 부분에 관용어와 은유적 표현 삽입 등 다양한 시도도 눈에 띄었다. 또한 어리고 가까운 사이인 등장인물간 반말체의 사용을 통해 현대적인 어투를 부각시킨 점도 다른 번역본들과 다른 점이었다. 이로 인해 4종의 비교 번역본 중 가장 도착어권의 독자들에게 친근하면서도 생동감 넘치는 문체를 만들었다. 심한 비속어 사용과 현대적인 배경의 인물 설정, 한국의 특정 지역 방언 사용 등으로 원문과 문화적으로는 거리감이 있는 문체를 만들었다고 할 수도 있는 반면, '효과' 면에서는 원문의 문체가 주는 미적 효과를 유사하게 주었고, 이를 목표어권에 맞게 재창조하여 전달하려는 의도를 읽을 수 있었다. 즉, 인물들의 개성이 살아 있는 현대적 문체의 문학작품을 만들었다고 할 수 있다.

번역가의 번역전략은 책 안의 곁텍스트에도 일관되게 제시되고 있다. 우선, 김정아본 뒷면에는 '현대의 언어로 다시 태어난 불멸의 사랑'(밑줄은 필자의 것)이라는 선전문구가 있는데 이를 보면 번역가가 현대적인 언어, 독자들의 구미에 맞는 언어적 선택을 한 이유를 엿볼 수 있다. 또한 '문학동네 세계문학전집 발간에 부쳐' 라는 권말 해설에는 출판사의 번역 방향을 보여주는 문구가 있다. "21세기 한국에 새로운 세계문학전집이 필요하다는 것은 명백하다. 우리의 지성과 감성의 기준에 부합하는 세계문학을 다시 구상할 때가 되었다. 문학동네 세계문학전집은 범세계적으로 통용되는 고전에 대한 상식을 존중하면서도 지난 반세기 동안 해외 주요 언어권에서 창작과 연구의 진전에 따라 일어난 정전의 변동을 고려하여 편성되었다"(밑줄은 필자의 것) 라는 편집 의도에 대한 설명이 그것이다. 밑줄 친 부분을 볼 때 출판사는 시대에 맞는 새로운 전집 발간이라는 편집 의도를 지니고 있으며 김정아 번역은 이런 배경 안에서 이루어진 것으로 생각된다. 간결한 현대식 어투와 인물관계로 고전을 재조명하고자 하는 시도는 이를 원하는 독자들에게 어필하리라 생각된다.

TT2 유명숙 번역은 영미연 연구에서 추천본으로 선정되었던 작품이다. 역자 후기에서 "1998년 서울대학교 출판부에서 워더링 하이츠를 냈지만, 사투리를 반영하지 못한 것 등등 아쉬움이 남아 전면 개고하여 개정판을 내게 되었다"(568)라고 밝힌 점이나 '워더링 하이츠'라는 제목이 나오게 된 배경에 대한 상세한 설명을 추가하였을 정도로 번역에 대한 세심함이 돋보이며 번역의 기본이 된 판본을 소개한 점도 다른 번역본과는 다른 점이다. 번역 후에 '고전 번역의 실제-Wuthering Heights를 중심으로-'라는 논문을 통해 번역과정 느낀 어려움과 번역전략 등에 대해 상세히 밝힌 것도 번역가의 입장을 잘 알 수 있게 해준다. 영미연의 번역 평가에서 논의 되었던 점이 개정판 번역에 반영되는 것을 보면서 학자들의 평가 노력이 긍정적인 결실을 맺는 것 또한 볼 수 있었다.

형식면에서는 김정아 번역가와 마찬가지로 유명숙 번역가 역시 원문의 비유적 표현, 방언, 비속어 등을 TL의 유사한 형식으로 번역하여 같은 효과를 주려고 많은 노력을 한 것을 볼 수 있다. 그러나 그의 번역 전략은 김정아 번역가처럼 원문보다 더 강한 비속어나 추가적인 은유적 표현을 사용하기 보다는 원문에 대응되는 장소에만 유사한 문학적 도구들을 사용하는 경향을 보이고 있다. 인물간의 관계에서는 나이가 비슷한 젊은 남녀간 (캐서린과 에드거 린튼, 어느 정도 성장한 후의 캐서린과 히스클리프 등) 서로 반말을 쓴다던지 며느리와 시아버지의 대화에서도 반말체가 들어가는 등 좀 더 현대식 구어체를 반영하려 노력한 것을 볼 수 있다. 이에 대해서도 유명숙 번역가는 "제가 이 소설을 번역하면서 제일 고민한 문제는 성인으로 다시 만난 이들의 대화를 경어로 번역할 것인가 아니면 반말로 처리할 것인가의 여부였습니다. 기간 번역본은 대체로 히스클리프는 반말, 캐서린은 경어를 쓰는 것으로 처리를 했더군요. 성차별이라는 점에서도 걸리지만, 이건 문제가 있다고 봅니다. 우선 캐서린과 히스클리프는 대여섯 살부터 한 침상을 쓰면서 남매처럼 자란 터인데 3년 만에 다시 만났다고 경어를 쓰는 것은(그것도 캐서린만 경어를 쓰는 것은) 이상하지요"(2000: 169) 라고 밝히고 있다. 이처럼 고심을 한 결과 문학적 생동감이나 인물의 성격을 드러내는 여러 가지 도구들이 효과적으로 전달되었고 현대적인 문체 등이 잘 드러났으며 이는 소논문을 통해 밝힌 번역가의 번역 전략과 그대로 일치하고 있다.

TT3의 김종길 번역가도 영미연 번역 평가에서 추천본으로 이름이 올라간 경우이다. 모든 번역본 중 가장 원문에 충실한 번역을 했다는 평가를 받기도 했다. 그는 역자 후기를 통해 "폭풍의 언덕은 주로 시에만 손을 댄 역자가 번역한 단 한 편의 소설이다. 시와 마찬가지로 소설에 있어서도 문체는 매우 중요하다는 요량으로 원문의 문체에 충실하려고 애쓴 점을 특히 밝혀두고자 한다. 그러나 이번에 민음사 세계문학집으로 간행하면서 당초의 번역문체에 상당한 손질이 가해졌다"(569)라고 밝혔다. 영미연 평가나 이 의견에서 알 수 있듯이 번역가는 언어적으로 원문에 충실한 번역을 목표했으리라 여겨진다. 그리고 본고의 지금까지 분석에 기초해 볼 때 작가의 충실성은 원문의 표현 형식보다는 의미적, 언어적 충실성을 의미하는 것임을 알 수 있다. 다양한 관용어, 은유, 방언, 그리고 인물간 대화의 격식에 있어서는 많은 부분 문학적 효과보다 표준화된 의미 전달에 주력한 것을 볼 수 있기 때문이다. 또한 원문에서 방언을 사용하여 인물 특징을 드러낸 부분을 전혀 살리지 않고 있으며 인물들의 성격을 나타내는 대화에서도 개성이나 역학관계가 잘 드러나지 않는 편이다. 예를 들어 젊은 남녀간 대화에서 남성은 반말, 여성은 존댓말을 사용하는 고어체적인 대화 형식을 만들어 냄으로써 캐시의 성격의 자유분방함이 다른 번역본보다 덜 살아나고 있다. 그러나 김종길의 번역은 우리식, 현대식 배경을 입히지 않고 고전적 느낌을 주고 있기 때문에 원문의 형식적 문체보다 의미를 정확하게 전달하는 번역을 선호하는 독자들에게 호응을 받을 수 있을 것이다.

마지막 TT4의 이덕형 번역가는 앞의 김종길 번역가와 유사하게 원문과 언어적 수준에서 가장 충실하게 번역을 하려한 반면 방언이나 인물간의 언어 사용역을 통해 드러나는 인물의 성격이 주는 효과는 감소한 번역을 하였다. 단지 은유나 비속어의 경우 김종길 번역가보다는 좀 더 강하게 효과를 전달한 것을 볼 수 있었다. 이덕형 번역가의 경우 역자후기나 다른 곁텍스트를 통해 번역 전략에 관해 밝히고 있지 않기 때문에 직접적으로 번역전략을 알 수는 없었다.

6. 결론

본 연구는 라이스의 텍스트 유형에 근거해 문학이 고유하게 가지고 있는 미적 요소에 기초한 문체를 문학번역비평의 기준으로 정한 뒤 그에 의거해 각 텍스트가 어떻게 번역되었는지를 기술하였다.

연구를 통해 드러난 요소는 다음과 같다.

첫째, 어느 비평이나 그렇겠지만 문학번역 비평은 무엇을 기준으로 삼느냐에 따라 결과가 크게 다르게 나타난다는 사실을 확인하였다. 그로 인해 영미연의 충실성과 가독성 중심의 비평과 문학의 미적 효과를 기준으로 본 연구의 결과는 차이가 났다. 예를 들어 영미연 평가의 충실성 면에서 최고의 추천을 받은 김종길 번역은 본 연구의 기준인 문학적 효과 전달 면에서 보았을 때 오히려 형식보다는 의미 번역에 치중한 것으로 나타났다. 반면 본 연구의 기준인 은유나 비속어, 방언, 대우법 등에 비추어 볼 때 문학의 형식을 잘 살리고 인물들의 개성이 살아 있는 번역을 한 김정아 본은 언어적 충실성에서는 김종길 번역보다 원문에 가깝다고 할 수 없었다[5]. 두 번역비평 방법을 비교해 보면서 알 수 있는 점은 각 번역비평 전략

---

5 다음 ST의 'not accustomed to be spoiled'는 김종길 본과 같이 '귀염을 받아본 일이 없다'는 의미로 그러니 건드리면 물릴 수 있다는 의미이지 김정아 본과 같이 '버릇없이 굴면 맞아야 한다'는 의미가 아니다.

마다 의미와 그 기여도가 다르다는 점이다. 가독성과 언어적 충실성을 기준으로 하는 번역비평은 오역과 중역이 판치는 함량미달 번역 풍토를 개선하고 유려한 한국어 사용을 권장한다는 의미가 크고, 문학적 효과 전달을 기준으로 하는 번역비평은 작가의 문체 이해와 전달 전략을 분석하고 알리는 의미가 있다.

둘째, 문학의 미적 요소를 기준으로 번역분석을 해보니 텍스트마다 다른 번역 전략이 확연하게 드러났다. 출판사의 편집 성향에도 차이가 있었다. 이로 인해 한 작품에서 나타나는 다양한 수사적 표현과 등장인물의 성격과 관계들은 큰 차이를 보인 것이다. 결국 문체나 문학적 장치들의 경우 작가나 번역가가 특정 방법을 '선택'하는 것이므로 번역평가는 '전략'을 중심으로 이루어져야 하는 것임을 확인할 수 있었다. 서론에서 밝혔듯이 번역 비평가는 먼저 자신의 기준을 밝히는 동시에 번역가의 번역 전략을 찾아 이를 기술하는 것이 중요하다는 이상원의 의견을 확인하는 결과이다.

셋째, 텍스트 분석을 통해 드러난 번역전략은 번역가나 출판사가 곁텍스트에서 밝히는 의견과 일치했다. 이는 문체와 같이 번역가가 새로운 창조를 해내는 부분을 기준으로 하는 번역평가에서는 곁텍스트가 중요한

ST: 'You'd better let the dog alone,' growled Mr. Heathcliff, in unison, checking fiercer demonstrations with a punch of his foot. 'She's not accustomed to be spoiled-not kept for a pet.' (6)

김종길 역) "그 개는 내버려 두는 게 좋을거요." 히스클리프씨는 개가 더 사납게 덤비지 못하게 발길로 툭 차면서 개와 함께 으르렁대듯 말했다. "그놈은 귀염을 받아 본 일이 없거든, 애완용으로 기른 게 아니니까." (13)

김정아 역) "개 건드리지 마시오." 히스클리프 씨가 이미 개와 비슷한 소리로 으르렁거리며, 더 사납게 굴지 못하도록 개를 걷어찼다. "버릇없이 굴면 얻어맞아야지. 애완용이 아니니까." (14)

* 다음 ST의 'undeserved'는 김종길 본과 같이 사람들이 자신을 냉정한 사람으로 알고 있는 것이 '부당하다'는 의미이지 김정아 본과 같이 '과분하다'는 의미가 아니다.

ST: By this curious turn of disposition I have gained the reputation of deliberate heartlessness, how underserved, I alone can appreciate. (6)

김종길 역) 이런 별난 성격 때문에 나는 일부러 매정스럽게 군다는 소문이 나고 말았는데, 이 소문이 얼마나 부당한 것인지 아는 사람은 오직 나뿐이다. (12)

김정아 역) 나는 이런 묘한 성향으로 인해 무정한 남자라는 평판을 얻었지만, 얼마나 과분한 평판인지 알고 있는 것은 오직 나뿐이다. (14)

연구 자료가 될 수 있다는 사실을 보여준다. 그러나 지금까지의 번역비평은 작품을 비평하면서도 정작 번역가의 번역관과 작품 해설, 번역방법 등을 엿볼 수 있는 곁텍스트에 대한 분석이 거의 없었다. 번역가가 역자후기에 번역을 밝히고 있는 경우에도 이를 분석하지 않고 번역 비평을 한다는 것은 변호를 들어보지 않고 심판을 내리는 것과도 같다 할 수 있다. 앞으로 이루어지는 번역 비평에서 비평가들은 곁텍스트를 연구해야 할 것이며 번역가들과 출판사 또한 올바른 평가를 받기 위해서는 권말 해설, 책표지, 책소개, 인터넷 서점 리뷰, 출판사 홈페이지, 작가 블로그 등 여러 가지 통로를 통해 자신의 의견과 번역 전략을 알려야 할 것이다.

넷째, "'다름'의 미학에 바탕을 둔 서로 다른 문학텍스트"(이형진 2008: 90)에 대한 번역 비평은 결국 어떤 것을 다른 것 위에, 혹은 아래에 두는 것이 아니라 각각의 텍스트가 어떻게 다른지를 기술하는 것임을 알 수 있었다. "고전작품의 경우, 현재까지도 작품에 대한 다양한 평가와 새로운 해석이 등장하는 것을 볼 수 있으며, 번역작품에 대한 평가와 해석 또한 시대와 분석 관점에 따라 새로운 해석과 평가가 등장할 수 있을 것"(김순영 이경희 2012: 53) 이기 때문이다. 그런 시각에서 볼 때 각 번역의 문학적 효과를 기술하는 평가의 장점은 어떤 번역물이 어떤 독자들에게 어필할 수 있는지 알 수 있다는 것이다. 예를 들어 현대적인 말투, 목표어권의 문화와 언어, 생동감을 살린 번역은 이와 같은 문체를 좋아 하는 독자들에게 어필할 것이고, 고전적이고 원문의 의미를 그대로 전달하는 번역은 이를 좋아 하는 독자들에게 어필할 것이다. 이를 볼 때 향후 다른 번역본과 차별화 되는 번역가의 번역전략과 출판사의 목적과 의도를 다양한 경로를 통해 홍보하는 것도 좋은 방법이라 생각된다. 그렇게 한다면 독자들은 각각 선호하는 문체의 번역을 즐길 수 있는 기회를 갖게 될 것이다.

이상원의 번역비평의 특성에서 밝힌 바와 같이 번역비평은 텍스트 전체를 중심으로 이루어져야 하겠으나 미적 형식을 드러내는 부분들은 텍스트 전반에 흩어져 문체를 형성하고 있기 때문에 분석 예시문은 전체

작품 중 특정 부분을 선택하여 대표적인 것으로 제시할 수밖에 없었다. 그러나 한 번역가 작품의 여러 미적 요소 간에 일관성을 보이고 있으며 이가 권말에 밝힌 번역가나 출판사의 번역 전략과도 일치하고 있으므로 전체적인 번역에 대한 대표성이 있다는 가정을 하게 되었음을 밝힌다. 또한 본 논문에서 분석한 문체적 도구는 은유, 비속어, 방언, 대우법 등에 국한되었으나 이는 자체로 모든 것을 포함하는 포괄적인 연구라기보다는 향후 문체 측면에서 번역비평을 하기 위한 첫 시도라 할 수 있다.

본 연구는 지금까지 충실성 위주로 이루어졌던 번역비평을 문학에서 중요한 미적효과의 영역으로 확장시킨 시도로 기준에 따라 번역 비평 방법에서 그 내용까지 달라지는 양상을 볼 수 있고 곁텍스트까지 분석에 포함시킴으로써 번역가의 지위 향상에도 기여했다고 할 수 있다. 그러나 미적효과의 범위를 은유, 방언, 비속어 등 '형식적 미적 특징'(formal aesthetic marker) 중심으로 하였다는 한계도 있다. 마(Ma)(2009)에 따르면, 문학적 요소는 미적효과에는 형식적 특징 뿐 아니라 작가의 심상, 감정, 어조(tone) 등을 드러내는 '비형식적 미적 특징(non-formal aesthetic marker)도 중요한 부분을 차지하며 작품 전체에 중요한 역할을 한다. 지나치게 방대한 연구가 될 수도 있는 측면과 주관성이 강한 측면으로 인해 이번 연구에는 이 두 가지 특징을 모두 포함시키지는 못했다. 후속 연구를 통해 이를 더욱 보완해 나가야 할 점이라 생각한다.

◑_ 참고문헌

금지아. (2012).「문체론적 측면에서 본 한국소설의 중국어 번역 연구」.『번역
　　학연구』13(5), pp. 33~57.

김경아. (2011).『폭풍의 언덕』. 경기도 파주: 문학동네.

김순미. (2002).「영한번역에서의 은유법 연구」.『번역학연구』3(2), pp. 81~112.

김순미. (2003).『영한번역에서의 '은유'에 관한 연구--인지언어학의 관점에
　　서』. 세종 대학교 대학원 박사 논문.

김순미. (2010).「문학번역에서의 격식성(formality)의 변화」.『번역학연구』
　　11(1), pp. 127~159.

김순미. (2011).「문학작품 속의 방언 번역」.『통번역학연구』15, pp. 189~219.

김순미. (2012).「온라인상 독자들의 번역 비평」.『번역학연구』13(2), pp. 7~40.

김순영·이경희. (2012).「「대성당」 번역본의 문체적 특성 고찰」.『번역학연
　　구』13(1), pp. 33~58.

김영희. (2008).「문학번역 평가의 의미와 한계 영미고전문학 번역평가사업을
　　중심으로」.『영미문학연구 안과 밖』24, pp. 33~62.

김종길. (2005).『폭풍의 언덕』. 서울: 민음사.

영미문학연구회 번역평가사업단. (2005).『영미명작, 좋은 번역을 찾아서1』.
　　서울: 창비.

유명숙. (2000).「고전 번역의 실제—Wuthering Heights'를 중심으로—」.『국
　　어문화학교』3, pp. 158~174.

유명숙. (2010).『워더링 하이츠』. 서울: 을유문화사.

이덕형. (2012).『폭풍의 언덕』. 서울: 문예출판사.

이상원. (2006).『한국 출판 번역 독자들의 번역평가 규범 연구』, 경기도 파주:
　　한국학술정보(주).

이상원. (2008).「문학번역 평가 어떻게 할 것인가?」.『번역학 연구』9(2), pp.

149~166.

이형진. (2008). 「문학번역 평가의 딜레마와 번역비평의 방향」.『영미문학연구 안과 밖』24, pp. 86~112.

전현주. (2008). 「번역 비평 텍스트의 패러다임」.『번역학 연구』9(1), pp. 215~257.

정혜용. (2012).『번역 논쟁』. 경기도 파주: 열린책들.

지영래·박선희. (2010). 「번역본에서의 곁텍스트의 위상:『마담 보바리』의 번역본을 중심으로」.『번역학 연구』11(3), pp. 247~276.

한미선. (2011). 「비속어의 영한번역 사례연구: 격식성을 중심으로」.『번역학 연구』12(3), pp. 281~303.

한미선. (2012). 「격식변화 측면에서의 금기 비속어 번역의 특징 연구: 영한 소설 번역과 자막 번역을 중심으로」.『번역학 연구』13(5), pp. 277~306.

Boase-Beier, Jean and Michael Holman. (1998). Writing, Rewriting and Translation: Through Constraint to Creativity, in Jean Boase-Beier and Michael Holman (eds) *The Practices of Literary Translation: Constraints and Creativity*. Manchester: St. Jerome Publishing. pp. 1~17.

Boase-Beier, Jean. (2006). *Stylistic Approaches to Translation*. Manchester: St. Jerome Publishing.

Bronte, Emily. (1995). *Wuthering Heights*. London: Penguin Books.

Gibbs, Raymond. (1994). *The Poetics of Mind*. Cambridge: Cambridge University Press.

Landers, Clifford. (2001). *Literary Translation: A Practical Guide*. Clevedon: The Multilingual Matters.

Lefevere, Andre. (1992). *Translating Literature: Practice and Theory in a Comparative literature Context*. New York: MLA.

Ma, Huijuan. (2009). On Representing Aesthetic Values of Literary Work in Literary Translation. *Meta* 54(4), pp. 653~668.

Reiss, Katharina. (2000). *Translation Criticism--The Potentials & Limitations Categories and Criteria for Translation Quality Assessment*. Manchester: St. Jerome Publishing.

Varghese, Lata Marina. (2012). Stylistic Analysis of Emily Bronte's Wuthering Heights. *Journal of Humanities and Social Science* 2(5), pp. 46~50.

┃ 필자 소개 ┃ (가나다순)

김순미 숙명여자대학교
김순영 동국대학교
김정우 경남대학교
김홍수 국민대학교
백수진 계명대학교
성초림 한국외국어대학교
송연석 한국외국어대학교
송요인 동국대학교
안영희 계명대학교
이경희 동국대학교
이상원 서울대학교
이영훈 고려대학교
조의연 동국대학교
한미애 동국대학교

번역문체론

초판인쇄 2014년 6월 15일
초판발행 2014년 6월 20일

엮은이 조 의 연
펴낸이 김 진 수
펴낸곳 **한국문화사**
등 록 1991년 11월 9일 제2-1276호
주 소 서울특별시 성동구 아차산로 3(성수동 1가) 502호
전 화 (02)464-7708 / 3409-4488
전 송 (02)499-0846
이메일 hkm7708@hanmail.net
홈페이지 www.hankookmunhwasa.co.kr

책값은 뒤표지에 있습니다.

잘못된 책은 바꾸어 드립니다.
이 책의 내용은 저작권법에 따라 보호받고 있습니다.

ISBN 978-89-6817-138-3 93700

이 도서의 국립중앙도서관 출판시도서목록(CIP)은 e-CIP 홈페이지
(http://www.nl.go.kr/cip.php)에서 이용하실 수 있습니다.
(CIP제어번호:2014017921)